# Drachenspiele

## im Koordinatenschnittpunkt

## um eine Mitte

### Paul H. Kroh

**B o D**
**Books on Demand**

Konzepte der Humanwissenschaften
Eine Synthese der Symbole
fernöstlicher und westlicher Weisheit
im Test geometrischer Grafik


CIP – Kurztitel der Deutschen Bibliothek
ISBN 978-3-7412-0600-9
Cover Foto Shanghai 1996, © Paul Kroh

Drachenspiele
im Koordinatenschnittpunkt

1. A  Graduierung am Fritz Perls Institut
   für Integrative Therapie - 1987-
   und am Hartford Family Institute
   für körperorientierte Gestaltarbeit
   „Bioenergetics", 1978 – 1987
2. A  überarbeitet BoD, Düsseldorf 2016
   Cover-Foto: Es stammt von einem
   Besuch in Shanghai 2001, Thema:
   „Polarisieren & Zentrieren" auf der
   Prädifferenzachse

Vertrieb durch den Buchhandel oder
Direktversand: paul.kroh@online.de

Herstellung und Verlag:
BoD – Books on Demand, Norderstedt

# INHALTSVERZEICHNIS
## Vorwort und Dank

### KAPITEL I
1. Ausgangspunkte: Dialektik - Nullpunkt - Differenzierung 17
Standpunkt, Felder der Yin-Yang Figur, Koordinatensystem
2. Annäherung an die Dynamik: Kausalität, Gleichwertigkeit 22
Polare und zyklische Phänomene
3. Atemrhythmus als Eingefaltete Ordnung und Freiheit 25
Übungszentriert atmen; mit zwei Händen zeichnen ;
mathematischer und psychosomatischer Exkurs
4. Einführung von Wippe und Schere ins Paradigma 31
4.1 Der Wipp-Vorgang in reziproken Polaritäten
4.2 Die Schere in korrespondierenden Polaritäten
5. Die Wippe in neurotischer Fixierung (schiefe Ebene) 32
5.1 Vier Grundbefindlichkeiten, zwei Paar-Achsen
5.2 Störungen: Abhängig - unabhängig, frei - unfrei
5.3 Kreis- Grundformen- Amplituden- Felder- Ichkern
6. Neurosenlehre und Ich-Kern: Akute Angst & Konfluenz ; 39
schizoide-, depressive-, konversive- und Zwangs-Neurose
7. Wipp-und Scherenstruktur im Paradigma 41
7.1 Focusing - Brennweiten - Pendelschläge, Spielraum,
Eskalation, zyklothymer Umschlag,
7.2 Ambivalenz und Patt, steigende und fallende Tendenz
7.3 Fallbeispiel des Zyklothymen ; Neurose und Psychose

### KAPITEL II
1. Die Doppelnatur als Teilchen – und – Wellennatur 49
1.1 Atome, Pole, Schwingung, Ordnung & Wahrscheinlichkeit
1.2 Bootstrap- und Quanten Theorie: Diagnose-Verläufe
2. Doppelaspekt und Zweitakt von Teilchen und Welle 51
2.1 Der Geh-Vorgang : Gegensätze und Komplementarität
2.2 Foto-Studie und drei Ganzschritte im Paradigma
2.3 Alexander Lowens Beschreibung des Gehens
3. Zyklische Kreis- und Regelsysteme 55
3.1 Der Schöpfungsbericht - Genesis 1 - Regelkreise
3.2 Das „ Rund um die Welt "- Prinzip und „ Hot-Seat "
4. Zwei Perversionen im Zyklischen und Linearen 57
4.1 Die Perversion im Zyklus-Kult und die Geschichte Israels
4.2 Die lineare Perversion: Fortschrittsglaube und Resümee
5. Spirale & Spin in Fortbewegung: Doppelhelix - ERP-Experiment 61
Spin Up und Down - zur vertikalen und horizontalen Achse

## Kapitel III

1. Modell A 1+2: Als „Rund um die Welt" und Kreisformate  65
   im ptolemäischen und kopernikanischen Weltbild
2. Modell B 1+2: Im Spin von „Figur und Grund",  67
   im Non-stop „Rundum" - und im Umpolen
3. Modell: B2 „Unbewusstes - Bewusstes"; „Unten - Oben"  71
3.1 Integrierte Zweitaktdynamik; Umkehrung und Grenze
3.2 Freuds Grundkonzept und Eriksons Ziel-Gedanke
3.3 Modell A + B im Vergleich und Fallbeispiel

## Kapitel IV

1. Oben und Unten, Rechts und Links im Koordinatenkreuz  75
2. Reziproke Begriffspaare und Grundannahmen  76
2.1 Modell C1: Denken- Fühlen- Wahrnehmen- Ahnen
2.2 Modell C2: Der Umschalt-Spin in Hoch und Tief
3. Das Heben aller vier Quadranten in die Bewusstheit  78
3.1 Subatomare Teilchen und ihre Eigenschaften
3.2 Die Leary'schen Quadranten und Verhaltensweisen
4. Reziproke und komplementäre Kehrseiten  79
4.1 Unformed & formed enegy; Bewusstheits-Scheinwerfer
4.2 C.G. Jungs pathologische Grundannahmen

## KAPITEL V

1. Modell D: Einheit und Zweiheit, Spaltung und Fusion  82
2. Potentielle und intermediäre Übergänge  85
   „Sinne und Emotion" - „Intellekt und Intuition"
3. Überschneidungen: Spiel, Konflikt, Ambivalenz, Fusion  87
   Extase, Holoide, Löcher und umkehrbare Vorgänge
4. Duale Konstellationen in „Kollision und Kollusion"  91
5. Horizontale und vertikale Schere (intermediär-potentiell)  92
   Das kleine Wörtchen „zu" und bewusste Durchgänge

## KAPITEL VI
### Achsen - Grenzen - Kippmomente

1. Neurose und Psychose: Freud-Reich-Adler-Perls-Kuiper ...  95
   Überkompensatorische- und Umkipp-Momente im Beispiel
2. Ich- und Kern-Punkte: Angst-Neurose und Schizophrenie  98
3. Störungen in den vier Quadranten und im Ich-Kern  100
4. Modell „D": Viermal Störung zwischen Zenit und Tiefung  102

## KAPITEL VII
### Person und Pyramidenstrukturen

1. Persönlichkeitstheorien : Prämissen, Identität und Mitte     103
   Instanzenlehre bei S. Freud, A. Lowen, H. Petzold ...
2. Die zweifache Pyramidenstruktur im Paradigma     106
2.1 Variable Inhalte, Umkehrformen, Ballint-Ansätze
2.2 Identitätskonzept und kollektive Leiblichkeit ( Petzold )
3. Holzwege und Sinn der Transzendenz- und Tiefungsachse     110
3.1 Teilkreis-Ganzheit mit körperbewusster Pyramide
3.2 Geometrische Schritte zur Integration der Bewusstheit
4. Kopf- und Körperbewusstheit in einem Kreisganzen     112
4.1 Zwei Bewusstheiten werden eine Einheit im Paradigma
4.2 Drei Ich-Punkte mit dem zentralem Nullpunkt
5. Der Sechsstern als Up und Down-Pyramide     114
5.1 Konstellationen, Winkelfelder, Schatten- & Übergangszonen
5.2 Tiefung und Inkarnation bei Marti, Petrarca, Jens, Bloch ...

## KAPITEL VIII
### Kreis - Harmonie - Sprünge - Brüche

1. Das Wunder des Kreisganzen und Symbolische Wertigkeiten     119
2. Mutationen, goldener Schnitt, Nada Brahma, Quantenmechanik     120
3. Resonanzen : Sprünge, Brüche und das Nichts     123

## KAPITEL IX
### Focusing und Draufsicht

1. Fläche – Raum – Körpe und Zwiebelschalenvorgang     125
   Kugel-Kegel-Würfel-Oktaeder und die List der Götter ( Platon )
2. Gendlin´s Focusing- Konzept: „ Felt-Sens und Felt-Shift "     128
3. Diffuses - Echos - Councelen - Implizites und Explizites     129
4. Holistische Einheiten : Wirkzusammenhang von Polen und Kern     131
   Der focusierende Bewusstheitskegel qua Drehscheibe
5. Schaltvorgang im Nullpunkt ; Kipp-, Umschalt-, Spin- Momente     133
6. Tangenten entlang der Sinuskurve     134

## KAPITEL X
### Holonen - Grenzen - Übergänge

1. Koordinaten-Schnittpunkt und synaptischer Spalt     136
2. Synaptische Übertragung im „De- und Repolarisieren"     138
2.1 Synapsen, Rezeptoren, Bauelemente, Transmitter
2.2 De- und Repolarisation ; Aktions- und Ruhepotential

| | | |
|---|---|---|
| 2.3 | Paradigmaprozess, Körperbewusstheit und die „Acht" | |
| 3. | Aktions- und Ruhepotential ; Überschuss und Abbau | 141 |
| | Integration der Anstöße ; Bewusstheitsspektrum von 180*/ 360* | |
| 4. | Herausforderung, qualitativer Sprung und Stressfaktoren | 142 |
| | Überschuss - Nullpunkt - Impasse - Sprung und Identität | |
| 5. | Fallbeispiel des „zu"... in einer integrierenden Supervision | 145 |

## KAPITEL XI
## Annäherung an die Pathologie

| | | |
|---|---|---|
| 1. | Die Doppelfunktion von Kern und Grenze | 148 |
| | Konfluenz, Spaltung, Wahrnehmung, neuralgischer Punkt | |
| 2. | Pathologisch-paradigmatische Ausprägungen | 150 |
| 2.1 | Neurotische Mechanismen | |
| 2.2 | Psycho-somatische Aspekte | |
| 3. | Halluzination - Wahn - Spaltung – Vorprädikatives | 151 |
| 3.1 | In kognitiven Vorurteilen ( Mißtrauen ) | |
| 3.2 | Vorprädikatives im Wahrnehmungssektor | |
| 3.3 | Vorprädikatives in Affekten und Gestimmtheiten | |
| 3.5 | Paranoische-, Konfluente-, Konflikt- und Wahnzustände | |
| 3.6 | Geometrischer Ausblick und therapeutische Ausrichtung | |

## KAPITEL XII
## Arbeit an Polen und Ich-Kern

| | | |
|---|---|---|
| 1. | Der doppelte, therapeutische Ansatz | 156 |
| 2. | Konflikt und Ambivalenz | 156 |
| 3. | Holismus erfordert inneren Frieden: Axiomatisches | 158 |
| | Bewegungsaspekte; Ganzheit jedes Entscheidungsschrittes | |
| 4. | Skotome und Zentrierung | 161 |
| 5. | Die Mitte, Gaetano Benedetti, Annaloges zum Paradigma | 163 |
| 6. | Umschalten im symbiotischen, dualen Rapport | 164 |
| 6.1 | Umkehrbarkeiten als 180* Phänomen und Praxisfelder | |
| 6.2 | Das Labyrinth als „Umkehr"-Symbol ; s. auch in der Therapie | |
| 7. | Umstrukturierung- und Verdoppelung: Die „Acht" und „Flow" | 170 |
| 7.1 | Die „Runde Gestalt" eines Erregens- und Erlebens-Moments | |
| 7.2 | Doppelheiten im Spin von „Bewusst und Unbewusst" | |
| 7.3 | Phase und Gegenphase: Vom Vorkontakt zur Integration | |

## KAPITEL XIII
## Die Fünfzahl im Modell

| | | |
|---|---|---|
| 1. | Archaische Ausgangspunkte; psychologischer Diskurs | 177 |

| | | |
|---|---|---|
| **2.** | Hermeneutische Übertragung, Dreiklang – Triangulierung | 178 |
| 2.1 | Dreitakte organisch – pathologisch - therapeutisch | |
| 2.2 | Dreitakte im Korrespondenzmodell von H. Petzold | |
| 2.3 | Dreitakte im wandernden Entwicklungs-Nullpunkt | |
| **3.** | Die „Fünf": Psychologisch und nosologisch Ungereimtes | 179 |
| 3.1 | Ungereimtes in Verdrängung, Introjektion, Projektion, Retroflexion | |
| 3.2 | Avoidance – Deflektion – Protektion - Blockierung ( Freud, Bünte-Ludwig, Hall, Kayser, Petzold, Polster ...) | |
| 3.3 | Protektions- und Awarenes-Quadrant im Paradigma | |
| **4.** | Der Kern in Konfluenz, Spaltung, Nullpunkt, Dreiklang | 184 |
| 4.1 | Ich-Kern und bipolares Selbst im dualen Rapport | |
| 4.2 | Hiatus ( Spalt ) - als Rückschritt und Fortschritt | |
| 4.3 | Doppelaspekte: Identität & interaktionale Beziehung | |
| 4.4 | Paradigmatisch – synoptische Schautafel | |
| 4.5 | Angst und Mut; Erregung und Sprung in der Dichtung | |

## KAPITEL XIV
## Psychologische Beschreibung

| | | |
|---|---|---|
| **1.** | Summe : Koordinatensystem und Entwicklungsnullpunkt | 192 |
| 1.1 | Doppelter Flow im Up & Down und in fünf Phasen | |
| 1.2 | Reziproke Wechselbeziehung und Synopse | |
| **2.** | Protektiver Verdrängungsquadrant en dètail | 195 |
| **3.** | Retroflexion en dètail und Korrelationen | 196 |
| **4.** | Introjektion en dètail . Pseudokonsum des „Als-ob" Typs | 199 |
| **5.** | Projektion en dètail; abgelehnte Selbstaspekte; Korrelationen | 202 |
| **6.** | Projektive Aggression : „ Don´t act it out " & " act it out "! | 207 |
| **7.** | Impasse-Arbeit : Nichts geht mehr in der Nähe zum Ich-Kern | 209 |
| **8.** | Handlungs- und system-theoretische Perspektiven Soziale Einschätzungen in Tafeln und Feldern | 210 |
| **9.** | Phantasiereise: Animal Imageries in vier +/- Befähigungen | 214 |

## KAPITEL XV
## Variable Entwicklungs-Nullpunkte

| | | |
|---|---|---|
| **1.** | Horizontales, vertikales, zentrales Wachsen | 216 |
| **2.** | Der wandernde Entwicklungs-Nullpunkt „vertikal" in Chakren | 217 |
| **3.** | Der wandernde Entwicklungs-Nullpunkt „horizontal" | 220 |
| 3.1 | Phasenabläufe, Umkehrbarkeiten; die „1+4" Ordnung | |
| 3.2 | Genderharmonie und Geschlechterkrieg seit Platon | |
| 3.3 | „Rigid"-Korrelation zu Protektion-Deflektion-Avoidance. | |
| **4.** | „Diagnostic Issues" in bioenergetischer Diktion am HFI | 226 |
| 4.1 | Das Muster für fünf Diagnosetafeln und „Atem" als Mitte | |

4.2 Mentale Vorgaben bei Buber, Tagore, Sölle ...

## KAPITEL XVI
### Death-Layer Arbeit und Zentrierung

1. Widerstandsschichten im Zwiebelschalen Look 233
1.1 „Charakterpanzerung" und „zu revitalisierende" Schichten
1.2 „Retroflexions-Mauern / Mißtrauen : Bin ich richtig?"
1.3 „Old Negativities": Cruelty, Pseudostoffwechsel, Skotome
1.4 „Non-Existence-Schicht : Du bist nicht gewollt!"
1.5 „Schädigung des Ich-Kerns"; kein Unterschied von „I" & „Die"
2. Praxisberichte: Eingeübte Muster in zweiter Natur 235
2.1 Projektions-Schicht : Nach außen gerichtet - bis explosiv
2.2 Retroflexions-Schicht: Ohne offen reflektierendem Zugang
2.3 Introjektiv- internalisierte Old Negativities: Cruelty - Crazines
2.4 Non-Existence und Core-Arbeit ( Herzenhören ).

## KAPITEL XVII

1. Dichtung : „ Death-layer und Core " 249
2. Angst als polares Ferment der Lust zu leben 250
3. Vier perinatale Grundmatrizen bei Stanislav Grof und
   „Freude"- von W. Schutz bei der Geburt seines Sohnes 252
4. I Ging und Kreuz , zwei weltweite Symbole 253
   Das Buch der Wandlungen: Kuas, Tri- & Hexagramme ,
   Mitte , Einheit und Zweiheit
5. Das Kreuz im Koordinatenschnittpunkt 260
5.1 Klare Konturen der Ägeis, Rennaissance, Impressionen,
    Askese, Dithyrambos und Psychiatrie
5.2 Petrarca und sein genialer Einfall 264
    „Rede an den Europäischen Menschen"
5.3 Schleiermacher; Hollenweger : Himmel - Wüste – Oase. 268

## KAPITEL XVIII

1. Anhänge 1 – 23 271-293
   Schaubilder (1-3) ; Modelle A–D (4-7) ; Geometrien (8-15) ;
   Tafeln 1-8 (16-21) ; Doppelhelix (22)   ; 64 Hexagramme (23)

2. Literaturverzeichnis 294-297

# Vorwort und Dank

## Anstöße derer, bei denen ich lernte

1. „Binsenwahrheiten werden oft auf Umwegen meine eigene, authentisch gefüllte Wahrheit"- Ernst Fuchs, Prof. für NT und Hermeneutik (Berlin 1957-60): „Auf dem Umweg über ein Du komme ich zu mir selbst" (einen Kuss erfahre ich nicht alleine) . Auch die vorliegende Arbeit braucht „Umwege".

2. Die polare Dynamik von Leben im Diesseits zeigt sich vernetzt, vereinfacht im Bild der „Wippe";- Dr. Wybe Zijlstra in Supervisionskursen.

3. Der Standpunkt als „dritter Punkt" zwischen den Polaritäten! Im Vorwort zu „Ego, Hunger und Aggression" sagt Fritz Perls: Es sei ihm gelungen, „einen Weg aus der Sackgasse zu finden, den Status quo zu überwinden, in dem Therapie üblicherweise stecken zu bleiben scheint. Ohne einen adäquaten Standpunkt ist der Therapeut von Anfang an verloren." Dieser Standpunkt beruht für Perls „auf Polaritäten und Zentrierung".

4. „Meine therapeutische Arbeit gewinnt an Prägnanz in „short pieces" (Stuart Alpert und Naomi Bressette am Hartford Family Institute für „Bioenergetik" (s. W. Reich, A. Lowen). In 25 Jahren Psychiatrie-Arbeit bekamen kleine, in sich stimmige Schritte Gewicht, weil sie angstbefreiend öffnen (s. non-direktive Gesprächsführungen bei Carl Rogers, Ruth Cohn).

5. Die Entwicklung vom „Humboldt'schen Universalwissen" zum differenzierten Fachwissen braucht den Mut zu axiomatischen und einfachen Linien, die wie „Lichtschneisen" den Dschungel an vielfältiger Verworrenheit durchleuchten (Jürg Willi u.a.).

6. Der „Netzwerkgedanke eingefaltet-innewohnender Ordnung" (F. Capra) ist verbunden mit kreativen Prozessen (J. Zinker). Aus „Teilganzheiten wird ein neues über-summatives Ganzes" (Prof. H. Petzold). Das gilt auch für diese Paradigma-Arbeit.

7. Mit Petzold und der „Integrativen Therapie" hat das Sein in der Welt (etre-au-monde bei Merleau-Ponty) zu tun mit Identität, Integrität und Korrespondenz, sofern Sein zugleich „Mit-Sein" ist. „Response-ability zeigt ein Zusammenwirken von Kontext und Zeitkontinuum", in dem ich mich als „Leib - Geist - Seele Subjekt" auf der „Bühne des Lebens" vorfinde (H. Petzold).

8. Das Paradox von Widersprüchlichkeiten und integrierender Hochzeit

erfahren wir in der Partnerbeziehung auf Augenhöhe, im dialektischen Vollzug von Individuation und Sozialisation, im Paradox der Identität von Zweiheit und Einheit, ca. 50 : 50 % elterlicher Gene. Vgl. B. Bettelheim: „Die Geburt des Selbst"; G. Benedetti: „Doppelrapport"; E. Gendlin:" Focusing" und in gruppendynamischen Prozessen ( E. Berne ´Games People Play" ).

9. Widersprüche hausgemachter Art : Mein Gegenüber ist mal entzückt über meine „Einfalt" und kontert schroff: Du bist überhaupt nicht „naiv" - in dem Moment, als ich beides vermische. D. h. in mir bin ich verhochzeitet im Konflikt, mich meiner „Einfalt" zu schämen und darauf bedacht, nicht „naiv" sein zu wollen. Die „Hochzeit" beider Begriffe signalisiert: Nur ja nicht den Weg schmerzlich-mühevoller Erfahrung zu wiederholen, den Weg erlernter, zweiter Natur (s. „Charakterstruktur" bei W. Reich, A. Lowen). Waren nicht die Kosten zivilisierter Kultur, die Messlatte der Segnungen und Verbiegungen nicht unendlich hoch? Buddha: „Alle Lebensphasen sind Leiden!" Sollen wir den Weg zur Unmittelbarkeit, O-Ton, Unbefangenheit, Einfalt zurückgehen in Annäherung an: „Wenn ihr nicht werdet wie die Kinder" (Matthäus 18, 17)?! Oder Matthias Claudius in „Der Mond ist aufgegangen": „Lass uns einfältig werden" ! - Was sollte uns verlocken, in die alten Verletzbarkeiten zurückzukehren und in erlernte Schutzbefestigungen neu einbrechen zu lassen?

10. Der Gedanke wuchs: Ein flexibles Paradigma zu finden, das hilft, eine „einfältige" und komplexe Personenstruktur zu verbinden; ein Paradigma, das zwischen Gefühl und Verstand und im ganzen Fächer der Gefühle situativ umzuschalten weis; eins, das in Turbulenzen und Stagnationen beides erlaubt: Prägnanz und Kreativität, Fließen und Struktur; das in Sekunden-Bruchteilen lebbar, übertragbar, handhabbar ist; das in wacher Wahrnehmung einschließlich Fehlern in Plus und Minus unbestechlich Klarheit schenken kann.

11. Ein alter Kronzeuge „Konfutse" sagt zur Kunst,  klare Gedanken zu haben, dass wir den „ruhenden Punkt" in uns kennen müssen. - Dadurch gewinnen wir klare, praktische Begriffe, die es uns ermöglichen, auch in verwirrenden, gefährlichen Umständen richtig und wirkungsvoll zu handeln" ( C. Markert, S. 85 ) .

12. Mit Fritz Perls verweist Prof. H. Petzold „auf das vielleicht bedeutendste Integrationssymbol menschlichen Denkens, das Yin und Yang, das Tai Chi in: „Modelle und Konzepte zu Ansätzen integrativer Therapie".

13. Francesco Petrarca (1304-1374) in der Renaissance verweist auf ein

zweites, integratives, versöhnendes Symbol irdischer Brüchigkeit zwischen Oben und Unten, Rechts und Links. Er setzt in den Schnittpunkt von Horizontaler und Vertikaler das Kreuz. Als mathematisches Koordinatensystem, wie auch als römisches Werkzeug zur Hinrichtung, wird es hier zum „Ja", mit offenen Augen in Höhen und Tiefen zu sehen und dennoch sich nicht korrumpierbar einschüchtern zu lassen : „In der Welt habt ihr Angst; das ist wahr; doch seid getröstet ...; hier geht es um die Solidarität mit den Kreuzen dieser Welt". In der Rede „Vom Europäischen Menschen deutscher Nation" überwindet Petrarca den verhängnisvollen, mittelalterlichen Neuplatonismus in der wertenden Dualität von höheren Ideenwelten contra leibfeindlicher, dionysischer „Fleischeslust" mit aller Spaltung in Primatansprüchen und Geringschätzungen.- Mit dem Gedankenblitz des „Ja zur Inkarnation", dem Ja zu beiden Koordinaten wächst der Renaissance der Mut, in beidem ganz zu sein.

14. Eine Blitzerfahrung im O-Ton erzählt: „Ich sitze in Todtmoos-Rütte beim „geführten Zeichnen". Vor mir ein Papierblock, von vier Klammern gehalten. Bei geschlossenen Augen, mit zwei Kreiden in jeder Hand, bittet mich die Therapeutin, der inneren Bewegung zu folgen und sie aufs Papier zu bringen. Ich freue mich, schalenförmig zu schwingen; stoße aber im Schwingen verärgert gegen die obere Klammer. Mit einem „Stopp" lässt sie mich die Augen öffnen und sagt: „Warum machst du dich zum Opfer einer Stahlklammer?" Ich könne den Malblock auch zuerst erfühlen, um dann in den Grenzen frei zu sein". Möglich sei auch, bei aller Zerrissenheit im Isis-Osiris Mythos, von den zerteilten Bruchstücken meiner zerbrochenen Partnerschaft zu sprechen, um im Mitteilen Stück für Stück zu kitten und zu heilen."
Ilse Aichingers Kurzgeschichte: „Der Gefesselte" erzählt vom minutiösen Lernen am Punkt Null, Spielräume in den Fesseln zu finden und darin frei zu sein. Der umgekehrte Weg aus den Fesseln heraus in die geschenkte Freiheit ist dann wieder ebenso mühsam. Solch kleinste Schritte geht die „Deathlayer-Arbeit" in der Bioenergetik. Perls mahnt dazu: In der Therapie nicht direkt ins Zentrum vorzudringen, sondern den Symptomen zu folgen.

15. Prof. Fuchs in Berlin war in der dialektischen Theologie der, der mit seiner Hermeneutik einen Eros des Übersetzens pflanzte. Was in der Philosophie die „Phänomenologie" war, was in der Germanistik die „Existentialisten" waren und was in der Psychologie die „Integrative Gestalt", sie hatten immer wie ein roter Faden den „phänomenologischen Ansatz".-
Bei Ernst Fuchs wurde dies zu einer Art schwäbischer „Hausfrauen-Theologie", die er im Krieg bei einer Bäuerin lernte.-
„Inkarnation" z.B. hiess bei ihm übersetzt: „Eine Hausfrau, die Kartoffeln

schält, macht sich unweigerlich die Hände schmutzig." Zur „Identität": „Es kann das Radieschen nicht einfach sagen: Ich wär´jetzt mal der Kaiser Maximilian."- Zur „Nächstenliebe": „Wenn Du abends mit deiner Frau ins Bett gehscht und ihr noch lange von Gott redescht und sie schläft ein, dann liebscht du sie nicht richtig!" Dem Theologen, der darauf beharrte: „Das hermeneutische Prinzip für die Katze sei die Maus", antwortete er: „Ein Schälchen Milch tut´s auch."

16. Die Eltern waren wie Feuer und Wasser, hugenottisch und deutsch. - Sie standen auf zwei Füssen im Urvertrauen von Glaube und Aufklärung. In den 20 Jahren auf Java trafen Ratio und Naturkulte und Islam zusammen.
Selber bin ich da geboren und 13 Jahre aufgewachsen. Als Dritter unter den fünf Geschwistern bin ich zugleich Zwilling ( s. Alice Miller ). Der patriarchale Vater (1897*) war in meinem 5.-13. Lebensjahr am Himalaja interniert (dazu später der Glückwunsch der Analytikerin ). Die lange Leine der Mutter ließ uns eigene Wege finden, inkl. „Brüche und Neuanfänge" und dem gelebten Satz: „Wer unter Euch ohne … ist, werfe den ersten Stein." Daraus erwuchs der Mut zu Durchgängen mit offenen Augen und so auch Strukturen finden. Beides verbindet sich, wie eine Art Doppelhelix, zu einer „ situativen Ethik ". Sie beäugt dogmatische Festlegungen mit einer Portion Skepsis.- In Toto waren Arbeit , Spiel und Satori-Erfahrungen oft miteinander verwoben.

17. Die Digitalisierung des Buches verweist auf die Grundschritte des PC-Aufbaus, auf die geometrischen Grafiken, auf klare Entscheidungen im „Ja und Nein", vergleichbar mit der Unbestechkeit der Bergpredigt : „Eure Rede sei Ja, wenn Ja,- und Nein, wenn Nein!" In dem Sinn, dass Form und Inhalt einander bedingen, disziplinieren und Klarheit schaffen , gilt mein Dank der Hilfe und dem Wissen von :
Fritz Hardy und Dr. Heinrich Raatschen .

18. Im Zug digitaler Entwicklungen gibt es punktuelle Anwendungen , z.B. in Stephani Hartungs Buch: „ Gestalt im Managment " - oder in JPS Sensoren, die bei Ski-Abfahrten im Weltcup , mit „Airbag" am Körper helfen, bei hohem Tempo bis hin zum Crasch die Fahrer zu schützen. Die Entwicklungszeit für dies Wunderwerk der Technik - so die Medien – brauchte fünf Jahre .

19. Die Kreativität in seinen Entwicklungen benennt Joseph Zinker als „ The Growing Edge ". Lore Perls kommentiert es mit der Aussage: „Dies Buch ist eine erfolgreiche Integration der Erfahrungen , Einsichten und Fertigkeiten des Autors mit Leidenschaft, Ausgelassenheit und Humor " ( ISSN 0720-2385 ).

Pierre Teilhard de Chardin schreibt für sich im Brief vom 12. 9. 1933 : „Es ist eine Freude, sich einer Sache, an die man glaubt , bis zum Ende zu geben".

Paul Claudel teilt die duale Sicht seiner Arbeit in zwei Seiten: „Die Ordnung ist die Lust der Vernunft ; aber die Unordnung ist die Wonne der Phantasie."

Summarisch führen beide : Vernunft und Phantasie , Knochen und Fleisch , an den Anfang dieses Buches zurück, wonach oft erst auf Umwegen sog. „ Binsenwahrheiten " zu meiner je eigenen Wahrheit werden.

# Kapitel I

## Strukturelemente des Paradigmas

## 1. Ausgangspunkte

### 1.1 Dialektik

Fritz Perls nennt „Dialektik" nicht philosophisch, sondern als Brauchbarkeit bestimmter Regeln „differenzierendes Denken" (18). Von Salomon Friedländers Theorie ausgehend: „Jedes Ereignis stehe in Beziehung zu einem Nullpunkt, von dem aus eine Differenzierung in Gegensätzen stattfindet" - zeigen diese Gegensätze in ihrem spezifischen Zusammenhang große Affinitäten zueinander und bilden ein System „wie plus - minus; klug - dumm; schnell - langsam. Tausende solcher Gegensätze sind in der Alltagssprache miteinander gekoppelt wie hoch - tief, schwarz - weiß, warm - kalt, Tag - Nacht" (vgl. Joseph Zinker in „Die schöpferische Indifferenz" (19 ff). So finden sich auch im psychischen Bereich und in der Terminologie der Psychoanalyse Begriffspaare wie „Lust - Unlust" , Wunscherfüllung und Versagen; Sadismus - Masochismus; bewusst - unbewusst". Gegensätze sind jedoch nicht nur durch Wörter vorgegeben, sondern auch durch ihren Zusammenhang. Es kommt vor, dass zum gleichen Wort mehrere korrelative Ausdrücke gehören. So stehen dem Wort * Geben * auch * Empfangen * und * Nehmen * gegenüber; * alt * steht * neu * und * jung * gegenüber. Diesen Sachverhalt bringt Zinker in eine anschauliche Graphik (s. u.). Bei Gegenpolen wird zudem im pathologischen Selbstkonzept der Fehlbestand an Gewahrsein des je anderen Pols grösser! Die gestrichelten Felder erscheinen wie blinde Flecke.- Zinker schreibt ( bei H. Petzold der „primordiale Sinn") zum Vorgang schöpferischer Indifferenz und Dialektik: „Ich kann alles homogenisieren und irgendwas als Figur aus dem undifferenzierten Hintergrund treten lassen und habe es in den Brennpunkt gerückt. Ich gehe von einem dialektischen Zustand aus, einem rhythmischen Homogenisieren; da hinein fokussiere ich dann" (S. 194 f, 198 f, 249) ! Zu vergleichen ist damit Zinker's Modellzeichnung in: „Pathologische Selbstkonzepte", in der er sehr ins Detail geht ( Anhang 1 ).

### 1.2 Der Nullpunkt

Der Nullpunkt ist arithmetisch „die Mitte eines Plus-Minus-Systems" ( Perls ). Im Paradigma setzen wir hier ein Koordinatensystem ein. „Die Null hat eine zweifache Bedeutung, die eines Anfangs und die eines Zentrums."

Sie ist der Anfang von „zwei Linien, die sich in eine Plus- und eine Minus-Richtung erstrecken. Auf diesen Linien können Zahlenreihen eingetragen werden"."Die Zahlen geben den Grad der Differenzierung vom Nullpunkt an." Dabei hat die Null „den praktischen Aspekt des Normalen," ob der Gefrierpunkt des Wassers bei 0° Celsius liegt, der mittlere IQ bei ca. 90-100 angesetzt wird, die menschliche Körpertemperatur um 36, 7° C pendelt. „Tatsächlich gibt es in unserem Organismus viele Systeme, die um den Nullpunkt von Normalität, Gesundheit, Indifferenz angeordnet sind" ( 20 ).

### 1.3 Der Grad der Differenzierung

„Drei Punkte sind für das Verständnis unentbehrlich: Gegensätze, Prädifferenz (Nullpunkt) und Grad der Differenzierung" Bildlich wird das deutlich in der Darstellung des Spatenmannes. Er setzt den Spaten auf ebener Erde mit beliebigem Nullpunkt an; von ihm geht die Differenzierung aus. Jeder Spaten Erde ruft einen Fehlbetrag im Boden hervor, der als Überschuss auf das Hügelchen gehäuft wird". Die Differenzierung der sich entsprechenden Vertiefung und Erhebung „ist graduell und geschieht in genau dem gleichen Grad nach beiden Seiten" ( 20f ).

Abb. 1

Erinnert sei an den Satz von der Erhaltung der Energien, dem grundlegenden Naturgesetz, wonach Energie weder erzeugt noch vernichtet wird. Sie wird von einer Energieform in eine andere umgewandelt. Gleichzeitig knüpfen wir an die Sinuskurve in der Schwingungslehre an, die Perls in seinen Bildern (s.o.) beinahe nebenbei zeichnet. „Die zwei und mehr Richtungen einer Differenzierung entwickeln sich gleichzeitig. Und die Ausdehnung nach beiden Seiten ist allgemein gleich"; so ist das Maß der Differenzierung wichtig. Oft wird der „graduelle Unterschied" vernachlässigt. „Eine heilsame Droge und ein tödliches Gift, sie haben zwar entgegen-gesetzte Wirkungen, unterscheiden sich aber durch den Grad der Dosis. Quantität wandelt sich in Qualität" (25) .

### 1.4 Der „Standpunkt" des Therapeuten

Perls: „Indem wir wachsam im Zentrum bleiben, können wir eine schöpferische Fähigkeit erwerben, beide Seiten vom Vorkommniss zu sehen und jede unvollständige Hälfte ergänzen. Indem wir eine einseitige

Anschauung vermeiden" (es sei denn eine bewusst gewollte Intervention) „gewinnen wir eine tiefere Einsicht in die Struktur und Funktion des Organismus" (19). „Differenzierendes Denken - die Einsicht in die Funktionsweise der Systeme, liefert uns ein geistiges Präzisionsinstrument, das weder schwer zu begreifen noch zu handhaben ist. Das Denken in Gegensätzen ist die Quintessenz der Dialektik." So behalten wir immer auch die Kehrseite einer Medaille im Auge. „Es ist nicht schwer, die Kunst des Polarisierens zu lernen, es sei denn, man hält den Punkt der Prädifferenz im Sinn. Sonst entstehen Fehler, die zu willkürlich falschen Dualismen führen" (21 + 23).

Neben den drei Punkten: Gegensätze, Prädifferenz (Null) und Grad der Differenzierung kommen bei Perls noch hinzu:
a) Der Kontext, das Feld oder das Ganze (36) .
b) Die bindenden und die spaltenden Kräfte (29, 26 f) .
c) Die Vorstellung der Funktion, das „wie", statt Kausalität.
d) Das Zeit-Zentrum unserer selbst, die Gegenwart (111).

**1.5 Die Felder der „Yin und Yang" Figur im Paradigma**

„Gegensätze entstehen durch Differenzierung von etwas nicht Differenziertem" (23); bzw. schöpferisch und kreativ mit etwas umgehen, heißt u. a. scheiden, unterscheiden, trennen. Der Schöpfergott in der Genesis scheidet die Finsternis vom Licht, Wasser vom Land, vegetativ Pflanzliches vom Tier etc. Wie am Anfang in der Genesis alles „tohu-wa-bohu" ist (wüst & leer = Prädifferenz), weist Perls auf den prädifferenten Zustand des chinesischen „Wu - Dschi" hin, „ das durch einen einfachen, leeren Kreis dargestellt ist ". Der Kreis, das Feld, die Situation , sie sind „ ein entscheidender Faktor bei der Wahl des Null - Punkts " ( 24 ). In der Therapie wird er durch die Wahrnehmung und in der Wahl von zwei sich zeigenden Polen markiert: Dem hervortretenden Pol und seinem zu erarbeitenden „Gegenpol" ( blinder Fleck / Abhg. 1 ).
Perls: „Der Kontext oder das Feld oder das Ganze, in das ein Phänomen eingebettet ist, ist „nicht aus den Augen" zu lassen. Klar wählen wir auch „Objekte gemäß unseren Interessen aus; und diese Objekte erscheinen ebenso als hervorstehende Gestalten". D.h. wir „erzeugen insgesammt eine Figur-Hintergrund-Wirkung." Auch folgender Zusammenhang gehört zum Standpunkt innerhalb eines ganzheitlichen Feldes: Mit „Leib und Seele" hinter etwas stehen, bezeichnet „zwei Aspekte der gleichen Sache" und bildet doch gleichzeitig „eine holistische Einheit" (36+41). Das Yin-Yang Symbol im Tai-Chi drückt harmonisch-ausgewogen

die fortschreitende Differenzierung in Gegensätzen aus. Beide Felder sind mal vertikal, mal horizontal, um 90 Grad versetzt, anzutreffen.

**Das Yin - Yang senkrecht:**
In der Logik wacher Wahrnehmung von Oben und Unten sagt Konfutse: „Dass alle Dinge ihre unterirdischen Wurzeln und überirdische Zweige haben. Alles hat einen unsichtbaren Ursprung und ein sichtbares Entfalten. Wir dürfen nicht die Reihenfolge der Dinge verwirren, wie wir nicht den Unterschied von Kopf und Fuß vergessen dürfen" ( Markert 85 ).

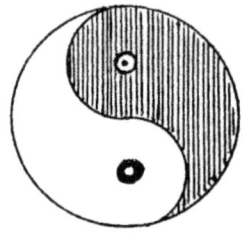

Abb. 3

Nord- und Südpol sind als magnetische Orientierungen in der senkrechten Achse dargestellt und volkstümlich in „Oben und Unten" auf der Weltkarte eingestuft. Verhängnisvoll werden Klassifizierungen in der Verkoppelung: „Oben" = reich und „Unten" = arm.

**Das Yin-Yang waagerecht:**
Die Waagerechte weist auf Bewegungen vor und rück und auf Zeitabläufe. Die Erdumdrehung kreist immer von West nach Ost im Verhältnis zur Sonne. Sich fortpflanzende Schwingungen sind Wellenlinien. Für Frequenzen und geschichtliche Abläufe von der Vergangenheit über die Gegenwart bis zur Zukunft gilt das ebenso (vgl. die Zeit als vierte Koordinate bei Capra, 93). Waagerecht erfahren wir die Annäherung und die Entfernung gegenüberliegender Pole als „Nähe und Distanz"!
„Bewegung" zeigt sich „ horizontal " im Aufeinander zu, sowie Fortbewegen ( in der Soziologie die Gesetze des „An und Ab"). Auch Yin und Yang sind zwei sich begegnende Größen. Sie können dynamisch als Teilganze weit entfernt von einander sein; sie können sich berühren und punktgenau abgrenzen; sie können sich partiell überlappen, vermischen oder symbiotisch decken und verschmelzen :

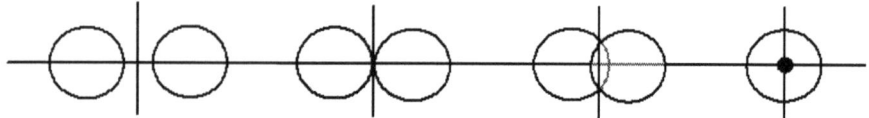

**Abb. 4** zeigt: Die Sinus-Halbbögen im Spin der Polaritäten verdichten sich von Außen nach Innen, bis ihre Kernpunkte in der Annäherung an die vertikale Tangente sich im gemeinsamen Nullpunkt fusionieren. Waagerechte und Senkrechte gehören in Relationen zu einander. Im Wechselspiel von mehr oder weniger Nähe sind ihre Kernpunkte gleichwertig !

Abb. 4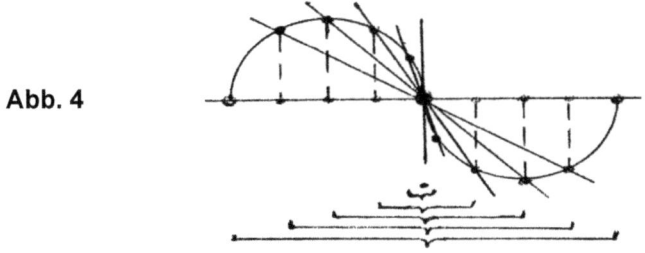

## 1.6 Das Koordinatensystem :

Fortan spielt das Koordinatensystem in der horizontalen und vertikalen Achse mit die wichtigste Rolle. Das gilt für das „Spatenmännchen" mit den Amplituden von Berg und Tal, für das Yin und Yang in seiner Sinuskurve und für das zeiträumliche Auf-einander-zu der Pole in der mathematisch (wie idealiter) gegebenen Sinuskurve mitsamt den Nullpunkten:

Abb. 5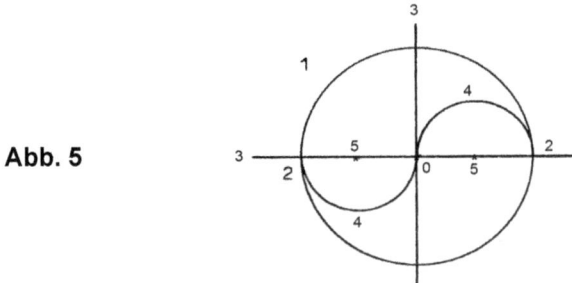

## 1.7 Summe der bisher benannten Paradigma Elemente :

0 = Nullpunkt        auf irgendeiner Prädifferenzlinie / Ebene
1 = Feld / Kreis     je nach Horizont, Auswahl, Fokussierung
2 = Pole             im An & Ab von der Peripherie des Feldes
3 = Koordinaten      mit dem im Feld gewählten Nullpunkt
4 = Sinuskurve       Schwingungen als Aus- und Eindruck von raum-
                     zeitlichen Impulsen, die das Feld bipolar teilen.
5 = Kernpunkte:      Jedes Teilganze, Yin oder Yang , hat den eigenen
    Kern- und Nullpunkt. Gleichwertig weisen sie im innersten Keim
    auf das bipolare Andere hin ( q.e.d.).

## 2. Annäherungen an die Dynamik des Paradigmas

### 2.1 Kausalität im Paradigma ?

Entsprechend der oft müßigen Frage nach „Henne und Ei", wonach viele Warum-Fragen müßig sind (Kinderfragen), empfiehlt Perls: „Denkbar vorsichtig" mit Ursache und Wirkung umzugehen. Er lässt an die Stelle der Vorstellung von der Funktion das „wie" treten (26) .
So ist im Paradigma nicht stereotyp, primär entscheidend, wo ich ansetze. Klar ist wie beim Steinwurf ins Wasser: Zuerst ist der Einschlag da. Doch was sehen wir auf der horizontalen Nullachse? - Zuerst das Wellental oder den Wellenberg? Der große Kreis umfasst dabei die Einheit, das Ganze von Wellenberg und Wellental . **Vgl. Abb. 6 A + B + C** ( und Anhang 2 ).

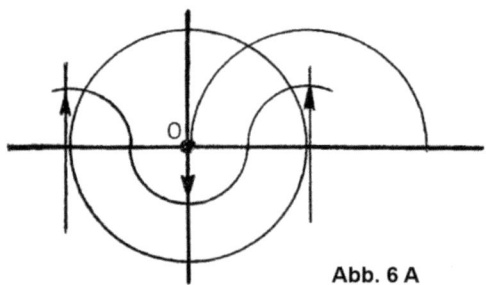

Abb. 6 A

In der „Integrativen Therapie" (IT) geht es nun nicht primär darum, den Einbruch traumatischer Schlüsselerlebnisse im „Aha" von analytischer Deutbarkeit zu ergründen, noch geht es um die nach aussen sich zeigende Symptomatik ( Wellenberg ), die verhaltenstherapeutisch zu ersetzen wäre. Integrativ meint: Die Dynamik des Gesamtfeldes im Auge zu haben. Das Gegenwärtige im Zeitkontinuum von Vergangenheit und Zukunft weist schon immer auf das Zentrum integrierter oder nicht integrierter Bewegungen ( Bedürfnisse, Empfindungen, Entscheidungen, Handlungen gelten im Gesamtkontext ). Als Zentrum von kontinuierlicher Fortbewegung können wir z.B. den „Bug" eines Schiffes uns denken und malen: Der Bug als senkrechte Mittel- und Null-Linie; die „Bugwelle" als Widerstand und Stau vorwärts treibender Kraft und Masse (vgl. Schiller: „Hart im Raume stoßen sich die Sachen").
Seitlich hinter dem Bug erscheint dann das Wellental ( s. Abb, 6 B+C). Doch schon in zyklothymen Zuständen eines Klienten sieht der Therapeut situativ, was er gerade miterlebt ( parallel zur manisch-depressiven Sprachformel ): Ob die manische Phase oder die depressive Phase der Ausgangspunkt ist.

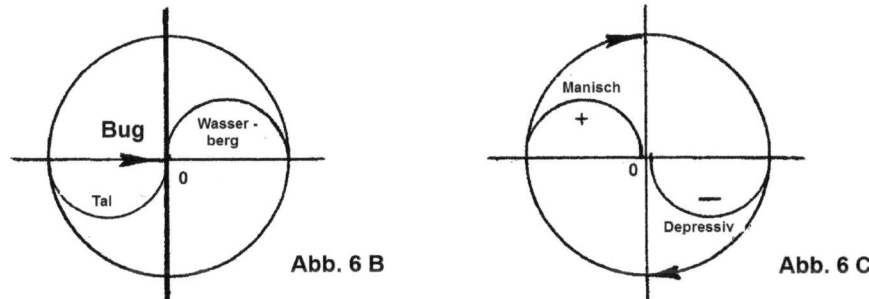

Abb. 6 B       Abb. 6 C

**Beispiel**:
Herr X. wird per Psych.KG. erheblich „manisch" stationär behandelt. Tage später klagt er: „Ich befinde mich immer noch in einer unerträglichen Hölle von Depression; ich habe dem Arzt gesagt: Er solle mir das Tofranil geben; das hilft!" Der Therapeut: „Und dann?" - Klient: „Der Arzt sagt: Dann würde er mich wieder in die Manie schießen." - Mit anderen Worten: Schon mittels Psycho-Pharmaka lässt sich ein Kippmoment, mal so und mal so herum herstellen. Subjektiv hat Herr X seine eigene Prioritätenfolge. Er sagt „Die Manie ist ein Geschenk des lieben Gottes nach all den Tiefen von qualvoller Depression und Hölle!".
Den vorsichtigen Hinweis: Ein ähnlich Betroffener habe die Manie als „glücklose Freude, freudloses Glück" beschrieben, notiert er sich schnell in einem Büchlein (er ist promovierter Philologe) und findet: „Wirkliches Geniessen, Einlassen, Sichfreuen sei bei dem „drive" nicht gegeben."

Wie der Reiter über dem Bodensee beim Knacken des Eises dahin jagt; wie Ikarus beim Höhenflug zur Sonne nicht aufhört (die unterschwellige Angst vor Absturz beflügelt seinen manischen Sog), - in jedem Fall erscheint „High-sein" subjektiv besser , als „depressiv" zu werden.

## 2.2 Gleichwertig ist nicht gleichart im Polaren wie im Zyklischen

**2.2.1 Polare Phänomene** sind tausendfach und allgegenwärtig! Himmel & Erde; Sonne & Mond; Ebbe & Flut; Sommer & Winter; Geburt & Tod; weiblich & männlich. Ebenso kennen wir die „Triangulierungen": Vater – Mutter – Kind; Sonne - Mond - Sterne; oder wenn wir den „dritten" Punkt zwischen die Pole setzen, z. B. Frau - Kind - Mann; Leib - Seele - Geist; Kopf - Herz - Bauch. Zuvor aber gilt: Eine grundlegende Polarität kennzeichnet unser ganzes Diesseits, die gesamte Wirklichkeit, alle Differenzierung, ob physisch und psychisch, wirtschaftlich, sozial, kulturell, alles Irdische ist gegenbegrifflich einzuordnen: Einatmen & Ausatmen;

hungrig & satt; groß & klein; bewusst & unbewusst; Aktion & Reaktion; Spannung & Entspannung; konstruktiv & destruktiv; Ideal & Wirklichkeit; Emotion & Intellekt; Hass & Liebe. Auch die alltäglich polare Rollenzuschreibungen kennen wir: Arbeitgeber und Arbeitnehmer; Regierung und Opposition; Politiker.und Bürger; Polizist und Demonstrant; Falken und Tauben; Kommunist und Kapitalist; Ost und West; Nord und Süd ( synonym mit reich und arm weisen sie dann auf ein Gefälle ).
Auch gilt: „Das ewige Zusammenspiel von Yin und Yang bestimmt nicht nur Beziehungen zwischen Geschlechtern, sondern auch das Gleichgewicht aller Begriffspaare, die eine polarisierte Einheit bilden" (Markert 23).

Die Gleichwertigkeit der Pole sehen und die Einzigartigkeit einer polaren Teilganzheit: Sommer ist nicht Winter; Tag nicht Nacht; Frau nicht Mann; Buddhist nicht Christ;- heißt zuerst: Den Primat einseitiger Wertigkeiten abzubauen! Die Gegensatzpaare sind Pole eines Ganzen; und jeder Pol ist nur eine Hälfte, die durch eine andere ergänzt und bereichert wird. Nichts ist ausschließlich nur Yin oder nur Yang.- Sie sind „gleich-wertig" und nicht „gleichartig". Sie ergänzen sich, brauchen einander, auch wenn jeder für sich ein Teil-Ganzes ist. Sie haben ihren Akzent! Gleichzeitig verhalten sich beide im gleichgewichtigen und im dynamischen Auf und Ab ihrer Kräfte. Die Zuschreibungen laufen polar und zyklisch ab ( vgl.Capra 32 / 42 ).

### 2.2.2 Zyklische Phänomene Abb. 6 A - C

Zyklisch meint : Wiederkehr , Umkehrbarkeit, rhythmische Gegenläufigkeit . Die zyklische Struktur des Yin und Yang zeigt sich , indem beide Pole den „ Zyklen des Wandels Grenzen setzen ". „ Nachdem das Yang seinen Gipfel erreicht, zieht es sich zugunsten des Yin zurück" ( Abb. 6 C ). In einer natürlichen, harmonischen Ordnung finden alle Übergänge „ stufenlos in ununterbrochener Aufeinanderfolge statt " wie Einatmen und Ausatmen (Capra 32). Bringen wir Capra in die Yin-Yang Figur ein, indem wir sie mit zwei Händen gleichzeitig vom Nullpunkt aus fortbewegen, so begegnet uns ein Satori eigener Art ( Abb.7A ).
Auch folgende Formulierung deckt sich mit diesem Phänomen: „Vom Nichts, als wie von der Mitte aus, lässt sich der Unterschied nach entgegengesetzten Richtungen ins Unendliche verfolgen : Anfang und Ende sind Mitte ".

Hier ist die „Grenze das Grenzenlose." - Wie im Satori Erleben sind die Erfahrungen von Integration und Kreation, aus der „Leere", aus dem „Nichts" geboren" (Petzold-Perls, IT 1-2, 84 /12). Vom Nullpunkt aus finden wir die Grenzen in der Wahl der Pole wie in der Wahl des Feldes, je nach Notwendigkeit und Freiheit der Ausdehnung , ob mikro- oder makrokosmisch.

## 3. Der Atemrhythmus, übersetzt in die Yin-Yang Figur
### 3.1 Eingefaltete Ordnung und Freiheit in ihren Möglichkeiten

Gibt es gleichberechtigte Polaritäten und gehen beide Pole von einem Nullpunkt aus, so gibt es auch die Möglichkeit des So- und So-herum. Bewusst wahrnehmend beginnen wir mit dem Einatmen oder umgekehrt. Sobald wir aber eins tun, zeichnen sich unterschiedliche Akzente ab.

**3.1.1** <u>Erste Möglichkeit</u>: Wir beginnen das Atmen bei Null mit dem Einatmen, bei einer wohlduftenden Abendluft oder bei einem Erschecken, um dann den Atem anzuhalten mit der Frage: Flüchten oder Angreifen?

**3.1.2** <u>Zweite Möglichkeit</u>: Meditative Entspannung beginnt mit dem Rest des Ausatmens. Dies zweite nochmal Ausatmen führt zur kleinen zyklischen Einheit im Viererrhythmus: Zweimal Ausatmen - Pause - Einatmen.-

**3.1.3** „Pulsschläge": Teils wählt man auch diese im Zählen bis 40, um am Anfang des Einübens konzentriert zu bleiben. Andere nutzen im Kehrvers „Wortfolgen", um dem Geheimnis des Atma auf der Spur zu sein, ein „bestmöglicher Kompromiss" ( Lee Le Shan 62 ).

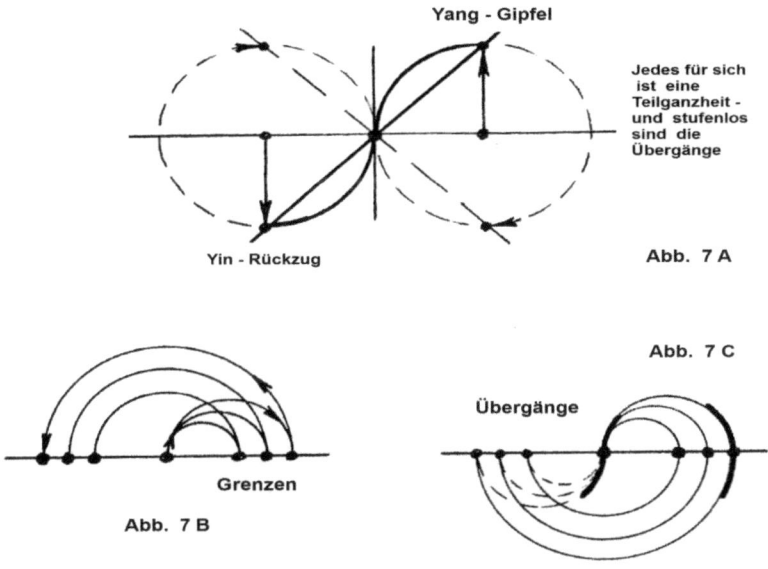

Abb. 7 A — Yang - Gipfel / Yin - Rückzug — Jedes für sich ist eine Teilganzheit - und stufenlos sind die Übergänge

Abb. 7 B — Grenzen

Abb. 7 C — Übergänge

Die Freiheit des Probierens, Bewusstmachens, Integrierens in eigener Person kommt dem kreativen Teil des Netzwerkgedankens nah, einschließlich Fehler machen, Korrigieren, Fliessenlassen, Kommen- und Gehenlassen bis es zum: „ Es atmet mich" gelangt.

Der Freiheit widerspricht auch nicht, dass Entwicklung und Wachstum - öfter als gedacht - in kreativen Sprüngen erfolgt ( J.E. Berendt: „Nada Brahma, die Welt ist Klang") . Dennoch geschieht nichts alleine beliebig und willkürlich. Die „ eingefaltete, implizite Ordnung und eine ungebrochene Ganzheit ist anzunehmen, die dem kosmischen Gewebe von Zusammenhängen auf einer nicht-manifesten Ebene innewohnt " ( David Bohm , Fritjov Capra 101.).

### 3.2 Übungszentriert - unterstütztes Atmen Abb. 8

Es lässt sich im ersten Schritt mit den Armen , von der Mitte aus synchron und in einem Zweitakt begleiten und unterstützen. - Wir wählen , beginnen mit dem Einatmen : Symmetrisch kreisen die Arme , von unten ausholend nach oben und dann wieder entlang der Mittelachse zurück nach unten .
Der Zielgedanke ist letztlich : Sind Verknüpfungen von Atma, Odem, Atem ( kaum etwas kommt dem Geheimnis des Lebens so nah ) möglich mit dem Link zur Literatur , die das Atmen als göttlich besingt , dem Link zu „vielleicht dem bedeutensten Integrationssymbol menschlichen Denkens" ( H.Petzold ) und dem Link zu mathematischen, geometrischen Gesetzen?!

3.2.1 <u>Einatmen</u>: Arme von unten seitlich bis über den Kopf führen
3.2.2 <u>Ausatmen</u>: Arme mittig zur Körperachse sinken lassen und die Luft nach unten ausströmen lassen
3.2.3 <u>Mit zwei Händen</u> sind Yin und Yang gegenläufig in Nachzeitigkeit und gleichzeitig zu zeichnen?! - Eine Hand würde beide Figuren nachzeitig als Acht zeichnen! Verlangt nun aber

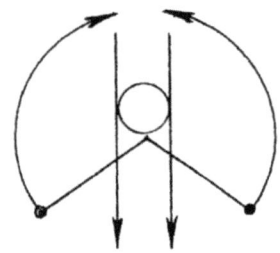

die Gleichzeitigkeit einen Bewusstheitsspalt oder tut die Ganzheit im Gehirn, was das Klavierspiel mit zwei Händen immer schon tut?

3.2.3.1 <u>Möglichkeit A</u> : Einatmen - Ausatmen und Pause – Abb. 9A
<u>Einatmen</u>: Die Hände zeichnen gleichzeitig beide Sinus- Halbbögen 0 – A ( linke Hand ) und 0 - B ( rechte Hand ). Brust und Bauch haben dann ihre größte Ausdehnung zwischen A und B.
<u>Ausatmen</u>: Die Hände beschreiben den großen Halbkreis : Von B nach A und von A nach B . Die Arme überkreuzen sich , pressen letzte Luft aus .
Das Luftvolumen geht von der Expansion zur Kontraktion.
<u>Pause</u>: Hände und Arme lockern sich zurück auf Null: „Nichts.und Alles hat Anfang und Ende" ( die Rechte malt: A - 0; die Linke: B – 0 ) . Mit Abb. 9 A hat sich die zweifache Gestalt geschlossen: „ Anfang und Ende sind Mitte ".
Neues Luftholen beginnt. Die gleiche Übung aufrecht ... erinnert an Goethe :

„Im Atmen sind zweierlei Gaben, das Aufrichten und Sich-Niederlassen".

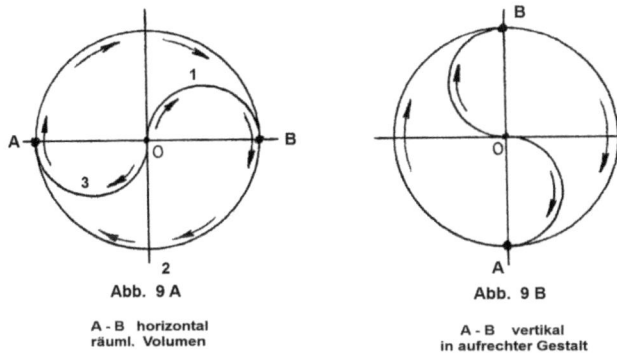

Abb. 9 A
A - B horizontal
räuml. Volumen

Abb. 9 B
A - B vertikal
in aufrechter Gestalt

3.2.3.2 Mathematischer Exkurs : Die ganze Sinuskurve der Yin und Yang Figur entspricht in ihrer Strecke dem zu ihr gehörenden, großen Halbkreis außen herum - lt. 2 r (Pi) :
Die Sinuskurve - innen = 2 x 1 x 3,14 = 6,28
Der Halbkreis - außen = 2 x 2 x 3,14 / : 2 = 6,28 .

3.2.3.3 Möglichkeit Abb.9 B (zwei teilganze Kreise): Ist die Sinuskurve im Kreisinneren so lang wie der große Halbbogen des Kreisganzen außen, so können wir mit beiden Händen im Doppelrapport und zugleich gegenläufig die bipolaren Felder der Figuren im Takt von 1 : 2 : 1 umreißen. Wiederholen wir den Vorgang spiegelbildlich in der genauen Umkehrung der Figuren, so erscheint nun mit der entgegengesetzten Sinuskurve im Kreisganzen eine „Acht". D. h. mit dem Unendlichkeitszeichen der Acht finden sich zwei teilganze Innenkreise in einem großen Kreisganzen. Beide Innenkreise als Teilganzheiten haben zusammen die gleiche Länge, wie der Umfang des großen Ganzkreises.

3.2.3.4 Möglichkeit Abb. 9 C

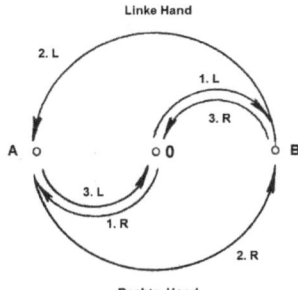

1) Letztes Ausatmen, von 0 nach A + B:
Die Arme -überkreuz- schnüren die Brust an den Polen, Top A und B ein ( toter Punkt, Exitus ), oder :
2) Ein befreites Einatmen folgt im großen Außenbogen: 2. L / 2. R.
3) Ausatmen–Loslassen: 3. L / R.
Zu Abb. 9 C folgende Beschreibung:

Wir beginnen mit dem Rest- Ausatmen mit zwei Händen : Damit verjüngen sich die Yin-Yang-Felder, bis sie auf die letzte Endspitze zulaufen. Die Brust engt sich spürbar ein. Am extremen Grenzpunkt fallen Bauch- Brust- Lungen zusammen. Bei den polaren Endpunkten A+B ( mit auf der Brust gekreuzten Armen ) kann das Atmen in Panik , Atemnot , Leere , Nichts auslaufen, ein letzter Hauch ( Exitus ) ! Oder - das letzte Ausatmen schwenkt um : Mit der Selbstregulation in die Gegenbewegung , ins Einatmen !

Der letzte Sinusteil der Figurspitze ist bei letztem Loslassen der Luft gleichzeitig eine äuserste Kraftspitze :

Beim Fechten ist es: Der Stoß; beim Bogenschießen : Der Pfeil ; bei einem langgezogenen Ton und scheinbar ausgeatmeter Luft ist es : Ein „ssst", ein explosionsartiges Stakkato „Ha" !

Auch bei der aufrechten Körpergestalt (in senkrechter Figur) ist „Atmen und Zeichnen" gleichzeitig erlebbar : Die Yang-Brust (oben) ist gefüllt , der Yin-Bauch (unten) ist hochgezogen, korrelierend leer. Die Position waagerecht und senkrecht zeichnet Abb. 9 D und 9 E .

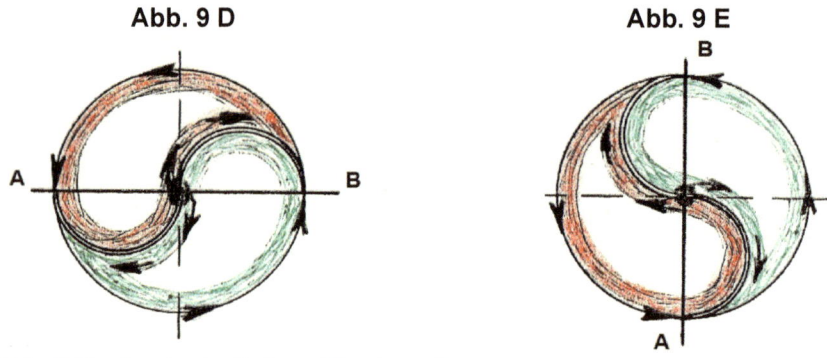

Abb. 9 D – beginnt mit dem „Einatmen"

Die Hände zeichnen die großen Halbbögen von A nach B und B nach A. Das Gesamtfeld der Yin-Yang-Figur in seiner größten Ausdehnung ist markiert (vgl. die vegetative Bauchatmung bei Nacht, Brustatmung am Tag). Im Extrem wird der psychopathische King-Kong Typ die Luft nach oben ziehen (Abb. 9 E), um mit „geschwellter Brust" stark zu erscheinen. Doch das geht auf Kosten der Standfestigkeit; er kollabiert bald wie ein Luftballon.

Abb. 9 D - beginnt mit dem Ausatmen ( im Hauptteil )

Der Übergang vom Einatmen zum Ausatmen zeichnet sich ab, wenn die Hände „stufenlos" bei A und B übergehen in den noch verbleibenden Sinus-

Halbkreis von A nach Null (die Linke) und B nach Null (die Rechte).

Hören wir den Satz Capra's noch einmal: „In einer natürlich- harmonischen Ordnung geschieht dies stufenlos in ununterbrochener Aufeinanderfolge. Sie gilt auch da, wo beide Hände sich am Nullpunkt begegnen und die Bewegung zu den Polen sich neu fortsetzt : „Anfang und Ende sind Mitte" !
Die Ausgangsposition einer „primordialen Ebene" zwischen den Extremen ist erreicht.

### 3.3 Ausblick für ein weiter zu entwickelndes Paradigma

Abb. 9 A-E betonte die zyklische Ganzheit und Gleichzeitigkeit: Das Kommen und Figurwerden des Einen ist zugleich das Zurücktreten des Anderen, vice versa. - Der Aspekt ändert sich, wenn wir ihn auf die zeitliche Aufeinanderfolge und die Nachzeitigkeit legen: Jetzt Yin, jetzt Yang; jetzt der Linksschritt, jetzt der Rechtsschritt. Der Rhythmus fortschreitender Bewegung im Zweitakt wirft neue Fragen auf: Was meinen folgende Sätze im dualen und linearen Fortschreiten und wie verbindet sich dies mit dem Zyklischen? (Vgl. Capra, S. 32) :
a) „Nachdem das Yang seinen Gipfel erreicht hat, - zieht es sich zu Gunsten des Yin zurück. Alle Entwicklungen in der Natur, die physischen, die psychischen, die gesellschaftlichen , alle laufen zyklisch ab". Sind solche Aussagen im bipolaren Zweitakt der Fortbewegung paradigmatisch umsetzbar ( s. Kapitel II )?- Zuvor noch zwei Exkurse.

### 3.3.1 Exkurs I zum Einatmen und Exkurs II zum Ausatmen

**Einatmen** als psycho-somatischer Yin-Anteil: Einatmen geschieht von selbst vollzogen, nicht gewollt - als Kommenlassen, Hereinlassen, Empfangen von neuer Energie ( Prana, Odem, Ki- und Lebenskraft ).
Bewusster wird ein Atemzug, wenn wir z.B. aus großer Hitze in einen wohltuend kühlen Schatten treten. Oder wir holen erschrocken kurz Luft , halten sie an, um dann Flucht oder Angriff zu starten.

Wir kennen Phänomene des chronifizierten Mangels an Einatmen, bei verengtem Brustkorb, Astma, Bronchitis.- Ein Resultat ist auch: Wenn ein Mensch stellvertretend die Lebensenergie anderer braucht (vgl. das Drakula-Syndrom): Wenn er nur einen kleinen Teil von Gefühl, Liebe, Zugewandtheit, Aggression (ad-greddere) ausdrückt, dass er dann dazu neigt, die Rolle des hungrig Nehmenden, nicht des Gebenden zu leben. Die Kombination von festhaltender Angst, Zurückhaltung, Selbstschutz hat viel mit der Erfahrung zu geringer Luft und Lebensenergie zu tun. Das presst ihn eher in Qual- und Verzweiflungs-Zustände" (Ken Dychtwald, 167 ff).

„Einatmen" - als oral-betontes Yin hat eine Affinität zu Rezeptivität und Depressivität. Es braucht die Ergänzung und die eigene Entwicklung zum Yang, d.h. zum Ausatmen, Herauslassen, Expressivem, Trennen, Analem.
„Anal" im alten China meinte: „Geschenke an die Welt verteilen".

### 3.3.2 Ausatmen als psychosomatischer Yang - Anteil

Schon der Stoßseufzer „Gott sei Dank"- zeigt Entlastung an. Bei Paulus ist ein Seufzer schon ein Gebet, das Gott hört .
„Menschen mit einseitig erweitertem Brustkorb, mit Überladung an Energie und Erregbarkeit haben es schwerer, die Energien anderer korrespondierend zu empfangen. Während ein Mensch mit verengtem Brustkorb dazu neigt, gequält und depressiv zu leiden, leidet die Person mit erweitertem Brustkorb unter Problemen wie chronischer Unruhe, übermäßiger Anspannung, hohem Blutdruck, Herzproblemen" (Ken Dychtwald 170 / 172).
AutogenesTraining, Meditation etc. setzt gerne beim leistungsorientierten Abendländer an - mit der Wirkung von mehr Entschleunigung, Integration, Konzentration, Gerichtetheit, Hinwendung nach Innen bis zum: „Es atmet mich" ! Ein- und Ausatmen sind ein dualer Vorgang.
Goethe benennt ihn hymnisch:

> „Im Atemholen sind zweierlei Gnaden:
> Die Luft einziehen und sich ihrer entladen;
> Jenes bedrängt, dieses erfrischt; so
> wunderbar ist das Leben gemischt .
> Du danke Gott, wenn er dich presst;
> und danke ihm, wenn er dich wieder
> entlässt." -

Oder mit den Worten Geba´s:„In der Erscheinung sind es zwei, im Grunde ist es eins. Alleine für sich sind sie nichts.- Sie belassen dich nur an einem der beiden Enden deines Atemzyklusses" (171).

### 3.3.3 Summe :

Das Yang - mit dem Akzent „Ausatmen" - ist im Ausgang „anal" betont: Sichverschenken, Loslassen, Klären - reicht bis zu Aggressivität , Unduldsamkeit , Psychopathie . Es braucht die Ergänzung zum Yin , dem Empfangen , Zulassen weicherer , zarterer Gefühle und den Kontakt mit dem Urgrund leibhaften Seins.

## 4. Einführung von „Wippe" und „Schere" ins Paradigma

Im Prozess des „An" und „Ab" ( soziologisches Kürzel für Annähern und Entfernen ) und bei sich entwickelnden Polaritäten ( ausgehend von Prädifferenz und Nullpunkt ) gilt die weiteste Entfernung in einem gesteckten Feldrahmen (= Kreisperipherie). Die Intensität ihrer Berührungs- und Kontaktpunkte steht in unterschiedlicher Nähe und Distanz zu einander. Dies zeigt sich in einer graduellen Wipp- oder Scheren-Struktur. Sie spiegelt sich vom Schnittpunkt der Sinuskurve, vom Nullpunkt ausgehend und auf der Sinuskurve selber fortfahrend in mal mehr Nähe und mehr Entfernung der Wipp-, Scheren-, Pendel-Ausschläge. Es entsteht eine dynamische Struktur von Nähe und Distanz. Dazu zwei interpolare, interpsychische Beispiele für Annäherungen in Abb. 10 A + B:

### 4.1 Die Wippe reziproker Polaritäten     Abb. 10 A

**A wie B fühlen sich alleine -**
B 1 sieht A 1; ist neugierig
A 1 hat B 1 nicht gesehen,
    oder tut so als ob, -
B 2 bringt sich deutlicher und
    näher ins Blickfeld, -
A 2 zeigt indirekt - reaktiv
    Wirkung, mehr Nähe,
B 3 spricht A 3 an,
A 3 ausweichend oder mit
    Wimpernschlag, sieht
    evtl. zur Seite
B4 - A 4 schauen sich an.

Der Volksmund kennt beides: „Gegensätze ziehen sich an" und „Gleich und Gleich gesellt sich gern" ! Gleiches verstärkt , Gegensätzliches ergänzt sich.

### 4.2 Die Schere in spiegelbildlich korrespondierenden Polen

**Abb. 10 B zeigt :**

**A & B möchten heiraten**
A 1 gibt eine Annonce auf,
B 1 antwortet mit Foto.
A 2 ruft ahoi, telefoniert;
B 2 ... ja, treffen wir uns!

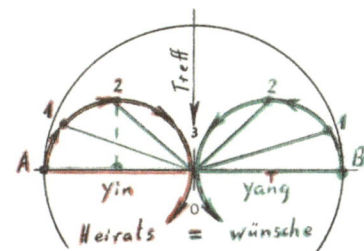

In Beispiel **10 A** entsteht bei dauernd einseitiger Rollenverteilung ein Gefälle an Unselbständigkeit und Dominanz; es verhindert ein androgynes Wachsen jeder Teilganzheit. Im Beispiel **10 B** halten beide ihre je eigenen, reziproken Anteile zurück, z. B. Vorbehalte, Ängstlichkeit. So kommt zu dem sich verstärkenden „Gleich und Gleich" jene andere Wahrheit hinzu: „Gleiche Pole stossen sich ab!" Bei Tabu-Positionen kommt es nicht zu je andro-gynen Kontakten auf erwachsener Ebene.

## 5. Die Wippe in neurotischer Fixierung

Kulturen - Gruppen - Paaren - Personen gelingt es, mehr oder weniger, eine harmonische Dynamik und Ballance zu gestalten. Das gelingt im Abgrenzen und in Offenheit, im Auseinandersetzen und Integrieren, Wachsen und Konsolidieren. Andere entwickeln sich einseitig, im Extrem und auf Kosten von. Das führt zu Macht - Ohnmacht Tendenzen, zu Dominanz und Unterdrückung, „win and lose". Es entsteht eine „schiefe Ebene"! Im Paradigma verändert sich nun die Wippe, die zuvor ein flexibles, zyklisches Pendeln von Yin und Yang kannte. Der dynamische Pendelausschlag wird die Amplituden jeder Teilganzheit (idealiter = Sinuskurve) nicht überschreiten oder nur vorübergehend etwa bei erhöhter Belastung : Abitur, Schwangerschaft, retardierten Zeiten. In der neurotischen Schieflage aber wird eine Teilganzheit zugunsten der anderen stabilisiert. Auf Dauer chronifiziert sich der Zustand. Die Gegensatz-Pole fixieren sich bis zur akuten Krise: Da eskalieren sie ! Signifikant wird die Schiefachse auf der Kreis-Peripherie im Gesamtfeld. Auf je einem Pol festgelegt durchleben, genießen und erleiden sie nur eine Lebenshälfte , sei es in Plus oder Minus.

### 5.1 Die schiefe Ebenen:  Abb. 11

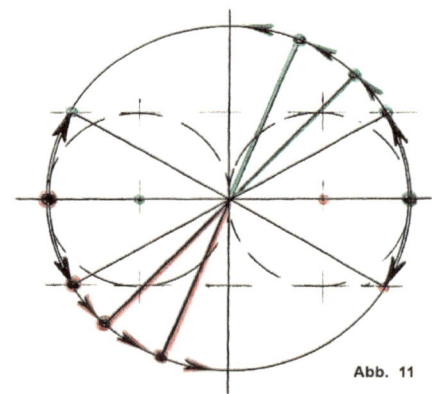

Abb. 11

Tendenz des „zu" ...
„Himmelhoch- jauchzend":
Eskalierend tritt ein Trend einseitig an die Stelle von flexiblem Pendeln im korrelierenden Auf und Ab. Ersichtlich ist auch, dass der Umschlag im „ zu ", „zu Tode betrübt" - ebenso à la longue nach Lösung ruft.

Es ist der „Irrtum des Neurotikers, als könne er die Balance des Gehens auf zwei Beinen negieren, als könne er den ihm fehlenden Halt aus der Mitte durch die Fixierung auf ein hinkendes, starres Schema gewinnen. Die Unmöglichkeit des Aufgebens von Balance läuft den Wandlungsnotwendigkeiten des Seelischen zuwieder und erfordert vom Klienten alle nur denkbaren Hilfskonstruktionen, Kunstgriffe oder Arrangements, um die extrem gefährdete Einheit noch zu organisieren. Diese Verfassung macht alle denkbaren Tricks, Leugnungen, Finten, Verkehrung, Vermeidung, Umwertungen , Verschiebungen notwendig, um die jeweilige Gestalt des Charakters nicht verändern zu müssen. Ungereimtheiten, Widersprüche, Lücken, Unaussagbarkeiten, Störungen und Symptome sind demnach nicht als Widersprüche zum Ganzheits-Konzept, sondern geradezu als dessen Beleg zu verstehen" (Heisterkamp / Petzold in „Widerstand" 124).

### 5.2 Neurotische Ausprägungen in vier Grundbefindlichkeiten

Polaritäten bestimmen unser Leben zwischen :
Ich                  *------------*         Du und Welt
Einzigartigkeit      *------------*         Universalität
Individuation        *------------*         Anpassung

Polaritäten treten auf in Paarkonstellationen :
**5.2.1 abhängig**   *------------*         **unabhängig**
**5.2.2 determiniert** *------------*       **frei** (in Spielräumen)

Vier Grundbefindlichkeiten weisen „grobrastrig" in vier Richtungen . Diese sind in der Allgemeinen Neurosenlehre öfter ähnlich zu finden: S. Dr. W. Zijlstra, H. Feiereis, H.J. Thilo, P.C. Kuiper, H. Hönmann, F. Riemann etc.. Je „zwei Paare" sind als Grundbefindlichkeiten ins Paradigma zu bringen:

**5.2.1 Abb. 12 A + B** zeigt die Paarkonstellation: „Unabhängig-abhängig".
**5.2.2 Abb. 12 C + D** zeigt die Paarkonstellation: „Frei und unfrei".

| „ maniform "        | Ich bin alles!   | Gott, Napoleon, Mao |
| **total unabhängig** | Nabel der Welt   | Queen, Maria, Hure... |
| Abb. 12 A           |                  |                     |

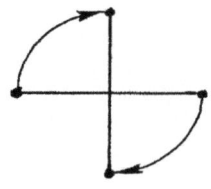

5.2.1 Abb. 12 B

**total abhängig**     **Ich bin nichts!**     „ **depressiv** "

## 5.2.2 Abb. 12 C   „Konversions-Neurose"

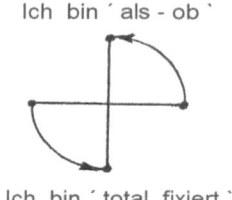

"zu" bestimmt
in Determinierung
Fixierung ,´ Ismen`,
Ideologisierung etc.

Ich bin ´ als - ob `

"zu" frei
frei - schwebend
ohne ´grounding `

Ich bin ´ total fixiert `

„Zwangs-Neurose"     Abb. 12 D

Summarisch gilt für alle vier Quadranten der Abb. A-D: Der Umschlag aus der Präexistenzebene zur Eskalations-Spitze und Tiefe zeigt sich im reziproken Sinn, bzw. so, dass sich alle vier Grundbefindlichkeiten als Teilganze im Kreisganzen zusammenfügen. Vier Viertelkreise werden ein Kreis. Ihre Zuordnung ist nicht willkürlich. Wenn wir bei Null beginnen, der Urzelle von Leben aus Eizelle und Samenzelle, so beginnt das Wachsen schon mit der Differenzierung und Teilung in 2: 4: 8: 16. Reziprok zeichnen sich auch die „orale und anale" Polarität als solche ab in Abhängigkeit und Unabhängigkeit. Bei frühen Störungen ist diese duale Achse oft tangiert. Auch bei der zweiten Achse trifft das Paradox zu: Wir sind in den Bestimmungen gleichzeitig zur Freiheit geboren sind.

## 5.3   Frühe Störungen der vier Grundformen  Abb. 13 / 14
### 5.3.1   Achse „ abhängig – unabhängig "  Abb. 13

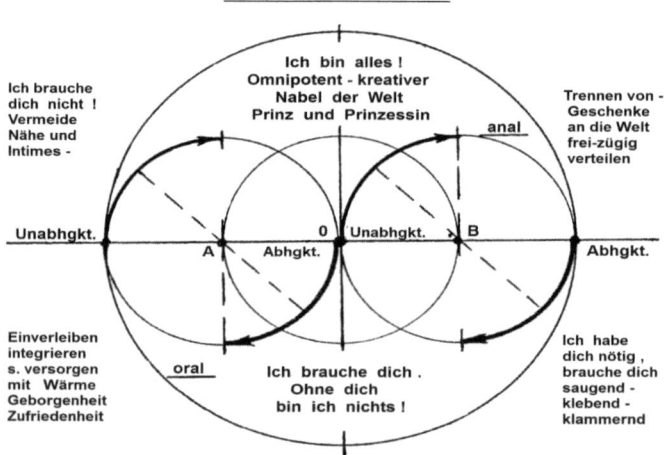

## 5.3.2 Frühe Störungen auf der Achse „unfrei und frei"
„Bestimmtheiten" und „Borne to be free"

Wir erinnern uns : Diese Befindlichkeiten korrespondieren und divergieren in Autonomie-Strebungen, sowie Begrenzungen, Zwängen, Macht, Ohnmacht, Ahnungen, Fobien, Hypochondrien, Wahnvorstellungen, Als ob-Freiheiten.
Erinnert sei auch: Die Sinuskurve konnte ebenso mit dem Wellental wie mit dem Wellenberg beginnen. Oben und Unten können wechselweise mal Vordergrund, mal Hintergrund sein; mal ist eins vorzeitig, mal nachzeitig.
Erinnert sei weiter: Beide diagonal korrelierende Halbkreisfelder bilden zueinander verschoben ein Kreisganzes, sie sind dann eine Einheit mit einer Höhen- und Tiefenamplitude, d.h. mit zwei Seiten einer Medaille.
So wurden aus Abb. 12 A+B und aus Abb. 12 C+D zwei Kreisganzheiten im großen Kreis. Ihre vier Amplituden können nun in zwei Sinuskurven als „Acht" zur Deckung gebracht werden. Die diagonal verschränkten Höhen- und Tiefenamplituden korrelieren in Abb.13 und 14 ).
Anzumerken ist : Auch Begrifflichkeiten sind doppeldeutig zu gebrauchen.
Wir sind bestimmt: Geboren als Frau, als Mann, in Fern-Ost oder Europa, im 20. /. 21. Jahrhundert. Auch hören wir ums Jahr 50 schon bei Paulus :
„Ihr seid zur Freiheit berufen" (Römer 8, 21). Deutlich ist, Phänomene sind manchmal schwarz – weiß, idealisch bzw. pathologisch zu betonen.

**Entwicklungsstörungen - Abb. 14**
**Achse „ Bestimmung - Freiheit "**
**Paranoia - Hysterie - Konversions - Neurose**

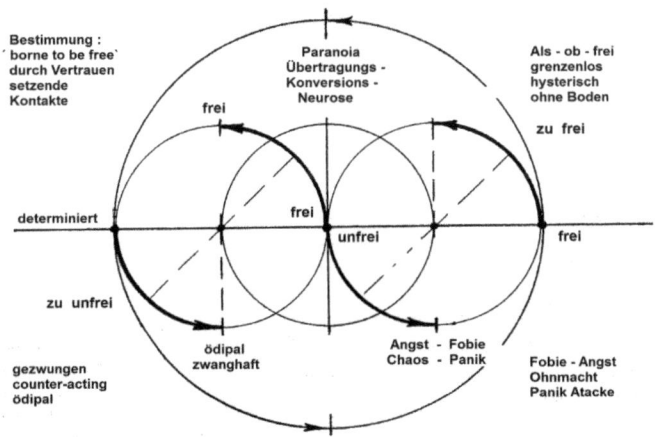

Zwangs- / Übertragungs – Neurose

## 5.4 Zwei Kreisganze und vier Grundformen im großen Feld

**Zu vergleichen sind in der Summe: Abb. 15 A und 15 B**
Im großen Kreisganzen korrelieren die vier Grundbefindlichkeiten (vgl. Riemanns „Grundformen der Angst"), die nun als vier Quadranten: Mal im Verhältnis ihrer vier Senkrechtamplituden, mal versetzt in den diagonalen Feldern der Sinusamplituden zueinander stehen.

### 5.4.1    Abb. 15 A

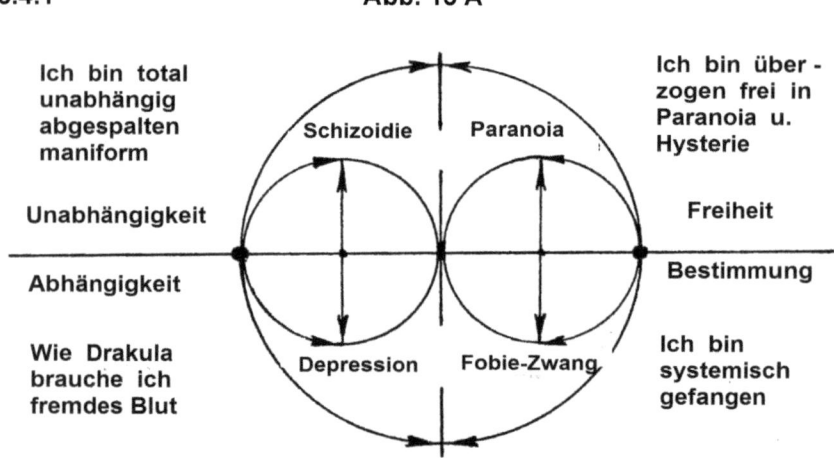

### 5.4.2 In Abb. 15 B - stehen die Sinusfelder ( Quadranten ) versetzt , verschränkt , diagonal-reziprok zueinander

In Wechselbeziehungen , paarweise und umgangssprachlich, setzen wir die Befindlichkeiten ebenso in ein Verhältnis zueinander wie:

1) <u>Kopf und Bauch</u> , Verstand und Gefühle , Intellekt und Emotion.

2) <u>Wahrnehmung und Intuition</u> , sinnenhaft Gewahrwerden und Ahnen.

3) „ <u>Mit Sinn und Verstand</u> " etwas tun, entscheiden, handeln,- dies nennt umgangssprachlich noch eine weitere Paarkonstellation : Sie rückt die oberen und die nach außen gerichteten Quadranten ins Blickfeld. Im Gegenzug liegen andere Qualitäten wie spüren , fühlen , wittern , erträumen, vorahnen im Präcoxbereich als innere Qualität  nach innen zu.
Darum folgt mit Abb. 15 B eine Zusammenschau der nach außen wie nach Innen gerichteten Quadranten.

## 5.4.3 Sinnvolle Zuordnung der äußeren und inneren Befähigungen

### Abb. 15 B

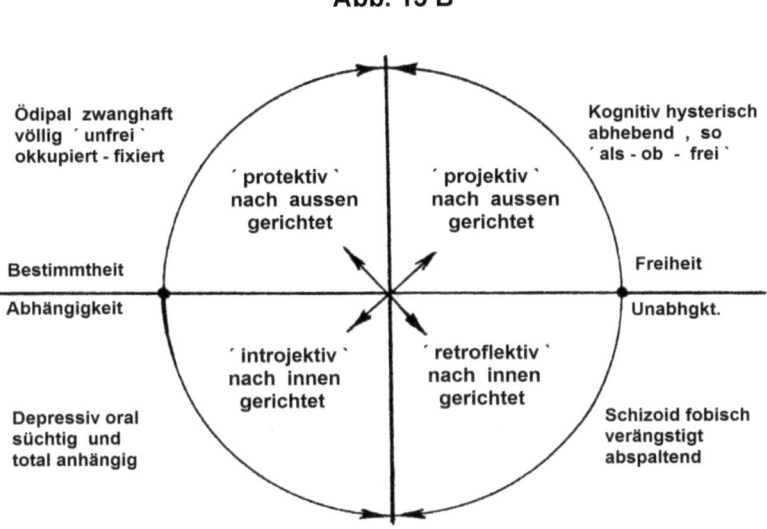

## 5.4.4 Die „Mitte" in der Abb. 15 B tut sich als neuer Aspekt auf

Welche Funktion hat diese Mitte?!- Ist sie ein Umschaltpunkt,- ein Übergang, eine Drehscheibe des Bewusstheits-Scheinwerfers, dessen Licht rundum je
in eine Richtung die Quadranten abtastet, wie wir sahen?- Nennen wir das, was sich als fünfter Punkt im Paradigma abzeichnet, den „Ich-Kern"? Dazu wird es weitere Schritte benötigen. Dazu ein erster Versuch :

## 5.4.5 Versuch einer inhaltlichen Zuordnung der fünf Punkte

Die nosologische Zuordnung der fünf Ordnungspunkte in der Abbildung 16 veranschaulicht, wie im dualen Paradigma-Zweitakt ein Ganzes von Form und Inhalt ins Bild umgesetzt werden kann. Dem dient der Abriss der allgemeinen Neurosen-Lehre, die im Diagnoseschlüssel icd 10 Ordnungsstrukturen (Einschätzungen) eingerichtet hat. Seit Freud entwickelten sie sich in unterschiedlich- humanwissenschaftlichen Schulen und Sichtweisen weiter.

Hier ein inhaltlicher Paradigmaentwurf :  Abb. 16

**Abb. 16**

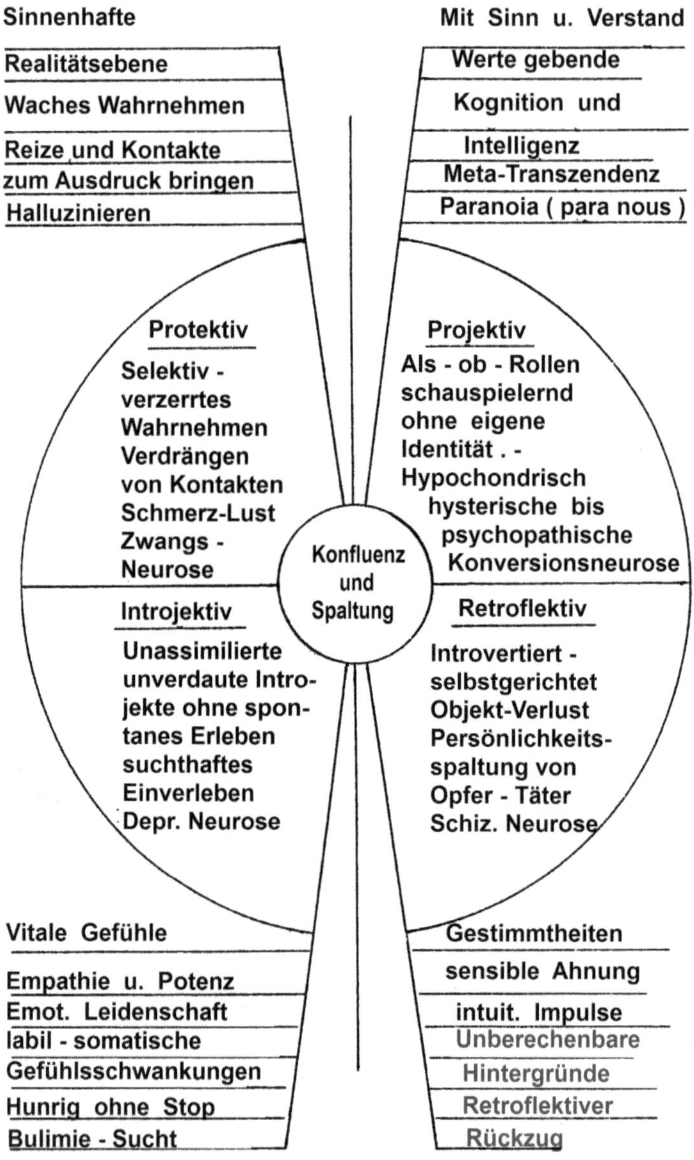

| Sinnenhafte | Mit Sinn u. Verstand |
|---|---|
| Realitätsebene | Werte gebende |
| Waches Wahrnehmen | Kognition und |
| Reize und Kontakte | Intelligenz |
| zum Ausdruck bringen | Meta-Transzendenz |
| Halluzinieren | Paranoia ( para nous ) |

| Protektiv | Projektiv |
|---|---|
| Selektiv - verzerrtes Wahrnehmen Verdrängen von Kontakten Schmerz-Lust Zwangs - Neurose | Als - ob - Rollen schauspielernd ohne eigene Identität. - Hypochondrisch hysterische bis psychopathische Konversionsneurose |
| **Introjektiv** | **Retroflektiv** |
| Unassimilierte unverdaute Introjekte ohne spontanes Erleben suchthaftes Einverleben Depr. Neurose | Introvertiert - selbstgerichtet Objekt-Verlust Persönlichkeitsspaltung von Opfer - Täter Schiz. Neurose |

*Konfluenz und Spaltung*

| Vitale Gefühle | Gestimmtheiten |
|---|---|
| Empathie u. Potenz | sensible Ahnung |
| Emot. Leidenschaft | intuit. Impulse |
| labil - somatische | Unberechenbare |
| Gefühlsschwankungen | Hintergründe |
| Hunrig ohne Stop | Retroflektiver |
| Bulimie - Sucht | Rückzug |

## 6. Abriss der Neuroselehre in Annäherung an den „Ich-Kern"
### 6.1 Akute Konfluenzen von der Angstneurose zur Psychose

Vorab zeigt Abb. 14 im Ich-Kern, was später zentriert als „Core-Arbeit" zu entwickeln ist und in der Psychose eine neue, eigene Seinsqualität erhält. Im Nullpunkt und Schnittpunkt des Koordinatensystems finden wir Grenze und Übergang; duale Trennung und synaptische Verbindung; duale Einheit und Zweiheit im Paradox von Leben , sowie anfälligem und gestörtem Leben.

### 6.2 Schizoide Neurose

In der „*blauen Phase´* , der Geburt erfahren wir u. a. den Wechsel existentieller Sauerstoffzufuhr vom einen System über die Nabelschnur zur Lungenatmung; Geborgenheitsverlust, Kälte, „Geworfensein" (Heidegger), Abgeschnittensein und Distanz können ( so die Angst ) einmünden in Verlassenheit und in die schlimmste aller Botschaften: „ Don´t exist" !
Im Gegenzug verlangt es nach herzlichem Willkommensein, tragfähiger Beziehung und neuer Vertrautheit dem Umfeld gegenüber, bis es zur „Geburt des eigenen Selbst" kommt (Bruno Bettelheim).
Eine emotionale, stabil- berechenbare Bindung und Abhängigkeit ist nötig, um weiter noch der „ Nabel der Welt " zu bleiben . Entwicklungsstörungen ( abgesehen von einer „scillfull frustration") entstehen u.a. bei bedrohlicher Zurückweisung und bei Rückzügen aus basalen Bedürfnissen ( u.a. emotionaler Nähe), die später zu unverbindlichen Pseudo-Kontakten (´intimacy - problem"), distanzloser Nähe, atomisierten Intensiv-Erlebnissen, Angst vor wirklichem Einlassen, Gefühle vorschneller Attacke auf eigene Körpergrenzen, Gefühle von Leistungsinsuffizienz bei sensibel hohem Anspruchsniveau; Bereitschaft zum Objektverlust und mangelnde Realitätsprüfung, Unsicherheit bei Gefühlsregungen gehören in der Folge zur Symptombildung dieser frühen Phase.

### 6.3 Depressive Neurose

„Ich bin gar nichts! - Mein Selbstwertgefühl ist gleich Null". - „Ich bin bleiern, klebend, ohne Lebenssaft. Den benötige ich wie „Drakula". Introjekte sind wie unzerkaute Brocken, Wackersteine, wie im Märchen vom „Wolf und den sieben Geislein". „Ich bin angepasst", mit leisen Vorwürfen manipulierend. Ich brauche dich, sonst ist alles freudlos und tief traurig.
Am Morgen stehe ich bei leichten Beschwerden nicht erst auf. Das Bett ist der einzige, mögliche Ort. Ich habe Sehnsucht („longing") nach Symbiose, Verschmelzung und gleichzeitig Angst vor dem Ich-Werden:

Andere können das viel besser; sie haben es in idealer Form geschafft.- Ich muss mich selber anklagen: In aller Nichtigkeit gebe ich am besten mein Leben ganz auf. Ein Eigenleben ist unmöglich. Niemand liebt mich. Sinnvoll wären noch selbstlose, altruistische Tugenden. - Eine These ist: Wünsche und Bedürfnis-befriedigung stoßen hier auf real erfahrene bzw. subjektiv phantasierte Ablehnung, die im Kind gleichwertig defizitär nebeneinander stehen. Auch übermäßiges Verwöhnen, Überfüttern,"Bemuttern" und Reizüberflutungen ('overwhelming") halten ein Kind kleiner als nötig, missbrauchen es zu Zwecken, die das Kind nicht selber meinen. Der so Erkrankte pendelt im Konflikt zwischen symbiotischer Wunscherfüllung und der Unfähigkeit zur Selbständigkeit. Die Charakterstruktur zeigt sich im „mea culpa" und Selbst-verpflichtungstendenzen ( Schmidbauers „Hilfose Helfer" ) und für andere etwas tun. Darin geht der ganze Lebenssinn auf.

### 6.4 Konversionsneurose , Hysterie , Psychopathie

Kennzeichnend ist die Kunst zur Verwandlung, Nachahmung, Plagiaten ohne eigene Identität : „Meine Freiheit wäre jetzt mal, dass du sofort ... oder ich flippe aus; es gibt Theater!" Doch sind sie schlechte Schauspieler mit inadäquater Affektkontrolle: Emotionale Erregung, Jähzorn, Auftrumpfen, Rache, Frust, rivalisierendes Ausschalten anderer; es selber besser können. Ein impulsives „ Als – ob " verhindert das Bewusstwerden von Angst. Ein Psychopath (alte Begrifflichkeit) bläst sich gross auf zum Mister strongfort. Im körperlichen Unterbau kollabiert er schnell; er ersetzt Herzens-Gefühle und Güte durch Gefühlskälte und insgesamt abgeschnittene Gefühle. Der wesentliche Abwehrmechanismus ist die Konversion vom Psychischen ins Somatische in wechselnden Körperfunktions-Störungen. Hysteriker (alte Begrifflichkeit) können fast jedes Krankheitsbild relativ imitieren, auch Geisteskrankheiten, wie sie sich diese vorstellen (vgl. Molières „eingebildeter Kranker"). Dabei geht der Kontakt zur eigenen Integrität verloren. „Hypochonder" finden kaum wirklich befriedigende Ziele. Charakteristisch ist die Entscheidungsunfähigkeit, sich festzulegen; keine innere, empathische Beteiligung; kein den Menschen als Ganzes erfassender Genuss.

### 6.5 Zwangsneurose

Im Vorfeld finden wir harmlose Marotten, eingespielte Attitüden. In der Ausgangslage sind solche Menschen oft ausgesprochen fleißig, ordentlich, sauber, ehrlich, ja ehrgeizig. Die Struktur ist eher perfektionistisch, sparsam, introvertiert. Sie sind einsame Kämpfer und auf Sicherungssysteme ausgerichtet. Das Abwehrzeremoniell ähnelt einem magischen Ritual, um Angst wie auch verdeckte Impulse zu bezwingen.

Die Sorge um eigene Impulsivität vermittelt ein Bild von Starrheit sowohl in der Körpermotorik wie auch in Prinzipienreitereien, Normen. So kommt es zu nur zwanghaft zu beherrschenden Willkürausbrüchen, zu Dolchstoss-Phantasien oder Gewalt- Simulationen, mehr oder weniger verhüllter Herrschsucht. Ein überstrenger, einengender Erziehungsstil, der besonders in der Trotzphase Unterwerfung einfordert, führt zu Ausbrüchen und Auflehnung, gefolgt von schuldhafter Abriegelung, bis sich das Kind der zumeist unelastischen, autoritären Ordnung unterwirft. Weil die elterlichen Botschaften teils widersprüchlich, doppelbödig sind (rigide Familienmoral bei gleichzeitig vorgelebter Willkür ( Zorn-Ausbrüche ), entsteht oft eine numinose Ängstlichkeit, zu beschreiben nur als „Angst vor etwas"! Die Sicht von der Welt ist dann vermehrt, dass sie verderbt, beschmutzt, in Händel verstrickend erfahren wird. Der Zwang findet auch „das Haar in der Suppe". In dem Sinne finden sich zwanghafte Ängste, Zwangsimpulse, Zwangsvorstellungen und zwanghaftes Grübeln, sowie zwanghafte Überzeugungen. Das führt zu Handlungen wie Reinigungszwängen, Kontroll und Wiederholungszwängen, Vermeidung und Perfektion.

Obwohl Zwangsneurotiker zu ihrem Zwang, in dem sie ticken, Distanz besitzen, können sie sich nur schwer dagegen wehren, bzw. darauf verzichten. Das macht es gleichzeitig bei ihnen, dass sie (im Unterschied zu anderen Psychopathologien) zugänglich sind für Psychotherapie.

## 7. Einführung der „Scherenstruktur" ins Paradigma

a) **Die Wippstruktur** im Ausgangspunkt war erfahrbar im Auf und Ab der Wippe. Dies geschah nachzeitig in wechselnden Zuständen: Mal froh, mal traurig, mal schwach, mal stark (s. Sinuskurve). Potentiell waren es immer zwei Seiten als Einheit einer Medaille. Neurotisch gesehen war die „Schiefe Ebene" ein Sicherungssystem in einem sich zeigenden Oben (Symptom) und einem vernachlässigten, vergessenen, unterdrückten und verpönten, negierten, eliminierten anderen Teil ( s. „unter der Decke halten" ) .

b) **Die Scherenstruktur in Ambivalenz und Patt** geht ebenso von der Prädifferenzachse aus. Teils erscheinen die Polaritäten „ambivalent" , teils eskalierend „auf einander zu", anstelle der starren Wippachse bis zum Patt. Polares schaukelt sich dabei hoch bzw. wechselseitig herunter. Die Pole treten eskalierend in Erscheinung, teils gleichzeitig, teils nachzeitig. Sie konkurrieren, setzen sich Patt, bedingen sich in Ambivalenzen. Wir kennen das psychosomatische Hochschaukeln in einer Person z. B. zu Beginn einer Liebe und ein Herunterschaukeln von körperlich-seelischem Befinden bei einer beginnenden Grippe. Die Eskalation spitzt sich zu bis zur Klimax, zum

Kurzschluss aufgeladener Potenzen, zu Explosion und Implosion, zu Kernfusion und Kernspaltung. Oder es verharrt im unfruchtbaren Patt von Sperrfeuer, Grabenkampf, Ausbluten, Erschöpfung, Lähmung und Ausgebrannt sein:
Eskalierend zeigt sich : Der „fokusierte Kommunikationsspielraum" verengt sich; er wird brennglasmäßig präziser, kommt in Plus-Minus auf den Punkt.

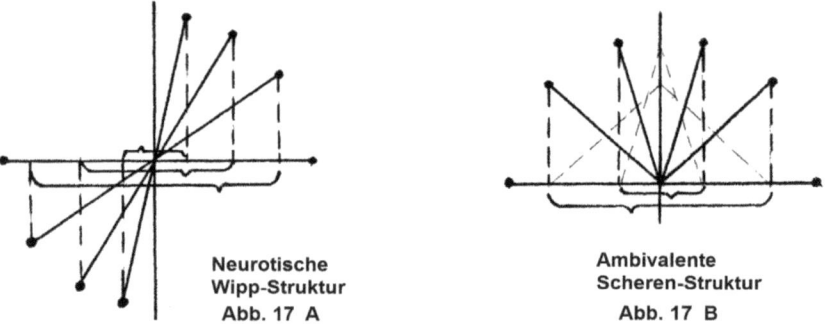

**Neurotische Wipp-Struktur**
Abb. 17 A

**Ambivalente Scheren-Struktur**
Abb. 17 B

### 7.1 „Focusing" – und sich verändernde Brennweiten
Wipp- und Scherenstruktur haben eins gemeinsam, sowohl im neurotischen Ausschlag der Wippe wie auch im ambivalenten Öffnungswinkel der Schere: Eskalierend kommt es zur akuten Krise.

**7.1.1 Zur Wipp-Struktur:** Je extremer der Ausschlag zur vertikalen Achse ist, umso präziser, fokusierter und zugleich verengter wird der Kommunikationsspielraum auf der Horizontalen.- Die Bandbreite und Dehnbarkeit verkleinert sich und geht am Ende auf Null. Die Fähigkeit zu brennglas-zoomender Fokusierung und die auf den Punkt gebrachte Konzentration, ob Klimax (Höhe- oder Tiefpunkt einer akuten Krise, ob Satori-Moment, Symbiose oder Kurzschluss ), der Spiel- und Lebensraum der Pole geht auf Null. Das Gegenüber ist eins, es überlappt sich, ist ausgeblendet oder verschmilzt.
Übrig bleibt höchstens in der Weisheit des Yin und Yang , dass jeweils das Gegenüber der Figuren im mittigen Punkt des je anderen erhalten bleibt.
Zur Ausgrenzung heißt es: „Symptomträger grenzen sich um den Preis des Symptoms, aber sonst erfolgreich gegen Teile ihres Organismus, gegen Gefühle und Phantasien ab; sie erklären Teile der Umwelt für nicht erreichbar oder für nicht existent. Das schmälert die Kontaktflächen nach innen und außen" ( H. Petzold / C. Schneider 246 ).
Der Pendelausschlag zur Horizontalen hin wird gleichzeitig zur Grenzlinie dessen, was symptomatisch Vordergrund ist und was nicht. Und obwohl der Neurotiker einen Pol nicht in Erscheinung treten lassen will, hat sein

Abwehr- und Sicherheitssystem, seine Charakterpanzerung (W. Reich) trotzdem Löcher. Konflikte sind nicht vermeidbar.Trotz einseitiger Betonung von nur einem Pol oder in unvermuteten Spritzern - der Neurotiker wird unterschwellig in doppelten Botschaften herüberkommen.

### 7.1.2 Zur Scheren-Struktur :
Ob bei der Scherenstruktur Befürchtungen und Prognosen „wahr" werden, z. B. bei einer Rüstungsschraube zwischen Ost und West, muss sich zeigen. Ob ein Rüstungswahnsinn im Schrecken endet, ob Vernunft einen „status quo", ein Patt, eine starre Ambivalenz-Schere festigt, - wichtig ist fürs erste:

Die scherenartige Eskalation zweier Pole !

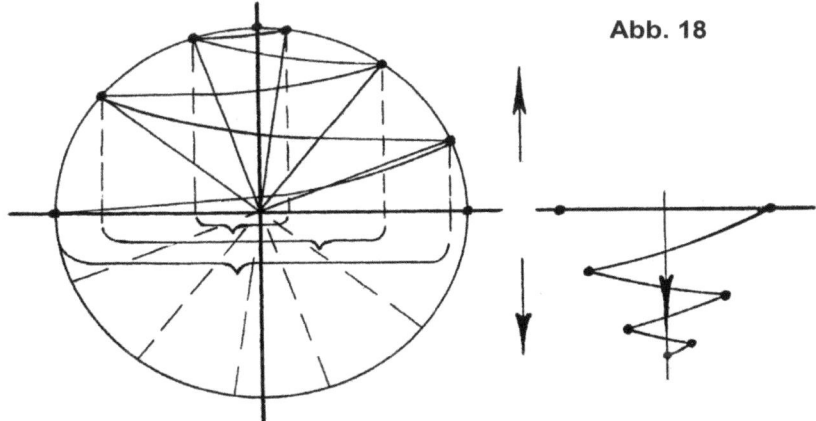

Abb. 18

Die Bandbreite des Spielraums, der Wirklichkeitsbezug auf der Realitätsebene wird enger. Er verdichtet sich psychopathologisch zur akuten, offenen und schweren Krise, zum Umschlag in eine qualitativ andere Seinsebene (Psychose).

Aktuell ambivalente Implosionen bleiben im Kräftependel oft unerträglich lange offen. Das Patt der Diktatur, die sich mit geächtetem Giftgas gegen die eigenen Bürger wendet, erscheint unendlich; ebenso eine internationale Rechtsgemeinschaft, die global im Patt begriffen ist (USA - URS - China). Wann und wo vollzieht sich die sog. „rote Linie", wenn Millionen Kinder betroffen sind. Wie können politische Eskalationen gleichzeitig zu einer Friedhofsruhe führen, die auf der anderen Seite „erste Bürgerpflicht" ist?!

**7.2.1 Ambivalenz** , definiert als „Doppelwertigkeit" von in sich widersprüchlichen Phänomenen . Verhaltenspsychologisch wird ein Konfliktverhalten bezeichnet , das sich aus unterschiedlichen Reaktionen zusammensetzt, oft unvollständig nebeneinander oder im Wechsel auftretenden Schlüsselreizen ( die den Reaktionen zugrunde liegen) und gleichzeitig auftreten. E. Bleuler führte tiefenpsychologisch den Begriff für eine Erlebnisbeziehung ein, die im Doublebind zugleich positiv und negativ gerichtet ist wie z. B. : Hass - Liebe; Zuneigung - Abneigung (Meyers Gr. Taschenlexikon, Bd.1) .

### 7.2.2 Steigende und fallende energetische Tendenzen

Bei den vier Hauptrichtungen der Neurose sahen wir Neurosen von steigender und fallender Lebensenergie. Bei der Hysterie, Manie und Depression sind die Vitalitätstendenzen deutlich.
Dennoch gibt es keine generelle Festlegung. Je nach Zustand ändert sich eine akut-produktive Symptomatik oder eine Minus Symptomatik. Bei Psychosen sehen wir ebenso beide Tendenzen; bei schizophren unterschiedlichen Krankheitsbildern z.B. Zyklothymem ist der Umschlag von einer Eskalationsspitze und von einem Extrem ins andere deutlich:

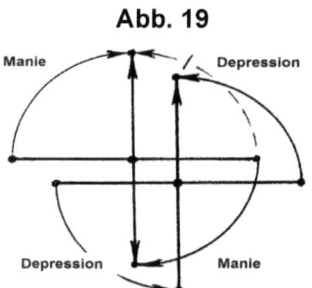

Abb. 19

Bei Manisch-Depressiven rücken Erscheinungsbilder wechselseitig in den Vordergrund nach oben. Oben meint vordergründig sehen.

Im subjektiven Empfinden falle ich in den „Abgrund", oder ich steige auf in den „Himmel" (s.Vertikale).

Bei den Eskalationsspitzen und Krisenkipp-Momenten gibt es weder stufenlose und harmonisch-gleitende Übergänge (s. Yin-Yang-Figur), noch gibt es die Hemm- und REM-Funktionen (rapid eye movements), die ähnlich der „Unruhe" einer Uhr den Zweitakt des rhythmischen Maßes angeben und somit ein gutes „Timing" im Zeitmaß sind.

### 7.3.1 Fallbeispiel zum Auf und Ab im zyklothymen Umschlag-Phase A

Eine Frau (50) erkältet sich ( somatischer Pol ). Neben dem stressigen Beruf engagiert sie sich in der Friedensbewegung. - Es kommt zu Spannungen in der Partnerschaft, obwohl beide in der Sache engagiert sind . Sie sehen sich nur jedes zweite bis dritte Wochenende und planen gemeinsam den heißen

„ Pershing-Herbst 1983 ". Beim ersten Treffen ist er beruflich verhindert. Sie lässt sich zur Multiplikatorin der Gruppe und zu Wochenendtrainings wählen.

Der Partner vergleicht sie mit einem einäugigen Jagdhund, der die Nase nur noch auf einer Spur hat. Er sagt : Schau dir junge Paare auf den Demos an ; sie machen es nicht so tierisch in 150 Prozent . Sie leben, lieben, feiern und erhalten sich Lebensqualität, für die sie demonstrieren . Ein rigoroser Idealwert setzt sich auf Kosten des Gemeinsamen durch, bis eine neue Erkältung und Grippe die Notbremse zieht. Sie fällt bis zum Tag X aus.
Mit dem gelungenen Höhepunkt, der friedlichen Blockade an der Hardberg-Kaserne mit der großen Demo (rd. 300.000 Menshen) scheint auch die Krise in der Partnerschaft überwunden.

**Phase B:**

Anschließend verbringt sie den Kurzurlaub bei ihrer Lieblingsschwester und erkrankt dort schon am zweiten Tag mit 40 Grad Fieber: Eine Lungenentzündung mit TB-Verdacht. Als starke Raucherin hört sie damit nicht auf - trotz der ernsthaften Rede ihres Schwagers, der als Chefarzt die Klinik am Ort leitet. Die Krankheit schwächt und labilisiert Körper und Psyche. Sie hat Depressionen, weint, hat Sterbenssehnsucht. Noch kämpfend, will sie zurück nach Hause, spürt aber die alten gekannten Erfahrungen mit psychiatrischen Aufenthalten und vielen Analyse Stunden. Nach jahrelanger Konsolidierung bei nur kleineren Schüben im Herbst und Frühjahr - trifft sie nun der totale physisch - psychische Zusammenbruch, und zwar in einem Augenblick, als der Arzt die Lungenentzündung und den Abbau der exogentoxischen Stoffe als geheilt feststellt .

**Phase C:**

Was mehr exogen begann, erscheint nun endogen. Die neue Ebene (zuvor abgewehrt) wird jetzt zum „Lebenselixier" von Himmel und Hölle: Ergeben, gewollt, furchtbar. Regelmässig gegen zwei Uhr früh wacht sie in Qualen auf und geht in die Küche. Die wird zum nahrhaften Bauch des Hauses, wo sie schreiben kann. Das Schreiben eines „Lebensromans" wird zum sensiblen „Kunst-Kotz-Vorgang". Das Schreiben pendelt in Selbstaussagen wie: „Schreiben ist Leben, Erlösung! Schreiben ist Qual!" - „Ich bin wie ein Sieb, durch das alles gepresst wird."
Angst kommt bei dem Gedanken an Rückkehr auf. - Reale Kontakte im Lauf des Tages geraten zum Strudel atomisierter „Paradiesgeschichten".-
Für sie „Kritisches" wird rigoros abgespalten und auf das Gegenüber projiziert: „Du bist ein Buchhalter! - Du bist ein Zwangsbeglücker! - Du bist

kein Künstler, sonst ...". Sobald von ihr gefeierte Personen mehr Kontinuität wünschen, sind sie lästig, drängen sie in Ecken, bedrohen Autonomie; Abbrüche müssen sein! Ihr Größen-Ich feiert den Narzissmus anderer.
Sie umschmeichelt sie; fast schon in sie hineinkriechend. Aus ihrer Sicht fühlen sich diese wie von der Sonne gewärmt; „hingerissen" und auch wieder „losgelassen". Nächste, wichtigste Bezugspersonen leiden unter ihrer Dominanz, Egozentrik und Diskontinuität, kommen an eigene Grenzen.

**Phase D:**

Drei Monate später holt die Tochter sie kurz vor Weihnachten zurück, - bricht fast selber in vier Tagen zusammen. - Die Rückkehr wird auf Seiten der Mutter zur großen Oper: Alle, alle müssen kommen: Freunde, Exmann, Partner. - Der Partner steht nicht als Empfangskomitee am Bahnhof. Als Bestrafungsaktion dann am Telefon der Beziehungsabbruch. Ihm schickt sie (den sie „Jayja" nannte) in die Trennung zu Weihnachten ein Gedicht: „Jayja, ich will übers Wasser gehen, übers Wasser zu Dir! Jayja, - das Wasser, das Wasser ist tief; ich kann nicht schwimmen zu Dir...". Als er antwortet: „Dann komm und spring" - weil das Gedicht so endet: „Jayja, ich springe, glaube Dir"... da ist die Antwort schroff: „Nein, du nicht! Jayja ist Jesus." - Später nimmt sie am Telefon neu die Beziehung auf: „XY, - brauchst du Trost?!"

Zwei Therapeutinnen, mit denen er Fünf-Tage-Work-Shops macht, sagen: „XY, nimm unser Lachen mit, dass du so dumm bist, so lange auszuhalten". Jahre später stirbt sie als starke Raucherin am Lungenkrebs. Sie ist froh, wie andere „normal" zu sterben und nicht in ihrer maniformen, psychischen Ausnahmesituation.

### 7.3.2 Neurose - Psychose im phänomenologischen Vergleich

Zwischen den Hauptgruppen der Psychopathologie lassen sich im weitesten Sinn zwei Tendenzen finden:

a) **Neurosen**: Angst, Zwang, Unterdrückung, Depression mit abfallender, energetischer Tendenz: Gelähmt, gebremst, verpanzert, blockiert, mit aggressiven Spritzern und Eruptionen.

b) **Psychosen**: Konfluenz; irreales Abheben (wie vom fremden Stern); Realitätsverlust; steigende, energetische Tendenzen:
Psychose wird teils im Bild verglichen mit der tödlichen Energie des Blitzes

( mit dem Blitz lässt sich nicht einmal ein Ei kochen). Andere Bilder reden von: Angst vor dem Fliegen, Überflutet werden; vor offenem Augenkontakt; der geht unmittelbar in den Ich-Kern über, weil keine Grenzen von Innen und Außen, keine Haut da ist, stattdessen ein „Gehen wie auf dem Zahnfleisch".

c) **Beide Pathologien**:

Beide haben ihre akuten Umkehrformen: Von Neurose zur Manie; von der Psychose zur Depression und zurück. Beide erfahren sprunghafte Grenz- und Mischformen, z. B. Borderline-Syndrome und Doublebind-Formen (vgl. Kernberg / Rhode-Dachser).

d) **Die folgende Skizze** zeigt das Verhältnis unterschiedlicher Tendenzen mit der Abgrenzung zur qualitativ anderen Seinsebene:

**Abb. 20**

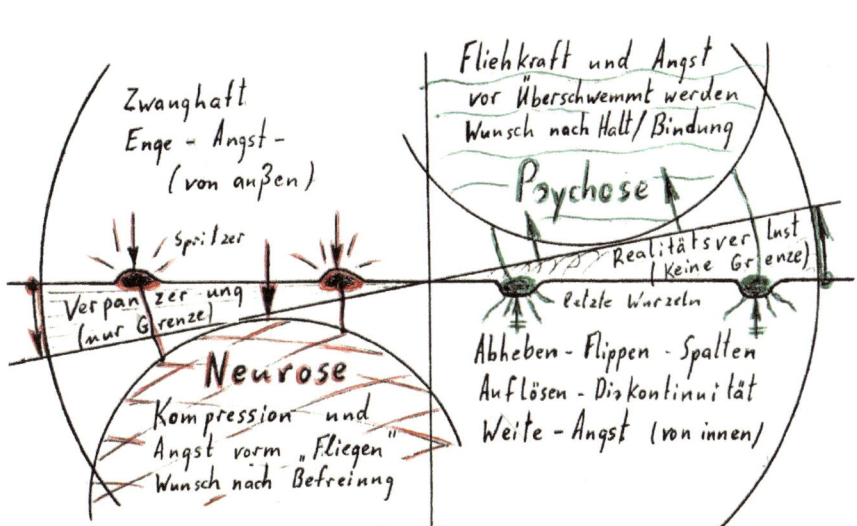

Zwanghaftes Unterdrücken und Angst vor dem Fliegen halten Fliehkräfte unter Normen und Gebundenheit. Charakterpanzerungen sind teils auch der Versuch, etwas zu halten, wie die Haltetaue eines Fesselballons kurz vor dem Kappen der Taue. Unterdrückung und Kompression sind wie letzte Notrufe und gleichzeitig wie der Wunsch nach Befreiung, Lösen der Wurzeln, Spaltung, Diskontinuität und Auflösung.

## Neurose

zeigt sich als großes Abwehr-Druck- und Sicherungssystem. Mit vielfältigen Möglichkeiten und mit aller Kraft hält der Neurotiker unter Verschluss, was in Erscheinung treten und befreiend sich öffnen will.
Von der energetischen Leistung her wächst die Tendenz zu mehr Kompression, Impasse, Implosion, Explosion. Zuvor erscheint die Persönlichkeit lange wie ausbalanciert.
Die anscheinend glatte Oberfläche wird an überraschender Stelle porös und erhält Aufbrüche.
Wie bei der Erdkruste kommt es zu vulkanartigen Durchbrüchen und Eruptionen.
Neurose-Phänomene reichen von Gleichgewichtsmanövern und Verpanzerungen, angefangen bei harmlosen Macken und Tricks, - über deutliche Symptome sowie Störungen,- bis zu akuten, offen blühenden, schweren (Angst-) Neurosen.
Im Paradigma verlagert sich der Akutheitsgrad (s.Wippe) von den Polen außen mehr und mehr zum konfluenten Kern- und Nullpunkt, dem nun die Wippachse, der Dreh- und Angelpunkt fehlt.

## Psychose

erscheint wie Abheben, Loslassen Verlassen des Realitätsbodens.
Sie ist wie ein großes Flucht- und Abwehrsystem eigener Art, im Bild zeigt sich's wie ein Fesselballon, kurz vor dem Abheben und Kappen der Taue.
Äußere Reize tangieren unmittelbar den Ich-Kern wie Attacken auf ihn. Sie passieren die Ich-Grenzen (keine Haut, die öffnet und schließt). Von Innen überspült „Unbewusstes" alle Quadranten: Awareness, Kognition, Emotion und Intuition. Zentrifugale Fliehkräfte und bizarre Spaltungen erwecken den Eindruck eines Hinaus - katapultiertseins auf einen anderen Stern.
Kommunikation kommt nach außen über in fremder, scheinbarer Unberührtheit, unbegründet Kichern und verschlüsselter Sprache.
Psychopharmaka werden je nach Nomenklatura zum „Humanum":
a) „Gipsverband für die Seele";
Betroffene sagen: Qualen und Ängste werden weiter durchlebt;
b) „Brutale, chemische Keule".
Die Krise hinterlässt (auch im Umfeld große Erschöpfung, Verunsicherung und post - psychotische Scham.
Dabei öffnet sich die Gefahr erneuter Depressivität und in den Übergängen Suizidalität. Kern- und Nullpunkt werden ein späteres Thema.

# Kapitel II

## 1. Die Doppelnatur als Teilchen - und als Welle
### 1.1 Atome - Pole – Schwingungen

Das Konzept der Polaritäten, das dem „I Ging" zugrunde liegt mit den Zielgedanken eines harmonisch-stufenlosen Übergangs und Fortschreitens von einem Pol zum anderen, spielt ebenso in der neueren Physik eine zentrale Rolle (Capra 77 -107 u.a.). Danach hat Materie immer zwei Aspekte: Sie kann als Atomstruktur oder als Schwingung gesehen werden. Auf Einsteins Relativitäts- und Quantentheorie aufbauend, zeigt sich: „Die Atome waren keineswegs die harten und festen Teilchen"; sie „erwiesen sich als weiter Raum, in dem sich extreme, kleine Teilchen - die Elektronen - um den Kern bewegen." Selbst die subatomaren Teilchen,- die Elektronen, die Protonen und die Neutronen innerhalb des Kerns" sind keine Festkörper im Sinn klassischer Physik. Subatomare Einheiten der Materie sind sehr abstrakte Gebilde mit einer Doppelnatur; sie erscheinen manchmal als Teilchen oder als Welle. Eine Doppelnatur zeigt auch das Licht, das als elektromagnetische Schwingung oder als Teilchen auftreten kann." „Die doppelte Natur von Materie und Licht" (Quanten = Photonen) „ist sehr merkwürdig. - Es erscheint unmöglich, den Gedanken zu akzeptieren, dass etwas gleichzeitig ein Teilchen sein kann, eine auf ein sehr kleines Volumen begrenzte Einheit, und eine Welle, die sich über einen weiten Raum erstreckt." So ist ein Elektron weder das eine, noch das andere. Es kann also „in Situationen teilchenähnliche Aspekte haben, in anderen wellenähnliche. Während es sich als Teilchen verhält, kann es seine Wellennatur auf Kosten der Teilchennatur entwickeln und umgekehrt. Auf die Weise kommt es zu einer fortgesetzten Umwandlung von Teilchen zu Welle und von Welle zu Teilchen.- Das bedeutet, dass weder das Elektron noch irgend ein anderes atomares „Objekt" innerliche Eigenschaften besitzt, die von seiner Umwelt unabhängig sind" ( später „ intra - und inter - psychische Zusammenhänge"). Die „Eigenschaften : Teilchen- oder wellenähnlich , hängen von der experimentellen Situation ab; d. h. von der Apparatur, zu der es in Wechselbeziehung treten muss" (Capra, 81).

Zur Apparatur gehört später auch das therapeutische Setting. Die Affinität und Parallelität zu physisch- interpsychischen Vorgängen findet Unterstützung in der „bootstrap"- Theorie und Philosophie. Dort werden unter dem Schlüsselelement wahrnehmbarer Ordnung: „Strukturen von Materie" wie „Strukturen von Bewusstsein vermehrt als ´Spiegelungen von einander` erkannt" (100). Zu nennen ist David Bohm´s Lehrbuch der Quantentheorie und „Vergleiche zwischen Quantenvorgängen und Denkvorgängen" (90). Wesentlich sind zwei Begriffe:

## 1.2 Bootstrap & Quantentheorie: Ordnung und Wahrscheinlichkeit!

**1.2.1** „Schlüsselelement in der bootstrap-Theorie ist der Begriff der Ordnung als neuer, wichtiger Aspekt der Teilchenphysik. Ordnung bedeutet: Ordnung in der Verknüpftheit subatomarer Vorgänge" (100). Dazu kommt:

**1.2.2** Wahrscheinliche Verläufe bei Krankheitssymptomen können später „die Entdeckung des Doppelaspekts der Materie und die fundamentale Rolle der Wahrscheinlichkeit" fortführen .

**1.2.3** Die Quanten-Theorie: „Auf subatomarer Ebene lösen sich feste, materielle Objekte klassischer Physik in wellenartige Wahrscheinlichkeits – strukturen auf. Diese Strukturen stellen nicht Wahrscheinlichkeiten von Dingen, sondern Wahrscheinlichkeiten von Verknüpfungen dar" (83).

„In der Quantentheorie langt man niemals bei „Dingen" an (isolierte Einzelphänomene). Man hat es mit Geweben von Wechselbeziehungen zu tun. Auf die Weise enthüllt die moderne Physik die grundlegende Einheit des Universums". Dabei müssen subatomare Teilchen „als vierdimensionale Einheiten in der Raumzeit vorgestellt werden" (96).

Parallel zu solchen Sätzen ist auch im Paradigma neben den zwei- dimensionalen, flächigen Koordinatenachsen eine dritte, räumliche Achse im Nullpunkt einzuführen , auch eine vierte Zeit- und- Bewegungsdimension.

Die Teilchen in ihren „Formen müssen dynamisch verstanden werden, als Formen in Raum und Zeit. Teilchen sind dynamische Strukturen von Aktivität, die einen Raum- und Zeitaspekt haben. Ihr Raumaspekt lässt sie als Objekte mit einer gewissen Masse erscheinen" (Symptome). „Ihr Zeit- Aspekt von Vorgängen erfordert entsprechende Energien".

Solche Energien bilden intra- wie interpsychisch-therapeutisch etwa jene „Widerstands-Energie", wie auch deren Freisetzung in vitale, verändernde Impulse und neue Lebenskonzepte / Skripte.

### 1.2.4 Der „ bootstrap - Ansatz"

Von Geoffrey Chew, in den frühen 60´ern auch benannt als „Schnürsenkel - Philosophie" ( Quantenfeld / S-Matrix Theorie ) geht von einer umfassenden „ Theorie starker Wechselwirkungen zwischen den Teilchen " aus. Sie „ gibt nicht nur den Gedanken fundamentaler Bausteine der Materie auf , sondern sie akzeptiert überhaupt keine fundamentalen Einheiten irgendwelcher Art, keine fundamentalen Konstanten, Gesetze oder Gleichungen.

Das Universum wird als dynamisches Gewebe untereinander verbundener Geschehnisse betrachtet . Die folgerichtige Gesamtübereinstimmung ihrer Wechselbeziehung determiniert die Struktur des gesamten Gewebes" (98).

Der Begriff der Ordnung wird zum Schlüsselelement der Teilchenphysik, die „Ordnung der Verknüpftheit subatomarer Vorgänge" ( 97 / 100 ).

## 2. Doppelaspekte der Bewegung in Teilchen und Welle.

Folgende Themen sind zu behandeln :
Der Zweitakt fortschreitender Pole- Pendel- Bewegung .
Der zyklische „Rund um die Welt" und „Schwingungsaspekt".
Extreme Perversionen im Raum-Zeit- Kontinuum von nur
Kreiseln oder ausschließlich nur linearem Fortschritt.

### 2.1 Der Geh- Vorgang im Paradigma

Gegensätze und Komplementarität stehen auf „polare wie komplementäre Weise in Wechselbeziehung", definiert Niels Bohr ( Capra, S. 82 ).
Die Pole sind gleichwertig, brauchen einander, ergänzen sich. Sie tun es nicht in starrer Ordnung, sondern in einem dynamischen Gleichgewicht, im flexiblen Pendeln und Fortschreiten, dem menschlichen Gehen vergleichbar. Beine und Füße bewegen sich im links / rechts Tritt zweier Extremitäten um einen gemeinsamen Dreh- und Angelpunkt zur vertikalen Mittelachse. Der Schneider spricht vom „Schritt messen" beim Fertigen einer Hose.- „Gehen ist der ständig sich bewegende Null-Punkt der Gegenwart zwischen den Gegensätzen: Vergangenheit und Zukunft" ( Perls ).

Fritz Perls: „Eine ausgewogene Persönlichkeit berücksichtigt Vergangenheit und Zukunft, ohne die Gegenwart aufzugeben, ohne Vergangenheit oder Zukunft als Realität zu vergessen". „Das Zeit-Zentrum unserer selbst ... ist die Gegenwart. Es gibt keine andere Realität als sie. Jedes Aufgeben der Gegenwart als Zentrum des Gleichgewichts (der Angelpunkt des Lebens) muss zu einer unausgeglichenen Persönlichkeit führen. Man kann in jede Richtung das Gleichgewicht verlieren: Es ist gleich, ob man das Übergewicht nach rechts bekommt ( in übergroßer, neurotischer Gewissenhaftigkeit ) oder nach links ( in konfluenter Impulsivität ), ob nach vorne in die Zukunft oder zurück in die Vergangenheit ( vgl.Perls 111+115 ).

**2.2 1 Abb. 21** - Das Gehen der Foto-Studie zeigt in der Animation nur ein Bein. Wir sehen im Fotoexperiment den Gehenden im „Weißen Anzug" mit einem schwarz-bemalten Bein, somit eine simple Folge des Gehens in der Vorwärtsbewegung ( Foto-Studie von Jean-Paul Marey / 1886 in: DAS Nr.33, S.19, 1987; vgl. auch Anhang 3 ).

**2.2.2 Abb. 22** - „Drei Ganzschritte" im Paradigma-Schema sind gezeichnet. Sie zeigen : Drei große Kreise mit drei Sinuskurven und vier Schritten A bis D; d.h. in vier Nullpunkten fortschreitender Gegenwart. A+B und C+D sind vier Einzelschritte im Links- und Rechtstritt.

Ausgangspunkt ist das rechte Standbein (I.R). Es steht am Boden, während das linke Bein den ersten Schritt macht ( A / L1 ) . Der Körper-Schwerpunkt wandert von rechts nach links. In diesem Moment hebt sich der rechte Fuss von R1 ab und macht den großen Bogen (grün) nach R2. Indem der rechte Fuß aufsetzt, hebt sich der linke Fuss zum großen Bogen des Linksschritts. Es erfüllt sich die Yin-Figur (rot).

Gewahr wird immer nur die Vorwärtsstrecke von einem Fuss zum anderen, d.h. jeder Einzelschritt vorwärts. Zum Idealfall der Sinuskurve gehört : Es gehören zwei 60 ° Schritte in den Ganzkreis = 360 °. Sie ergeben in gleichseitigen Dreiecken zusammen 6 x 60 = 360 ° mathematisch - harmonische Zirkelschläge von Einzelschritten.

Ein Zusammenhang der Gehbewegung zeigt sich :

a) In der kontinuierlichen und linearen Fortbewegung ( s. die Körpermitte).
b) In den korrellierenden Drehmomenten ( s. Sinushalbbögen ).
c) In Armbewegungen und Drehbewegungen zwischen Oberkörper und Becken , die die Bewegung und das Gleichgewicht unterstützen.

Reziproke Pendelbewegungen von Armen , Körper und Schultern zeigen sich pointiert im Parade-Stechschritt oder bei Skiabfahrten mit Stockeinschlägen reziprok zum Parallelschwung .

**Abb. 21** gibt das Gehen wieder, indem der eine Nachdruck auf dem Dreh- und Angelpunkt des Standbeins am Boden verdeutlicht ist, während das selbe Bein nachzeitig abhebend die Schwingung vorwärts von hinten nach vorne vollzieht :

Der gehende Mensch im weißen Anzug hat in der Fotostudie, Abb. 21, ein schwarz bemaltes Bein.

**Abb. 22** zeigt grafisch im Paradigma:
Drei Ganzschritte in drei großen Kreisen sind abgebildet : Mit vier Einzelschritten A-D, mit drei Sinuskurven und vier Nullpunkten. Die Nullpunkte weisen auf die fortschreitende Gegenwart in der senkrechten Mittellinie.

**Abb. 21**

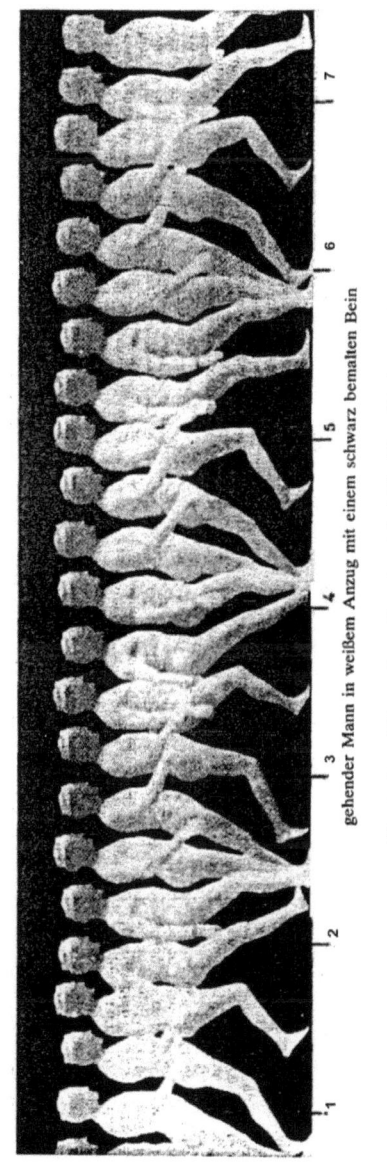

Abb. 21

# Abb. 22

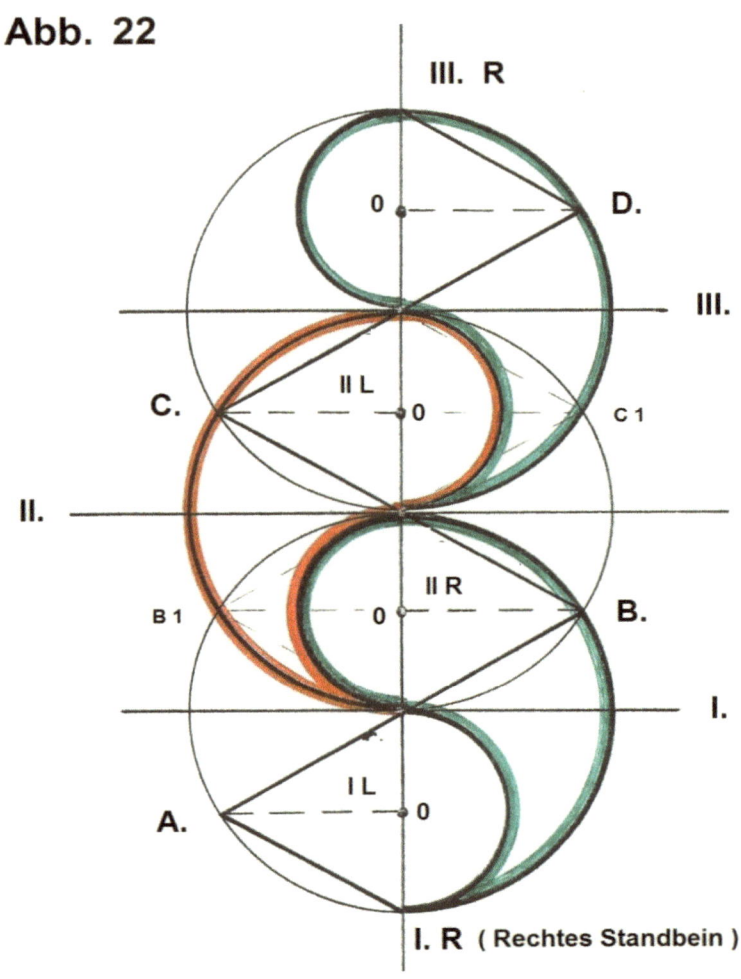

**Drei Ganzschritte I - III**

**2.3 Alexander Lowen** beschreibt die Geh-Struktur prägnant:

„Gleichgewicht beinhaltet Dualität. Es ist kein statisches Phänomen. Würden beide Beine zur gleichen Zeit aktiv, könnte man nicht gehen, höchstens hüpfen und springen. Das Leben ist zugleich Bewegung und Gleichgewicht in der Bewegung ; das meint eine „ausgeglichene Bewegung".

Ausgeglichenheit wird durch kontinuierlichen Ladungswechsel, Wechsel der Erregung von Pol zu Gegenpol, vom linken Fuß zum rechten, vom Einatmen zum Ausatmen, im Ausdehnen und Zusammenziehen erreicht. Tagesbewusstes und Unbewusstes im Schlaf wechseln sich ab.

Die rhythmische Körpertätigkeit umfaßt jene Einheit, die aller Dualität zugrunde liegt. Es gibt im Leben keine Dualität, der nicht eine bestimmte Einheit zugrunde liegt. Und es gibt keine Einheit, die nicht ihre entsprechenden Dualitäten hat. Dies Konzept der Dualität und Einheit aller Lebensprozesse habe ich von Wilhelm Reich übernommen. Er postulierte dies Prinzip der Einheit und Antithese in allen natürlichen Abläufen. „Dualitäten" sind immer antithetisch, d.h. gegensätzlich oder entgegengesetzt. Um das Paradox von Einheit und Dualität zu fassen, muss man funktionell denken. Dazu gehört ein neues Bewusstsein, das weder mystisch noch mechanistisch sein darf. Funktionelles Denken ist dialektisch" (295 f).

## 3. Zyklische Kreis- und Regelsysteme
### 3.1. Der Schöpfungsbericht Genesis 1:

Im jüngeren Denken Israels (7./ 6. Jahrhundert) ist der Schöpfergott „kreativ". Er ist Kreator, indem er scheidet, unterscheidet, differenziert, trennt: „Er schied das Licht von der Finsternis; das Wasser vom Land". Am Anfang steht „Prädifferenz: Tohuwabohu". Auch gehören zur Kreativität die Ordnungsfunktionen: „Da ward aus Abend und Morgen ein erster Tag" (d. h. ein 24 Stunden Regelkreis). Am Ende dieses Kreisganzen steht der Leser aber nicht einfach wieder am Anfang, dem Ausgangspunkt. Es geht weiter! Sonnenumlauf ist nicht gleich Sonnenumlauf in salomonischer Weisheit: „Nichts Neues unter der Sonne" (Prediger 1,9); bzw. fatalistisch: „Nichts Neues im Westen" (1. Weltkrieg). - Auch meint der Kreislauf keine Clichéform der Lehre vom Karma, vom Weltenrad, vom Werden und Vergehen in endloser Kette der Wiedergeburten. Zu schnell geraten wir in den Kreisel von beliebig wahr oder nicht wahr.
Die Ordnungen: 1.Tag, 2.Tag, 3.-7.Tag sind Metaphern evolutionärer Entwicklung : Hunderttausend Jahre sind „ wie ein Tag " ( Psalm 90, 4 ).

*Regelkreise*:
Die Erkenntnis messbarer Regelkreise, die steuerbar sind, hat mit dem Industriezeitalter eine komplexe Entwicklung angenommen. In der Regeltechnik zielen Regelungen auf Vorgänge messbarer Regelgrössen, Drehzahltouren; chemische Prozesse ; im menschlichen Organismus erscheinen solche Messgrößen als Blutdruck, Blutzucker, Herzfrequenzen.
Dabei sind Sollwerte und Istwerte, Abweichungen und Störungen erfassbar. Bei der ausgeübten Steuerung gibt es selbsttätige Handsteuerung und die automatische Steuerung. Therapieziele können sein: Veränderungen initiieren, vegetative Wirkabläufe unterstützen, gestörte Abläufe unterbrechen.
Lt. Meyers Taschenlexikon, Bd. 18 / 138 „kann ein einzelnes, abgegrenztes System (im kartesianisch-newtonschen Sinn) nur in Angleichungen und Wahrscheinlichkeiten per PC oder Hochrechnung in seinen vielfältigen Wirkungen erfasst werden. Auch ursprünglich elementare Ansätze vertrauen darauf, dass kleinste authentische Ganzheiten und O-Töne Wirkung haben.

## 3.2 Das „Rund um die Welt" - Prinzip und „Hot Seat"

Joseph Zinker: „Gestalttherapie als kreativer Prozess" spricht von zwei klassischen Experimenten. Sie spiegeln den eigenen Stil im Kontakt mit Menschen, mit denen er arbeitet. „Experimente sind Werkzeuge und als solche dazu gedacht, ständig modifiziert zu werden. Sie sind nur dann von Nutzen, wenn sie für bestimmte Situationen mit bestimmten Patienten massgeschneidert werden. Als starre Vorschrift missbraucht, liefern sie nur mittelmäßige Ergebnisse" (148).

### 3.2.1 Arbeitsweisen des „Rund um"- Prinzips:

„Wenn eine polare Seite ausgeweitet wird, so geschieht es beinahe automatisch, dass sich an irgendeinem Punkt die andere Seite auch ausweitet. Dieses nenne ich das „Rund um die Welt - Phänomen": Fliegst du lange genug nach Norden, wirst du schließlich auf Südkurs kommen" (197).
„Meine Annahme ist, wenn „Mort" ganz in Kontakt zu seiner Langweiligkeit kommen könnte, wird er schließlich wieder zur entgegengesetzten Polarität seiner Lebhaftigkeit finden, also einmal um die Welt" (148)! „Meine Theorie der Polaritäten macht zwingend, dass ich, wenn ich mir nicht erlaube, unfreundlich zu sein, niemals freundlich sein werde. Wenn ich aber als Mensch wachsend produktivere Konflikterfahrungen mit anderen machen will, muss ich mein Selbstkonzept ausweiten" (197). Zinker beschreibt einen Zyklus, detailliert aufrollt als Schwingungskurve. Verschiedene pathologische Unterbrechungen im fließenden Ablauf des Zyklus sind hervorgehoben (101f,117). Details sind hier nicht relevant, wohl aber das

Phänomen! „Zyklisch" geht z.B. auch Vopel in den „Interaktionsspielen" ( V 41 ff ) vor.

Dem „Rund-Um" Phänomen folgen u.a. tiefenfundierteTherapien auf basaler Körperebene. Die Arbeit mit „Tiefungen" (H. Petzod) vertraut auf das Umschlagen am Tiefpunkt der Prozesse: Das Durcharbeiten in der „Deathlayer Arbeit" und in selbstregulierenden Kräften, anstelle des „one shot", beides kann situativ gegeben sein. Qualifizierte und nächstliegende Schritte im „timing und short pieces" finden wir später in der körperorientierten Gestaltarbeit bei Stuart Alpert und Naomi Bressette am Hardfort Family-Institute. In den Schulen ist der Punkt der „Impasse" Phase entscheidend : Der Therapeut darf in dieser Phase ( nichts geht mehr ) nur noch äußerst wachsam sein. Er unterlässt jede weitere Intervention. Sonst ist es, als würde einer in einen schon gestarteten Motor neu hineinstarten.

**3.2.2 Die „Hot-seat" Variante** ( Fritz Perls & „Integrative Therapie" / IT ):

Sie arbeitet mit dem „leeren Stuhl": Der Klient wird mit der eigenen Gegenpolarität - in einen Dialog gebracht (s. die Wipp-Struktur). Die Übertragung und die Gegenübertragung sind kein primäres Arbeitsmittel !

**3.2.3 Zwei klassische Gestaltelemente: Runde Gestalt und Hot Seat**

Die „runde Gestalt" als „Kreis – Schwingungs - Rundum" und die „polare, lineare Arbeit" (als Linie zwischen den Polaritäten von Stuhl zu Stuhl in ihrer Geh´- und Wippstruktur), beide werden im Paradigma zusammengeführt. Beide tragen die pervertierenden Kippmomente in sich.

**4. Zwei Perversionen im Zyklischen und Linearen**

**4.1 Die Perversion im Zyklus-Kult und die Geschichte Israels**

**4.1.1** Wenn etwas auf der Stelle kreiselt, wenn sog. ewige Wahrheit sich nur (dogmatisch) reproduziert ohne innovative Entwicklung, wenn Eizellen für sich zyklisch reifen & sterben, wenn Vegetatives ohne Bewusstheit bleibt und Therapie kein Wachstum und kreative Sprünge ermöglicht, was dann? Der Volksmund spricht von „Teufelskreisen", von Wiederholungszwang, Drehtür-Psychiatrie, Widerstandszirkeln.

Fritz Perls beschreibt eine „Pathologie des Pseudostoffwechsels" und einen „Zyklus von Projektion und Introjektion". „ Paranoide können Projiziertes nicht in Ruhe lassen, weil ihre Aggression alimentärer Art und stoffwechselgestört ist. Da diese Aggression aber nicht als dentale Aggression

durchgeführt wird (um Magenfreundliches sowie Verdauliches vorzukauen), ist die Zerstörung erfolglos und führt nur zu erneuter Introjektion. Die Verdauungssituation bleibt wieder unabgeschlossen. Der Feind ist zwar einverleibt worden, aber nicht assimiliert; später wird er wieder projiziert und neu als Verfolger erlebt" (199).
Eine Alltagswahrheit ist somit, dass Konflikte die Tendenz haben, sich im Kreis zu bewegen. Ein Muster wiederholt sich! Welche Energie und Kraft es kostet, von einem Trend oder Zirkel wegzukommen, kann eine lange Zivilisationsgeschichte beleuchten. Sie zeigt heute vermehrt eine entgegengesetzte Kulmination linearer Perversion an, die des „way of life"

### 4.1.2 Aus der Zivilisationsgeschichte des alten Israel

Im Erwachen und Bewusstwerden der Völker, was linerale und geschichtliche Zeit mit Anfang & Ende betrifft, ist es das jüdische Volk, das einen Evolutionssprung einmaliger Art vollzogen hat. Um 1000 v. Chr. hatte König David die größte Ausdehnung des Reichs erreicht, die Israel je wieder erreicht hat.- Erst spät im 7.Jhdt. v. Chr., im Vergleich mit Mythen anderer Völker, fügt Israel die Schöpfungsgeschichte ( Genesis 1- 12 ) als Universalgeschichte aller Menschen ein.
Gleichzeitig wird sie sofort wieder entmythologisiert. Alles ist geschaffen, Geschöpf, Materie in dieser Universalgeschichte, die der Geschichte Israels und dem Bekenntnis zum Gott Jahwe vorangestellt ist. - Jahrhunderte aber früher war jener einmalige Bekenntnissprung konstitutiv und bis heute innovativ geworden: Das ist der Glaube an einen in die Geschichte hinein wirkenden und dort erfahrbaren Gott, - der sonst keinen Namen hat. Zentral darin ist aber die Exodusgeschichte, die Befreiung aus dem Sklaven-Haus. Die Kornkammern Ägyptens waren für die Nomadenstämme aus der Wüste in Hungersnöten immer wichtig, wie die sog. „Vätergeschichten" berichten.

### 4.1.3 Das älteste Credo benennt die Vorgeschichte kurz so: „Mein Vater war ein umherziehender Aramäer. Dem Umkommen nahe zog er nach Ägypten. Dort war er mit wenigen Leuten ein Fremder. Er wurde (im Umfeld zyklischer Götter) ein großes und zahlreiches Volk. Doch die Ägypter behandelten uns schlecht und legten uns harte Dienste auf. Da schrien wir zum Gott unserer Väter. Er erhörte unser Schreien; er sah unser Elend, die Angst und Not und führte uns aus Ägypten mit starker Hand in ein Land, darin Milch und Honig fliesst" ( Deuteronomium 26, 5 – 9 ).

### 4.1.4 Urvätergeschichten (Genesis12ff) sind oft Ätiologien, Herkunftsgeschichten: Wie z. B. entstanden die Unterschiede von Stadt und Land: Da wurden zwei Freunde Abraham und Lot aus ihrer Heimat (dem Irak heute)

herausgerufen. Als ihre Hirten sich abends immerzu um die Wasserbrunnen streiten und die Freunde den Streit nicht schlichten können, nimmt Abraham Lot mit auf die Weidehöhen und zeigte ihm das ganze Land. Als Ultima Ratio kommt es zu jener goldenen Regel (1. Mose 13, 9) die den Freund vor die Wahl stellt: „Gehst du zur Rechten, geh ich zur Linken (s. das Kulturland in der Jordanebene mit sesshaften Bauern & Städtern und weiter oben auf den Höhen die Beduinen-Clans mit ihren Herden.
Abraham, Vater des Glaubens genannt, erfährt u.a. noch einen anderen Entwicklungssprung: „Sein Gott Jahwe will keine archaischen, im Umfeld üblichen Menschenopfer (vgl. der „Minotaurus" oder „Iphigenie" bei Goethe).

### 4.1.5 Die Exodus-Geschichte

schildert dann den 12 Stämme-Verbund in der Wüste Sinai mit den 10 Mosaischen Regeln, die ein Zusammenleben ermöglichen. Voran ist über allem der gestellt , der das Leben will, der es schöpferisch schafft und ebenso (neu) geschichtlich mit unterwegs ist.

### 4.1.6 Auseinandersetzung mit zyklischen Fruchtbarkeitskulten

Sesshaft geworden im „Kulturland" z. Zt. der Propheten und Könige um 700... eskaliert die Auseinandersetzung mit den Naturkulten. Ob Fruchtbarkeits-, Baals- und Göttinnenkulte, ein Kampf bis auf´s Messer entbrennt. Im Psalm 121 möchte einer, der auf die Reise geht, einen Reisesegen. Er blickt auf zu den Höhenheiligtümern, wo geopfert wird und fragt: „Von wo kommt mir Hilfe?!" Er besinnt sich dann seines im Lebendigen verankerten, unsichtbaren Gottes und findet die Antwort: „Meine Hilfe kommt von dem Herrn, der Himmel und Erde gemacht hat". Israel findet immer wieder zum Zweitakt von „Schöpfergott" und „in die Geschichte wirkendem Gott" zurück.
Alles Erschaffene wird entmythologisiert (s. die Mondlandung). Auch der Mensch als Krone der Schöpfung gehört ins Irdische. Mit der Metapher der Vertreibung aus dem Paradies verlässt er das Symbiotische, Pränatale, allein Vegetativ-Zyklische. Ein zweiter Evolutionsschub kommt hinzu in der Metapher: Er ist erkenntnisfähig und weiß, „was gut und böse ist". Darin ist er nun unumkehrbar verantwortlich ! Mythologisch steht ein Engel vor der Tür ( „a way of no return" ).
Zu akzeptieren ist diese Härte auf dem Weg des Erwachsenwerdens. Darum verteidigt Israel diesen Bewusstheitssprung in totaler Abgrenzung all jener, die im „status quo" (Kant: „selbst-verschuldet") unmündig bleiben. Entwicklung kennt nur ein Vorwärts. Darum: „Höre Israel,- Schemah Israel", bis heute in jedem Synagogengottesdienst zur Wahl gestellt, wähle zwischen „Segen und Fluch"!
Bewusst bleibt in dieser Geschichte auch: Wir sind der Natur unterworfen,

darum verführbar: „Der Apfel vom Baum der Erkenntnis hat seine Natur-Kraft behalten. Wie dagegen hat sich etwa bis heute die römische Kirche bemüht, via Beichtinstitut in die Privatheit der Sexualität zu gelangen, ohne sie je ihrem lenkenden Einfluss ganz zu unterwerfen.-
Im Vergleich mit der abendländisch-platonischen Kopflastigkeit und der höheren Ideenwelt aus dem Höhlengleichnis Platons ist umgekehrt im Hebräisch-Orientalischen die Spaltung zwischen Kopf und Bauch vermieden worden. Die Einheit „Leib-Seele-Geist" als Ganzes, die kognitive Einheit von „Wahrnehmen - Erkennen - Handeln blieb erhalten: „Adam erkannte sein Weib Eva, und sie war schwanger" (Genesis 4, 1).

### 4.2 Die lineare Perversion im Fortschrittsglauben

Am Beispiel alttestamentlicher Texte ist die Entwicklung vom kultisch-zyklischen Dienst pur deutlich abgegrenzt! Dem folgt „alternativlos" die Befreiung zu einem teleologisch, vorwärts gerichteten Geist, der sich linear in Vergangenheit, Gegenwart und Zukunft ausrichtet. Bei allem Festhalten an dieser geschichtlichen Erkenntnisstufe wird zugleich in eben diesen Texten deutlich: Das herausgerufene Volk ist immer auch den Ansprüchen der Tora davongelaufen. Summe: „Würde Israel einen Tag lang die Gesetze befolgen, das Gottesreich wäre gekommen". Doch dem war nicht so. Darum entwickeln spätere Propheten einen neuen Innovationsschub an Zukunftserwartung. Sie öffneten die Geschichte Israels zur messianischen Befreiung hin , die neu in eine Universalgeschichte aller Völker einmündet.

### 4.2.1 Der lineare Fortschrittsglaube heute

wird im säkularen Raum von einer wachsenden Zahl „Verantwortlicher" in Frage gestellt. Der konsumorientierten Wachstumsprosperität wird entgegen gehalten: „Sind wir nur noch Durchgangsstation von den Ressourcen der Welt zum Mülleimer"? Verbrauchen wir nicht im Wimpernschlag der Weltgeschichte, was bei fortlaufender Wegwerfgesellschaft unwiederbringlich verloren ist? Das extrem beschleunigte Weltverständnis bis zum Crash ist oft genug von Klassikern benannt: Gerhard Hauptmann stand noch am Anfang der aufspaltenden Industrialisierung; Bertold Brecht prägte den „Verfremdungs" Begriff für Arbeiter am Fließband; Ortega Y Gasset beschrieb den „Aufstand der Massen", David Riesman: „Die einsame Masse" im Blick auf „außengelenkte Menschen". Ruth Cohn schrieb: „Es gibt nichts Gottloseres als eine gerade Linie"- (eine schnurgerade Strasse durch den Amazonas, die den Autofahrer tötlich ermüdet ). Das gilt für alle „störungsfreien Prozesse" pur.
Trotz der wachsenden Bewusstheit unserer Tage, so Capra, „erscheinen die Menschen vielfältigen Aufbruchs und verwirklichter Wendezeit als Minderheit, wie Anfänger gegenüber jener gigantischen Macht multinationaler Art, die auf der kartesianisch-newtonschen Ebene fortschreitet" ( 25 ).

K. M. A. Müller ( in: „Die präparierte Zeit, Signale der Geschöpflichkeit") sieht die kommende Krise ... „ globaler, schmerzlicher und einschneidender als die privilegiert reichen Industrie-Nationen es sich träumen lassen. Wenn wahr ist, dass die Tiefe der Selbstwahrnehmung ohne tiefe Krise dessen, der wahrnimmt, nicht zu haben ist, dann steht diese Krise als Bedingung ihres Einsichtiger-Werdens noch bevor. Die Zeit, in der gesellschaftliche Institutionen das Leben des Bürgers wie eine ´Kathedrale` überwölben konnten und gegen Gefahren zureichend abstützten,- nähert sich einer Klimax (s. Flüchtlingswellen). Die Antwort des Ich, das Sicherheit haben will, genügt nicht mehr, nicht wenn von Verantwortung die Rede ist."

Genesis 1, 28: „Macht euch die Erde untertan!" wurde oft als Freibrief zum Raubbau verstanden oder teils in der Verantwortlichkeit Einzelner als „Bewahrung der Schöpfung" gedacht. Die Verantwortlichkeit von Banken, Staaten, Kapital in struktureller Gewalt scheint der Stützung bestehender Systeme, einem „weiter so" gewichen zu sein. Müller: „Künftig sind wir weit mehr angewiesen auf die Antwort des Selbst, das sich preiszugeben bereit ist", an welchem sich die Geister scheiden. Dies kann altruistisch oder christozentrisch oder vernunftbedingt radikal klingen, bzw. ähnlich jenem chinesischen Doppel- Begriff für Krise: „wei-ji", in dem beide Akzente anklingen, sowohl „Gefahr" als auch „Chance und gute Gelegenheit".
Dies unterstreicht Josef Zinker in „The Growing Edge" für jeden kreativen Prozess (129). Es erinnert zugleich an die Buddha Weisheit, wonach Wachstum nicht „ohne Leiden" geschieht. Wo in alter Agrikultur von „Dornen und Disteln" die Rede ist (Gen. 3,18), ist es heute eher (statt des „D & D" ein „P & P", „Papier und Paragraphen". Oder bleibt immer etwas von jener kompromisslosen „Bild-Rede" des Menschen aus Nazareth, wonach ein Weizenkorn zuerst in die Erde muss, bevor es Frucht bringt". Resümee :
Weder nur zyklisches Kreiseln noch Lineares pur bewirken Leben, das sich entwickelt . Daraus folgt hier der Gedanke von „Spirale und Spin". Beide vereinen ein lineares Vorwärts und einen wiederkehrenden Kreislauf.

## 5. Spirale und Spin als Doppelhelix von Einheit und Zweiheit
### Abb. 23

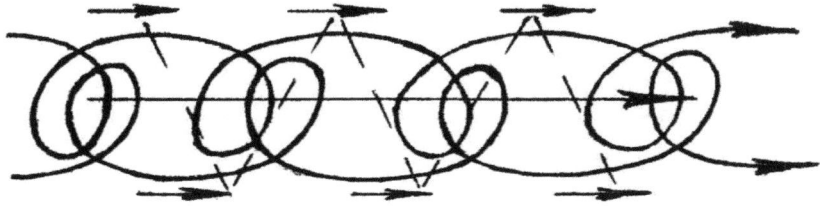

**Capra berichtet von Linus Paulings Durchbruch**, wonach, „das Skelett der Proteinstruktur in einer nach links oder nach rechts drehenden Spirale gewunden ist und der Rest der Struktur von der genau linearen Aufreihung von Aminosäuren längs dieses Spiralweges bestimmt wird" (126). Er beschreibt den genauen Aufbau der DNS–Struktur, die „molekulare Grundlage der Chromosomen", wobei es nach Paul Weiss „in einem lebenden System kein Phänomen gibt, das nicht molekular ist" (124 / 129). Die Struktur zeigt sich in einer „Doppelhelix, bestehend aus zwei ineinander verschlungenen, strukturell komplementären Ketten. Die auf diesen Ketten linear angeordneten, chemischen Verbindungen sind komplexe Strukturen, Nukleotide, von denen vier verschiedene Arten existieren. Erst ein Jahrzehnt später fand man den grundlegenden Mechanismus, mittels dessen die DNS beide fundamentalen Funktionen ausübt: Die Selbst-Verdoppelung und die Protein-Synthese".

Im „Paradigma" stoßen wir auf vergleichbare Phänomene: Das Paradox von Dualität und Einheit, von Zweitakt sowie Schwingungs-Amplituden, von kreisend-fortschreitender Wiederkehr intra- und interpsychischen Prozesse! Spiralenförmig - wiederkehrende Strukturen bei anklingenden Themen sind bekannt: In der Einzel- und Gruppendynamik, Clinical Trainings, Supervisionen und in Dreimonatskursen ( CPT-CPE-KSA ). Wiederkehrende Symptome und Themenstellungen finden sich auf unterschiedlichen Eskalationsebenen und Tiefungsstufen des Erlebens, **Abb. 24:**

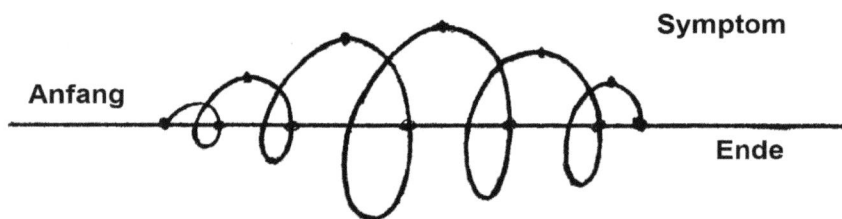

### 5.1 Der „Spin" im Up und Down ( horizontal und vertikal )

In Annäherung an Descartes - versuchte Einstein „eine einheitliche Feldtheorie" aufzustellen, indem er die Physik (den Grundzügen der Relativitäts-Theorie entsprechend ) geometrisch darstellte. „Wäre dieser Versuch ihm gelungen, hätte Einstein wohl wie einst Descartes sagen können, seine gesamte Physik sei nichts als Geometrie" (s. Capra 86).

Ansatzweise ist nun hier das bei Capra als „simpel" beschriebene ERP-Experiment ( Einstein - Rosen - Podolsky ) ebenso simpel mit der idealischen und ausgewogenen Geometrie der Yin und Yang Figur und dem Koordinatenkreuz zusammenzubringen.

## 5.2 Summe des ERP - Experiments

Vereinfacht geht es um zwei kreiselnde Elektronen. Dabei ist das „ Bild der kreiselnden Tennisbälle" eine Hilfsbrücke für die Vorstellung, die „wie immer in der subatomaren Physik begrenzt" ist (86). - Das Bild von den Tennisbällen lässt sich gut als dreidimmensionale Yin-Yang Figur einbeziehen.
Das Elektronen-Kreiseln kennt nun einige Eigenschaften des sog. „Spin": Jedes Teilchen-Spin ( vgl. einen Yin-Kreis-Ball und einen Yang-Kreis-Ball) vollzieht in einer innewohnenden Ordnung folgende Gesetzmäßigkeit :

**a)** „Die Rotation des Teilchens um die eigene Achse": Im Modell setzen wir zwei Stecknadeln , je Yin und je Yang , in ihre Nullpunkte.
**b)** „Bei gegebener Rotationsachse" kann ein Teilchen „in der einen oder anderen Richtung kreiseln". Physiker bezeichnen diese beiden Werte des Spin oft als „up" und „down". Der Spin der beiden Elektronen ist - bei immer gleicher Geschwindigkeit „ zusammen genommen gleich Null, d. h. sie kreiseln in entgegengesetzten Richtungen" ( 86 f ).
**c)** Die Wetternachrichten sprechen gleichfalls vom „Spin" als Naturphänomen, das ein Hochdruck- und Tiefdruckgebiet fest im Griff hat:

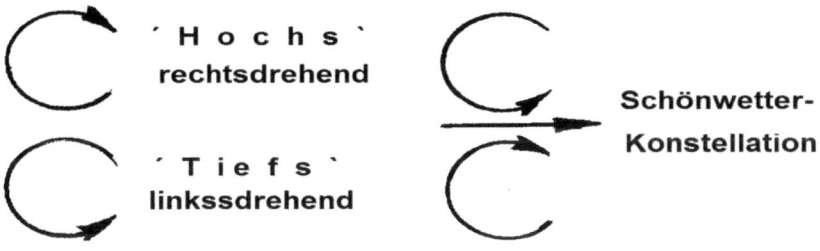

## 5.3   Das Spin-Phänomen im Paradigma zeigt Abb. 25 A + B

### 5.3.1 Zum „Spin" auf der „Vertikalen" bei Capra :

„ Nehmen wir an , der Spin von Teilchen „eins" wird gemessen in Bezug auf eine vertikale Achse und als aufwärts / up befunden . Weil der kombinierte Spin beider Teilchen gleich Null ist , geht aus dieser Messung hervor, dass der Spin von Teilchen „zwei" down-abwärts gerichtet sein muss.-
Im Querschnitt Abb. 25 A stossen wir wieder auf das Modell der „Wippe", die im Auf und Ab der beiden Sinusamplituplituden pendelt ( 88 ).

## Abb. 25 A + B

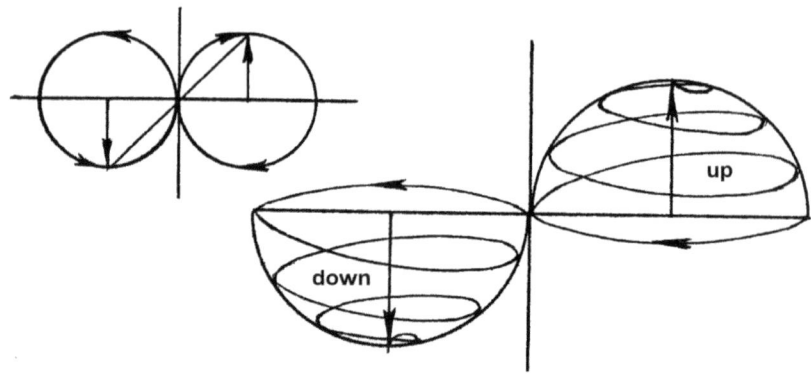

### 5.3.1 Zur horizontalen Achse schreibt Capra ( 88 ):

„Oder, wenn wir den Spin von Teilchen 1 in Bezug auf ein anderes messen und feststellen, dass es nach rechts kreiselt, dann wissen wir, dass in dem Fall die Kreiselbewegung von Teilchen 2 nach links gerichtet sein muss."

Die Quantentheorie sagt, dass in einem System von zwei Teilchen, deren gesamter Spin gleich Null ist und der Spin der beiden Teilchen um jede beliebige Achse stets in Korrelation und in entgegengesetzter Richtung verläuft, obwohl der jeweilige Spin der Teilchen vor der Messung nur als Tendenz oder Möglichkeit existiert. Wir erinnern uns an den „ Prädifferenz- und Nullpunkt " bei Perls, wonach nur die Gegenwart, das Hier und Jetzt, als „Steckachse" zählt .

Capra: „Die Korrelation bedeutet, dass die Messung des Spins von Teilchen 1) in Bezug auf eine beliebige Achse zugleich eine indirekte Messung des Spins von Teilchen 2) darstellt. Paradox an diesem ERP- Experiment ist, dass es dem Beobachter frei steht, die Messachse zu wählen. Sobald die Wahl getroffen ist, verwandelt die Messung ( die Tendenz der Teilchen, um verschiedene Achsen zu kreiseln ), sich in „Gewissheiten". Der entscheidende Punkt ist nun, dass wir unsere Messachse im letzten Augenblick wählen können, wenn beide Teilchen schon weit von einander entfernt sind, auch Tausende Kilometer" (Capra 88).- In den folgenden Modellen soll versucht werden, solche „Gewissheiten" der Yin-Yang Teile am Globus-Zyklus unserer Erde in 2 x 12 Stunden „Nacht" und „Tag" zu erproben.

# KAPITEL III

**1. MODEL A 1 + 2 : Das „Rund um die Welt" Kreisformat**
**1.1 Modell A 1 - im ptolemäischen Weltbild / Abb. 26**

„ Rund um die Welt " im subjektiven Eindruck des ptolemäischen Weltbildes steht die Erde fest ; die Sonne kreist linksdrehend von Ost nach West : Nehmen wir den Globusquerschnitt in Äquatorhöhe als feste, große Kreiseinheit an und lassen wir mit der kreisenden Sonne „Nacht und Tag" als je eigene Kreiseinheiten (zwei Tennisbälle) gegeben sein, so kann der Rest der beiden Yin und Yang Figuren je nach Spin (ob rechts- oder linksdrehend ) als nachfolgender Schweif, als ausklingendes Ende gelten ( die Dämmerung des vergehenden Tages bei Linksdrehung ). Oder es können im Modell A 2 die Figuren mit ihren verjüngten Spitzen ( rechtsdrehend ) Anfang und Ende ankünden ( s. die Morgendämmerung ).

**Beschreibung von Modell A 1 ( vgl. Anhang 4 )**

Im Ausgangspunkt lassen wir die Nacht, die Yin-Globushälfte ( rot / oben) in der gesteckten Achse und im Bewusstsein voll gewesen sein. Die Yin-Yang-Bälle liegen zwischen Ost und West waagerecht, prädifferent: Die Nacht endet, der Tag beginnt. Es ist 6 Uhr früh:
In Abb. 26 steigt der neue Tag ( Yang Tennisball grün ) im Osten aus der horizontalen Prädifferenz hervor. Ptolemäisch dreht sich die Sonne von der Nacht-Tag-Gleiche links herum. Bei der 90 ° Drehung erreicht der Tag, die Sonne, ihren Höhepunkt . Es ist 12 Uhr Mittag .

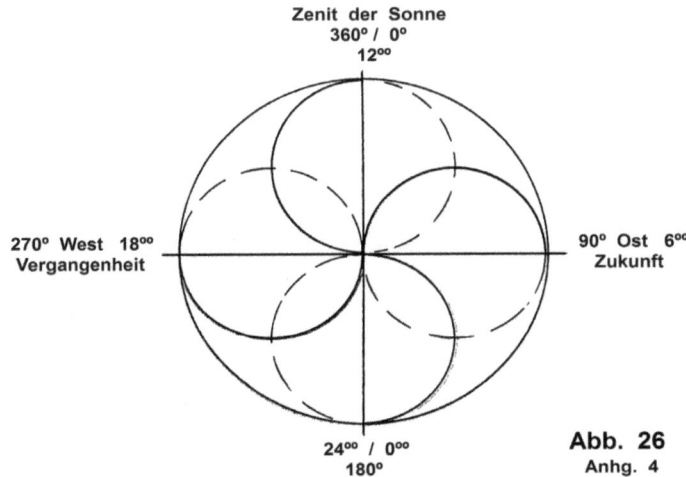

Abb. 26
Anhg. 4

**In der dichterischen Sprache lautet der Eindruck nun:**

„Der Tag ist seiner Höhe nah ..." (EKG – Lied 351). Gleichzeitig ist die andere Erdhälfte bei den Antipoden als Scheitelpunkt angekommen; es ist 24 / 0 Uhr in der Nacht. Dichterisch heißt es jetzt: „Die Mitte der Nacht ist der Anfang des Tages." -
Drehen wir mit dem Gang der Sonne die Modellscheibe (Anhg. 4) um 90 ° weiter, so überblicken wir zum Zeitpunkt / 18 Uhr, den Tag im 12 Stunden Halbkreis ( Yang grün-oben ). Dichterisch : „Nun sich der Tag geneiget".

Die horizontale Koordinate ( $6^{00}$ + $18^{00}$ Uhr Dämmerungen ) und die vertikale Koordinate ( Zenit und Scheitelpunkte ) zeigen subjektiv jeweils Kipp- und Umschaltmomente an. Auf der Horizontalen ist der Doppelaspekt von Yin und Yang zu sehen. Auch da wird der dichterische Umschalteffekt subjektiv vielfältig und gegensätzlich empfunden.

Bei Goethe heisst es: „Singet nicht in Trauertönen von der Dunkelheit der Nacht. Nein sie ist, oh holde Schönen, zur Geselligkeit gemacht !"-

Eine „Bärenbuden-Gute-Nacht-Geschichte" im WDR wird Kinder am Abend zufrieden schlafen lassen.

Paul Gerhard (1647) im Lied: „Nun ruhen alle Wälder"- sublimiert: „Wo bist du Sonne blieben? Die Nacht hat dich vertrieben, die Nacht, des Tages Feind. Fahr hin; ein andre Sonne, mein Jesus, meine Wonne, gar hell in meinem Herzen scheint."
Matthias Claudius (1779) singt anders gestimmt: „Der Mond ist aufgegangen, die goldnen Sternlein prangen, am Himmel hell und klar ...".
Andere erwarten in Schmerzen und Angst vor Schlaflosigkeit die Nacht; d.h. das Umschalten in Plus und Minus braucht auch Mühe und Akzeptanz.

Karl Krolow umschreibt wechselnde Übergänge in : „Fremde Körper" :

> Die Dämmerung ist ein weibliches Wesen
> Darum lehren manche die Kinder schon
> früh, sich vor ihr zu fürchten.
> Andere weisen mit Fingern auf sie,
> wenn sie sich mit entblößter Achsel zeigt.
> Die Barsche springen nach ihr aus dem Fluss.
> Und an den Leimruten die Singvögel
> versuchen noch einmal vom Tode
> freizukommen, wenn sie sich nähert.

Erstes Lampenlicht fällt
zwischen ihre Brüste ...
Auf einem Lager von schwarzen Blättern
erwarten beide die Nacht."


## 1.2. Modell A 2 - im kopernikanischen Weltbild

Im mechanistisch-kopernikanischen „Rund-um" (rechts herum) zeigt sich das Modell in einem sprachlich anderen Deutungszusammenhang : Im Yin und Yang Modell aufrecht soll die „Sonne" als Fixpunkt erscheinen.-
Sie dreht nun nicht mehr linksdrehend von Ost nach West. Jetzt dreht sich der „Globus" ( s. das Weltenrad ) vorwärts und rechtsdrehend der Sonne entgegen ( Modellscheibe A 2 ). Die Sonne steht nun als Fixpunkt in der Vertikalen oben, quasi als Kopfebene der Bewusstheit vertikal aufrecht, als neue Steckachse einer neuen Gewissheit.
War zuvor die Horizontale als die „phänomenologische Achse" zwischen Ost und West erfahrbar, beginnt in der vertikal gesetzten Bewusstheitswarte der neue Tag, beispielsweise noch „ schlaftrunken " mit den Augen eines Kindes. Der Anfang, die Spitze ( Metapher des Aufwachens im Yang aufrecht ) beginnt erst, während die Nacht ihre volle Ganzheit ( Yin - Tennisball oben ) noch voll präsent hat (Traumtrunken). Drehen wir die Modellscheibe A 2 um 90° rechts herum, so liegt der volle Tag vor uns: Der Vormittag liegt schon zurück.- Der Nachmittag ist der noch zu erfüllende .
Bei der weiteren 90° Drehung ist der Tag in der Bewusstheit zurückblickend voll überschaubar; im Nachgang ist er ein gewesener Tag.

## 2. Modell B 1+2 im Umpol-Spin von „ Figur und Grund " Abb. 27 + 28
( zwei Teilchen-Ganze im Spin des so und so herum )

Die Yin und Yang Figuren sollen nun im gegenläufigen Spin (s. Capra) korrelieren. Sodann soll der eine Teil bewusst, der andere Teil gleichzeitig „unbewusst" ablaufen. Unser Bewusstsein wird kaum einen 24- Stunden Tag als ganzen erfassen. Wir verifizieren diese Einheit mehr im Sprung auf einer Abstraktionsebene.

Real erfahren wir die zwei Teil-Ganzheiten nachzeitig: Der Tag kommt; die Nacht geht. Zugleich erscheint der Spin wie ein „Komm und Geh", wie ein „Double bind". Oder aber wir denken uns die „Kehrseite der Medaille" stillschweigend, abstrakt, wie selbstverständlich. Wir werden sie integrieren, sie ab- und ausgrenzen, sie verdrängen, abspalten etc.

## 2.1 Modell B 1: Die Teilchen im „Non-stop-Rundum - Spin" Abb. 27

Lassen wir den Spin in der Überlappung von Figur und Grund, z. B. den Tag links-drehend kommen! Und die Nacht rechts-drehend weichen. Nun zeigen sich beide wie in Abb. 27, 1 – 7 in Parallele zu Capra´s Sätzen :

**Beschreibung:** Beide Nullachsen stehen im „Fortschreiten des Yang" und im „Weichen des Yin" im gegenläufigen Spin und in gleichen Winkeln zu einander. Die Steckachse (= Mitte) ist dabei die Konstante, um die beide kreiseln und sich messen.

Am Ende von Abb. 27, 5 ist eine neue Prä- und Indifferenzposition (2 x Dämmerung) morgens und abends erreicht. Die Grenze des Modells ist: Es wiederholt sich zyklisch und auf der Stelle kreiselnd. Nur in der fortschreitenden Zeit, auch in der geschichtlichen Kalender-Bewusstheit ist es nicht der gleiche Tag , die gleiche Nacht. - Wie aber beginnen und enden sie als je neue Grössen ?

### Abb. 27. 1 – 7

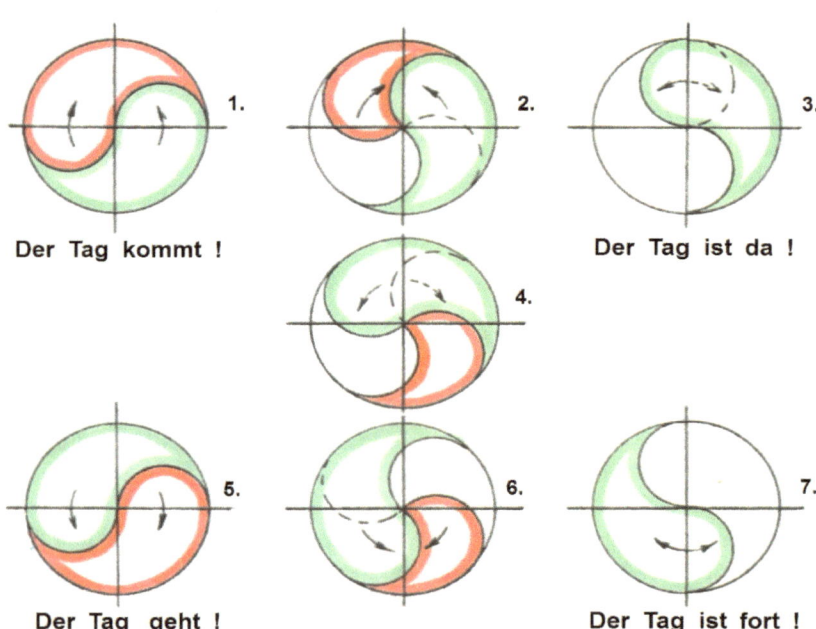

## 2.2 Modell B 2, Abb. 28 - im Umpolen bei gleicher Steckachse

Eine kleine, doch wesentliche Variante ist nötig: Sie hat mit der Befähigung menschlichen Bewusstseins zu tun, umpolen zu können, d.h. im wechselnden Vorgang: „Figur und Grund" jeweils ins Blickfeld nach vorne zu holen und vom einen aufs andere umzuschalten.
Die vorgedachte Steckachse gewinnt nun an Bedeutung. Bisher trat nur das zwei-dimensionale Koordinatensystem in den Blick. Doch auch die dritte, drei-dimensionale Koordinate muss räumlich mitgedacht werden.

Sollen Tag und Nacht im Wechsel „Vordergrund" werden, müsste nach jeder 180° Drehung die Steckachse herausgezogen werden. Rein mechanisch ist nun das Umpolen an der Reihe. Die zuvor untere Yin-Scheibe als eigenes Ganzes muss jetzt nach oben in den Vordergrund kommen; die zuvor obere Yang-Scheibe muss nach unten wechseln. Indem wir umpolen und die Steckachse neu setzen, holen wir einmal den „Tag" ins „spin up" und die Nacht in den „spin-down" (vice versa) und zwar in Parallele zur menschlichen Bewusstheit.

**Abb. 28 im Modell B 2** zeigt das Spin-up und Spin-down einschließlich „Umschalten" in der Null-Achse.

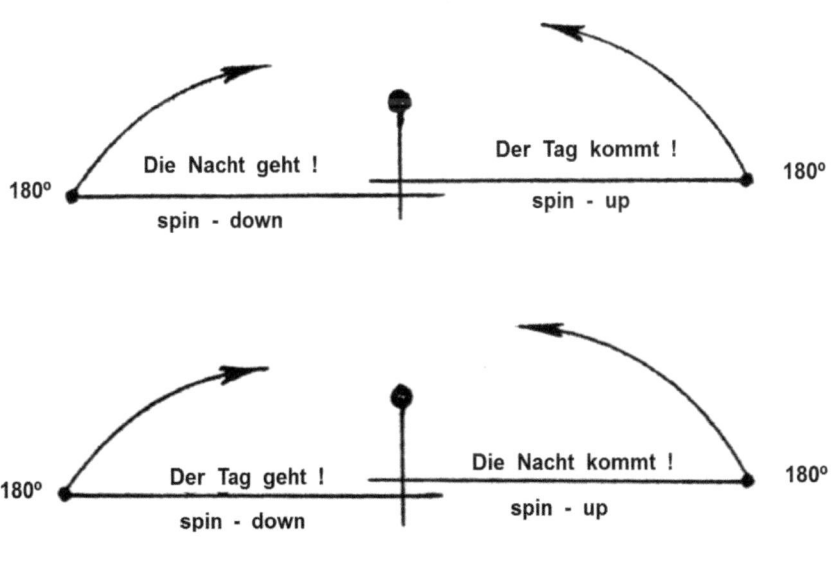

**Abb. 28**

## 2.3 Summe:  Modell B 1 , Abb. 29 ( s. Anhang 5 )

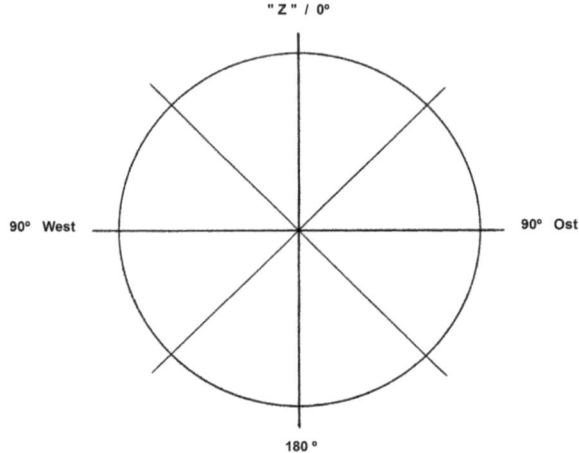

**Beschreibung:** Durch das Umschalten von Yin auf Yang (vice versa) lässt sich bewusster, real wie abstrakt, mit Sinn und Verstand z.B. „Androgynes" in seinen Polaritäten mitvollziehen. Phänomenologisch ist beides präsent : „Jetzt ist Tag, - jetzt Nacht!"

Frappierend im Modell und subjektiv wahrzunehmen ist:

1) Die Figuren (ob Tag, ob Nacht) sind nun immer im Spin-up , mal links- mal rechts drehend, im Wechsel der Bewusstheit jeweils oben.

2) Obwohl die Teilchen nicht im gemeinsamen Rundum um den zentralen Nullpunkt des Koordinatensystem kreisen ( Modell A ) , bewegen sie sich jetzt in einer Zweitakt-Dynamik des Hin und Her im Halbkreis-Spin mal rechts oben, mal links oben. Dennoch erscheint vom zentralen Punkt „Z" aus ein ewiger Kreisel vorwärts in die Zukunft gegeben zu sein.

3) Wir haben den Schritt zur räumlich dritten Koordinate, in die dritte Dimension vom Punkt „Z" aus qua Umpol- Steckachse getan.

4) Modellhaft verifizieren wir, dass die Bewusstheit auch die „Steckachsen" setzt!- Laut Capra tun wir dies innerhalb eines Netzwerkes in jedem Augenblick von Wahrnehmen - Denken - Fühlen - Handeln.

In der „ bewussten Wahrnehmung " ist das Umpolen von Figur und Grund mit angelegt wie Einatmen und Ausatmen. Im Bewussten und Unbewussten ( mit dem Vorbewussten dazwischen) verbindet sich beides: Flexibilität und Umstrukturieren. Das Umpolen in freiheitlicher Setzung zum einen, und eine eingefaltete, feste Ordnung zum anderen findet sich im Gesetz und Regelwerk des Spin. Und nicht von ungefähr ist das Augenmerk neben den Aspekten von Polarität und Zentrierung mehr und mehr auf den zentralen Umschaltpunkt gerichtet , d.h. hin zu Begrifflichkeiten wie die „Core-Arbeit", das „Ich-Selbst" und die „Geburt des Selbst".

Neurose und Psychose haben es im Kern in je eigener Weise mit der festen sowie der fliessenden Struktur im Punkt Null zu tun ( jedes Rad braucht sowohl die Achse und eine Aufhängung für ein Vor & Rück, Rechts & Links und ebenso auch ein „Schmiermittel": „Öl", Fett, Synapsen, Transmitter ).

## 3. Modell B2 : „Unbewusstes und Bewusstes" - „Unten und Oben"
### 3.1 Integrierte Zweitakt-Dynamik im Modell B 2

**Mit der Geometrie im Modell B 2 nähern wir uns folgenden Punkten :**

**3.1.1 Fritz Perls** entdeckte, benannte das „dramatisches Lernen", indem er das Gestaltkonzept des „hot-seat" nicht einfach beim Pingpong mit dem leeren Stuhl beließ. Er brachte u.a. die Position des Topdog / Underdog ein ( vgl. Spin - up und Spin - down ).

**3.1.2 Joseph Zinker** im „kreativen Prozess" sprach vom „Lernen im Zickzack-Kurs". Hier entsteht im konkreten Erlebnisexperiment (auch laterales Lernen in der Psychoanalyse genannt) sowohl Bewusstheit als auch, was er den „grundlegenden, erlebnismäßigen und physiologischen Unterbau seines neuen Konzeptes" nannte,- im Beispiel: „Carol entwickelte ein neues Bild von sich"- aus zwei alten „primären Selbstkonzepten" (122).

**3.1.3 Konfutse** im Buch der Wandlungen, dem I Ging, beschreibt vor ca. 2600 Jahren, „dass alle Dinge ihre unterirdischen Wurzeln und über-irdischen Zweige haben. Alles hat einen unsichtbaren Ursprung und ein sichtbares Entfalten. Wir dürfen nicht die Reihenfolge der Dinge verwirren, ebenso wie wir den Unterschied zwischen Kopf und Fuss nicht vergessen dürfen" ( Christopher Markert 85 ).

**3.1.4 Erving & Miriam Polster** definieren das Phänomen, indem sie postulieren: „Die Figur-Grund-Formation ist die grundsätzliche Dynamik des Bewusstseins". Sie ist das „gestalttherapeutische Gegenstück" zum psychoanalytischen Konzept von Unbewusstem und Bewusstem, das den Menschen leicht aufspaltet, indem das Unbewusste zum einseitigen therapeutischen Mittelpunkt gemacht wird.

Dagegen ist der freie „Fluss zwischen Zugänglichem und Unzugänglichem" normalerweise eine einfache Sache im Flow, wie das Leben selbst, „wenn man bereit ist, bei dem zu bleiben, was gegenwärtig klar ist." „Einfach" wird der therapeutische Prozess, „wenn man von einem Moment einer aktuellen Erfahrung zum nächsten Moment - ein Thema je eigener Bewegung fort entwickelt, bis es schließlich in Einsichten gipfelt, die zu Beginn unzugänglich waren".

„Wenn plötzlich eine Figur aus der Tiefe des Hintergrundes auftaucht, wo sie wenig oder gar keine Bedeutung gefunden hatte, ist das Plötzliche sehr stark, erregend, angst- und schock-auslösend. Das Verbergen von Teilen dieses Hintergrundes stellt das sorgfältige Bemühen des Betreffenden dar, nicht aus dem stillgelegten Fundus von Charakteristika und Erfahrung zu schöpfen. Der Hintergrund ist daher als Quelle für neue Figuren nicht frei verfügbar. Die „Umkehrbarkeit" von Figur und Grund ist die Wurzel der Veränderlichkeit des Lebens" ( Polster 44, 55 f ).

### 3.1.5 Umkehrbarkeit und Grenze in den Modellen A und B

Die „Umkehrbarkeit" finden wir im Modell B 2 : Veranschaulicht in der vertikalen „Z"-Achse und im Umpolen von Figur und Grund. Dagegen findet sich das Freudsche (Neurose) Konzept mehr im Modell A veranschaulicht.-
In beiden Modellen A & B wird die horizontale Koordinate zur Grenzlinie zwischen Bewusstem-Oben und Unbewusstem in der unteren Hälfte.

### 3.2 Freuds Grundkonzept im Modell A und B ( GW XII / 183 )

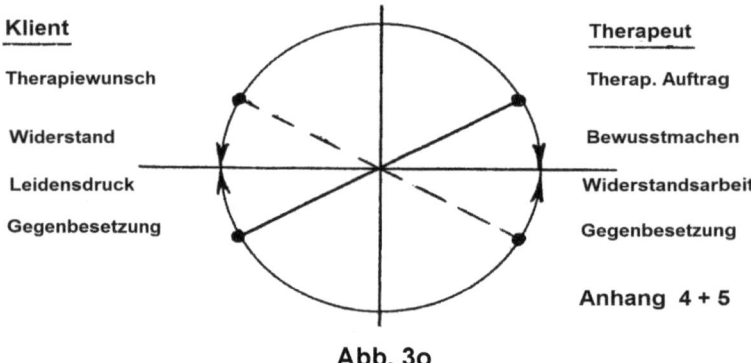

Abb. 3o

S. Freud geht von einer doppelten Aufgabenstellung aus: Sie besteht „im

Bewusstmachen des Verdrängten" und im „Aufdecken der Widerstände". Beide sind zu überwinden. Widerstand geht „vom Ich aus, das an seinen Gegenbesetzungen festhält". Damit ist auch das psychologische Konzept vergleichbar, in dem Bewusstsein und Unbewusstes ausschliesslich entgegengesetzt ist " ( Petzold / Morgenthaler 153, 165 ).

**Milton Erickson** setzt die Integration des Bewussten und Unbewussten zum avisierten Ziel. Hypnose-Experimente zeigen beides: „Unbewusste Einsichten führen, wenn ihnen der Weg ins Bewusstsein freigegeben ist,- bevor für sie eine Bereitschaft vorhanden ist,- zu bewusstem Widerstand, Zurückweisung, Verdrängung und via Verdrängung sogar zum Verlust unbewusster Gewinne" ( Petzold / Stahl, Widerstand 440 ).
Die Schutzfunktion des Unbewussten wandelt sich schnell in Kompensationsversuche um, statt wegweisend eine motivierende Kraft zu werden.

### 3.3 Die Modelle A und B im Vergleich

**3.3.1 Modell A** - weist auf ein leicht eintretendes „Struggle und Patt der Kräfte", wenn der Therapeut mit in dieses Kräftespiel eintritt, ohne zu wissen, was er tut. In dem Fall (s. das Handhaben von Gegenübertragung) kommt es zu Schein-Anpassung und Unterwerfung des Underdog, zum Aufteilen in Sieger und Besiegte, Maxifant und Minifant, sowie Hornberger Schießen. Zur klärenden Aufschlüsselung, welche Kräfte beim Klienten und welche gezielt - therapeutischen Kontexte wirken, kann Modell „A" vorzüglich, in jedem Moment und mit neu gesteckten Achsen und Feldern beitragen.

### 3.3.2 Modell B:

In seiner Charakteristik zeigt das Modell den „Spin" der Yin und Yang Teil-Achsen als jeweils eigene Größen. Das „Z" als therapeutisches Focusing und als Supervisionspunkt beobachtet im oberen Feld die wechselnden und gegenläufigen 180 ° Drehungen. Paradoxerweise erleben wir je Figur einen 180 Grad Zweitakt im Hin und Her, Komm und Geh, bzw. als Summe aus beiden einen „Rund um die Welt Effekt": Mal kommt die Taghälfte im Osten hervor, während die Nachthälfte als „Grund" im Hintergrund oder Untergrund entschwindet ( Modell B 2 ).

Dann - nach dem bewussten Umschalten: „Jetzt Nacht" - geht diese Figur wieder im Osten hervor. Jede der Hälften hat im prozess-orientierten Bewusstsein (im „awareness-continuum") ihren Anfang, ihren Zenit und ihre Vollendung. Im Gegenspin heißt das: Entschwinden und Vergangensein. Es

führt zum Akzeptieren, Versöhntsein, Integrieren des Gewesenen (s. „Momo im goldenen Kuppelsaal von Meister Hora" bei Michael Ende).
Dort ist eine Blume immer noch schöner, als die voraus gegangene ( 161 ).
In der Therapie ist darauf zu achten, was neu wachsen will und was dem entsprechend an alten Systemen sterben kann. Offen ist, wie im Spin eins das andere zeitlich bedingt. Wo retardieren und blockieren Ambivalenzen? Welches „Timing" ist nötig? Gehören Alt und Neu integriert zusammen?

### 3.3.3 Therapeutisches Fall-Beispiel

Eine Frau : 48 - midlife - Diakonisse – Sozialarbeiterin emanzipierte sich. Im Fünf-Tage-Workshop arbeitet sie am Konflikt in ihrer neuen Existenz, die sie jenseits der früher fraktionierten Schwesternschaft gerne ganz bejahen möchte und es auch tut. Immer aber, wenn sie wieder besuchsweise im „Mutterhaus" aus ihrer „Freiberuflichkeit" zurück ist, trifft sie auf schmerzliche Feindseligkeit, Neid und Kälte. Schon in der Kleidung (sie will dann nicht plötzlich „Tracht" anlegen) werde sie wie eine Verräterin angesehen. Selber will sie den Anschluss an ihre alte geistige Heimat nicht verlieren, jedoch auch ihren neuen Status leben. Diesen hat sie längst als eine unter anderen Mitarbeitern in ihrer neuen Sozialstation ( 200 km entfernt ) . Im zähen Hin und Her ambivalenter Kräfte, im Rollenspiel und in einigen Durchgängen erlebt sie nochmal Anklage und Klage, Abgrenzung und Ausgrenzung, Trennung und ein wachsendes Selbstbewusstsein. Sie findet klare Entscheidungen und steckt dennoch bleibend in einer Ambivalenz.

Doch dann tritt eine Pause ein, bis sie plötzlich , spielerisch etwas sieht :
Schuhe liegen in der Runde herum, auch dicke Holz-Pumps mit schönen, weißen Lederkappen. Eine Idee ist geboren. „Ich kann´s ja mal probieren mit so einem neuen Schuh." Sie nimmt den einen: Der Schuh passt! Doch wird es nun ein ungleiches Gehen, Hüpfen, Hinken mit einem Schuh. - Eine Andeutung genügt als Initialzündung: Schon hat sie den zweiten, eigenen Schuh an und tanzt mit beiden! - Blitzartig ist ihr klar: Ich habe jetzt zwei Standbeine, alt und neu! Mit beiden kann ich gehen im links und rechts.
Sie integriert, was sie selber so gewollt hat, jetzt aus ihrer eigenen Mitte heraus. Übergroß ist die Freude ihrer eigenen Kontinuität auf zwei Beinen.

Im Modell B 2 ist dies der Punkt, an dem Yin und Yang die Vertikale „Z" erreicht haben. Figur und Grund decken sich in neuer Identität. Zweiheit und Einheit gehören zusammen. In einem Kind ist das seitens seiner Eltern relativ evident. Die Zweiheit der Polaritäten in ihrem je eigenen Recht auf Akzeptanz und ebenso ihre ganzheitliche Bezogenheit, beide erschaffen die Momente gefüllter Gegenwart, das Erleben von Evidenz.

# KAPITEL IV

## Die vier Quadranten - Modell C

**1. Oben und Unten, Rechts und Links im Koordinatenkreuz**
Mit Konfutse ist Oben und Unten, Kopf und Fuss (vertikal) nicht zu verwechseln. Phänomenologisch ist ebenso klar: Der Kopf geht auf zwei Füssen im Links- und Rechts-Schritt. Das Gehen auf der Horizontalen hat ein links und rechts, ein vorne und hinten.

**1.1. Linke und rechte Hemisphäre**. Die hirnphysiologische Forschung kennt die funktionale Zuordnung von linker und rechter Hemisphäre. Sie teilt sich grobrastrig in spezifische Aufgabenteilungen:

**1.1.1 Links:** Kennzeichnend sind Abstraktionsvermögen und Schriftsinn, Kausaldenken, Vernunft und einem analytisch ausgerichteten Denken mit mathematischen - strukturierenden, zivilisatorischen, kopflastigen, außengelenkten Yang-Akzentuierungen und individueller Selbstbehauptung.

**1.1.2 Rechts:** Charakteristisch für diese Hemisphäre ist ein bildlich-kreatives Form- und Raumerleben, unmittelbares Fühlen, ganzheitliches, intuitives Erfassen, Gespür haben, auf der Spur sein. Das Erfassen und Erleben folgt mehr aus dem unbewussten und vegetativen Kontakt heraus. Es folgt der Natur der Dinge, einem innewohnenden Regulativ und wird vermehrt weiblicher Yin-Fähigkeit zugeschrieben. Es sind Eigenschaften, die eine Affinität profilieren, sich gemeinschaftlich zu orientieren. Sie sind öfter, auch klischeehaft, pflegenden und sozialtherapeutischen Berufen zugeordnet. Verstärkt sei auch die Bereitschaft, sich introspektiv, rezeptiv nach Innen zu wenden, z. B. in selbsterfahrenden, tanzenden, meditativen, religiösen und fernöstlichen Erfahrungen.

Primär vorausgesetzt ist: Die linke Hirnhemisphäre kontrolliert die rechte Körperseite, die rechte die andere Körperseite. Summarisch findet sich eine Art axial reziproker Wechselwirkung.

**1.2 Oben und Unten**

Der Kopf mit den Ich-Funktionen und Sinnen ist vermehrt außen gerichtet. Jemand tut z.B. etwas mit Sinn und Verstand. Die Leibebene ist hingegen mit Körpersensationen, Extremitäten, taktilen und emotionalen Begabungen ausgestattet. Körperbewusstsein: Spüren, Fühlen, „mit dem Bauch hören" und „über das Hineinatmen" in Kontakt kommen, weisen auf die eine Seite.

Die Kopfbewusstheit auf der anderen Seite weist auf das Vermögen zu abstrahieren, zu prognostizieren, zu kalkulieren. Jemand kann z.b scharf beobachten; er hat einen scharfen Verstand; er kann „zu" kopflastig werden oder den Kopf verlieren.
Über beide Seiten hinaus kennt der Volksmund triangulierende Ganzheiten, die die Mitte einschließt : „Mit Leib , Seele und Geist"; „mit Herzen , Mund und Händen" meint ein spontan herzliches Engagement und ein handfestes wie vernünftiges Tun.

## 2. Reziproke Begriffspaare und Grundannahmen

Begriffspaare wie: Denken und Fühlen, Wahrnehmen und Ahnen (Sich-etwas vorstellen, Imaginieren, Intuieren, Wähnen, 7. Sinn ) sind typologisch im Modell C. G. Jung´s angelegt. Die Paare und der Reihenfolge von :
„ Denken - Empfinden - Fühlen – Intuieren " machen einen Sinn, wenn wir die vier Grundannahmen in das Yin-Yang Paradigma einbringen.

### 2.1 Modell C 1: Denken- Fühlen-Wahrnehmen- Ahnen - Abb. 31

Die Reihenfolge der vier Grundannahmen im Koordinatensystem ändert sich sprachlich je nach Zuordnung und wie der Volksmund sie zusammenfügt :
a) in den reziproken Begriffen: „ Denken und Fühlen ";
b) in den reziproken Begriffen: „Wahrnehmen und Intuieren"
c) in einem mit einander korrespondierenden „Oben und Unten".
d) Die Quadranten I + II sind nach oben „Yang" orientiert.
   Die Quadranten III + IV sind nach innen- unten „Yin".orientiert).
e) Um die Ganzheit der Teilchen klarer zu bekommen, ist später
   von der Sinuskurve ins Bild der „ Tennisbälle " umzuschalten.
f) Die Legende zu Abb. 31 nennt die folgenden Punkte ,
   Top „Z" / 0° ist synonym mit : Zenit - Klimax - Kopf oben ,
   Top „T" / 180° ist synonym für : Tiefpunkt und „Tiefen" .

In der senkrechten Amplitude als ganzer Amplitude je Teilkreis findet sich die Paarverknüpfung von „up" & „down" als Denken & Ahnen Amplitude, bzw. als sinnenhaft -wahrnehmende und emotionale Gefühls- Amplitude .
In den Diagonalen der „vier" Quadranten zeichnet die Sinuskurve einen Wechsel von Yang zu Yin ( vice versa in einer Acht ).
„Denken zu Fühlen" ( Kopf und Bauch ) sind die eine Sinuseinheit ;
„Sinne" zu „Intuieren" sind die andere , korrelierende Sinuseinheit.

## Modell C 1 - Abb. 31
„Z" / 0 °

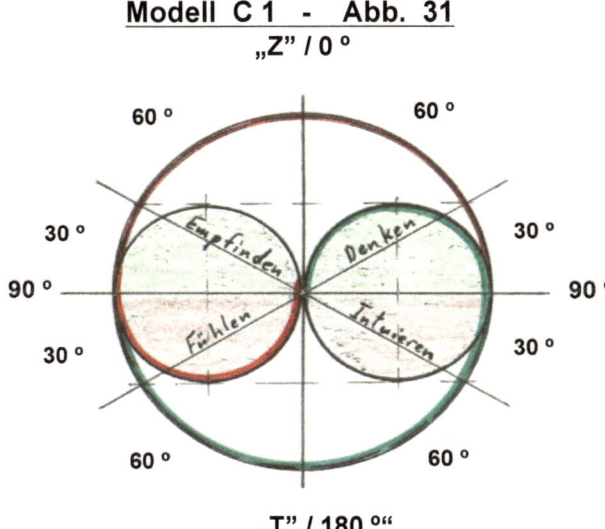

„T" / 180 °"

### 2.2 Modell C 2 : Der Umschaltspin in Hoch und Tief - Abb. 32 A-C

Genauer und differenziert zeigen sich die Figuren, wenn sie im „Umschalt - Spin" der jeweiligen Bewusstheitsakzente und in der Dynamik reziproker Begriffspaare korrelieren. Nicht von ungefähr arbeitet „Integrative Therapie" an reziproken Funktionen: Statt „Was denkst du?" „Was fühlst du"! - Was nützen lt. Perls analytisch noch so viele Heurekas: „Kindheitserinnerungen, aber alles ist im Kopf „gedacht" und nicht „gefühlt". Ein solcher Typ hat einen Verstandesmagen, der dem Pansen einer Kuh gleicht" (150). –

In dem Sinn kann eine Therapie wohl auf kognitiver Ebene beginnen, doch braucht sie die „therapeutische Tiefung", wenn die emotionale Seite sich nicht zeigt. Gefühle kommen öfter erst im therapeutischen Setting hoch .

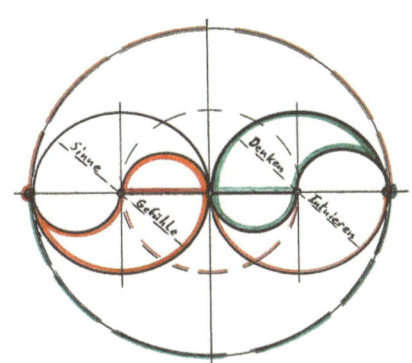

**Abb. 32 A**
**Modell C 2**

**Modell Abb. 32 A läßt beide Tennisball-Einheiten drehen :**

1) Im „Spin" um die je eigenen Nullpunkte,
   bis sich die Pole ( als Gegenpol an der Peripherie ) mit gleicher Steck- und Mittelachse horizontal gruppieren.
2) Im „Rundum" um den gemeinsamen Nullpunkt der Tennisballeinheiten muss im Beispiel der emotionalen Tiefung aus der Prädifferenzebene das emotionale Erleben (aus der Verborgenheit) nach oben intensiviert werden, bzw. in der Klimax nach außen offen durchlebt werden.
3) Im Modell B & C steigen die „Bälle" aus ihrer Prädifferenz bis zur Klimax der Bewusstheit vertikal hoch, bzw. ins Tief des Unterbewussten zurück.

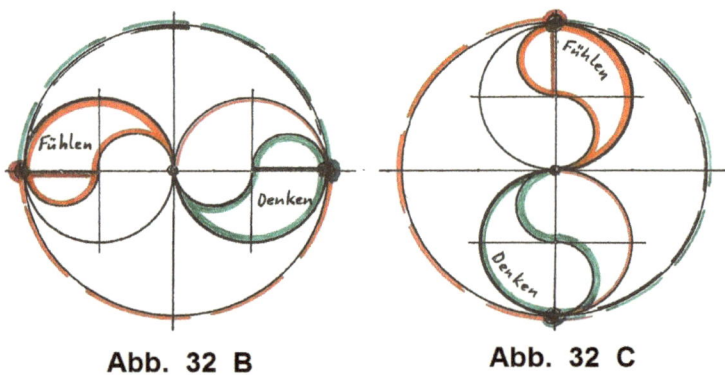

Abb. 32 B         Abb. 32 C

Alle vier Quadranten können wahrnehmbare Symptome im Ausgangspunkt der Therapie sein. Alle können jeweils aus dem Hinter- und Untergrund in die Bewusstheit gehoben werden. Alle möchten dem Gestaltgesetz folgend zur je „runden Gestalt" werden. Darum...

## 3. Das Heben aller vier Quadranten in die Bewusstheit

**3.1 Subatomare Teilchen und ihre Eigenschaften** machen deutlich: „ Ihre Grundstrukturen kann man nur im dynamischen Zusammenhang begreifen, ausgedrückt in Bewegung, Wechselwirkung und Umwandlung" ( Capra 92 ).

Auf die Legende der Modelle übertragen heißt das:
a) zur Bewegung        -    ein Rundum und Zweitakt-Prinzip.
b) zur Wechselwirkung  -    der Wipp- Pendelschlag und Spin.
c) zur Umwandlung      -    das Umpolen in Figur und Grund.

Bei den Jungschen Grundfunktionen können wir wie die Atomphysik davon ausgehen, dass kein Quadrant per se eine Priorität hat ! Verglichen mit

Modell C 2 haben wir nun vier Quadranten, vier korrelierende Nullachsen in zwei Tennisballganzheiten und im je eigenen Rundum.

**3.2 Die „Leary"schen Quadranten** : „Nicht Personen, sondern Verhaltensweisen werden beschrieben. Dieselbe Person kann gleichzeitig auf unterschiedlicher Ebene in verschiedenen Quadranten kommunizieren. Das gilt, wenn alle Quadranten in einer Person integrierender Bestandteil sind, wenn sie für sich prägnant und auch untereinander flexibel- kommunizierend entwickelt sind.

Das reziproke Pendeln der gemeinsamen Achse erfolgt oft automatisch in Reflexen. Das Kommunizieren in den verschiedenen Quadranten führt auch in der Therapie zu erheblicher Verwirrung".
„Dabei sind Personen im Typos mit gemeint, wo vier Quadranten, ob extrovertiert oder introvertiert, zur Hauptfunktion werden können .

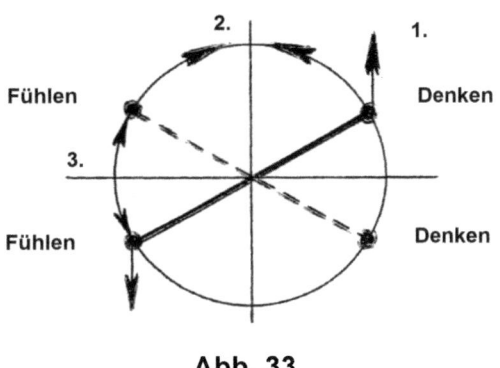

**Abb. 33**

Der Hauptfunktion steht da als die undifferenzierte, unentwickelt gebliebene Funktion, teils minderwertig erfahren ( Morgenthaler, Jung / 150 -156 ). Meistens stehen sich eine Hauptfunktion (z.B. Denken) und eine mindere Funktion ( Fühlen ) gegenüber, teils konditioniert und erlernt, in Vorhersicht aus Erfahrung oder in situativer Notwendigkeit.

## 4. Reziproke und komplementäre Kehrseiten der vier Quadranten

4.1 „Unformed und formed energy" gehören zu einem dreifachen Blickfeld und zum therapeutischen Handwerk bei reziproken Ebenen :

1) Die Wippstruktur der Diagonalen ( z.B. jetzt Denken, jetzt Fühlen ).
2) Die Schere in der Bewusstheitsvertikalen ( Schere nach oben ) .
3) Die Schere um die Horizontale nach oben und unten , zwischen der bewussten und unbewussten Ebene.
Im krisenhaften Ablauf von Mechanismen und Wirkkräften sind die drei Ansätze zu kennen. Sie sind selbstregulierend, vegetativ, situativ gesteuert und nur teilweise bewusst .

## Der Bewusstheitsscheinwerfer tastet je nur eine Befindlichkeit ab

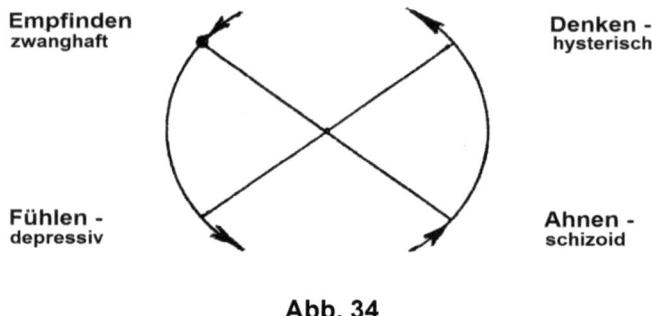

Abb. 34

### 4.2 C. G. Jungs pathologische Grundannahmen
( Petzold – Morgenthaler „ Widerstand ", 151 ff )

**4.2.1 Der Denktypus :**
In der Relation zu anderen Quadranten kippt er primär ins Zwanghafte, Depressive oder Retroflexive. Abstrahierend schaut er entweder an den Realitäten vorbei, er spaltet ab. Oder es ist ihm u.a. „peinlich, wenn er auf seine Gefühle hin befragt wird. Er leistet beim Auftauchen verdrängter Gefühle dadurch Widerstand, dass er anfängt, über seine Gefühle zu argumentieren und zu rationalisieren". Minderwertig erfahrenes Denken zeigt sich in der Gegen-Amplitude öfter resignativ, retroflektiv, negativistisch, in Nörgeln, Kritikastern, Haare in der Suppe finden.

**4.2.2 Der Gefühlstypus :** Im Negativbild zeigen sich Hysterie, Hypochondrie, Psychopathie! Psychosomatisch zeigen sich „häufig Kopfschmerzen, sobald von ihm <u>Verstehen</u> seiner Symptome gefragt ist. Oder er versucht, unlogische Argumente mit Nachdruck zu begründen, statt glaubhaft zu machen." Übertrieben emotionale Reaktionen kompensieren sein undifferenziertes Denkvermögen. Auch er sieht dabei nicht mehr genau hin.
Ausbrüche lassen rückwirkend Gefühle minderwertig werden, als Schaum, als unechter, kaum zu erklärender „Lärm um nichts", auch wenn es ihn vorübergehend als Lappalie entlastet. Er versackt umgekehrt gerne in Apathie, Schwermut, Depressivität, Sucht.

**4.2.3 <u>Der intuierende Typ</u>:**
Zwanghaft-abspaltend verdrängt er intuitiv meistens die konkrete Sinnesrealität . Er verliert sich in endlosen Sinndeutungen , dunklen Ahnungen

und Dolchstoßlegenden. Er produziert maßlos symbolisches Material, wehrt sich gegen die reale Betrachtung des Hier und Jetzt und hat ausgesprochen Mühe, Ideen zu realisieren. „Ihre para-normalen Spielereien, philosophische Spekulationen, unaufhörliche Phantasien nehmen oft überdimensionale Ausmasse an." Ihr Widerstand richtet sich „gegen die konkrete Auseinandersetzung mit der Alltags-Wirklichkeit", auch dagegen, Empfindungen zu erlauben, die teils unentwickelt sind, teils an „gebranntes Kind" erinnern. Nach außen zeigt sich Misstrauen, Unheil wittern, Flöhe husten hören.

### 4.3.4 Der sinnenhafte Empfindungs-Typ:

Ihm entspricht das konkrete Ausleben, Ausagieren direkter, momentaner Augenblicke und punktueller Events, somit ein atomisiertes, punktgenaues bis bizarr brüchiges und labiles Wahrnehmen. „Sie haben die Tendenz, die Bedeutung einer Andeutung, Geste, eines Traums oder einer Phantasie allzu konkret projektiv zu nehmen". Das schief hängende Bild an der Wand ist generalisierend ein Zeichen für Weltuntergang. Die Wiederholung gleicher Inhalte im Ausgestalten und Fabulieren kommt hinzu. „Ihr Überfluten („overwhelming") mit Schilderungen von Fakten oder Familiengeschichten - ist Widerstand gegen jenen Aspekt, die eigene Bestimmung ( in Plus - Minus ganzheitlich ) intuitiv zu erkennen und anzunehmen ". Sie „ haben Widerstände, wenn ihr unbewusstes Material auf ihren Sinn hin untersucht wird ". Mangelnde Introspektion und defizitäre Realitätskontrolle gehen auf ein hoch sensibles und einseitig fokussierendes Vermögen im Empfinden zurück, indes es mit den Zusammenhängen mangelt.
Daraus resultieren Impulse, Wünsche, Phantasien, die moralisch recht zwanglos daherkommen, d.h. mal spontan, brilliant- konkret, ungeniert, taktlos, selbstherrlich, über Leichen gehend, verratend, dann wieder großzügig, jovial, abrupt in Neuanfängen ( Schwamm drüber ) umspringen.

### 4.3.5 Ausblick zur dritten Raumkoordinate : Kapitel V

Kapitel IV brachte die Koordinaten der Prädifferenz-Horizontale und die Bewusstheits- / Tiefungs-Vertikale ins Spiel, dazu die vier Quadranten in dynamischen Modellen und die Umschaltfunktionen . Die Gesamtdynamik der Modelle A-C verlief flächig, zwei-dimensional . Im erweiterten Modell ist die Raumkoordinate zu thematisieren.

# KAPITEL V
## Kollision und Kollusion
### 1. Modell „D": Einheit und Zweiheit; Spaltung und Fusion –

**1.1 Vorspann**: „Bei Modellen geringer elementarer Reichweite" gilt dem Bootstrap-Gedanken zufolge keine fundamentale Konstante! Das ist insofern möglich, als jedes „ teilweise erfolgreiche Modell " darauf abzielt, „nur einen Teil der beobachteten Phänomene zu beschreiben. Es würde einige unerklärte Aspekte und Parameter enthalten. Die Parameter eines Modells könnten aber durch ein anderes erklärt werden. Auf diese Weise können mehr Phänomene nach und nach mit wachsender Genauigkeit beschrieben werden und zwar durch ein Mosaik ineinander- und übergreifender Modelle, deren Nettozahl unerklärter Parameter laufend abnimmt" (Capra 99).
Diese Sätze gelten auch für die Paradigma-Modelle!

**1.2 Zur Definition von Kollision und Kollusion:**

**„Kollidieren"**: Zusammenstossen, Berühren, Abgrenzen, Auseinandersetzen, Konfrontieren, Scheiden, Unterscheiden; Differenzieren; Spalten; Trennen. Schiller: „Hart im Raume stoßen sich die Sachen"!
**„Kollusion"** benennt ein Zusammenspiel, öfter ein uneingestandenes Einvernehmen, auch ein unentrinnbares Bezogensein; eine Verbindung bis hin zur Symbiose, Verschmelzung, Sehnsucht nach Einheit.
Auch ist es ein unbewusstes Zusammenwirken, das Partner „zur Abwehr und Bewältigung von miteinander geteilten Ängsten; Schuldgefühlen inszenieren", um die Beziehung aufrecht zu erhalten.- In der Paartherapie nennt Jürg Willi dies: „Das Zusammenspiel der Partner auf Grund des gemeinsamen Unbewussten" ( 47 / 286 ).

**„Hartes Zusammenstossen"**- in der Atomphysik kann beides bewirken: Kern-Spaltung oder Kern-Fusion (Schmelze). Beide Möglichkeiten sind in beiden Begriffen: „Kollision und Kollusion" mit angesprochen.

**1.3 Modell „D" - Abb. 35 ( s. Anhang 7 )**

Zwei korrellierende Quadranten sollen am Punkt Null wie ein Scharnier mit einer räumlichen Steckachse zueinander gedacht werden. Beide Figuren drehen in der gemeinsamen Achse und wiederum im Spin und wechselnd mal rechts, mal links von ihrer Prädifferenz zur Bewusstheit „Z" hoch.

**Abb. 35**

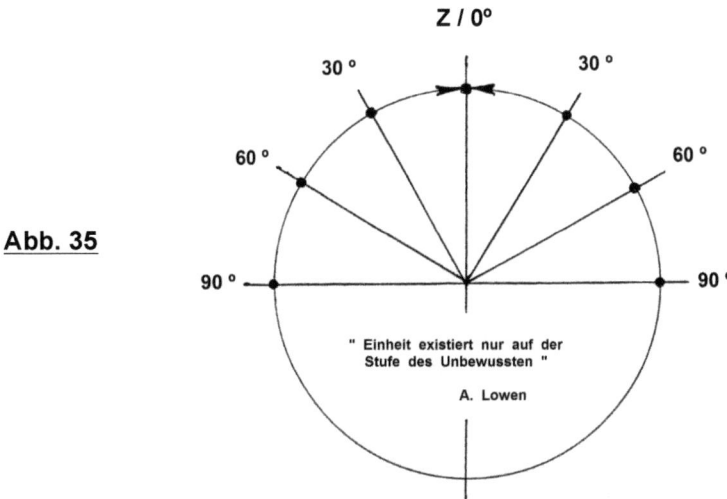

## 1.4 Eine klassische Beschreibung der Bewusstheit bei A. Lowen :

„Das Bewusstsein hat es stets mit Dualitäten zu tun: Kopf-Bewusstsein und Körper-Bewusstsein, Denken und Fühlen. Einheit existiert nur auf der Stufe des Unbewussten oder in Körperprozessen jenseits des Wahrnehmungsvermögens. Wenn wir die Dualität des Bewussten akzeptieren, müssen wir uns mit der dualistischen Natur der ganzen Persönlichkeit befreunden" (296 ff).

Da der Intellekt eines Menschen „individuell und einzigartig ist, begreift man, dass man einen einzigartigen Geist hat. Wenn man sich danach auf den Körper konzentriert, wird klar, dass er auch ein individuelles Leben hat.

Vom Standpunkt der Bewusstheit ist zu fragen: „Wer bin ich"? - Bin ich dieser denkende Geist oder dieser lebende Körper? - Sowohl als auch, lautet die Antwort! Nur kann man sich normalerweise nicht seines Geistes und des Körpers zugleich bewusst sein. Dem Bewusstsein ist es nicht möglich, sich gleichzeitig auf zwei verschiedene, von einander getrennte Tätigkeitsbereiche zu konzentrieren." Zwei Flugzeuge z.B., die in verschiedene Himmelsquadranten fliegen, sind nicht mit „einem" Suchscheinwerfer zu erfassen,- wie es der Bewusstheitsscheinwerfer ist.

„Dieses Problem der Dualität des Menschen quält uns normalerweise nicht. Der Suchscheinwerfer des Bewusstseins steht wie auf einem Gestell, das sich schnell und leicht drehen lässt" (vgl. im Paradigma den Punkt „Z" auf der vertikalen Koordinate). Der „Scheinwerfer" kann gewöhnlich so „flink" zwischen den Quadranten hin und her schwenken, dass scheinbar beide im Gesichtsfeld bleiben" ( Fühlen und Denken in der oberen Modellhälfte ).

Lowen: „Ich bin überzeugt, dass die Dualitäten, mit denen das Bewusstsein fertig werden muss, durchaus einen Sinn haben. Ohne sie können wir nicht so zielsicher und effektiv handeln, um das Auf und Ab unseres Lebens zu bewältigen.
Auf dieser Grundlage arbeiten auch Körperorientierte Therapien. Sie verlagern den Brennpunkt vom Körper auf den Geist und wieder zurück, um das Bewusstsein (des Klienten) so weit zu entwickeln, dass er beide Bereiche seines bewussten Seins gleichzeitig im Blickfeld hat. Diese Dualität existiert genau nur auf der Bewusstseinsstufe. Unterhalb der Stufe des Bewusstseins herrscht Einheit. Man ist kein denkender Geist oder fühlender Körper, sondern insgesamt ein lebendiger Organismus. Die ganze Theorie der Gestaltpsychologie beruht auf der Tatsache, dass es keinen Vordergrund ohne Hintergrund, keinen Menschen ohne Umgebung, keine Eigenschaft ohne Gegenteil gibt. Auf die Person bezogen bedeutet dies: Es gibt keinen Gedanken ohne den Gefühlsrahmen, in dem er auftritt" (298).

## 1.5  Das Paradox von  Einheit und Zweiheit ,  Spaltung und Fusion

Die Modell-Entwürfe führten von der Prädifferenz, von der Ambivalenz und Konkurrenz, vom Umschalten und Spin, von der Einheit und Zweiheit bis zur Spaltung und Verschmelzung der Pol-Konstellationen. Wie aber lässt sich das Paradox von Einheit und Zweiheit fassen?

**1.5.1** Lowen: „Wie können wir wissen, dass es eine solche Einheit gibt, wenn wir sie nicht wahrnehmen können? Manchmal sind wir imstande, Einheit unbestimmt zu spüren; wir erfassen die Beziehung intuitiv, leiten sie ab" (296). Bei Wahlverwandtschaften sagen wir: „Die Chemie stimmt". „Sie können sich riechen". Eine Zwischenzone „kollektiv Vorbewusstes" ( á la Freud ) „Präcox"-Gefühle, eine „Dämmerzone" zwischen Bewusst und Unbewusst ( unterhalb der horizontalen Nullachse ) wird später zum Thema.

**1.5.2** Lowen: „Man kann Einheit noch auf eine andere Art spüren. Kopf- oder Geistbewusstsein und Körperbewusstsein stehen nicht nur in steter Wechselbeziehung zu einander, sondern sie berühren sich auch und verschmelzen dann und wann. In der Hitze und Erregung, die bei der Verschmelzung entsteht, werden sie sublimiert und bilden vorübergehend ein einheitliches Bewusstsein, das gleichzeitig bewusst und unbewusst ist. - Jeder Mensch hat mehr oder weniger oft „ekstatische" Erlebnisse, bei denen er die Einheit des Lebens fühlt und erfährt. Meistens aber funktionieren wir mit einem doppelten Bewusstsein. Das ist normal, denn eine Ekstase bleibt eine besondere Erfahrung. Wir sind dem Stadium näher, wenn das Bewusstsein sowohl geschärft als auch erweitert ist ( vgl.dazu Lowens „dialektisches Schaubild", S. 297).

### 1.5.3 Unterscheidung von Modell „D" zu Modell „A"

Im Modell „D" bewegen sich die beiden Prädifferenzachsen als „Schere" und im „Spin" von der gemeinsamen 90° Linie über 60° und 30° auf den gemeinsamen 0° Punkt ( Kopulationspunkt ) zu!
Darin unterscheidet sich „Modell D" im Zusammentreffen und Kurzschluss der Pole von „Modell A" mit dessen korrelierendem, konkurrierendem, eskalierenden Wipp-Status: Mal ist die eine Seite oben, mal die andere. Für beide gilt der Satz Capras: „Physiker mussten lernen, die richtigen Fragen zu stellen, bis die Antworten stimmig sind".
Was sagt unter dieser Prämisse der Satz Lowens: „Unterhalb der Stufe des Bewusstseins herrscht Einheit" (298)? Wie sieht das genauer aus , wenn es um eine potentielle Differenzierung in der Bewusstheit geht und um eine unbewusste / vorbewusste Einheit? Ein erweitertes Konstrukt soll helfen.

## 2. Potentielle und intermediäre Übergänge
### 2.1 "Sinne und Emotion" – "Intellekt und Intuition"

Die Yin & Yang Figuren sollen in der horizontalen Prädifferenz den ganzen intermediären Prädifferenzraum decken. Auch der zweite Satz Lowens wird förmlich sichtbar: „ Keinen Gedanken gibt es ohne den Gefühlsrahmen , in dem er auftritt ( 298 ), wenn wir die korrelierenden Sinushalbbögen hinzunehmen. Doch schauen wir zunächst nicht auf die korrekierenden Sinus-Halbfelder von Verstand und Gefühl , sondern das Tennisballganze. Darin sind ihre Amplituden nach außen und nach innen gerichtet . Die Einheit von „Sinne/ Sensus & Emotion", sowie die Einheit von „Intellekt & Intuition".

### 2.1.1 Die Quadranten der „Sinne und Emotionen"

D. W. Winnicott beschreibt den Lebensbeginn des Säuglings im Zeitraffer !
Vorhanden ist : „ Eine Handvoll Anatomie und Physiologie und außerdem ein Potential an Entwicklung zu einer menschlichen Persönlichkeit."-
Die erste Organisation des Ichs als Grundlage für das Selbst geht aus der „Kontinuität einer Lebenslinie" hervor, dem Kontakt mit einer „ hinreichend guten Umwelt", sofern noch kein Unterschied zwischen „Ich und Nicht- Ich" ( Mutter und Kind ) besteht.- „Integration geht also aus einem Stoff hervor, der als „ motorisch- sensorische Elemente in Summe zu denken" ist . Der sog. primäre Narzismus ( Mutterkuchen) erwirbt eine Tendenz in Richtung auf ein Gefühl des Existierens. Mit einer hinreichend beständigen Außenhaut entstehen wiederholt Eindrücke und Augenblicke, „ in denen ein Zustand abgegrenzter Einheit " erreicht wird ( 60 f, 64-67 ).

„Bevor etwas wie eine begrenzende Membran, eine Haut zwischen Innen- und Außenwelt entsteht und ein äußeres Objekt ( Mutter ) zum Nicht - Ich werden kann, beobachten ( postulieren ) wir ein Zwischenstadium, den :

„Intermediären Bereich des Erlebens":
Innere Realität und äußeres Lebensumfeld fließen in diesen Bereich ein. In ihm begegnen sich „ die dem Kind zugebilligte Illusion der Omnipotenz " : Ich bin Nabel der Welt - und das Realitätsprinzip, das zunächst als Attacke, Kränkung, Beleidigung, als direkter Feind des Spontanen und des Gefühls für Echtes („ Don´t exist ") empfunden werden muss ( 92f ). Für die weitere Entwicklung von „Ich und Nicht-Ich" ist das Umkehren wichtig. „Es ist sogar lebensnotwendig, ohne Kontinuitätsverlust des persönlichen Seins, nicht integriert (!) sein zu können. Erfahrungen der Rückkehr zur Nichtintegration sind Vorläufer der Fähigkeit Erwachsener, sich zu entspannen, inkonsequent und desintegriert zu sein. „ <u>Alleinsein</u> " genießen können, ist ein wichtiges Reifezeichen „emotionaler Entwicklung."

## 2.1.2 Der „intermediäre Bereich des Erlebens" - Abb. 36

„Alleinsein erfahren" als kostbaren Besitz meint die paradoxe Fähigkeit, für sich zu sein, während Anderes anwesend ist. Notwendig ist, dass jemand verfügbar gegenwärtig ist, ohne Forderungen zu stellen. Alleine, in Gegenwart Anderer kann der Säugling das eigene Leben entdecken und Erfahrungen als Person machen, die er als real empfindet. Die pathologische Alternative ist: Ein falsches, in Reaktion auf äußere Reize aufgebautes Leben".

## 2.1.3. Die Quadranten von „Intellekt und Intuition"

Tritt ein Säugling aus dem Stadium absoluter Abhängigkeit, tritt auch der „Gebrauch des Verstandes und das Denken in den Dienst der Omnipotenz, die als Erfahrung bewahrt und gestützt werden soll. Die Fähigkeit zum Vergleichen, Prüfen, Katalogisieren, Erinnern ( unbewusst wie bewusst ) geht in die schöpferische Einbildungskraft, in Traum, kreatives Spiel und imaginäres Verarbeiten" ein. „ Auf die Weise entsteht das Denken als ein Aspekt schöpferischer Phantasie und dient dem Fortleben der Omnipotenz : Das Kind als Schöpfer der Welt"! - Denken intendiert „absichtliches Lenken des Geistes auf bestimmte Aufgaben". Neben den „Körperfunktionen im sensomotorischen Sinn" ist das Denken als „Partner des Soma beim Walzer des Lebens" entscheidend. Zur „ Entwicklung des Partners Psyche" gehört ein intaktes Gehirn. Es ist „von Anfang an bei der Organisation" konstitutiv.
Aus dieser Organisation entsteht das Denken" ( 85 f ). Später wird hier aus der Psychosentherapie Benedettis der „ Duale Rapport " hinzugefügt.

## 3. Überschneidungen: Spiel, Konflikt, Ambivalenz, Fusion, Extase, Holoide, Löcher und umkehrbare Vorgänge

**Abb. 36**

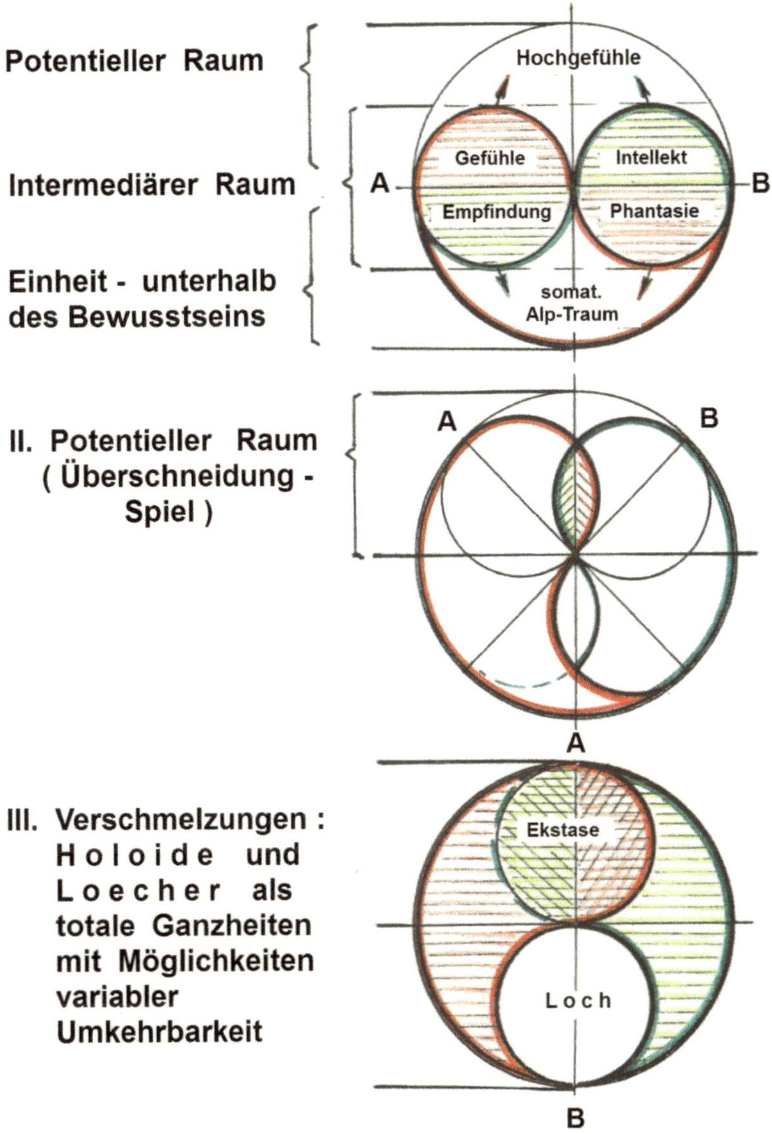

Potentieller Raum

Intermediärer Raum

Einheit - unterhalb des Bewusstseins

(Hochgefühle, Gefühle, Intellekt, Empfindung, Phantasie, somat. Alp-Traum)

II. Potentieller Raum
 (Überschneidung - Spiel)

III. Verschmelzungen:
 H o l o i d e und
 L o e c h e r als
 totale Ganzheiten
 mit Möglichkeiten
 variabler
 Umkehrbarkeit

(Ekstase, Loch)

## 3.1 Intermediärer und potentieller Raum

Die geteilte Prädifferenz (Modell „D") bewegt sich im Spin zur vertikalen Nullachse. Durch die Geschwindigkeit des Rechts-Links-Pendelns in der Wippstruktur geschieht es, dass die Pole in den oberen Quadranten im Zustand des Kontaktierens, in ihrem Aufeinander-zu wie eine gleichzeitige, ganzheitliche Bewegung erscheinen und auch so erlebt werden.
„In späten Schriften bezeichnet Winnicott den intermediären Bereich, wo Spielen stattfindet, als „potentiellen Raum" (104). Mal braucht er das Intermediäre mehr intrapsychisch, mal ist er der potentielle Ansatz zur Begegnung in der Außenwelt selbst. –
„Im Spielen und nur im Spielen" können wir uns „kreativ entfalten, kann das Individuum das Selbst entdecken und seine ganze Persönlichkeit einsetzen". Kommunikation ist primär „nur im Spiel möglich; Ausnahme ist die direkte Kommunikation (passagere Verschmelzungen, Kraftakte), die sonst in den Bereich der Psycho-Pathologie oder extremer Unreife gehört".
„Kommunikation findet da statt, wo sich potentielle Räume überschneiden: Diese Überschneidung ist die gemeinsame Grundlage zärtlicher Beziehung, bei welcher Triebspannung nicht die Hauptrolle spielt". Hierhin gehören auch alltägliche „Dinge, wie gemeinsam über einen Witz zu lachen", d. h. Gleichzeitigkeit und Kurzschluss von Esprit und Emotion. Es gehört dazu: „Sich für eine besondere Gelegenheiten schön zu machen, durchdrungen vom Gefühl, „als Person präsent zu sein". Entsprechend „entsteht Kommunikation durch Gegenseitigkeit der Erfahrung oder durch die Überschneidung potentieller Räume". Winnicott verbindet klinische Arbeit zunehmend mit der Vorstellung der „Kommunikation im Potentiellen". „Psychotherapie verläuft in der Überschneidung zweier Spielbereiche." Leben und Lernen finden in der Überschneidung von Spielbereichen statt (104-108 ).
Wie gestalten sich aber die Übergänge zu Konfliktpotentialen? „Ein Konflikt kann als Aufeinandertreffen widerstreitender Impulse, von Impuls und Hemmung beschrieben werden" (Top-Dog / Under-Dog-Konflikte , H. Petzold: IT 1977, 3f, 151). In dem Sinn, dass im Konflikt immer zwei konkurrierende und vitale Wünsche bzw. Ängste auf dem Plan sind ( Nohl 166 ), tut sich eine Schere auf! Dabei ist Krisis nicht schon mit Pathologie gleichzusetzen. Sie beinhaltet auch: Sich entscheiden, Stehenbleiben, Zurückgeworfensein, Alternativen entwickeln. Zum Heranwachsen gehören auch „Ambivalenz und Toleranz". Winnicott betont, dass während des ganzen Lebens ein dauerndes Toleranzbedürfnis zu geliebten Menschen besteht und die Grundlage sozialer Verantwortung darstellt" (121).

„Bei Gesunden stellt das soziale Verhalten einen Kompromiss dar. Zugleich wird beim Gesunden in entscheidenden Fragen diese Kompromissfähigkeit nicht mehr zugelassen. In dem Fall kann sich das wahre Selbst über das gefügige Selbst hinwegsetzen (83). Im „Paradigma-Modell D" geschieht das, wenn sich die Schere aus der Prädifferenzlage zunehmend zur Vertikalen bewegt und sich dort dominant für einen Aspekt entscheidet.

## 3.2 Fusion, Konfluenz, Extase - Holoide und Löcher

Die Yin und Yang Einheiten verschmelzen in ihrer vertikalen Nullposition mal im „Oben", mal im „Unten", d.h. außer in den situativ-dynamischen Überschneidungen von Krisis und Spiel. Lowen sprach vom Ausnahmezustand der Extase; Winnicott psychopathologisch von „extremer Unreife". Was aber geschieht modellhaft in den unteren Quadranten? Ein „Loch" tut sich zunehmend und reziprok zur oberen Bewusstheitsverschmelzung auf! - Sagt dies: Der Zustand von Ekstase - Rausch - Manie sei „Alles über einem Nichts"?- Wird so das „Alles in Allem" der Mystiker, der Höhenflug des Ikarus, die Angst des Reiters über dem Bodensee, ein Trauma, ein „Nichtmehrwissen" bei KO-Tropfen und Koma-Trinken etc. anschaulich ?

## 3.3 Abb. 37 A + B als umkehrbarer Vorgang:

Zu fragen ist : Kommt es im Sinn des „Tiefens" in der „Gestalt- und Körper-Arbeit " nicht auch zu einer Art Verschmelzung in den unteren Quadranten? „ Death-Layer-Arbeit " richtet sich dorthin. Auf dem Weg geführt-gelenkter Regression und Desintegration entsteht umgekehrt in der oberen Bewusstheitshälfte jenes „Loch" , das als fehlende Realitätskontrolle und Kontroll - Verlust Angst macht. Hat ein induziertes Wachkoma, hat Ikarus bei seinem Flug zur Sonne, der Reiter über dem Bodensee, der Schlafwandler und der Mystiker bei allen Unterschieden schon den Boden des Realen verlassen? Bekannt ist die Behutsamkeit gegenüber Schlafwandlern . Bekannt sind die Umkehrbarkeiten im Gegengift und in Psychopharmaka . Korrespondieren die „Angst vorm Fliegen" und die „Angst zu ertrinken" ? Was sagt das Verschmelzen der zwei Quadranten im unteren Raum, im depressiven Sog oder im Überflutetwerden von Höllenängsten? Sind dabei alle Quadranten : Denken, Fühlen, Sinne, Intuitionen involviert? Ist ein überheller Bewusstheitszenit , eine Vision schon das Gegenstück zu autonomen Körperreaktionen? Steht die Frage nach „ schwarzen Löchern " (Abb. 37) weiter aus, ist es doch zuvor möglich , die einzelnen Konstellationen anzuschauen.

Dazu im Beispiel die beiden oberen Quadranten: Sinne und Verstand.

## „Wahrnehmen und Verstehen" / sensitiv und kognitiv

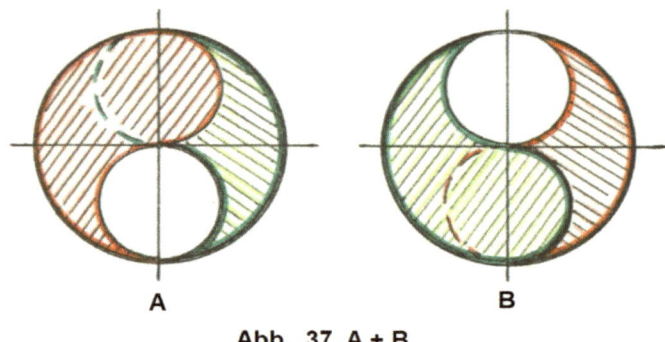

Abb. 37 A + B

## Abb. 38

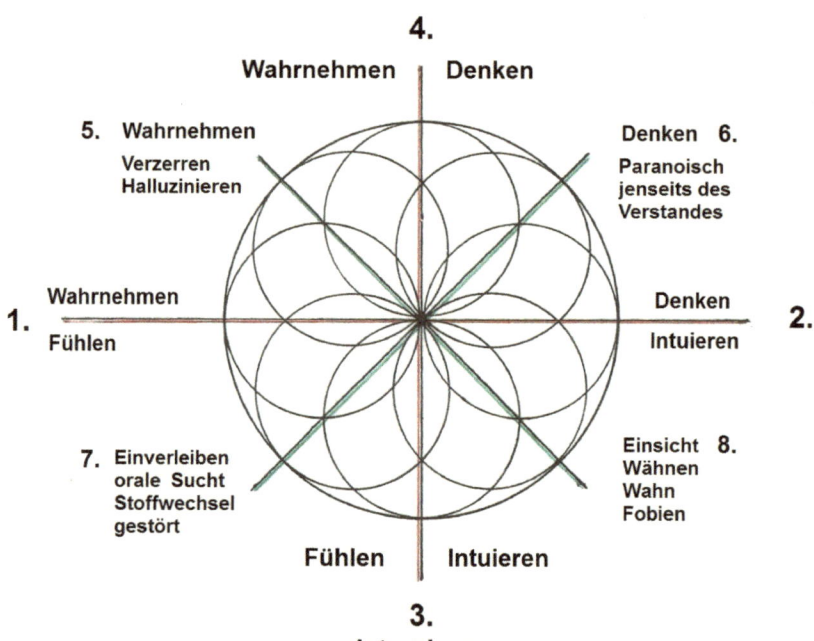

## 4. Duale Konstellationen in Kollision und Kollusion
### 4.1 Awareness ( wache Wahrnehmung ) und Intellekt

Im Zusammenspiel , mit „Sinn und Verstand" etwas zu tun, kommt es zu hellsichtiger Prägnanz und wacher Wahrnehmung. Ohne aber im Kontakt mit den anderen Quadranten zu sein : „Emotionen und Intuitionen" ( Körperbewusstes, 'gesetteltes grounding` und Vorausahnen ) ist kein Schöpfen aus den Quellen des Unbewussten vorhanden. Sonst führt es in den oberen Konstellationen zu Irrealem und Fehldeutungen:
a) Irreale Wahrnehmungsverzerrungen und Halluzinationen der Sinne,
b) Fehldeutungen und Trugschlüsse im kognitiven Bereich.
„Erste Aufgabe des Therapeuten ist u.a., dem Klienten zu helfen, seine Wahrnehmung und Bewusstheit zu schärfen für das, was in ihm und um ihn herum vorgeht."„Diese Bewusstheit ist umso umfassender, je vollkommener die Integration von Kognition & Emotion, Reflexivität & Kreativität, Rationalität & Intuition ist" ( H. Petzold, IT 1977, 157 ).

### 4.2 Intellekt und Emotion in Kollision und Kollusion
( im reziproken, korrelierenden Zweitakt )

Im Kontakt von Kopf und Bauch kommt es kooperierend zu einem integrierten Körperbewusstsein, guten Gefühlen und so auch zu guten Gedanken. Trennen sich beide aus den Hälften der Tennisballganzheit in die reziproke Sinusteilung von der „Wahrnehmung" (außen) diagonal zur „Intuition" (nach Innen), entsteht wieder ein Vakuum. Gedanken und Gefühle heben ab und überspringen, was der in 360° kreiselnde Bewusstheits-Scheinwerfer schnell abrufen könnte. Doch Gedanken und Gefühle missachten nun launisch-willkürlich reale Sinneseindrücke oder sie lassen „warnende Vorahnungen und Präcoxgefühle" außer acht. In der Verschmelzung von beiden kann es heißen: Jemand ist „ blind vor Wut " ; er ist „ besessen von einer Idee "!

### 4.3 Emotion und Intuition in Kollision und Kollusion

Teils überfluten hier beide unteren Quadranten die konkrete Sinneswahrnehmung und auch das klar strukturierende Denken. Diese wandeln sich in halluzinierende und paranoische Zustände. Ängste, Chaos, Panik, Desorganisation, Desintegration treten hervor oder lassen darin ertrinken, wie auch im Sog oder Absumpfen. Kippmomente von Magersucht und Bullimie zeigen sich. - Konstruktiv gesehen bilden beide den schöpferischen Urgrund und das Urvertrauen für neu zu organisierende Daseinsebenen, neue Lebensskripte, Planungen und Entscheidungen.

## 4.4 Wahrnehmen und Ahnen in Kollision und Kollusion

Reziprok bilden sie eine sensibel-erahnende, vorausschauende Voraussetzung für einen „prophetischen Geist" bis zur „selffulfilling prophecy" in Situationen, die blitzschnell, hellsichtig und intuitiv zu durchschauen sind.

Die beiden anderen Quadranten: Bewusst denken und fühlen. erscheinen als Loch / „lack" scheinbar irrelevant: Empfindlichkeit und Misstrauen verkehren das sensible Kapital in unheilschwangere Ahnungen, Kassandra-Rufe, Pandorra-Büchsen, Weltuntergangsstimmungen, Dolchstosslegenden. Es entstehen zu hohe Erwartungen, Hoffnungen, Illusionen, Glücksverheißungen (ejaculatio praecox, nymphomanisch nicht Durchleben, Erleben, Geniessen ). Der nüchterne Blick fehlt und eine gute Distanz. Während einer „den Finger am Puls der Zeit" hat, ist ein anderer „seiner Zeit voraus". Während ein guter Therapeut die Gabe von Praecox-Gefühl und Vorahnung braucht, um kreativ immer einen Meter weiter zu sein als der Klient . Der würde ‚unterschwellig verunsichert, der Führung des Therapeuten nicht vertrauen , der wiederum nur  einen Meter kreativ weiter sein muss. Doch auch ein authentisches Geständnis therapeutischer Ohnmacht kann im gegebenen Augenblick helfen.- Darin unerscheidet er sich aber von geborenen Volksdemagogen, die wittern, was die Mehrheit will, um dann zu rufen: „Mir nach !"

## 5. Horizontale & vertikale Schere ( intermediär – potentiell )
### Das kleine Wörtchen „zu" und bewusste Durchgänge

### 5.1 Die Schere um die horizontale Prädifferenzachse

Wir sahen: Beides macht den Rechts- und Linksschritt vorwärts möglich.
a) Der Zweitakt reziproker Achsen als „ Wippstruktur " um den Nullpunkt.
b) Das Fortschreiten im „Schwing" und Wechsel von „ Figur und Grund ".
Für ein- und denselben Quadranten öffnet sich die Schere je nach Intensität zur Horizontalen in bewusst-oben und unbewusst-unten. Für die reziproken Quadranten (die Sinus-Halbfelder) gilt der wechselweise Pendelschlag vorwärts zur vertikalen Amplitude, mal rechts, mal links! Daraus entsteht im Wechselschritt die Fortbewegung und die „ Schnürsenkel – Philosophie "
( Capra / Geoffrey Chew, 97 ). Rückblickend entstand ein Konflikt von Ambivalenz oder Konfrontation , wenn
a) die Wippachsen einseitig fixiert waren ( Oben blieb einseitig oben); oder
b) wenn reziproke Pendelschläge hin und her eskalierten: Mal labil; mal wie im „Sperrfeuer"; mal  im „Patt" unfruchtbar zueinander stehend.

## 5.2 Das kleine Wörtchen „zu" :

Es hat einen Signalwert : Zu beachten ist phänomenologisch, wann immer dies kleine Attribut auftaucht - Abb. 39.

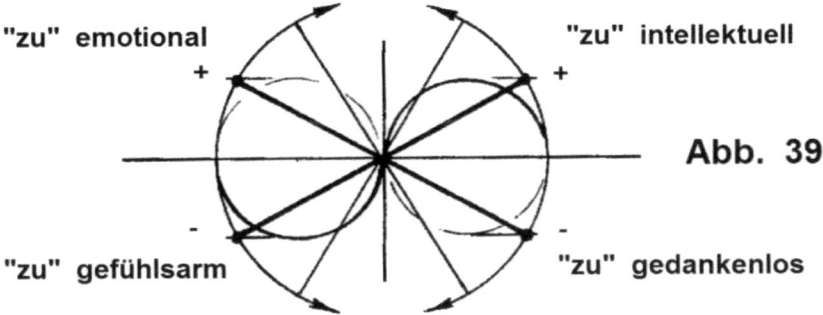

Abb. 39

## 5.3 Akzente des „Fühlens"

Der Konflikt zeigt sich entweder in der Blockade von „gefühlskalt" (psychopaethic), oder er zeigt sich im labil-unberechenbaren Wechsel: Mal „cool" und berechnend, mal emotional „zu" launisch eruptiv ( vgl. den berechnend - unberechenbaren Charakter eines Diktators).

Eine treffende Beschreibung von „horizontaler Schere" finden wir bei Lowen: Er sagt zum Begriffspaar „Denken und Fühlen" in der neurotisch einseitigen Akzentuierung nur eines Pols: „Es gibt keinen Gedanken ohne den Gefühlsrahmen, in dem er auftritt. Wenn man aber das Licht des Bewusstseins auf diesen Gedanken (ausschließlich) konzentriert, taucht man das übrige Terrain in Dunkelheit und verliert oft das Gefühl aus den Augen, das den Gedanken motiviert hat. Natürlich können wir unser Gefühl wiederfinden und prüfen, ob es mit unserem Denken harmonisiert."
„Nicht selten geschieht es jedoch, dass Denken und Fühlen in Konflikt miteinander geraten. Es bricht urplötzlich auf, wenn man ein Gefühl oder Verlangen ausdrücken möchte, aus Angst aber unterdrückt, - und damit auch den „Konflikt verdrängt". D.h.:„Man entfernt ihn einfach aus dem Bewusstsein; und in einem gewissen Sinn existiert er dann nicht mehr. Jedoch, er verschwindet nicht! Er strukturiert sich vielmehr auf einer unbewussten Stufe im Körper. Er verschwindet lediglich aus dem Blickfeld der Bewusstheit. Diese Art Konfliktbewältigung schafft Charakterstrukturen. Sie stellen Anpassungen dar, die wir als neurotisch betrachten" ( 298 f).

## 5.4 Die Schere zur vertikalen Nullachse ( Modell „D" )

In der Spin-Schere zur Vertikalen (Modell „D") zeigte sich der Aspekt der Bewusstheit darin, dass zwei Quadranten (z. B. Denken und Fühlen) sich im Kollisions- oder Kollusionskurs bewegen können: Als bewusst-werdendes Yin und bewusstwerdendes Yang. Parallel zu Modell „D" Lowens Sätze: „Das Bewusstsein hat es stets mit Dualitäten zu tun : Kopf- und Körperbewusstsein". Entsprechend definiert das Paradigma a) die vertikale Bewusstheitsachse nach oben, b) die vertikale Tiefungsachse nach unten und beide sind c) die Zentrierungsachse ( vgl. Brust- und Bauchatmung ).

Beide Extrempunkte, ob Transzendenz oder Tiefung, sind für uns Irdische letztlich tödlich: Manie, Desintegration, Psychose, Symbiose, Schizophrenie werden zu höchst gefahrvollen Momenten. „Die Lebensbalance, betont Lowen, ist lebensnotwendig" (295).

## 5.5 Durchgänge von Transzendenz- und Tiefungserfahrung

Sie gehören konstitutiv als Herausforderung zum Leben: Ob das die sog. „blaue Phase" bei der Geburt zwischen der Sauerstoffzufuhr über die Nabelschnur bis zum ersten Schrei ist; ob Ritter der Artus-Gral-Runde zur „Quest" aufbrechen; ob Heldinnen und Helden im Märchen nicht ohne Krise sind und da erst zu solchen werden; ob christlicher Glaube sich zu Karfreitag und Ostern im Durchgang bekennt – in der Nachfolge dessen, der mit offenen Augen „Ja" zu beidem sagte: „ Euer Herz erschrecke nicht und fürchte sich nicht ! In der Welt habt ihr Angst ! Doch seid getrost, getröstet darüber: Ich habe diese Welt mit ihren Schrecken- ( mit allem, was droht, bedroht und korrumpierbar macht ) überwunden. In meines Vaters Haus sind viele Wohnungen" ( Joh. 14+16 ).

Offene Bewusstheit macht transparent , was Freud für Durchgänge in der Therapie benennt : „Jedes zweite Mal wirklich durch eine Krise durchkommen und nicht in der Urszene hängenbleiben ( without being stuck or confluent ) ist schon die Befreiung."

## 5.6 Summe der Schere von „bewusst - unbewusst"

**5.6.1** Die horizontale Schere um die horizontale Prädifferenzachse umreißt Intensitäten und Konfliktsituationen im dynamischen Auf und Ab. Ebenso macht sie im Koordinatensystem vier Grundkonstellationen neurotischer Blockierung erkennbar im „zu intellektuell" & „zu gefühlsarm"; „zu notorisch überschwänglich", bzw. „…wenn Dummheit weh täte".

**5.6.2** Die vertikale Schere in Kollision und Kollusion : "Kollision" ist möglich im Zerschneiden und Spalten , in Ambivalenzen und in bizarren Sprüngen. „Kollusionen" erscheinen als Eintracht, Fusion, Symbiose, Implosion. Höhenflüge und Desintegrationen sind phänomenologisch mit angezeigt. Die „Schere" zeigt außerdem den focusierten Grad von Bewusstheit in der oberen Vertikalen an oder den Grad von Vor- und Unbewusstem auf der Tiefungsvertikale.

# KAPITEL VI

## ACHSEN - GRENZEN - KIPPMOMENTE

**1. Neurose und Psychose : Freud, Reich, Adler, Perls, Kuiper ...**
**Überkompensatorische und Umkippmomente im Beispiel**

Starre Fixierung sowie totale Konfluenz sind extreme Zustände. Mit dem Koordinatenkreuz sind die vier Quadranten in einen Zusammenhang gebracht. Im Kern- und Schnittpunkt der vertikalen und horizontalen Koordinate ist jede Orientierung von Oben & Unten, Rechts & Links indifferent gleich Null. Gleichzeitig tangieren die Quadranten sich in der Schnittstelle, diesem Dreh- und Angelkreuz. Während die Neurose starre Grenzen zwischen oben und unten, rechts und links errichtet, zeigt Psychose sich in den oberen Quadranten mit einer defizitären Realitätsprüfung; unten weist sie magmaartig auf ein archetypisches, überflutendes Material. Dazwischen gibt es kaum „Ich-Grenzen" und „Strukturvermögen"; stattdessen aber Spaltung, Zerstückelung, Konfluenz.

### 1.1 Nosologische Unterscheidung von Neurose und Psychose

Nosologisch nennt der „ICD"-Schlüssel teils andere Begrifflichkeiten als die frühere Literatur ; auch werden inhaltliche Akzente anders gesetzt :

**S. Freud :** Neurose ist der versuchte „Erfolg eines Konfliktes zwischen dem Ich und seinem Es " ( 1924 , 333 f ).
**W. Reich:** Kennzeichnend für Neurose ist die „ Charakterpanzerung ".
**A. Adler:** „Neurose ist in erster Linie Sicherung " ( 98 ).

**F. Perls:** „ In den Chiffren von Zwangsneurose und Paranoia sind beide durch starke Tendenzen zur Konfluenz gekennzeichnet " ( 206 ).
Der Paranoiker (para nous = jenseits des Verstandes) ist sich dessen nicht bewusst, während der Zwangscharakter „ in ständiger Angst lebt, die Individualität und Selbstbeherrschung zu verlieren. Er begegnet der Gefahr, in paranoische Konfluenz hineinzugleiten, durch die Errichtung starrer Grenzen. Seine Abwehr leidet wie die Maginot-Linie an Unbeweglichkeit ".

**C. Kuiper:** „Während Neurose und Psychopathie Formen einer erschwerten Adaption (Anpassung an die Umwelt) aufgrund von Entwicklungsstörungen, Triebkonflikten und bei der Psychopathie auch von Defekten (s. „Defekt-Schizophrenie") darstellen, - können wir Psychosen als Forum der Des-Adaptionen bezeichnen . Die Funktion der Realitätsprüfung versagt.
Die Unterscheidung der realen Welt von der inneren Welt (aufgrund eigener Wünsche und Ängste entworfen ) gelingt nicht mehr; Phantasie und Realität werden nur noch ungenügend unterschieden; der Patient halluziniert. Wahnvorstellung tritt an die Stelle der Umweltwahrnehmung" ( 95 f ).

**S. Freud und A. Adler** - in Narzismustheorie und Persönlichkeitskonzept:
„ Ist der Widerstand in der Neurose überwachsam,- erscheint er in manchen psychotischen Zuständen außer Kraft gesetzt oder durchlässig für die aus dem Inneren fließenden Energien" ( Petzold / Ammon, „ Widerstand", S.48 ).
Während es sich bei Freud in der Neurose um „den Erfolg eines Konfliktes zwischen Ich und Es handelt" (im Versuch), ist sie bei Adler keineswegs ein Konflikt von bewusst und unbewusst.
Bei Adler ist „Neurose" „die deutliche Reaktionsweise eines verängstigten Ich´s, das angesichts sozialer Aufgaben, die es nicht bewältigen kann, die Flucht ergreift oder in Schockzustände verschiedener Art gerät" (Feiereis / Thielo 48). Im Persönlichkeitskonzept Adlers ergibt sich „zwangsläufig die paradoxe Spannung zwischen zwei entgegengesetzten Tendenzen".

**1.2 Bei Petzold / Heisterkamp** und im Schema Abb. 40 kommt es zu „ <u>Überkompensatorischen- und Sicherungstendenzen (ÜT / ST)</u> in neurotisch arrangierten Kompromissen. Sie werden in den seelischen Störungen aufgehoben, kompensiert, geleugnet, negiert, umgeformt, sublimiert. Die Spannung stellt sich dar „als Streben von einem wie auch immer erlebten Minus (Abb.) zu einem wie auch immer gearteten Plus (oben)." Aus der „Minussituation ( Grundlinie des Dreiecks ) resultieren die ÜT und Fehlkompensationen; sie richten sich auf eine überzogene Fiktion, ein unerreichtes Plus" ( Petzold / Heisterkamp „Widerstand" 127 f ).

ebda. Abb. 40

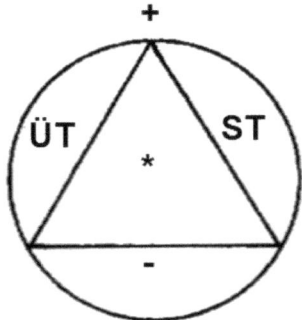

Was ist die Folge aus einer „ starren Maginotlinie " oder „ Überflutung " ?
Es gibt die „Gefahr, in eine paranoische Konfluenz hineinzugleiten" und dies, „dass ständig neue Hilfskonstruktionen mit einem gigantischen Sicherungssystem umschlagen und sich ins Gegenteil verkehren können", dass z.B. Manie in Depression umkippt ( Heisterkamp 126 ; Nohl 31 f ).
Mit der Kipp- und Umschlaggrenze rücken nun nicht so sehr die Teilchen-Einheiten und Quadranten-Felder, sondern die sie abgrenzenden Koordinaten, die Kontaktgrenzen ins Blickfeld. Anders gesagt: „Membranpotentiale", „Synapsen" und „synaptische Übertragungen" rücken ins Visier.

### 1.3 Umkipp- und Umschalt- Erfahrungen :

25 Berufsjahre im Akutbereich der Psychiatrie reichen, um einen Umschlag von Neurose zu Psychose und zurück zu kennen. Der Autor hat miterlebt, wenn in der Kinder- und Jugendpsychiatrie mit einem höheren Personalkegel, ein ganzes Team an seine Grenze kam: Wenn es Personalintensives gegen Psychopharmaka-Konzepte durchhalten wollte.

**Beispiel 1:** Eine 17-Jährige ist klassenbeste Schülerin. Sie hat über die intellektuelle Leistungsschiene einen besonderen Kontakt zum Vater. Was bei ihm defizitär erscheint, geht bei der Tochter idealiter schier über ihr reales Vermögen in „zu" hohen Zukunftserwartungen: Den „Nummerusclausus" für Medizin! - Im Blick auf die isolierenden, hohen Erwartungen ist sie auch im sozialen Umfeld der Station eine Last. Z. Zt. der akuten Psychose (den erneuten Schub wollte das Team verhindern), war in der Supervision zuerst ein Aufatmen zu spüren: „Jetzt - in diesem Zustand ist sie richtig liebenswert! Im Kontakt hat sie keine Hemmung mehr! - Gefühle finden ihren Ausdruck. Auch die Erleichterung des Teams wäre gut, wenn nicht gleichzeitig die Kehrseite deutlich wäre : Der Zerfall der Persönlichkeitsstruktur.

**Beispiel 2 :** Eine Philosophiestudentin ist mit Partner auf dem langen Weg „Aufbruch aus Traditionen". Emanzipation ist Befreiung. Er löst sich aus seinem christlichen Herkommen mit einer Puna-Reise (damals Hit). Sie möchte Christliches behalten und neu finden. Sie ist ein liebenswertes, gutwilliges „Alice-Miller Kind". - Sie wird psychotisch, als ihr Kind bei der Geburt stirbt. Ihr Streben nach einer neuen Existenzform bricht zusammen. - Sie hat einen Rückfall, als sie zu früh wieder tapfer (dank kluger Einsichten) von der Beerdigung ihres Kindes erfährt. In ihren eigenen Worten holt etwas von hinten her blitzartig sie ein. Eingeholt wird sie von etwas, das ihre aufgeklärte Ratio längst als zurückgelassen glaubte: Eine streng katholische Großmutter, welche es verstand, schlimmste Höllenqualen auszumalen.
In der Therapiegruppe (nach der akuten Krise) ist sie wieder aufmerksam, lieb und feinsinnig zurückhaltend ( zuviel bleibt wie in der Wolle eingefärbt ).

## 2. Ich- und Kernpunkte: Angstneurose und Schizophrenie

In beiden Beispielen wird deutlich, was Perls als lange erkannt voraussetzt, dass die meisten Neurosen einen psychotischen Kern haben". Vor vielen 1000 Jahren hieß es schon in fernöstlicher Weisheit, dass Yin und Yang immer schon den Kern und Keim des je anderen in sich tragen. Und „wertfrei" meint dabei beides, konstruktiv wie destruktiv!
In beiden Beispielen sind empfindsame Sensibilität wohl vorhanden, indes: Der gefühlsmäßige Ausdruck und Kontakt war mal total offenliegend (ohne schützende Haut), mal wie abgesschnitten (scheinbar gefühllos ).
Daneben gibt es „Zwischenformen" mit Umkippmöglichkeiten, so Perls. Und es gibt „ entscheidende Unterschiede zwischen dem paranoischen Charakter und dem Zwangscharakter." „Die paranoischen Funktionen sind meistens unbewusst und die Ich-Funktionen des Paranoikers sind zutiefst gestört. Beim Zwangscharakter sind die Ich-Funktionen qualitativ übertrieben (nahezu verfestigt bzw. qualitativ vermindert). Außerdem spielt bei Zwangsneurosen die Empfindungslosigkeit eine geringere Rolle; beherrschender Faktor ist die aktuelle, bewusste Vermeidung des Kontakts" ( 205 ).

### 2.1 Summe paradigmatischer Elemente in drei Hauptelementen:

1) Felder    -    Quadranten - Teilganzheiten
2) Koordinaten - Grenzzonen - Kippachsen
3) Drehpunkte - Ich-Kerne -    Identitäten

Wir erinnern uns an Capras Satz aus der Atomphysik, wonach innerhalb eines Netzwerkes und von Moment zu Moment Achsen jedweder Art neu zu stecken sind und zwar in allen drei Dimensionen des Raumes.

## 2.2 ICH – PUNKTE , ICH - KERNE UND ICH - STÖRUNGEN
Paradigmatische Annäherung von Neurose und Psychose

### 2.2.1 Angst- Neurose
Je mehr wir uns dem Kernpunkt akuter Neurosen nähern, legt sich umso mehr eine fünfte Symptombildung nahe, die in jeder akuten Neurose eine entscheidende Rolle spielt: Angst wird bei der „Angstneurose" zum Hauptsymptom. Sie zeigt sich in der Kombination von körperlichen und psychischen Symptomen, teils in Angstanfällen, teils als Dauerzustand, teils auch als Angst vor der Angst. Sie kann sich bis zu Panikattacken steigern. Beim Hineinsteigern in Phantasien kommt es zu neuen Anfällen inkl. Begleitsymptomen. Besonders bei funktionellen Herz–Kreislauf Störungen können Angstpunkte zu neuen Ängsten führen.
Somatische Begleiterscheinungen dieser Art gewinnen oft sogar eine gewisse Selbständigkeit, so im Rahmen von Herzneurosen. Paradigmatisch gehört diese fünfte Neurose Form klar ins Zentrum.
Das Zentrum schließt Übergänge zu den einzelnen Quadranten nicht aus: Depressive Persönlichkeitsprägung überwiegen öfter, teils anlagebedingt , teils aus der dynamisch sozialen Lerngeschichte mit Erziehungspersonen. Teils auch erscheinen die Verhaltensweisen von Angstneurotikern weitgehend denen von Hysterikern zu gleichen. Diese wiederum flüchten eher in planlose Aktivitäten. Während also Hysteriker durch Verdrängung Furchtanlässe ausschalten und eine motorische Abfuhr mittels entlastender Handlungen erfolgt, sind angstneurotische Menschen vermehrt den inneren Erregungen ausgeliefert mit den daran gebundenen Angstaffekten. Nach außen sind sie eher gehemmt, unschlüssig, ängstlich oder wie gebannt. Im Paradigma liegen die Übergänge am Punkt Null naheliegend bei einander. Akute Neurosen und Psychosen weisen auf den Ich-Kern; psychosomatische Ganzheit verweist im Zentrum auf das „Herz".

### 2.2.2 Schizophrenie - ( zwei Ansagen vorab ):
a) „Auch die Natur macht Fehler!" - Dr. Wybe Zijlstra an Theologen gewand.
b) Stuart Alpert : „Eine der frühsten und tödlichsten Erfahrungen ist die Botschaft: „Don´t exist !" ( „Du bist nicht gewollt" ).
Gerade die schizoid-psychotische Person testet Wahrhaftigkeit, Echtheit, Integrität im Kern des Gegenübers. In dem Fall ist es nicht ein „testing the limits", sondern ein „testing your core" ! Ohne Worte fragt sie:
Ist dein Interesse echt? Sie spürt (s.Tiere) „Antipathien und Sympathien". Nicht das „was", sondern „wie" ich etwas sage und tue, entscheidet den Testfall. Umgekehrt darf ich dieser Person nicht direkt in die Augen sehen oder sie berühren. Das sind schon Attacken bis in den Ich-Kern.

Trotzdem muss ich das Gefühl vermitteln: „ Ich lasse dich nicht los , nicht fallen !" Entscheidend im Kontakt ist: 'Meinen vitalen Untergrund, meine Gleichgewichtslage, die innere Integrität nimmt diese Person wahr, will ich sie im „self-disclosure" und im „Doppelrapport" ( Benedetti ) erreichen .
Weltuntergangs-Katastrophen zeigen an: Unterbewusstes überspült das Bewusste dieses Menschen. Kaum sichtbare Außenreize berühren ihn tief. Oft schaut er projektiv wie in Spiegel und wie ein Baby mit großen Augen. Er zeigt sein Ich, das keine Ich-Grenze zu haben scheint. Er macht den Eindruck, fernweg und gleichzeitig ganz offen zu sein, als gehe er auf dem Zahnfleisch; als wäre die Subjekt/Subjekt und die Subjekt/Objekt Scheidung fortgefallen. Er kann viele Ich´s sein. Er ist „Legion" und nicht mehr Ich. Denn dieses Ich ist überaus quetschbar, verletzbar, in Scherben und in Bruchstücken liegend. Er scheint „uneinfühlbar" auf einem anderen Planeten zu Hause zu sein. Sprache, Mimik, Lachen (non stop) bedeuten etwas total anderes bei ihm. Blicke, Gedanken, Inhalte, Berührungen, sie sind plötzlich gefährlich; so scheint er den Kontakt nicht zu wünschen und zu suchen. Er ist auf eine entstellende Weise allein, unverstanden, der einsame Mittelpunkt eines Universums, bei dem wir draußen stehen ( vgl. Autisten ).
Was dem Außenstehenden fremd, verzerrt, bizarr erscheint, meint eher, dass wir den Code-Schlüssel für seine Welt nicht haben, nicht so schnell, brilliant, springend „kombinieren" in dieser so anders gearteten, qualitativ anderen Welt. Der Außenstehende kann im unaufdringlichen Verhalten und auch in viel eigener Ganzheit, einem kraftforderndem Selbstverständnis hilfreich vermitteln: „Ich komme bestimmt wieder und wieder mit einem glaubhaften Selbst. Und auch Du bekommst Dich wieder zurück. Der zersplitterte Haufen einer Legion von Einzelstücken (vgl. Isis und Osiris) findet wieder seine Einheit und Mitte. Das braucht „personalintensive" Präsenz. Welcher Baukastensatz der Kassen lt. ICD bezahlt das?

## 3. Störungen in den Quadranten und im Ich-Kern

Mit den vier Quadrantenfeldern und dem Ich-Kern als Mitte im Koordinatensystem, mit ihren Achsen, die auch Drehachsen zentraler Art sind, ergeben sich sog. Sammelbegriffe (auch Verlegenheitsbegriffe; Nohl 26) für fünf Störungsmomente im groben Raster.

**3.1 Denkstörungen** - erscheinen in Gedankenfluchten : „Ich muss soviel denken"; in Zerfahrenheit : „Mir reißt dauernd der Faden ab" ; Themenwechsel : „Jeder Gedanke wird mir entzogen"; Wortsalate kommen : „Ich kann es nicht zusammenhalten. " Überall bricht etwas zusammen , was aus tieferer Schicht her zu rühren scheint.

## 3.2 Wahrnehmungsstörungen

Was „normal" in Wirklichkeit nicht ist, wird wahrgenommen: Halluzinationen, Auditionen, Visionen, Stimmen, Bilder. Sie vermitteln Ausstrahlungen, inhaltliche Botschaften, geheime / direkte Befehle, ein Zensor zensiert.

## 3.3 Gefühlsstörungen

Eigene Gefühle werden fremd; andere fügen sie mir zu oder hexen Sie mir an. „Etwas Fühlen"- führt zu willkürlich auswechselbaren Reaktionen wie Freude, Traurigkeit, Spaß. Die Stimmungslage wechselt von gefühlsarm bis zu Überschwemmt-werden. Gefühle werden nicht wirklich gelebt und erlebt. Mal erscheinen sie in kindlicher Offenheit ; mal sind sie quälend präsent.

## 3.4 Wahnbildungen

Unvermittelt lassen „Intuitionen" andere Menschen, Dinge, die Welt, das Universum in transparenter Überschau klar werden. Einfachste Dinge haben vielsagende, symbolische Bedeutung; geheimnisvoll werden Komplotte geschmiedet. Etwas ist zu tun! Simple Phänomene werden auf sich bezogen. Solche Symptome sind dem Laien „verrückt", zum Lachen, total verdreht und auf den Kopf gestellt.
Wahnvorstellungen laufen Wahnstimmungen oft voraus: Unruhe, Angst, Erregung; d. h. der Wahn selber (Verdacht- und Misstrauens-Momente) ist eher ein sekundäres Produkt veränderter Grund- und Unheilsstimmungen. Der Verlust vertrauter Orientierungspunkte aus der Wirklichkeit ruft fundamentale Ängste auf. Eine undefinierbare Sphäre ( fremd, geheimnisvoll, unheilschwanger ) umgibt alles. Die Atmosphäre erscheint „spasti, crazy, schizi" - machend". Sie wechselt mit anrührend, sich bescheidender Anpassung, mit Ergebenheit und Ausgeliefertsein. In solch abgrundtiefer Angst hält kein Mensch es lange aus. So ruft der Patient z. B. das Denken zu Hilfe: Indem er wahnhaft rationalisiert. Der Wahn erscheint als letzter Versuch, das Gleichgewicht am Rand des Abgrunds zu bewahren.

## 3.5 Störungen des Ich-Kerns

„Schizo" ( gespalten ) weist auf den Verlust von Ganzheit, Identität, verbindlichem Kontakt; keine gute Abgrenzung , kein Unterscheiden von Innen & Außen, Imagination & Realität. Der eigentliche Kern liegt im Phänomen der Ich-Auflösung. Im Paradigma-Modell ist die Steck- und Drehachse wie herausgezogen. Es wird versucht, die „Achse" je Augenblick willkürlich, ohne Kontinuum schnell als gesteckt erscheinen zu lassen. Mal tritt das eine, mal das andere kurz in Erscheinung, mal unbewusst, mal bewusster, mal in irgendeinem Quadrant ( Modell „D").

Intakt - verbürgt die Mitte als Dreh- und Angelpunkt das Bleiben in ihrer Identität, wie auch in ihren kreativen Standpunkten. Lowen spricht vom „Bewusstheitskegel", der den Scheinwerfer flexibel in 360° richtet. Auf dem Gestell der Mitte vertritt der Scheinwerfer das „dialektische Konzept von Polarität und Einheit" (122).

## 4. MODELL „D" Störungen zwischen Zenit und Tiefung   Abb. 41

### MANIFORMER KREIS

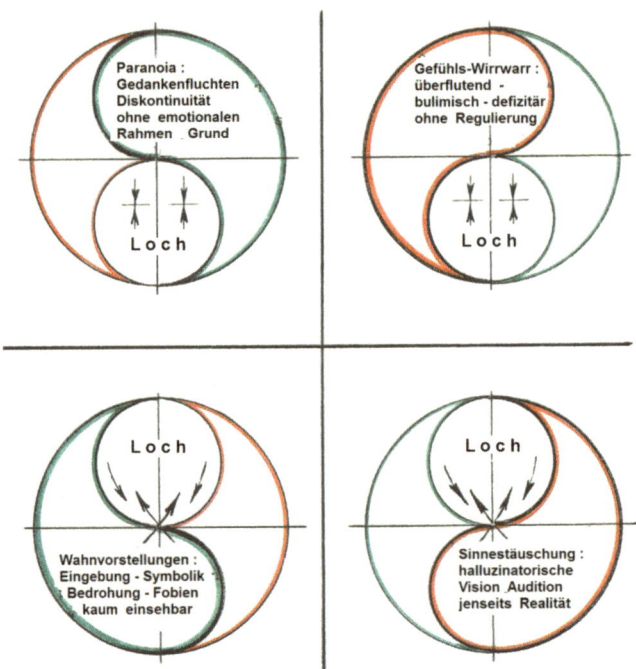

### DEPRESSIVER FORMENKREIS

# KAPITEL VII

## PERSON - UND PYRAMIDEN - STRUKTUREN

### 1. Persönlichkeitstheorien: Prämissen, Identität und Mitte
Instanzenlehre bei S. Freud, A. Lowen, H. Petzold ...

**1.1 Prämisse:** Theorien bekommen ihr Gewicht ( relativ ) je nach einem Menschenbild und der kulturellen Raum-Zeit-Bedingtheit ( „social time and social space" - C. Lévi - Strauss). Das gilt für die individuum-zentrierte Therapiepraxis und bezüglich des Mangels an „sozialisations-theoretischer Perspektive" (Moreno, Lorenzer in IT 1984, 1 / 73 ff; 4 / 84). Die zweite Prämisse soll vom Aufbau einzelner Ich-Strukturen ausgehen, wonach alles Interpsychische auch parallel intrapsychisch sich vollzieht; wonach „intakte Subjekte" (s. Mutter- Kind) dem anderen Subjekt auf dynamisch adäquater Ebene begegnen. Dazu kommt unsere Lerngeschichte mit der Erfahrung: „Nur über ein Du - komme ich zu mir selber" (vice versa) als sammelndes, integrierendes, abgrenzendes, ausgrenzendes Ich-Selbst. Eigenständiges Wachsen geschieht im Zweitakt von Ich und Du, von Außen und Innen :

Abb. 42

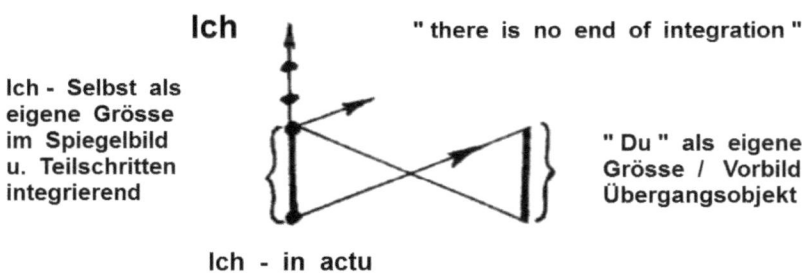

### 1.2 Ich-Selbst und Identität bei H. Petzold ( 79ff ) :

Nachdruck legt Petzold auf den unabdingbaren Teil unserer Sozialisation als „Mitspieler auf der Lebensbühne". Auf dieser Bühne ist das Ich in gemein-samen „ Szenen und Partituren ein Selbst in actu, für-sich-mit-anderen " .
Identifikatorische Prozesse fügen einen Baustein zum anderen. „Das jeweils Erkannte, in den Vordergrund der Awareness getretene (gleich, ob es aus der Sphäre des Leibes oder der sozialen bzw. ökologischen Welt stammt)- wird vom Ich dem schon Bekannten zugeordnet oder es wird neu bestimmt.

In diesen identifikatorischen Prozessen wird das Selbst reicher, die Archive des Leibes füllen sich und es gewinnt die Identität an Prägnanz" Physiologisch kann das auch für die kollektiv-bewussten und unbewussten kortikalen Engramme gelten.
"Der Identitätsbegriff erweist sich an das Erleben des Ich und an einen interaktionalen Kontext gebunden. Er ist doppel-gesichtig" (transitiv und intransitiv: "Ich erkenne" und "ich werde erkannt"). "Identität entsteht im Zusammenwirken von: Leib ("L") und Kontext ("Kn") im Zeitkontinuum ("Kt"). Die Gleichung für Identität bei Petzold lautet : I = Kt ( L, Kn )" (87).

**1.3 Die Mitte als fünfte Paradigma-Option.** Für sie ist festzuhalten :

"Das Identitätserleben als die zentralste Funktion des Ichs, als das Erleben von "Ich-Selbst", des Bei-sich-Seins und des Mit-anderen-Seins", es grenzt ab und ist "zugleich im Kontakt". "Identität erweist sich damit als "Grenzphänomen" im Sinn der Stabilisierung einer Innen-Außen Differenz und Verbindung von ´Innen´ und ´Außen. Grenze bedeutet immer Abgrenzung und Kontakt zugleich" ( 88 / 89 ).

**1.4 Instanzen-Lehre bei Freud**

S. Freud klammert Störungsbereiche als therapeutisch nicht analysierbar, erfahrungsfern im psychischen Apparat aus. Bei den Instanzen: "Es - Ich - Überich"- gehe es um zu reflektierende Größen ( Feiereis / Thilo 51 ).
Während Freud den Grundsatz formuliert: "Wo Es war, muss Ich werden" (Studienausgabe 3 / 294), - finden wir bei **C.G. Jung** nur eine, klar definierte Aussage zum "Ich": "Unter "Ich" verstehe ich einen Komplex von Vorstellungen, der mir das Zentrum meines Bewusstseins ausmacht und mir von hoher Kontinuität mit mir selber zu sein scheint" (1972, 25f - 45f - 57ff) .
Während Freud die "funktionelle Wichtigkeit des Ichs" sieht, weil "ihm normalerweise die Herrschaft über die Zugänge der Motilität eingeräumt ist", kann Jung eher philosophisch fordern: "Wo ich ist, muss Selbst werden" entsprechend dem: "Werde, der Du bist"!
In der Summe halten wir fest: "Die funktionale Wichtigkeit des Ichs" bei Freud. - Das Ich "als Zentrum des Bewusstseinsfeldes von hoher Kontinuität mit sich selber" bei Jung. - Das "aktive Ich" und das "Ich-Selbst in seiner "Identität" bei Petzold.- In der Zielsetzung formuliert Jung: Wenn sich das Ich durch Amplifikationen zum Selbst entwickelt, meint dies in der finalen Zweckgebundenheit nicht so sehr:"Heilung", sondern primär "Individuation", "zum Einzelwesen" werden,- sofern wir "unter Individualität unsere innerste, unvergleichbare Einzigartigkeit verstehen"; das meint: "Zum eigenen Selbst werden" ( C.G. Jung, Studienausgabe 9.A ).

## 1.5 Alexander Lowen:

Auch Lowen modifiziert Freud, wenn er „das Bewusstsein durch die Intensivierung des Körperbewusstseins" in der Körperarbeit (Bioenergetik) zu erweitern sucht, insofern dieses in unserer Zivilisation unterentwickelt ist. Mag auch der Kopf herrschen, so geht er doch (grafisch) davon aus, dass das Unbewusste das eigentliche Kräftereservoir der Psyche und der psychischen Energie darstellt.

" Das Körperbewusstsein liegt zwischen dem Kopfbewusstsein u. dem Unbewussten, Es dient dazu, uns mit den geheimnis = vollen Kräften unseres Wesens zu verbinden, wo Widerspruch, Negation und Zeitmass fremd sind " ( 282 ).

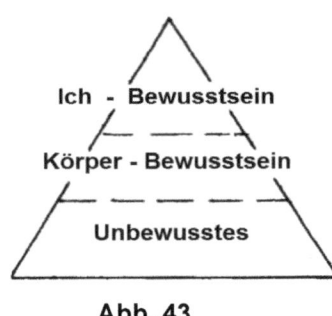

Abb. 43

Die Bewusstheitsentwicklung geht von der breitesten Daseinsstufe aus. Sie führt zur brennpunktartigen „Spitze der Pyramide". Die Verjüngung erweitert das Bewusstsein nicht. - Sie gewinnt „dabei vielmehr an Schärfe und Unterscheidungskraft" (278 ff). Im Detail heißt dass :
Das Bewusstsein um Körper - Prozesse ist die unterste und gleichzeitig breiteste Bewusstseinsstufe. Sie meint körperliche Eigenmotorik, Vegetatives, strömende Empfindung, Atmung, „Herzkranzsysteme".
„Auf dieser Stufe fühlen wir unsere Identität, die Basis des Lebens, Natur und Kosmos. Für Naturvölker ist dies Bewusstsein eine mystische Partizipation. Wenn man das breite Extrem dieses Bewusstseins erreicht, verliert man das Gefühl für die eigene, einzigartige Individualität, da die Grenze des Selbst so verschwommen wird, dass das Bewusstsein nicht mehr zwischen dem Selbst und der Umwelt unterscheiden kann". Dies „infantile Bewusstsein steuert (in einer Richtung) auf eine Differenzierung der Persönlichkeit zu, indes in anderer Richtung das mystische Bewusstsein dem Stadium der Undifferenziertheit zustrebt".
Ein Baby kann Emotionen noch nicht gezielt differenzieren in „Zorn, Trauer, Furcht, Glück"; es kann sie nicht in gesteuerte Bewegung auf eine „Kraft außerhalb des Organismus" umsetzen. Das kann es auf einer nächsten Bewusstseinsstufe, wenn spezifische Emotionen wahrgenommen werden."
Erst bewusstes, objektives Denken führt zum Bewusstsein des Ichs". Erst dieses kann bestimmen und handeln ( 279 ).

„Auf der Ich-Stufe ist das Bewusstsein nicht gespalten, sondern dualistisch"!

Eine Spaltung findet statt, wenn das Bewusstsein die Persönlichkeit transzendiert (im Paradigma aus dem Kreisganzen heraustritt).

Ein „übersteigertes Selbstbewusstsein, ein krankhafter Zustand entsteht, wenn sich das Bewusstsein so intensiv auf das Selbst, die Persönlichkeit konzentriert, dass Bewegung und Ausdruck schmerzhaft und schwierig werden. Ein solches Stadium ist öfter bei Schizophrenen anzutreffen; vorübergehend auch bei Gesunden. - Wegen des kleinen Brennpunkts läuft das Bewusstsein Gefahr, sich zu verflüchtigen, was beängstigend ist (280).

Jenseits der Angst kann es in abgehobener Unio-Mystika zu einem befristeten „Ein und Alles" der Mystiker führen. Auch Naturvölkern in ihrer vitalen, in sich ruhenden Losgelöstheit, sind solche Phänomene bekannt. Bei den Mystikern wurde aber ihre Rückkehr in die Wirklichkeit immer schwieriger, ebenso das Verbalisieren der Erlebnisse (vgl. LSD -Trips etc.).

## 2. Die zweifache Pyramiden-Struktur im Paradigma

Mit der Kopf- und Körperbewusstheit war die Transzendenz- und die Tiefungsachse gegeben. - Auch die Stufenpyramide des Bewusstseins bei Lowen und Petzolds Tiefungsstufen legten dies nahe.

Das wiederum legt nahe, die Pyramiden im Rhombus wie zwei Kegel zusammen zu bringen. Der transzendierenden Spitze steht nun die Desintegrationsspitze in der gemeinsamen, vertikalen Achse gegenüber.

Vergleichen wir zuerst Lowen und Petzold in der aufrechten Pyramidenstruktur. Lowen schrieb: „Auf der Ich-Stufe ist das Bewusstsein nicht gespalten, sondern dualistisch. Eine Spaltung findet statt, wenn das Bewusstsein die Persönlichkeit transzendiert" ( 279 ).

Petzold staffelt die Pyramide ( Abb. 44 ) zunächst in Freudscher Eisberg-Formation von Ich und Es. (vgl. sein Kriseninterventionsseminar 1977 in Königstein ; IT 1980 / 4 ; und „ Angewandtes Psychodrama", 265 ff, 394 ff ) :

## Abb. 44

Ebenda modifiziert H. Petzold das Schema in :
„ Die vier Ebenen der therapeutischen Tiefung " -
( vgl. „ Die neuen Körpertherapien " / 284 u.ö. ) .

In der Umkehrung der Pyramiden sind Petzolds Ebenen zu vergleichen , s. Abb. 44 und 45

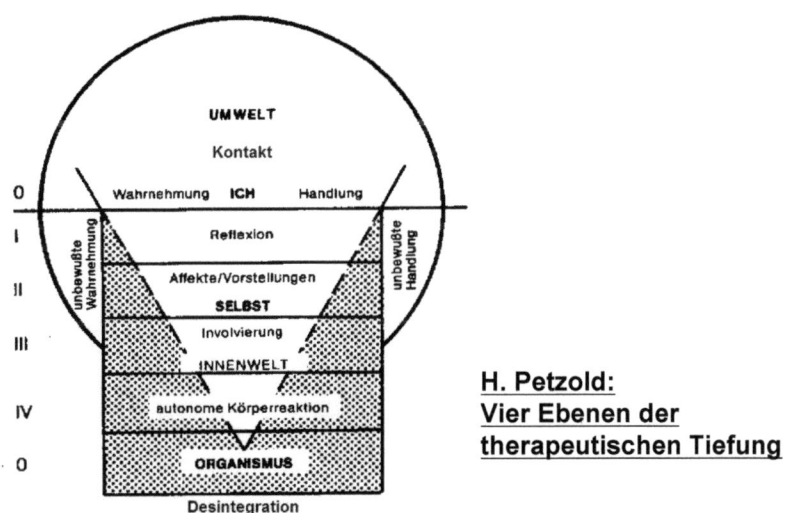

H. Petzold:
Vier Ebenen der therapeutischen Tiefung

Abb. 45

**Alexander Lowen** skizziert beide Bewusstheiten von Körper und Kopf in zwei einzelnen und entgegengesetzten Pyramiden ( 126 f / Abb. 46 ).

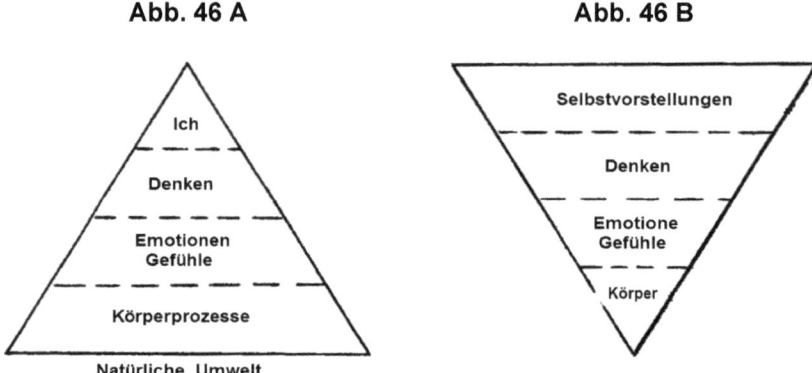

Abb. 46 A  Abb. 46 B

## 2.1 Variable Inhalte, Umkehrformen, Ballint- Ansätze

### 2.1.1 Variable Formenkreise
Sie sind entgegengesetzt zusammenzustellen: Z.B. sind „Symptome" anamnestisch-diagnostisch auf breiter, exogener Ausgangsbasis zu untersuchen ( **Abb. 47 A** ). Den endogenen Deduktionen wäre nach „innen / unten" zu folgen ( **Abb. 47 B** ).

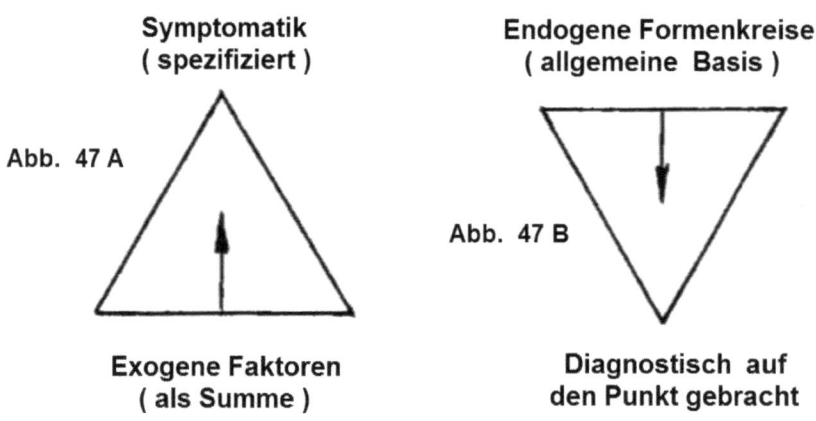

2.1.2 „**Prismatische - Ballint- Ansätze**" sind z.B. von außen nach innen in Umkehrform zu koordinieren:

**Abb. 48**

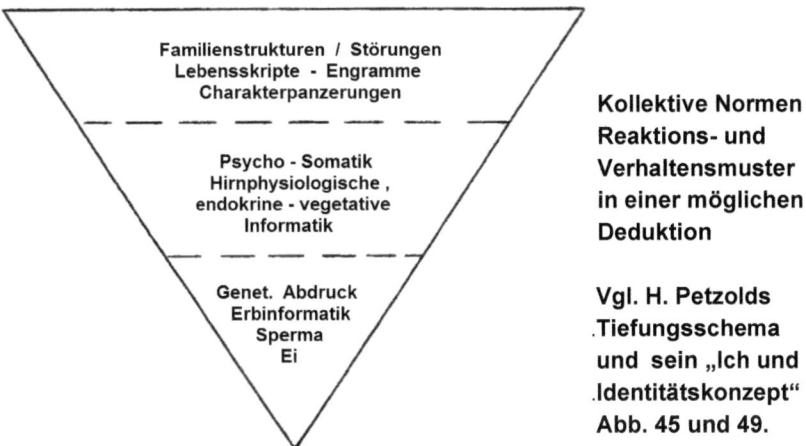

Kollektive Normen
Reaktions- und
Verhaltensmuster
in einer möglichen
Deduktion

Vgl. H. Petzolds
Tiefungsschema
und sein „Ich und
Identitätskonzept"
Abb. 45 und 49.

Das Tiefungsschema Abb. 45 wäre mit Abb. 49 zu ergänzen :

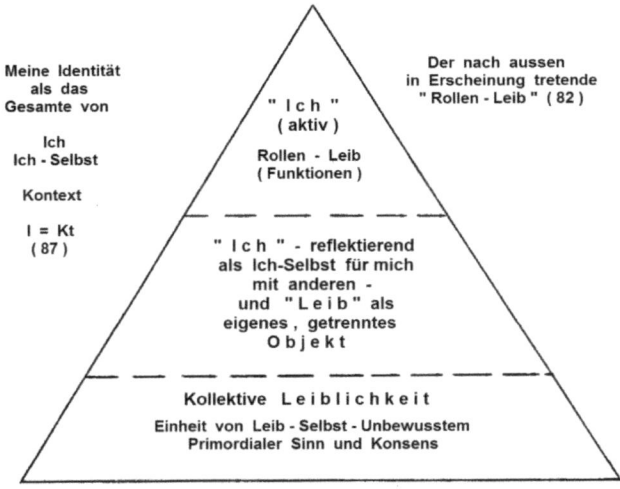

## 2.2 Identitätskonzept und kollektive Leiblichkeit bei H. Petzold:

**Identität** meint „ das Gesamte aller Ich-Funktionen als handelndes, redendes, wahrnehmendes, empfindendes und fühlendes Ich " bei Petzold. Das Leib-Selbst ist ein „schweigendes, das in seiner primordialen, generativen Passivität ruht". „Leib-Selbst und Welt sind ineinander anwesend, une présence ( Merleau Ponty )".

Die Ich-Identität treffen wir im unteren Pyramidendrittel in der „integralsten" oder auch in der „primär-gestörtesten" Form von Ich und Kontext, dort auch in seiner verborgensten Form ( H. Petzold, IT 1-2, 1984, 73ff, 80, 82).
Wie aber bringen wir beide Achsen im Modell und sinnvoll zusammen? Zwei Wege gehen fehl , vgl. **Abb. 50** :

## 3. Holzwege und Sinn der Transzendenz- und Tiefungsachse
### 3.1 Teilkreis- Ganzheit in der körperbewussten Pyramide

**3.1.1 Lowen** formulierte und zeichnete :
„Spaltung findet statt, wenn das Bewusstsein
die Persönlichkeit transzendiert,- wenn sich
die Ich-Struktur in Desintegration auflöst, da
zeigt die „Spaltung der beiden Körperhälften
die schizoide Charakterstruktur" (132 / 280).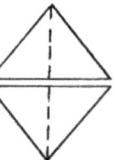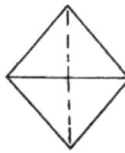
Ein Holzweg wäre : Wir führten beide Pyramiden einfach zum Rhombus zusammen. Der Gedanke liegt nahe, wir hätten die Lowensche Aufwärts-Pyramide der Bewusstheit mit ihrer Transzendierungsspitze und die Tiefungs-Pyramide Petzolds mit ihrer Desintegrationsspitze nur auf einer vertikalen Achse zusammen zu fügen.
**3.1.2** Auch der andere Satz Lowens führt zunächst nicht weiter: „Auf der Ich-Stufe ist das Bewusstsein nicht gespalten, sondern dualistisch" ( 280 ).
**3.1.3** Selbst die Sinus-Teilkreise helfen nicht weiter. Wenn wir z. B. die beiden Kreisganzheiten von Kopf- und Körper-Bewusstheit so versetzen, dass sie eine Prädifferenzachse gemeinsam haben, die von dort aus nach oben und unten weist. Bei +/- 30 ° der Kreis-Mittelpunkte würden beide Bewusstheiten sich eben noch an ihrer äußersten Kontaktgrenze berühren:

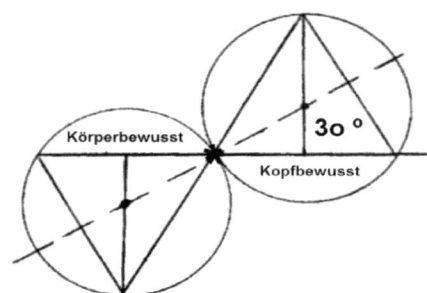

Abb. 51

### 3.2 Geometrische Schritte zur Integration der Bewusstheit:
„Geometrie" diszipliniert ; sie sagt, was geschieht, wenn die Amplituden von Yin & Yang mit ihren Kernpunkten über ihre grenzwertigen Gradzahlen hinaus eskalieren ( Anhang 8 ) :

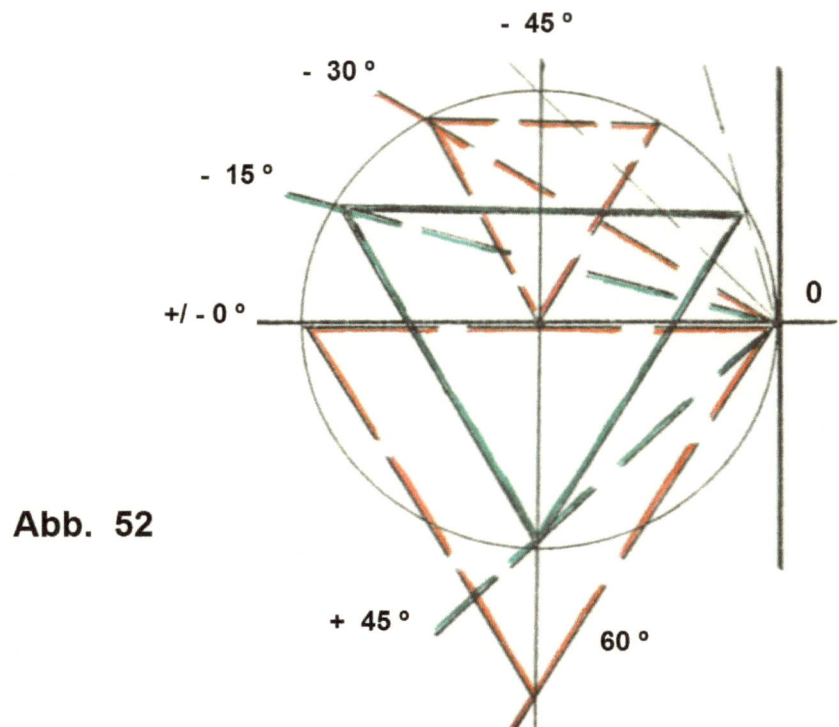

**Abb. 52**

### 3.3 Das Teil-Kreis-Ganze mit körperbewusster Pyramide zeigt :

Im Bereich zwischen - 15° und + 45° liegt der optimale Sitz der Körperpyramide ( Yin ) dort, wo ihre Amplitude im „goldenen Schnitt" von 1/3 zu 2/3 sich findet.- Bei weiter eskalierenden Winkelgraden vom Nullpunkt aus, ab 30° und 60° z. B. entstehen folgende Gefahrenmomente: Die Amplituden nach oben wie unten heben von der Prädifferenzachse ab; ihr Kontakt in der Dualität mit dem Yang geht verloren. Darum sind weitere geometrische Schritte zur Integration von Kopf- und Körperbewusstsein nötig.

### 3.4 Geometrische Schritte zur Integration beider Bewusstheiten

### 3.4.1 Duale - triadische - quadratische und hexagone Einheiten :
Rückblickend schaffte das Bewusstsein aus Oben und Unten, Rechts und Links je ein duales, integrales Ganzes. Das Koordinatenkreuz setzte die

Quadranten frei . Lowen fand : Der Mensch ist auch triadisch ein Ganzes. Denn „Dualität" findet nur in den zwei Bewusstheitsquadranten oben statt. Auf der Körperebene ist „ Einheit ". Zusammen sind es drei Bewusstheitsfelder ( 2 + 1 = 3 ).

**3.4.2 Triadische Pyramidenstrukturen** gab es als „Leib - Seele - Geist", „Kopf - Herz - Bauch". Die Pyramidenstruktur teilte sich wiederum in zwei Bewusstheiten : „Kopf- und Körperbewusstheit". Als Eckpunkte und Antipoden werden „Kopf und Genitalien" genannt. Zusammengenommen mit Händen und Füßen zählte schon der antike Mythos „ sechs Extremitäten " ! Vgl. auch Dürers Bild vom Menschen im Kreisganzen und „Goldenen Schnitt".

„Der Mensch" ist durchgehend ein duales Wesen, gleichermaßen Einheit und Zweiheit zugleich. „In-Takt" hat er zwei Augen, Ohren, Arme, Beine, Herzkammern . Aus der Zweiheit: Einem „weiblichen Kopf-Körper-Genital-Ganzen", sowie einem „männlichen Kopf-Körper-Genital- Ganzen" entstehen wieder neu „Einheit und Zweiheit": Mädchen oder Jungen.- Paradigmatisch sind es zwei Kreisganze, die sich berühren und auf der gemeinsamen Prädifferenzachse gleichwertig sind, wechselseitig mal oben, mal unten.

Trotz des Dualen in jedem individuellen Kreisganzen nimmt die Bewusstheit nicht schizoid, doppelt wahr. Mit den zwei Augen sehe ich perspektivisch-räumlich im Fokus ein Ganzes. Ich gehe auf zwei Beinen und gehe doch als Einheit. Stillschweigend gehen wir immer auch davon aus: Anstelle des dualen Berührungs- und Kontaktpunktes ( flächig gezeichnet ) ergibt sich räumlich ebenso eine eigene Individualität mit je eigenem Zentrum. Was wir ins Kreisganze als Oben und Unten brachten, ist ebenso als Vordergrund-Hintergrund Einheit in ein Kugel-Kreis-Ganzes einfügbar.

# 4. Kopf- und Körperbewusstheit in einem Kreisganzen

## 4.1 Zwei Bewusstheiten werden eine Einheit im Paradigma

**Abb. 53** bringt Kopf- und Körperbewusstheit ( in zwei Dreiecken ) und die Yin und Yang Figur (in zwei Teilkreisen) in ein großes Ganzes, in einen Kreis mit integrativer Mitte für beide ! Dazu die Legende :
a) Im Kreisganzen berühren sich zwei Teilkreise auf der Nullachse.
b) Die Schnittstellen der drei Teilkreise (dual und zentral) ergeben die 30 ° und 60 ° Achsen . Mit diesen Achsen wird die „ Doppelpyramide " zum Sechs-Stern. Das „ eingefaltete Sechseck " verdoppelt sich ausgefaltet zum großen Sechseck im Kreisganzen.

## 4.2 Drei Ich-Punkte mit zentralem Nullpunkt sind gefunden:

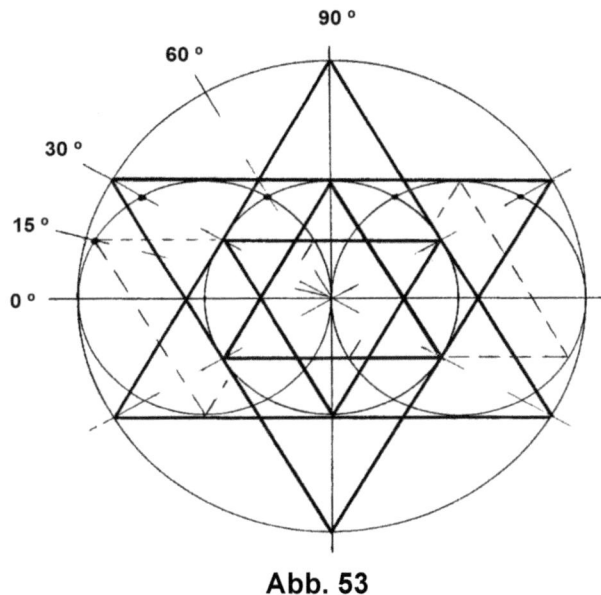

Abb. 53

**Der Kern des Yin** (mit eigenen Amplituden senkrecht) weist in seiner Akzentsetzung der Steckachse ( in der Rollenverteilung & Selbstregulierung zum Yang ) mehr auf: „Körperlichkeit", Ich-Involvierung und Intuition.

**Der Kernpunkt des Yang** weist mit der Amplitude und Steckachse auf Kopf- und intellektuelle Ich-Bewusstheit hin; das schließt die Kippmomente zur Gegen-Amplitude nicht aus. Volkstümlich heißt es dann: „Er" - ist „hormongesteuert, trägt den Kopf in der Hose" und denkt dann auch so ! Und „Sie" ist „kalt wie eine Hundeschnauze"!- Oder beide entwickeln sich und emanzipieren sich „androgyn" zu je eigenen Persönlichkeiten.

**Der zentrale Nullpunkt:** Die mittlere Vertikale bildet die zentrale Koordinate für „beide" Seiten! Darin zeigt sich ein gemeinsames - zentrales „Ich" als große Steckachse, als umfassende Identität im „Wir" über zwei kleineren Achsen in ihrem wechselseitigen Up- und Down-Spin. Das „Ich" ( ein Supervisions-Ich) als Zentrum über allen Dualitäten und Polaritäten war für Perls die große Entdeckung des dritten , integrativen Mittelpunkts. In diesem dritten Ich-Punkt fand er seinen ruhenden „Standpunkt"!

## 5. Der „Sechs-Stern" als Up und Down-Pyramide

### 5.1 Konstellationen, Winkelfelder, Schatten- & Übergangszonen :
5.1.1 Duale Bewusstheiten treffen im Up & Down zueinander.
5.1.2 Die Nullachse teilt Höhen und Tiefungen in 1/ 3 zu 2/ 3.
5.1.3 Die 2/3 entsprechen den Up und Down Sinus-Amplituden.
5.1.4 Die Pyramidenhöhe zum Kreisganzen ist wie: 3/4 :4/4.
5 1.5 Der 30° Winkel vom Punkt 0 der Teilganzheit entspricht dem 15°-
Winkel am zentralen Punkt „00" der dualen Ganzheit ( im Volksmund: „Zu Zweit ist der Euro nur die Hälfte wert"). Vgl. Anhang 9-16.

### 5.1.6 Die Winkelfelder der 30° Marke - Abb. 54 / 55:

Die Winkelfelder von +/- 30° ergeben im Schnittpunkt mit dem Kreisganzen die Basislinien für die Kopf- und Körper-Pyramide. Diese Linien werden zu Tangenten um den inneren Kreis. Extrovertiert und nach aussen gefaltet verdoppeln sich die sechs gleichseitigen Dreiecke zu „sechs Rhomben" im äußeren Kreis.

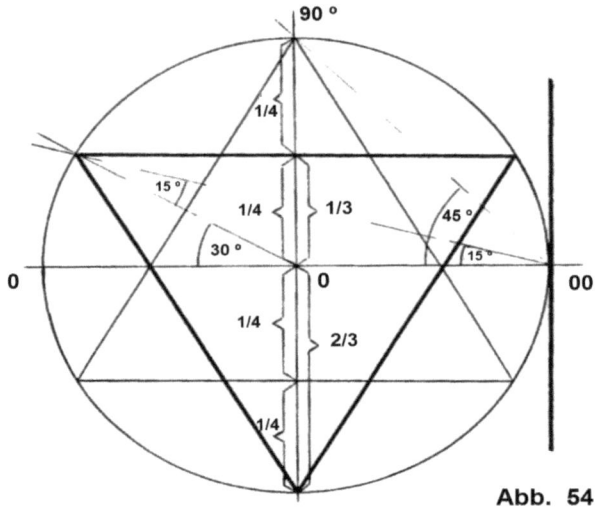

Abb. 54

In seiner Charakterkunde skizziert Lowen die schizoide Struktur, indem er eine Doppellinie mitten durch die sechs Rhomben zieht, zwischen dem eingefaltetem Innenkreis und dem Aussenkreis (132).

Er beschreibt eine nach innen verlegte Energiegrenze, die einem Ladungsmangel nach außen entspricht, so dass von Aussen her die Verbindung zum Ich-Kern ebenso mangelhaft ist. Das bewirkt eine Spaltung bzw. Konfusion beider Körperhälften.

**Zu vergleichen sind :**

        Paradigma Abb. 55   -   Lowens Skizze Abb.56

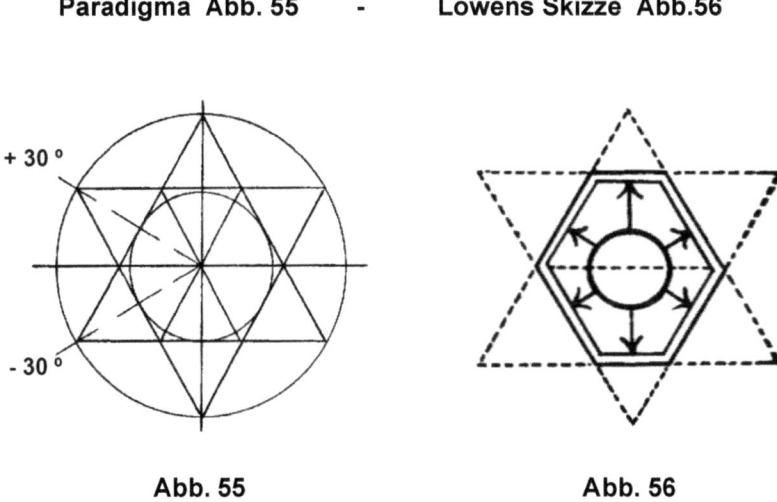

        Abb. 55                    Abb. 56

### 5.1.7 Die mittlere Prädifferenz- Achse als „Übergangs - Zone"
(vgl. die Dämmerung zwischen den Polen von Tag / Nacht)

Ein Phänomen erscheint, indem die Nullachse nicht per se eine klare Trennlinie darstellt, wie sie der Seemann bei klarem Wetter als „Kimm" am Horizont zwischen Himmel und Meer sieht. Manchmal erscheint der Horizont impressionistisch verschwommen ( A. Camus: „La Chute").
Die „Sahara" erstreckt sich als breites Band quer über einen ganzen Kontinent. Der „Nil" als Lebensachse hat nur einen schmalen Grüngürtel im Übergang zur Wüste. Am Polarkreis geht die Sommer-Sonne kaum unter.
Und wenn die alte Weisheit des Yin und Yang den Keim des Gegenpoligen in die Mitte der Sinus-Bögen setzt, hat das graphisch, symbolisch und psychologisch seinen Sinn , vgl. Abb. 57 und 58.

Auch der volkstümlichen „Psycho-Sprache nach Freud" ist es nicht fremd, wenn sie in dem Kernpunkt des Mannes seine „Anima" einfügt , vice-versa ihren „Animus".

## „Schatten- und Übergangs- Zonen"

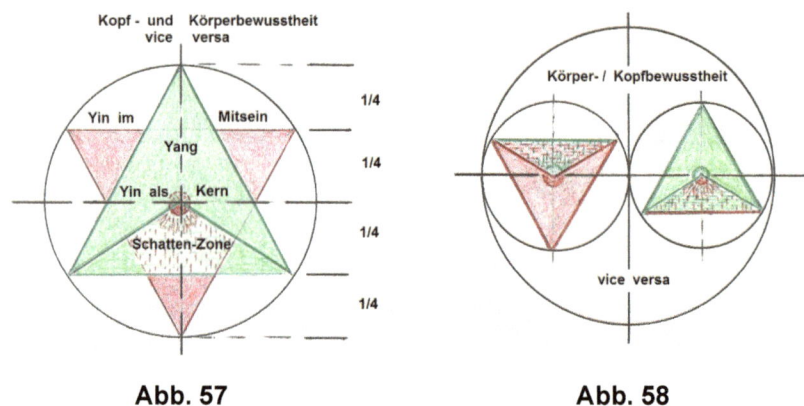

Abb. 57                    Abb. 58

In ihrer Gegenpoligkeit ist die Anima persifliert ein Schattenbild des edel Minniglichen bis hin zum weibisch Weinerlichen, das sich hinter Muskel- und Machogehabe bis zu jähzornigen „heißen Killerpotenz" äußerlich, plakativ angreifbar macht. - Umgekehrt wird hinter der äußerlich weichen Form des „Yin" im Kern ein hartes Nein mit „taktisch kalter Killerpotenz"- als „Frau Luna" und „Königin der Nacht" in ihren „Animus-Kern" projiziert.
Demgegenüber wird eine „erwachsene Partnerschaft auf Augenhöhe" so avisiert, dass „Androgynes" auf beiden Seiten zu entwickeln ist . Im „I Ging" gilt außerdem die Regel, wonach jede genetische Mitgift an Stärke in der Übersteigerung ihre Schwäche erkennen läßt und umgekehrt.

Was in der Gegenpoligkeit von Kopf- und Körperbewusstheit passiert, könnte im Blick auf die anders gepolten Kerne und im Extrem ihrer Schattenwirkung einer Sonnen- und Mondfinsternis entsprechen: Tritt der Mond als Schatten zwischen Sonne und Erde (im Dreieck die Grundbasis), so ergibt das eine Sonnenfinsternis. - Tritt der Globus als Schatten zwischen Sonne und Mond, ergibt sein Schatten eine Mond-Finsternis.
Im psychologischen Sprachraum entsteht in etwa ein „blinder Fleck". Analog zur „Psychosearbeit" ist es für den Therapeuten nicht unwichtig, ob er die Richtung eines Verlaufs ahnt . Im Beispiel der „Venus", die als Abend- und als Morgenstern analog zwei Seiten des gleichen Gestirns zeigt, ist die Frage bei der Psychose : Weisen die Zeichen darauf hin, ob es weiter in die Nacht hineingeht? Oder ist der Stern expliziter Vorbote eines neu anbrechenden Tages ?!

## 5.1.8 Die Ganzheit des Sechsecks und die Einheit der dualen Up- und Down-Pyramiden

Lowen hatte die Einheit von Kopf- und Körperbewusstheit skizzenhaft im Sechseck zusammengefügt (128 f), d. h. im aufrechten Dreieck: Der Kopf steht auf zwei Füssen, die in der Breite des „Groundings"- „wie ein Berg" stehen. Die Mitte des Sechsecks zeigt symbolisch die horizontale Null-Linie an ( die „Taille" der Wespe oder das Zwerchfell zwischen Brust und Bauch) und so auch die Mitte im Koordinatensystem .
„Vertikal" zentrieren sich: Kopf - Herz - Hara-Zentrum / Bauch - in ihrer dualen Einheit bis zu den Merkmalen weiblicher und männlicher Geschlechtlichkeit , aus denen Freude und Kinder der Liebe geboren werden.
„Athene" ist in antiker Mythologie als „schöpferische Kopfgeburt", bewusst gewollt !-

Umgekehrt betont „Inkarnation": „Das Wort wurde Fleisch und wohnte unter uns" (Joh. 1, 14), eine wahrhaft - schöpferische Bauchgeburt dieser Erde. Irdisch und schöpferisch erwachsen „Kinder der Liebe" aus der dialogischen Begegnung, wie auch aus der Sehnsucht nach Einheit.

## 5.2 Tiefung und Inkarnation bei Marti, Petrarca, Jens, Bloch, Göritz

| **Weihnachten** | **grosser gott klein** | **geburt** |
|---|---|---|
| damals | uns näher | ich wurde nicht |
| als gott im | als haut oder | gefragt bei |
| schrei der geburt | halsschlagader | meiner zeugung |
| die gottesbilder | kleiner als | und die mich |
| zerschlug | herzmuskel | zeugten wurden |
|  | zwechfell oft: | auch nicht gefragt |
| und | zu nah | bei ihrer zeugung |
| zwischen | zu klein - | niemand wurde |
| marias | wozu | gefragt ausser |
| schenkeln | dich suchen? | dem Einen |
| runzlig rot | wir: | und der sagte |
| das kind lag | deine verstecke | ja |

Das „Ja" bei Kurt Marti setzt der geniale **Francesco Petrarca** in der aufkommenden Renaissance in den Koordinatenschnittpunkt ein. Er vereint und versöhnt das Ja zur Vertikalen und zur Horizontalen.
Auf der Vertikalen ist es das Einverständnis zu Höhen und zu Tiefen. Es ist weder ein platonisch-idealisches oder hierarchisches Oben, noch ist es ein verdammendes Anathema mit tödlichen Drohungen in den Tartarus

herunter. Denn beide verlieren ihren Zauber, ihre Macht ! In dem Sinn ist es das befreiende „Ja" zur Horizontalen in der Solidarität der Geschwisterebene, sowie der Sprung ins Soziale, Humane , Tolerante und ins Teilen !

**Walter Jens** gibt mit der Botschaft : „Fürchte dich nicht!"- seiner Evangelienübersetzung den Titel : „ Am Anfang der Stall - am Ende der Galgen ."

**Ernst Bloch**, Geschichtsphilosoph, Gegenwartskritiker, Friedenspreisträger:

**Zu einem Kind,
das im Stall geboren,
wird gebetet.
Näher, niedriger, heimlicher
kann kein Blick in die Höhe
umgebrochen werden.
Zugleich
ist der Stall wahr;
eine so geringe Herkunft
des Stifters wird nicht
erfunden.**

**Sage -
macht keine Elendsmalerei
und sicher keine, die sich
durch ein ganzes Leben
fortsetzt: Der Stall,
der Zimmermannssohn,
der Schwärmer unter kleinen
Leuten, der Galgen am Ende
ist aus geschichtlichem Stoff,
nicht aus dem goldenen,
den die Sage liebt.**

**Werner Göritz** bringt im Holzschnitt beide Eckdaten zusammen , die verletzlicher und bedrohlicher nicht sein können - **Abb. 59**

**Am

Anfang

der

Stall -

am

Ende

der

Galgen**

# KAPITEL VIII
## Kreis - Harmonie - Sprünge - Brüche

**1. Das Wunder des Kreisganzen - Abb. 60**

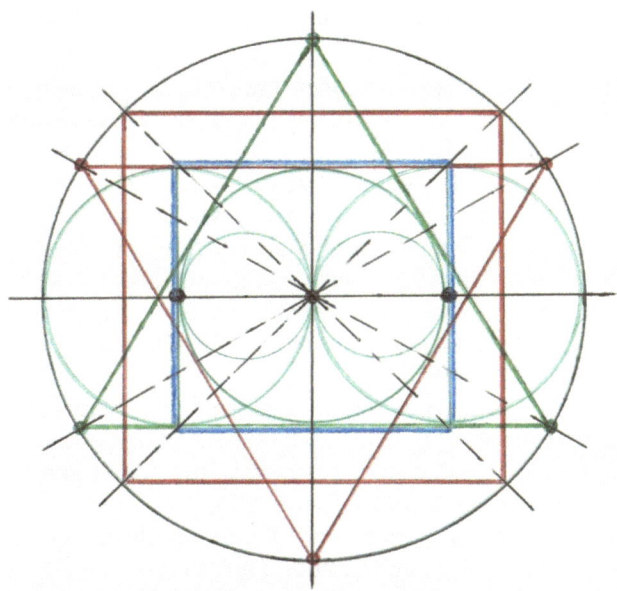

**1.1 Summe der Einheiten und Zweiheiten im Zeitraffer:**
Innerhalb des Kreises differenziert sich alles im Verhältnis 1: 2: 4: 8. Das Dreieck verdoppelt sich im 1: 3: 6: 12. Alles entwickelt sich ein- und ausgefaltet, behält „gleichwertige Ordnungen", bewahrt Zweiheit und Einheit bei der gleichbleibenden Mitte.

**1.1.1** Die Sinus-Linie (Ei- & Samenzelle) zeugt ein neues Duales in zwei Teilkreisen.
**1.1.2** Das 90° Koordinatensystem kreiert vier Quadranten; die 45° Achsen sind die Eckpunkte im Kreisganzen.
**1.1.3** Das Quadrat mit dem fünften Punkt darin entwickelt sich später räumlich zum „Oktaeder", dem fünften der platonischen Körper.
**1.1.4** Die 30° Schnittstellen zum Kreisganzen ergeben zwei Dreiecke, die verschränkt ein Hexagramm ergeben.
**1.1.5** Alle Formen haben flächig und räumlich ihre Symbolkraft.

## 1.2 Symbolische Wertigkeiten:

Ob die „Kabbala" in der Zahlen-Mystik, ob die „Kaaba" als Würfelsymbol in Mekka, ob das „Yin / Yang" oder das „Kreuz", hier kommen besonders der Kreis und das Sechseck in den Blick, die symbolträchtig wurden. Der Kreis wurde zur Metapher einer „runden Gestalt" in der Integrativen Therapie. Das Sechseck ist schon in der Natur als perfekte Form einer räumlichen Anpassung zu finden, wie die „Bienenwabe" oder eine „erkaltete Lava".

**Der David-Stern** ist national, historisch und religiös mit dem Hexagramm schon im 7. Jhdt.v.Chr. ein Beziehungssymbol zwischen Gott und Mensch in der gelebten Tradition Israels:
Das „nach unten weisende Dreieck" ist dort ein Zeichen dafür, dass der Mensch sein Leben als Geschöpf von „Jahwe" bekommt, während der Mensch sich umgekehrt zum Ursprung aller Dinge zurücksehnt, entgegen aller Vergänglichkeit und hybrider Emanzipation (Genesis). - Auch stehen da die sechs gleichseitigen Dreiecke zwischen Außen- und Innenkreis (Abb. 55) wie die sechs Arbeitstage zum inneren Kreis wie der 7. geheiligte Ruhetag als „Shabbat" in der Mitte.
Sechs gleichseitige Dreiecke wiederum mutieren „ein- und ausgefaltet" zur Zwölfzahl in der Nationalflagge, Symbol für die 12 Stämme Israels.
**Geometrisch** sind die 12 Dreiecke als sechs Rhomben ins Kreisganze mit der gemeinsamen Mitte eingewoben ( Abb. 55 ).
Die Naturgesetze gelten allgemein und überall im Universum und streben nach Harmonie!- Das löst jedoch „Chaos und Brüche" bei der Annäherung an Vollkommenes, - wie es u.a. der „Goldene Schnitt" nahelegt,- nicht auf.

## 2. Mutationen, goldener Schnitt, Nada Brahma, Quantenmechanik
### 2.1. „ Goldener Schnitt " und „ Die Welt ist Klang " ( Nada Brahma )

Joachim - Ernst Behrendt setzte den Titel „Nada Brahma - Die Welt ist Klang" über seinen Rundfunk Vierteiler. Er sagt: „Was immer wir als schön empfinden in der Natur, in der Kunst, am menschlichen Körper, - gehorcht den Gesetzen des Goldenen Schnitts".

Dieser verleiht allem eine Ästhetik und Wohlklang, dem wir uns nicht entziehen können. „Man beachte, was es heißt, wenn eine Pflanze in ihrer Blüte exakt gleichzeitig eine Drei- und Fünf-Teilung durchführt. Wenn man nicht einen logisch rechnenden Verstand annehmen will, wird man sich wohl damit abfinden müssen, dass in der Pflanzenseele bestimmte, gestaltträchtige Prototypen, und zwar hier eine Terz- und dort eine Quint-Form am Werk ist, die als Intervalle die Blüten gestalten, wie in der Musik" (104 f). Auch „das Planetensystem ist beherrscht von akustischen Verhältnissen".

Ihre Bewegungsverhältnisse folgen mathematischen Grundgesetzen, z. B. in der Gesetzmäßigkeit „der kleinen und der großen Sexte: 8 zu 5 & 5 zu 3, welche im „Goldenen Schnitt" gelten".

Das Lexikon definiert den goldenen Schnitt mit : Eine ganze Strecke „a" verhält sich zum größeren Teil „b", wie der wieder zum kleineren Teil „c": Die Formel lautet : „ a – b = c ", bekannt im Verhältnis von **1/3 zu 2/3** .

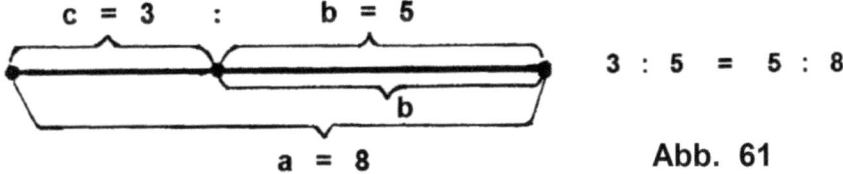

Abb. 61

**T.M. Schmidt**: „Der Mensch in seinem Körperbau ist wie ein klingendes Kunstwerk angelegt,- vollkommen": „Der Bauchnabel teilt die Körperlänge;- das Armgelenk zum ganzen Arm; das Knie zum Bein; die Augenbrauen das Gesicht... im Verhältnis des Goldenen Schnitts" (105 f).

**G.W. Leibniz**, Philosoph - Mathematiker der frühen Aufklärung (1646 - 1716), - schreibt: „Die Musik ist eine verborgene, arithmetische Übung der Seele, die nicht weiß, dass sie mit Zahlen umgeht. Sie bemerkt, ob schon sie nicht erkennt, dass sie rechnend tätig ist. Dennoch geht eine Wirkung des unmerklichen Zahlenbildes daraus hervor, ein Wohlbehagen bei Zusammenklängen, ein Unbehagen bei Missklängen".

**Das Hans Kayser Institut** für harmonikale Forschung in Wien findet: „Dur"- Akkorde sind im Schnitt männlich; Moll weiblich. Der weibliche Körper ist besonders von Moll-Proportionen wie einer Urproportion beherrscht (107 f).

**Vor 3000 Jahren** heilte Musik schon menschliches Leiden . „ David " spielte vor dem depressiven König „ Saul " auf der Harfe (1. Samuel 16, 23 ).

**Aggrippa von Nettesheim** schrieb im 16. Jahrhundert: „Wer krank ist, stimmt nicht mehr mit dem Universum überein". **Novalis**: „Jede Krankheit ist ein musikalisches Problem" ( 106 ) .

**Die Musikgeschichte** zeigt : „Dissonantes" verändert Hörgewohnheiten. **Ravel´s Bolero** schockierte die Pariser; seither erwuchs daraus ein Reiz .

**R. Norton** : „Tonalität ist eine Entscheidung gegen das Chaos der Töne". Die Natur wählt aus oder sie normiert ( 148 ) .

## 2.2 Quantenmechanik und Relativitätstheorie

Diese beiden Fundamente der Physik des 20. Jahrhunderts veränderten ebenso alte Seh- und Denkgewohnheiten grundlegend. Sie führten zwingend zu einer Anschauung von der Welt, wie Mystiker aller Zeiten, ein Hindu, ein Buddhist, ein Taoist sie ähnlich sehen: Nichts, weder Materie, noch Zeit, kann demnach einen „Anspruch auf Festigkeit" erheben, nichts kontinuierlich Starres. Die Ironie des Begriffs sagt: Von den kleinsten Elementar-Teilchen gilt: „Selbst ihre Geschwindigkeit und Position ist unklar". Es bleiben nur: „ Beziehungen und Schwingungsmuster ".

„ Die Erzeugung von Materieteilchen aus reiner Energie ist sicher der spektakulärste Effekt der Relativitätstheorie. Körper bestehen in ihrem Innersten aus Leere, Rhythmus und Tanz. „Die Unterscheidung von Materie und leerem Raum musste endgültig aufgegeben werden, als entdeckt wurde, dass virtuelle Teilchen spontan aus der Leere entstehen und wieder in die Leere verschwinden können" (135).
Auch hinsichtlich „Zeit" stehen wir „vor dem Trümmerhaufen dessen, was Zeit einmal für den Menschen gewesen" ist.  „Seit Einstein wissen wir um den illusorischen Charakter der Zeit.

„Bei der Deutung gewisser Streuungsprozesse in der Quantenmechanik kann es geschehen, dass sich die Teilchen in dem einen Prozess zeitlich „vorwärts", in dem unmittelbar benachbarten Prozess aber „rückwärts" bewegen; ja noch absurder: Wenn man ein beobachtetes Teilchen als Positron interpretiert, geschieht der Ablauf in der Zeit vorwärts; - interpretiert man es als Elektron, läuft die Zeit rückwärts. Beide Interpretationen sind physikalisch schlüssig und mathematisch „richtig" (123) .Von Heisenberg wissen wir, dass  mathematisch - die Feldgleichung für elektromagnetische Felder nicht nur für eine zurückliegende Zeit, sondern auch für eine jeweils künftige Zeit gelöst werden kann. Das bedeutet, dass ein Feld beobachtet werden kann, noch bevor es da ist. Dadurch kann sich die für uns vertraute Abfolge von Ursache und Wirkung , von Vergangenheit, Gegenwart und Zukunft unter gewissen Verhältnissen umkehren."
Diesen Vorgang werden wir im „Focusing"- Kapitel und im Spin von bewusst / unbewusst  paradigmatisch wieder finden. „Der Zeitablauf von der Zukunft rückwärts in die Vergangenheit ist dabei dem „normalen" Ablauf von der Vergangenheit in die Zukunft gleichwertig geworden."

„Zen-Meister Dogen sagt: Die meisten glauben, dass „Zeit" vergeht. In Wirklichkeit bleibt sie stehen, wo sie ist (123 f.)." D. T. Suziki: „In der spirituellen Welt gibt es keine Zeiteinteilung wie Vergangenheit, Gegenwart und Zukunft, denn sie haben sich zu einem einzigen Augenblick der Gegenwart zusammengezogen; und dort vibriert das Leben in seinem wahren Sinn" (125). Die gelebte Zeit ist die persönliche Zeit des einzelnen Individuums, die in Momenten des Glücks viel zu schnell und in Stunden des Leides zu langsam verfliegt."

Die alten Griechen hatten „zwei Zeitgottheiten: Chronos und Kairos". „Chronos" (Chronometer) steht für die exakt messbare, anscheinend unverbrüchliche, ewige Zeit. „Kairos" steht für die gelebte, günstige, glückliche Stunde, den richtige Augenblick, bei dem es ein „zu früh" und ein „zu spät" gibt. Die persönlich gelebte Zeit ist fühlbar; jene andere abstrakter, jedoch nichts desto weniger das Leben bestimmend. „Kairos" wird mehr der weiblichen Intuition und ihrem Zeitempfinden zugeschrieben.- Der „männliche Chronos" gibt die objektiv erfassbare Zeit wieder. Die „gelebteste aller Zeiten aber ist der weibliche Zyklus" (130), obwohl Chronos und Kairos gleichzeitig „ in derselben Person erlebt werden".

## 3. Resonanzen : Sprünge , Brüche und das Nichts

Weil jedes Teilchen sein Antiteilchen hat, wissen wir von „Aufladungen". Eben das behauptet die „Heisenbergsche Unschärferelation". Was immer wir „als Betrachter von der Welt sagen, wir selbst sind mitten drin, jenseits davon ist nichts" ( Niels Bohr ).
Schon im 6. Jahrhundert führten Hindu-Mathematiker darum „die Idee der Null", die „Leere", das „Nichts" ein: „Was ein Rad eigentlich zum Rad macht, ist die Leere zwischen den Speichen." Ein Körper,- so die Atomphysik,- „besteht aus Leere und Rhythmus, Schwingungsmustern und Beziehungen" ( 133-137 ) .
**3.1 „Resonanzen"**: Tendenzen zur Harmonie, Auflösungen in der Musik; sie spiegeln auch fast alle Bereiche außerhalb der Musik. 1665 fiel dem Holländer Huygens auf, „dass zwei Penduluhren, neben einander an die Wand gehängt, bald in genau demselben Rhythmus schlagen und sich ausgleichen. Dies Phänomen ist universal gültig, wonach „zwei oder mehr Oszilatoren im selben Feld dazu neigen, schließlich synchron zu schwingen. Dieses allgegenwärtige Phänomen nennt man „Resonanz" (150). „Wenn zwei Menschen ein gutes Gespräch miteinander führen, schwingen ihre Gehirnzellen synchron". Bedeutende Prediger und ihre Gemeinde (Martin Luther-King), ein Hörsaal; Mutter & Kind; Eheleute; Psychiater und Patient,

auch größere Kollektive wie Jazz-Musiker, Schauspieler, große Vogel- und Fischschwärme können wie ein Körper empfinden und sich als Einheit bewegen wie „in einem einzigen Kraftfeld" (150 - 152).

3.2 **Sprünge"** sind ohne das Resonanzphänomen nicht denkbar. Lange hieß es: „Natura non salta", die Natur macht keine Sprünge (eine Grundüberzeugung im mechanistisch - materialistischen Weltbild. Quantenphysiker wiesen als erste darauf hin: „In Wirklichkeit macht die Natur nichts als Sprünge !"
Bei den Sprüngen gibt es ebenso ein Ziel: „Harmonische Beziehungen" einzugehen. Das gilt für Atome, Elementarteilchen, planetare Umlaufbahnen, Zellen, Herzfrequenzen, Gehirnwellen und Bewegungen.- Das heißt in der Summe: Der Kosmos, die Schöpfung, der Mensch, alle streben zur Harmonie, zum Klang, zum „Nada-Brahma ( J. E. Behrendt 153 ).

### 3.3 Nachtrag zum Paradigma:

In der vertikalen Längsachse liegen auch die vitalen Lebensäußerungen wie Atmen, Essen, Lachen, Weinen (aus dem Bauch, aus tiefster Seele), Gift und Galle spucken; indes die Blockaden quer liegen: Migräne; Klos im Hals; Herz-Kreislauf; Magen-Darm; Anales etc.
„Eskalationen": Höhenflug (Ikarus) oder Tief-Syndrome von der Mitte fort zeigen Gefahr wie Krisis an. Im Paradigma zeigt sich´s an, wenn Yin & Yang ihre Kernpunkte im Koordinatensystem verlassen ( vertikal und horizontal ).
Davon ausgehend, kann Lowen in das harmonische Sechseck (idealiter) auch die verschiedenen, abweichenden und typischen Charakterstrukturen skizzieren: Schizoide, orale, rigide, masochistische, psychopathische Ausformungen. In der Körpersprache „body reading" fand er die praktische Entsprechung. Skizzenhaft spielt immer ebenso der „Kern" eine Rolle!

**Abb. 62 zeichnet**
im Körperbau die
psychopathische
Charakterstruktur,
die sich nach
oben energetisch
aufbläst und nach
unten kollabiert .

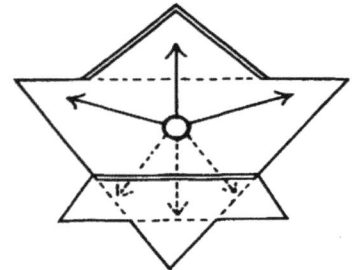

# KAPITEL IX

## FOCUSING und DRAUFSICHTEN

**1. Fläche - Raum - Körper und Zwiebelschalenvorgang**
**1.1 ... bei Alexander Lowen :**

Bisher sind Kreise, Koordinaten, Dreiecke flächig wie räumlich als Kugel und Würfel und Pyramide genutzt. Flächiges und Räumliches mischte sich, wenn z.b. Nullpunkte räumlich zur „Steckachse" wurden. Lowen nutzte die flächige Darstellung von Ich-Strukturen bei Seiten- und Draufsichten, beim Wachsen in Entwicklungsringen und im Konzept seines Zwiebelschalen-Vorgehens.
In die Mitte konzentrischer Kreise von außen nach innen setzte er den Kernpunkt ( 45, 55, 12 ) :

1 1.1 Ich-Schichten im : Rationalisieren, Durchsetzen, Leugnen etc.
1.1.2 Muskel-Tonus, Verspannung
1.1.3 Emotionale Schichten ...
1.1.4 Core, Kern, Liebe, Herz ...

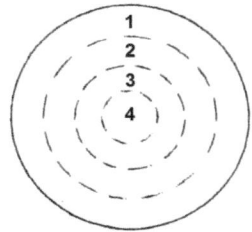

Abb. 63...

**Zentrierende Stichpunkte** wie „to become more centered", „to settle down" weisen auf die Zielrichtung . Sie ist wegweisend bei aller Widerstandsarbeit. Sie weist bei frühen Störungen auf Schizoides, Konfluentes und therapeutisch auf die sog. „Death-layer-Arbeit". Vorab aber muss eine Schicht nach der anderen in ihrer Abwehr sterben , um zu ihrem ursprünglichen „Sein" zu gelangen, von dem aus Neues grundlegend wächst.
Der Weg zurück von einmal gewonnenen, scheinbaren Gewißheiten, in denen wir uns eingerichtet haben, führt zu Weichenstellungen, die teils schon früh getroffen wurden und Lösungen kreierten. Lowen fragt: „Wann wird ein Kind sich seines Denkens ins Verbalisieren hinein bewusst"? Er schätzt, dass es „mit dem Gebrauch von Worten einhergeht", die wiederum auf ein „soziales Gefüge" verweisen. Und „während sich diese (soziale) Welt ständig vergrößert, wird der eigene Raum im Vergleich dazu immer kleiner."
Lowen erinnert an den Anfang: „Der menschliche Organismus besteht ja aus einer einzigen, dualen Zelle, wenn sie ins Leben tritt." Ohne Samenzelle würde sie für sich alleine absterben. Er meint:

„Obwohl diese Zelle sich astronomisch vervielfältigt, bewahrt sich der Mensch in seiner energetischen Einheit eine funktionelle Identität mit der einen befruchteten Zelle" (280). Dazu kommt: „Jeder Organismus ist von einer lebenden Membran umgeben, die ihn von der Welt abgrenzt und so Individualität schafft. Diese Membran aber ist keine Mauer. Sie ist selektiv durchlässig und erlaubt Wechselbeziehungen zwischen dem Individuum und der Welt" ( Widerstand, 272 ).
Ähnliche Aussagen macht G. Benedetti, der von frühkindlichen Phasen als dem „omnipotenten, potentiellen Raum" spricht, bei dem dann zunehmend ein Kreativitäts- und ein Realitätsprinzip auf einandertreffen, ein Kontakt von Innen und Außen, von Subjekt und Objekt.

### 1.2 Das „Ich" und seine zunehmende Differenzierung

 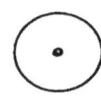 

Abb. 64

1.2.1 Die Beschreibung des Ich als zentraler Kern, als „Steckachse", „Bewusstheits-Scheinwerfer auf einer Art Gestell", sei es von der brennglasmäßigen Zuspitzung bis zu einer breiten Beleuchtung des Rundumfeldes, dieses Ich weist in der Vorstellung eines Kegels von oben gesehen auf eine allgemeine, runde, axiomatische Form: Den Kreis mit Punkt , in der Seitenansicht ein Pyramiden-Kegel. Die einfache Verborgenheit fernöstlicher Meister besticht: Das duale Symbol mit den zwei Punkten läßt kaum ahnen, was es enthält.

### 1.2.2 Kugel - Kegel - Würfel - Pyramide - Oktaeder

Ob im Modell: Kreise, Kugeln, Tennisballeinheiten, ein Feld, ein potentieller Raum gedacht wird entscheidet noch nicht viel. In einer Kugel ist noch jede andere Form möglich. Erst mit der Achse und den Koordinaten beginnen die Differenzierungen - **Abb. 65**

Die zentrale Draufsicht
der Differenzierungen
weist einmal mehr auf :
Koordinaten, Mittelpunkte,
Quadrate und Dreiecke:

 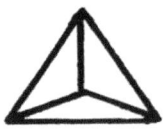

Bei jedem Dreieck beziehen
sich „zwei" ihrer periphären
Schnittpunkte zum Kreis in
besonderer Weise zu einem
dritten, anderen Nullpunkt,
einem möglichen, periphären
Kontaktpunkt im optimalen
„ goldenen Schnitt ":

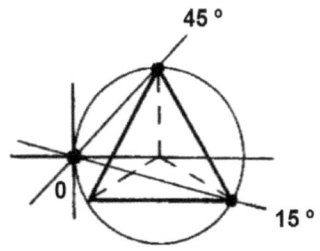

Abb. 66

Eine räumliche Pyramide in einer Kugel kann wiederum eine quadratische wie tetradische Basis haben. Daraus entwickelt sie sich z.B. weiter zum Oktaeder und zum doppelten Oktaeder. In der Ein- und Ausfaltung (wie beim Sechs-Stern) entsteht eine neue Körperform, wenn die 4: 4 Basisecken sich mit ihren Höhen- und Tiefungs-Achsen im „up und down" verschränken ! -
Aus Platons fünfter Körperform entstand das verschränkte Oktaeder mit seinen quadratischen Grundrissen.

### 1.3 Die Legende vom „einen" Menschen und der List der Götter

Die Sehnsucht von einem, ganzen Menschen, der sich aus einer Kugel „autark" entwickelt, ist alt. In der griechischen Legende Platons entfielen die dualen, polaren Komplikationen von „zweierlei Mensch" in einer Kugelform vereint. Den Göttern aber war die autarke Einheit zu autonom. Zu sehr wollte der Mensch „sein wie Gott". So war es ihre List: Frau und Mann im ewigen Krieg der Geschlechter sowie der Köpfe (!) zu trennen.

Zuvor schon zeigte sich uns im Hexagramm der einzelne Mensch (s. Dürer) symbolisch - abstrakt in sechs Extremitäten, verdichtet mit Kopf und Genital. Diese Urmensch Legende in synoptischer Form finden wir in Platons fünften Raumkörper, dem Oktaeder mit gemeinsamer Kopf-Körper-Achse.

**Die List der Götter    -    Abb. 67 A**

besteht aber nicht einfach nur
in der´synoptischen Form" der
aneinander gepeppten Hoch-
und Tiefungspyramiden, was
wiederum nur sechs Ecken,
Extremitäten zur Folge hätte:

Die List der Göttet - besteht im verschränkenden Oktaeder mit je vier Armen und vier Beinen, sowie einer ganzheitlichen Kopf-Körper-Bewusstheit in ihrer Mitte. Verschmolzen in einer liebenden Einheit können sie sich wie in einer Kugel, mal oben, mal unten mit Armen und Beinen rundum bewegen. Sie finden sich in gemeinsamer Mittelachse und Mitte wieder.

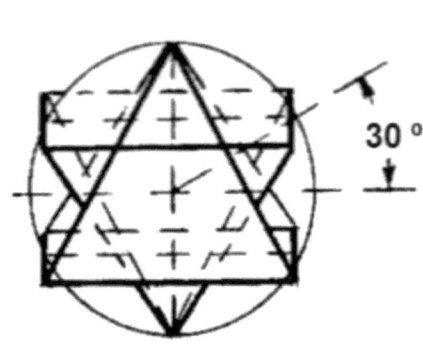

Abb. 67 B

## 2. Eugene Gendlin und sein Focussing - Konzept
„Felt-Sense & Felt-Shift" ( Psychologie Heute 84 / 3 )

**2.1** „**Vom dumpfen Gefühl zur klaren Empfindung**"- Das ist die Überschrift mit dem Obersatz: „Man spürt, wenn eine Entscheidung sitzt". „Het kloppt!" sagen Niederländer. „ S´passt scho" ... ein Süddeutscher.
Bei Gendlin steht der „**felt sense**" am Anfang des Prozesses: Eine vage- körperliche Unruhe, die jemand nach einem Zusammentreffen z. B. in einer Geschäftsstrasse erlebt. Am Ende steht möglicherweise die körperlich „wahrnehmbare Erleichterung, die der Lösung des Begegnungs-Rätsels folgt: „Ach - ja doch, das war doch die oder der... !"
Gendlin nennt das den „**felt-shift**". Am Beginn steht die „ursprüngliche Erlebens-Kategorie".
Bei Heidegger ist es eine gefühlte „Geworfenheits-Befindlichkeit". Sie ist zuerst „**implizit**" eingefaltet: Bilder; Ahnungen; Impulse von Gefühlen; Regungen, Empfindungen, Ideen, Gedanken, Vorstellungen sind vage durcheinandergewürfelt, eingefaltet. Auch Bewegungs- und Handlungs- impulse gehören dazu. Implizites ist begrifflich dem Unbewussten und Vorbewussten nahe. Es kann als „Ursuppe gedacht werden, aus der sich konkrete Erlebnisinhalte entwickeln oder Erlebtes bereichernd, verändernd zurückkehrt" ( Gendlin 26 ).

**2.2 Drei Schrittabfolgen und Phasen** sind zu benennen :

**2.2.1** Mag aus der erspürten Unruhe erst ein ganzes Problembündel, ein verwirrendes Knäuel, ein unüberwindlicher Berg hervorgehen,- ein erster Versuch ist : Das Problem zur Seite zu stellen , Luft zu holen , Freiraum zu schaffen, um so eine entkrampfte Position zu gewinnen.

Der Körper beginnt zu lernen, dass er selbst etwas tun kann. Er beginnt evtl., sich mehr zu spüren: „Ich bin wütend, enttäuscht. Hier im Raum fehlt die Luft zum Atmen, der Sauerstoff!"
„Zur Rolle des Körpers" gehört: Er lernt dazu. Es ist nicht, als wüsste er schon alles. Populär wurde: „Der Körper ist weise ! Daraus wird fast eine Mystik gemacht" (29). Doch gilt i.d.T.: „Der Organismus weiss viele, richtige Antworten. Er reagiert mit spontaner, physiologischer Entlastung.

**2.2.2** Im Prozess begriffen versucht das Körpergefühl, „sein Problem aus mehr Abstand zu betrachten. Es erlaubt, den Freiraum nicht zu verlieren und dennoch die Schwierigkeit wahrzunehmen". Im gebührenden Abstand bleibt die Schwierigkeit noch undifferenziert, während sich „seine Aufmerksamkeit auf die körperlich spürbare Befindlichkeit" richtet.

**2.2.3** Auf die Frage: Wo spürst du das; wie fühlt es sich an?- stellen sich im Bewusstsein spontan Symbole ein, die den impliziten „felt sense" explizieren. Symbole können Worte, innere Bilder, Affekte sein, die sprachlich oder emotional mitgeteilt werden. Das Aufmerkende pendelt nun zwischen dem „felt sense" und den auftauchenden Symbolen hin und her. Es entsteht ein Dialog; eine Interaktion beginnt!

**2.2.4** Die Focusierung auf beides im Hin und Her wird so lange fortgesetzt, bis ein klares und körperliches „Ja", eine spürbare, tiefe Erleichterung hervorgeht, verbunden mit der Energetisierung des Befindens. Es führt zu einer emotionalen, kognitiven Bewertung und damit zu einer Bedeutungsbestimmung des fokussierten Problems. Lange vergessene Erinnerungen kommen zum Vorschein. Vorwärts gerichtete Impulse werden prägnant. Sie sagen entschieden, was zu tun ist" ( 25 ).

**3. Eine hermeneutische Umsetzung Gendlin´s ins Paradigma :**

**3.1** Ein diffuses Durcheinander , schwankende Ahnungen , hoffnungsvolle Gefühle , Empfindungen , Gedanken , sie alle kreiseln und jagen sich.
**3.2 Echos und Councelen**:

Das Kreiseln wird gestoppt. Duales Pendeln wird möglich; ein potentieller Freiraum befreit zwischen Probleme weglassen und Konzentration auf den Körper, getragen vom Vertrauen auf die selbstregulierende Schwerkraft des Körpers". Therapeutisch unterstützt wird das „Focusing" durch einzelne „Körper-Echos" und „Symbolisierungen", support-gebendes Verweilen und behutsames „Counselen" - Abb. 68 / 69 .

## 3.3 Implizites und Explizites :

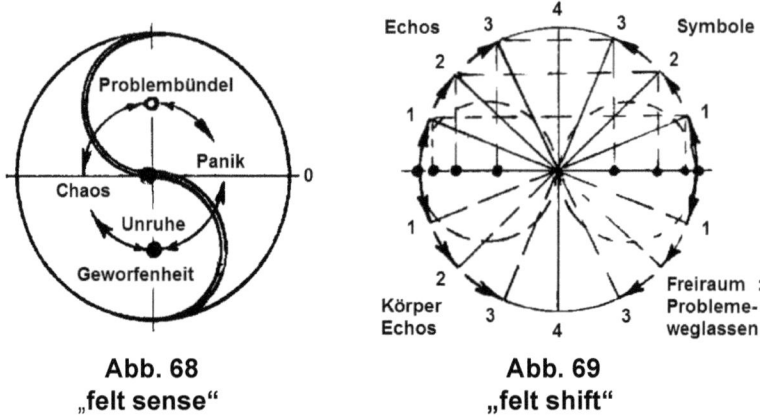

Abb. 68
„felt sense"

Abb. 69
„felt shift"

Voraussetzung für das „ Focusing " ist der Wechsel von Körperechos und Symbolen. „ Implizit und Explizites " sind gleichwertig. Eine Draufsicht zeigt Abb. 68 . Abb. 69 zeigt die Seitenansicht , d.h. die Mitte ( felt sense ) und die implizite Befindlichkeit im unteren Halbkreis. Drei von der Prädifferenz aufsteigenden Pfeile symbolisieren das Explizitwerden bis zu Punkt 4 , in dem Vages und Klares zusammenfinden: „ Jetzt klappt es ; es stimmt !"

Abb. 70 A+B

Draufsicht         Seitenansicht

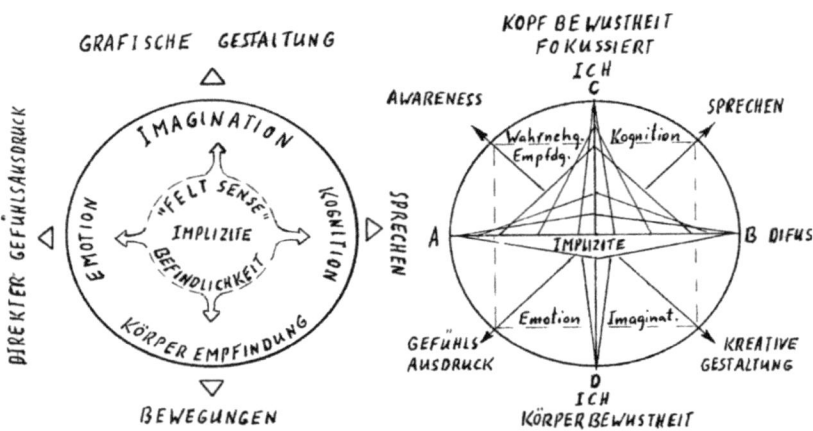

130

**Abb. 70 A**: „Der Außenkreis umgrenzt nach Innen den Erlebensraum der Person, um den der Handlungsraum, die Außenwelt sich lagert. Der kleine, gestrichelte Kreis in der Mitte stellt die implizite Befindlichkeit dar.- Die vier Pfeile weisen in Richtung „explizite Ausdrucksfähigkeit".
**Abb. 70 B**: Vier Quadranten weisen auf: Wahrnehmung, Emotion, Kognition, Imagination.- Die implizite Körperbewusstheit zwischen A und B weist nach unten.- Die Vertikale C-D verweist auf Kognitives, klares Erkennen der Kopfbewusstheit und die focusierte, bipolare Brennweite der focusierten Realitätsebene bis herunter auf die prädifferente Nullachse (Abb. 73+74).

## 4. Duale - holistische Einheiten
### 4.1 Temporärer Wirkzusammenhang von Polen und Kern - Abb. 71

**4.1.1** Die Sinuskurve veranschaulicht nun die Erlebensmodalität von einem „ Auf und Ab " in einem „einmal Rund um die Welt" als + / - Ganzheit und im „expliziten Up" und „impliziten Down":

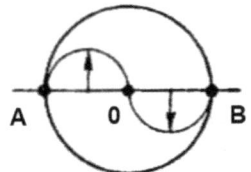

**4.1.2** Bei Gendlin hieß es: Die Erlebnismodalitäten sind im „ felt – sense " noch nicht differenziert. Es ist offen, in welcher Weise er sich symbolisiert . Im Focusingverlauf formt das implizit Erspürte sich zur wahrnehmbaren Gestalt. Im therapeutischen Prozess entfaltet sich das Explizierte im Hin und Her der Wippstruktur.
Gelangt das implizite Material an die Außengrenze des Erlebnisraums, so hat das Implizite die höchste Stufe seiner Explikation, die klarste Symbolisierung, erreicht". Jetzt kann es über die Grenze in den Handlungsraum treten, ausgedrückt durch Lachen, Bewegen, Sprechen, Malen und Kontaktaufnehmen. Dies Grenzüberschreitende kann auch von anderen wahrgenommen werden. Die Reaktion anderer wieder „tritt schließlich in den eigenen Erlebnisraum ein und wirkt dort auf das Implizite zurück". - Würde dieser Vorgang sich kreiselnd wiederholen , er brächte keine Veränderung !
Das Reproduzieren ewig gleicher Gefühle oder Dialogmuster ist bekannt. Es führt zu neurotischem Verhalten, wenn das Focusing sich an gleicher Stelle neu wieder aufbaut und am Punkt „subjektiver Objektivierung" stehen bleibt.

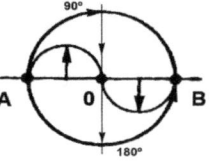

### 4.1.3 Hermeneutische Schritte : Abb. 72
Die Achse A-B dreht sich um den Nullpunkt. Wir lassen sie von 0 ° auf 90 ° maximale Bewusstheit drehen , d.h. bis zum „Geht nicht mehr". Da kippt sie von 90° auf 180 ° Tiefung in das implizite Nichts.

### 4.1.4 Zwei Teilkreise - Abb. 73

korrelieren im Up und Down-Spin holistisch, mit eigenem Nullpunkt im Umkipp-Moment von 90° Maximum auf 180° Tiefungs-Minimum. Der Zweitakt sagt : Das Explizite ist bei +90° abgeschlossen. Das Implizite beginnt. Als Vorgang startet das Implizite neu bei -180° und nachzeitig bei Null den Durchgang der zweiten Sinushälfte.

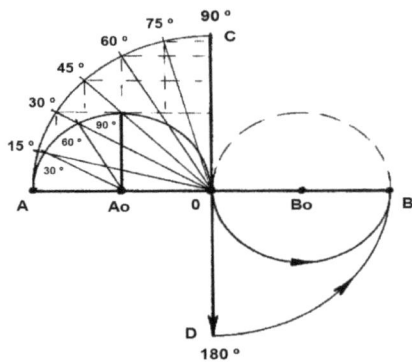

Wichtig im Vorgang ist noch der „Bewusstheitswinkel" im Kreisganzen im Verhältnis der nachzeitigen Sinushälften im Blick auf den „Bewusstheits-Scheinwerfer". Erinnert sei: Er kann immer nur eins ganz. So folgt die Bewusstheit von Aussen- und Innenwelt mal so , mal so herum nachzeitig .
Trotz doppeltem Winkel vom Scheinwerfer-Kegel „C" aus bleibt die explizite Sinusstrecke von der Amplitude „Ao" zum Nullpunkt gleich der impliziten Strecke von Null nach „Bo".
Der Winkel von 30° zur expliziten Peripherie außen entspricht dem hälftigen Winkel von 15° zur impliziten Sinus-Periphärie (ein goldener Schnitt von 2/3 zu 1/3 ergibt sich daraus). Trotz Verdoppelung der Winkelgrade entsprechen sich die Bogenlängen: ¼ Gesamtkreis A–C entspricht dem Sinus-Halbbogen A-0 = ¼ Gesamtkreis . D–B entspricht dem anderen Sinushalbbogen 0 – B.

### 4.2 Den focusierenden Bewusstheits - Kegel in Winkeln der nachzeitigen Erlebnisfolge zeichnet : Abb. 74

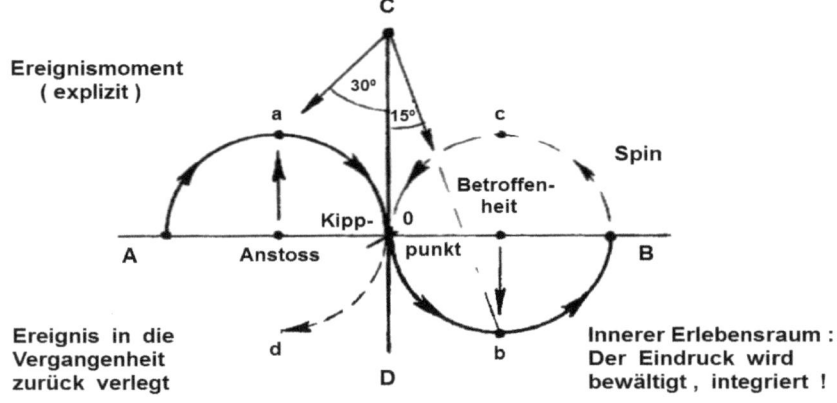

### 4.2.1 Merkmale aus Abb. 74
Erstaunlich ist: Wir stoßen wieder unter ganzheitlichen Aspekten auf die Grenzbereiche von 15° und 3o° +/-. Sie weisen auf maximale Up- und Down-Amplituden, die explizite Ereignis- und die implizite Erlebensamplitude. Maximal heißt : Optimale, harmonische Übergänge im Yin und Yang .

**4.2.2** Der Bewusstheits-Scheinwerfer kann nicht gleichzeitig im Spin auf die Bögen a und c gehen. Im Spin ist das innere Erleben (gestrichelter Bogen) zur Zeit des Ereignismomentes (= Bogen a) in seiner Bewusstheit ausgeblendet und zwar in dem Maß, wie die bewusste Wahrnehmung sich dem Ereignis voll zuwendet (geschockt, gefangen, konzentriert, entzückt) .

**4.2.3** Ob der Ereignisanstoß von außen rührt, ob der Beginn der inneren Bewältigung, das Durchleben und Verdauen folgt, beide können abrupt reaktiv auf einander schlagen wie Blitz und Donner, sie können aber auch im längeren Hin und Her des Pendelns erfolgen, bzw. wie die Sinuskurve harmonisch (Bogen b) fließend umschlagen, abgeschnitten sein, flach, gleichgültig, erregt und jenseits der idealen Sinusamplituden erlebt werden.

**4.2.4** Der Sinusbogen „d" (gestrichelt) folgt an letzter Stelle, gehört aber im 360° Rundum des Kreisganzen ebenso zum Integrationsprozess wie die explizit-implizite Sinus-Acht im Kreis. Nachdem der Betroffene im ersten Durchleben (b) noch nicht ganz glaubt, durch ein Tief gekommen zu sein, erlebt „c" explizit das Ereignis noch mal rückwärts gewand (s. Freud: „Jedes zweite Mal ist schon die Befreiung"). Das läutet die vierte Phase „d" ein, die das Ereignis versöhnt integriert und „ad acta" legt, um Neues zu beginnen.

## 5. Der duale Umschaltvorgang im Kern- und Nullpunkt
Er wird zunehmend wichtig! - Der Scheinwerfer polt auf der vertikalen Bewusstheits-Achse im Punkt „0" um (90° / 0° oben und 0 ° / 270° unten) um. Am Punkt Null blockiert der akut Neurotische. Und das zyklotym Maniforme kippt ins Depressive, vice versa.

**5.1 Zur Klarheit der Koordinatenachsen:** Ausgangspunkt war die horizontale Prädifferenzachse. Mit der 90° Vertikalen war der Umkipp-Punkt von Figur und Grund, Unten und Oben, Transzendierung / Tiefung gegeben. Insofern die Bewusstheit kein Rundum von 360° hat und ihr Scheinwerferkegel maximal 180° umfasst, - außerdem dual zwischen rechts und links in 2 x 45° unterschieden wird, kann die vertikale Koordinate ebenfalls als „Null-Achse" bezeichnet werden.

**5.2 Das Kippmoment** von Oben nach Unten im Kern mag in Sekunden-Bruchteilen erfolgen, ist darum mal angstbesetzt, mal glücksbetont.

Einatmen & Ausatmen, Loslassen & Verkrampfen, Hoffen & Befürchten ... liegen diesseits und jenseits der Nullachse nahe beieinander: „Glück und Glas, wie leicht bricht das!" Der Nullpunkt ist Übergang, Grenze, Konflikt- und Konfluenzpunkt in einem. In der Psychose ist das Duale aufgehoben. Sonst ist die Schnittstelle der Koordinaten zugleich Grenze und Kontakt.

### 5.3 Summe der Dynamik von Yin zu Yang - Abb. 75

Schon bei 45 ° Gesamt-Wipp-Achse zur Prädifferenz sind beide Amplituden der Sinuskurve erreicht. Steigt die Achse A–B weiter auf 90 ° (Abb. 75 A+B), fragt die Klimax: „Ist es tödlich; lebe ich weiter?!"- Um 180° (A) gedreht, erscheint die Kehrseite der Medaille.- Im Spin der Seiten (Abb. 75 B) sagt die Konfrontation: „Tut es weh"? Denn: „Hart im Raume stossen sich die Sachen" (Schiller).

### 5.4 Umschalt- Kipp- und Spin-Momente Abb. 75 A + B

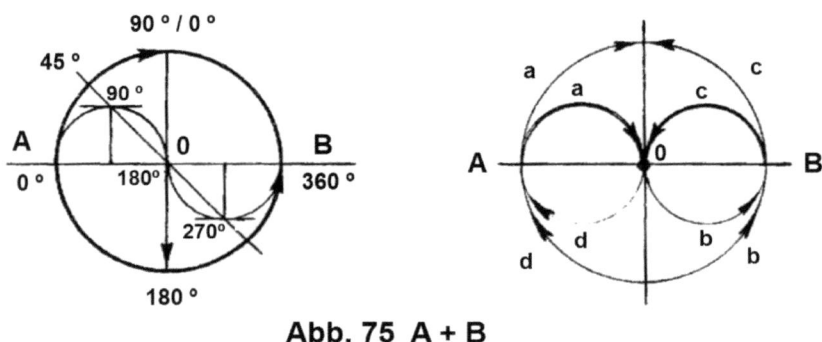

**Abb. 75 A + B**

### 6. Tangenten-Grafik entlang der Sinuskurve - Abb. 76

In welchen „Winkel-Graden" kann die Sinuskurve sonst im nachzeitigen Verlauf „prozessorientiert" begriffen werden? Ihre Tangenten führen zu einem nützlichen Fortgang: Die Pole A-B auf der Zeit-Nullachse haben ihre entfernteste Sinusstrecke zwischen sich gelassen. Im Spin zur 90° Vertikale sind ihre beiden Tangenten ( am Punkt Null der Mitte ) an ihrem Berührungspunkt angekommen.- Dieser Nullpunkt ist (therapeutisch) das Zentrum der Kern- und Core-Arbeit bei Krisen - Klimax - Impasse und Trennungsprozessen. Im Fokus des Nullpunkts und den Tangentenparal- lelen sind diese „Zwei" wiederum „ Kontakt und Grenze " in einem !

## 6.1 Die Tangenten im Zeitkontinuum, Abb. 76 und 77

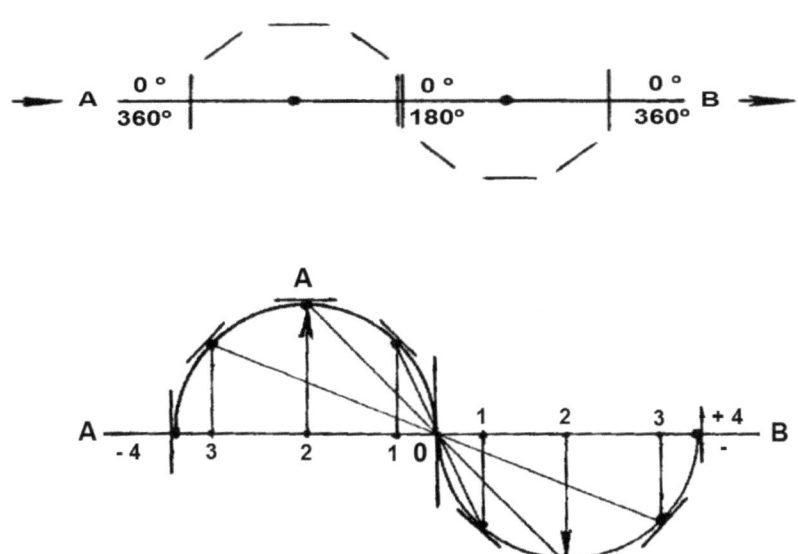

Am Ende des Focusing-Prozesses im 360° Rundum sind Anfang und Ende der dualen Einheit im „Ereignis und Erleben" erreicht.

Punkt „A" als Ausgangspunkt ist nun Historie, teils verdrängt, teils weiter köchelnd - sublimiert - versöhnt - integriert, - eine mehr oder weniger abgeschlossene Gestalt. Und etwas ist passiert im Erlebensraum am Punkt „B" nach 360° Rundum. Etwas ist geschehen beim dualen Berühren und Zusammentreffen von A–0 und B–0. Anders gesagt: Im Rechts- und Links-Schritt von 2 x 180° bin ich von A nach B gelangt. Punkt B ( erlebnisfrei ) kann ein neues „A" beginnen.

## 6.2 Mathematisch ergibt die „Runde Gestalt":

Vier Sinushalbbögen in zwei Unterkreisen entsprechen den beiden Tennisballganzheiten. Das holistische Kreisganze mit den Quadrantenvierteln entspricht dem 360° Rundum.

# KAPITEL X
## HOLONEN - GRENZEN - ÜBERRGÄNGE

**1. Koordinaten-Schnittpunkt und Synaptischer Spalt**

**1.1 Holonen** stehen nach **A. Koester** für Untersysteme. Zugleich sind sie „Ganze und Teil". „Jedes Holon hat dabei zwei entgegengesetzte „Tendenzen": Eine integrierende Tendenz möchte als Teil eines größeren Ganzen fungieren; die andere strebt zur Selbstbehauptung; sie sucht individuelle Autonomie zu bewahren. Die Tendenzen sind gegensätzlich und dennoch komplementär. In einem gesunden System (ob Individuum, Gesellschaft oder Öko-System) halten sich „Integration und Selbstbehauptung" im Gleichgewicht. Dies Gleichgewicht ist nicht statisch; es besteht aus einem dynamischen Wechselspiel zwischen den komplementären Tendenzen, was das ganze System flexibel und offen für den Wandel hält ( 41 ).

**Fritjof Capra**: „Lebende Systeme sind so organisiert, dass sie Strukturen auf mehreren Ebenen bilden, wobei jede Ebene aus Untersystemen besteht, die in Bezug auf ihre Teile selber Ganzheiten sind. So verbinden sich Moleküle zu Organellen; Zellen bilden Gewebe und Organe; sie wieder schliessen sich zusammen, um den lebendigen Menschen zu bilden. Damit endet die geschichtete Ordnung noch nicht. Menschen bilden Familien, Stämme, Nationen und Teile noch größerer Ganzheiten auf höheren Ebenen der Komplexität . „Komplexes" sagt: Im absoluten Sinn existieren Ganzheiten und Teile nicht.

Im Focusing **Gendlins** war die Frage: Was lasse ich implizit werden? Was lasse ich explizit draußen? Was mache ich ausdrücklich öffentlich explizit? „Was setze ich z.B. ins Internet?" **Ruth Cohn** spricht von „selektiver Wahrheit"; drastischer klingt, dass es auch die Möglichkeit gibt, „Perlen vor die Säue zu werfen".

**Perls** fragte nach dem Kulminationspunkt von „Grenze und Kontaktzone". „Bei der Funktion der Identifizierung oder Verleugnung (Alienation) ist das Holismuswirken erkennbar, die Bildung von Ganzheiten: Das Einssein von Mutter und Kind z. B. oder die Integration in einen Club" (171). Die Struktur kann mit Identifikationen und mit Gruppen-Codes fester werden bis zur Verengung der Ich-Grenzen, bis zu Verkrustungen, Hypergesetzlichkeit, Mobbing, politischer Säuberung.

## 1.2 Grenzen

Perls: „Wo immer zwei holistische Strukturen sich begegnen, werden sie zusammengehalten oder voneinander getrennt durch mehr oder weniger ausgeprägte Feindseligkeit: Fußballklubs rivalisieren. „Die Grenze zwischen zwei Anwesen bildet ein Zaun. Dieser Zaun zeigt, beide Anwesen berühren sich, sind aber auch getrennt. Nomaden kannten keine Grenzen; es herrschte Konfluenz. Die Teilung kam mit jeglicher Differenzierung, Eigentum und Individualität. Wo immer Grenze entsteht, wird sie als Kontakt und Isolierung empfunden." Kontakt betont Annäherung, nimmt Feindseligkeit zurück, ersetzt ein Ich und Du durch „Wir", teils durch Anpassung und Unterwerfung" (173).

Um die „Dialektik der Ich-Grenzen zu demonstrieren", verweist Perls auf physikalische Erscheinungen des Magnetismus, wo die Pole durch eine Isolierschicht in Plus und Minus getrennt und aufgeladen sind.- Psychoanalytisch ist die Dialektik als „Libido & Feindseligkeit" benannt, als Internalisieren und Externalisieren, als Identifizieren und Entfremden (169 f), als „An" und „Ab" in der Soziologie.

## 1.3 Übergänge Abb. 78

Der neuralgische Nullpunkt ist, wenn zwei holistische Kreise sich berühren, ob als Kontakt- Konflikt- oder Konfluenz-Punkt.

Auch der reziproke Sinus-Halbbogen zum zweiten Halbbogen im Umschlag von Oben nach Unten (vice versa) ist Übergang oder Trennschärfe „in einem". Subjektiv schalte ich um: „Jetzt ist Tag, jetzt Nacht."

Im Spin kann ein bewusstes Oben auf ein anderes bewusstes Oben, vgl. erwachsene Partnerschaft, oder als „Platz-Hirsche" auf einander treffen; vgl. A. Lowen: „Nur das Bewusstsein kennt Dialogisches". -

Duales zeigt : Nahtstellen werden zum entscheidenden Berührungs- und Mittelpunkt des Umschaltens von jeder Ich-Funktion : Öffnen und Schließen, Abgrenzen und Ausweiten, Verändern und Konsolidieren, Pendeln und Balancieren. Sie entscheiden sich an den Bruch- und Nahtstellen.

Perls nutzte elektromagnetische Phänomene zu Erklärungen. Pharmakologische Forschungen brachten die Analogien von Organismischem und Psychischem atemberaubend weiter. Für Grenzübergänge war wertzuschätzen, wenn biochemische Transmitter zu Heilungschancen führten, wenn langes Leiden nicht notwendig zu belassen ist; wenn abzuwägen ist, ob Nebenwirkungen oder extrapyramidale Hyperkinesen nicht als Spätfolge den Preis zu hoch schrauben und Ersatz-Transmitter à la longue Synapsen veröden. Wichtig ist hier: Was sagen kooperative Möglichkeiten (Ballint-Ansätze"), wenn sie nicht im alten Ursache-Wirkung-Schema allein funktional angewendet werden.

## 2. Synaptische Übertragung im „De- und Re-Polarisieren"
### 2.1.1 Synapsen und Rezeptoren / Sender und Empfänger:

Abb. 79

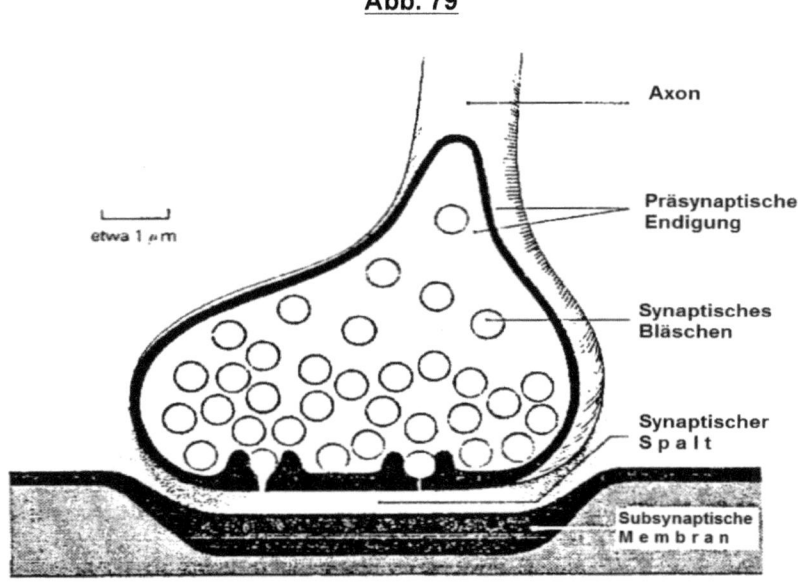

Schematischer Schnitt durch eine chemische Synapse. Alle bei der synapt. Übertragung wichtigen Bauelemente sind eingezeichnet. Der Durchmesser der synapt. Bläschen und die Breite des synapt. Spaltes sind relativ zu den übrigen Anteilen der Synapse überhöht gezeichnet.

„Synaptische Übertragungen" laufen bei Säugetieren weniger durch elektrische Typ-Formen, als durch „chemische Synapsen" ab (Grundriss der Neurophysiologie, 1983 / 71). Dies Kapitel ist insofern wichtig, als es um den Doppelaspekt „Polaritäten und Zentrierung" geht und darin „Psyche" und „Physik" und „Chemie" organismisch-holistisch zusammen gehören.

**2.1.2 Bauelemente der chemischen Synapse** : Sie setzt an ihrer axionalen Endigung einen chemischen Stoff frei. Sobald eine Erregung ankommt, bewirkt der Transmitter-Stoff an der benachbarten Zellmembran, jenseits des synaptischen Spalts, eine Fortsetzung der Erregung oder Hemmung. Eine Erregungs- oder Hemmungsübertragung findet von einer Nervenzelle zur anderen statt oder auch zu einem Erfolgsorgan wie Muskel und Drüse. „ Hemmung " reduziert die Aktivität der beteiligten und neuronalen Zellen. Bei Neuronentypen ( Nervenzellen ) ist die Richtung von Sender und Empfänger nicht umkehrbar, auswechselbar. Synapsen haben in die eine oder die andere Richtung eine „Ventilfunktion"! Ohne die Regulierung wäre die geordnete Tätigkeit des Nervensystems kaum denkbar.

**2.1.3 Transmitter :** Überträgerstoffe werden seitens der Prä-Synapse am verdickten, synaptischen Endkopf freigesetzt. Ob hemmend oder erregend, die Transmitter können durchaus die gleichen sein. Entscheidend jenseits des synaptischen Spaltes ist die „subsynaptische Membran", die über die erregende oder hemmende Wirkung entscheidet" - **Abb. 80**

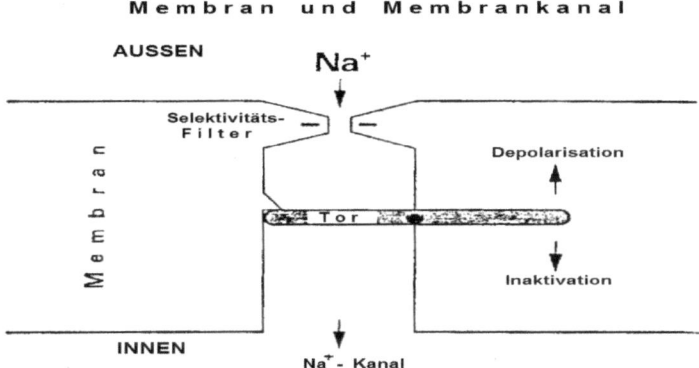

**Modell-Schema eines Na-Kanals durch die Membran. Eine kurze, enge Pore (0,3 x 0,5 nm) mit negatv geladener Wand bildet das Selektionsfilter für die Na+ Ionen. Im Inneren des Kanals liegt ein Tor, das bei Depolarisation aufschwenkt und durch Inaktivation wieder zuklappt.**

Die Membran wird von feinen Kanälen durchzogen. Ca. 50 Natrium- Kanäle finden sich pro Quadratmeter. Ihr Abstand voneinander ist gross. „Setzt man die Kanäle in Analogie zu Türen von 1 m Breite in einen Flur, wäre in der menschlichen Membran die nächste Türe erst in 280 m Entfernung zu finden".
Im Kanal sind zwei Funktionen gegeben: „Selektivitäts-Filter" und das „Tor".

Das Selektivitätsfilter lässt „Na +" fliessen und „K +" nicht passieren. Das Fliessen der Natrium-Ionen (die Aktivation & Inaktivation des Na +/- Systems ist die Grundlage des sog. Aktionspotentials. Das „Tor" öffnet sich in relativ kurzen Öffnungs- und Aktionsphasen: „Depolarisation" genannt. Sie wechseln mit Ruhepotentialen, der „Repolarisierung" und „Inaktivierung" (53, 71,102). Das Tor ist das zweite Hindernis im Membran-Kanal.

## 2.2 De- und Repolarisation ( Aktions- und Ruhepotentiale )

Im Ruhezustand ist das Tor geschlossen, sonst würden sich unterschiedlich geladene Ionenkonzentrationen (Ladungsträger in flüssiger Lösung) bald durch Diffusionen ausgleichen. Es gäbe weder Ruhe noch Erregung. Zum Öffnen des Tores braucht es ein erhebliches Schwellen-Potential.
Das Aktionspotential startet erst jenseits der Schwelle. Der positive Anteil (der schnell wieder im Ladungsabbau verpufft) wird Overshoot, Überschuss genannt. Die Repolarisation zur Ruhe folgt selbständig. Ist die synaptische Selbsttätigkeit gestört, bewirken Neuroleptika in Input - Output : Beeinflussungen, um die endogenen und exogenen Zustände u.a. antipsychotisch zu regeln (Wahnvorstellungen, Halluzinationen, Zyklothymien).

### 2.2.1 Summe für den Paradigma-Prozess
Festzuhalten gilt, es gibt :

a) Vernetzungs-Phänomene an Null- und Berührungspunkten.
b) Phänomene der Übertragung ( von Sinus oben nach unten ).
c) Die Notwendigkeit von Ruhepotentialen und die Schwelle des Überschusses von der Prädifferenz-Achse fort.
d) Im Focussing wechseln explizite Ereignisse und Implizites.

## 2.6 Die Körperbewusstheit und die „Acht"

Die Acht führt zu David Bohms Begriff von der „ungebrochenen Ganzheit"! Danach wohnt eine implizite, eingefaltete Ordnung des Ganzen jedem Teil auf einer nicht-manifesten, tieferen Ebene inne (Capra 101). Wir merken unbewussterweise nicht, wie das Explizite ( ungestört innewohnend ) zur eigenen, runden Gestalt wird. Die Bewältigung der Reize von außen in der Verschränkung der Bewusstheiten von Oben und Unten führt in der Kontergrätschung und bei der Repolarisierung überkreuz wieder zurück in die Ruhephase. Vier Sinus-Halbbögen ergeben die „Acht" (Zeichen der Unendlichkeit) mit den 2 x Sinuskurven in ihrer spiegelbildlichen Doppelung und Vergrätschung (in De & Re) am Angel-, Dreh- und Null-Punkt. Die eigene Leiblichkeit hilft unbewusst mit.

# 3. Aktions- und Ruhepotential; Überschuss und Abbau
## 3.1 Integration gewesener Anstöße, Reize, Eindrücke

Zuerst setzen die Sinushalbbögen: Das Problembündel daußen in der Bewältigung drinnen um, wobei die Leiblichkeit implizit hilft, sich mit dem Erlebten auseinander zu setzen. Oder wir beginnen umgekehrt, je nach Richtung, ob die Erregung der Hemmung einer inneren Befindlichkeit entspricht, die dann verobjektiviert zur Aktion führt:

Ein Problembündel „A" steht am Anfang.
Die Befindlichkeit „B" als Ruhepotential
polt sich aus dem Überschuss um ins
Aktionspotential nach oben ...
Die Bewältigung des Problems wird in
der Aufwärtsbewegung wiedergegeben .
Die Abwärtsbewegung weist auf den
„geistigen Pansen" .

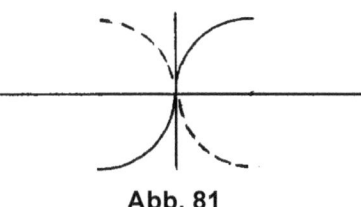

Abb. 81

Perls hilft im Blick auf die Repolarisierung einen Schritt weiter: „ Die meisten Leute verstehen unter Konzentration eine „absichtliche" Bemühung. In Wirklichkeit ist es aber die „negative Art" der Konzentration. Die vollkommene Konzentration ist ein harmonischer Prozess, bei dem Bewusstes und Unbewusstes übereinstimmen. Konzentration im gängigen Sinn ist eine reine Ich-Funktion, gekennzeichnet durch starke Muskelkontraktionen, Reizbarkeit und so große Anspannung, dass sie (nach dem Überschuss an Aktivierung ) zu Erschöpfung führt" ( 224 ) .

## 3.2 Das Bewusstheits-Spektrum von 180° / 360°

Alle Bewusstheit überblickt einen 180° Halbkreis und diesen wieder in zwei Teilen, z.B. Vormittag / Nachmittag, wenn die Sonne im Zenit steht, zwischen den 180° Polen am „Morgen" und am „Abend". Rückläufig sagen wir zur Sinuskurve: „Das war heute ein Tag", obwohl es 12 Stunden waren. Objektiv spricht der Kalender aber vom 24 Stunden-Tag in 360°, d. h.: Pausen - Spiel - Schlaf werden eher als eigener 180° Bogen erachtet, den wir unter dem Gebot der Beschleunigung öfter vernachlässigen. Der Prozess leib-seelischer Rekonvaleszenz ist gestrichelt eingezeichnet, sofern wir die Repolarisierung bewussterweise außer „acht" lassen: Abb. 82 A+B . Objektiv schreitet die Zeit ( Kronos ) fort, auch wenn sie in der Bewusstheit stehen bleibt. Wir schlafen dem nächsten Morgen entgegen, obwohl Träume im „unfinished business" des Vortages oder kreativ den kommenden Tag ankündigen. Der Schlaf schafft Abstand, Integration, Reorganisation.

Abb. 82 A
im
Bewusstheitsspektrum

Abb. 82 B
im
Integrationsprozess

Abb. 82 A

Abb. 82 B

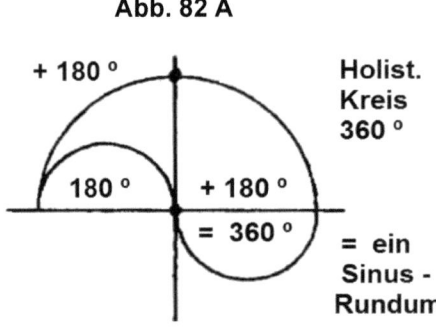

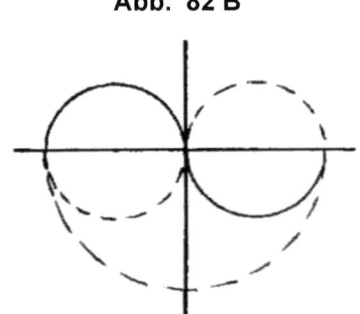

## 4. Überschuss und qualitativer Sprung

Abb. 83

### 4.1 Herausforderungen & Stressfaktoren

überschreiten die Sinusamplitude im Ideal harmonischer Dynamik, um entsprechend radikal mit Erschöpfung / Repolarisierung zu antworten ( s.Schwangerschafts-Depri, Schlafentzug, Abi, Drogen, Stress) .Vgl. in umgekehrter Richtung einen flachen Blutdruck, eine flache Atmung etc.) . Belastungsproben sind nötig. Doch Kehrtwendungen nach exzessiven Zuständen werden immer schwieriger. Die Gefahren

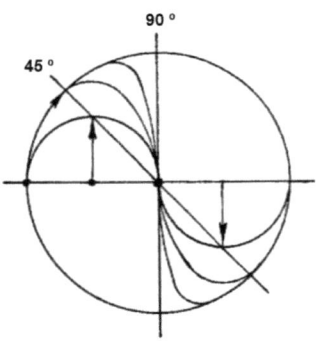

der Eigendynamik nur eines Pols ( Neurotisierung und Chronifizierung ) wird größer. Der Neurotiker tut alles, um den „mittleren Nullpunkt" der Sinuskurve nicht zu durchschreiten. Er wird das dynamische Pendeln vermeiden und mit Starrheit bezahlen.

### 4.2 Definition:

„Bei den meisten Zelltypen überschreitet die Depolarisation die Null-Linie und erreicht positive Potentiale. Der positive Anteil des Aktions-Potentials wird **„Überschuss"** genannt ( R. F. Schmidt, 40 ) .
**Der Nullpunkt** wird, zum angstbesetzten **„Impasse-Point"**, zum zentralen Krisenmoment, weil er zur äußersten Grenze des Rigiden und der

erwarteten Katastrophe wird.
Hier entscheiden sich die meisten Therapie-abbrüche. Latent beginnt die neurotische Symptomatik viel früher. Sie ist offenkundig ab der 45° Achse zur Sinus-Amplitude (Abb.83). Der Umschwung vom Hoch zum Tief (vgl. die Steisslage bei der Geburt) wird zwangsläufiger. Die 60° Achse zeigt die nächste Gefahrenmarke an :

**Abb. 84 A**          **Abb. 84 B**

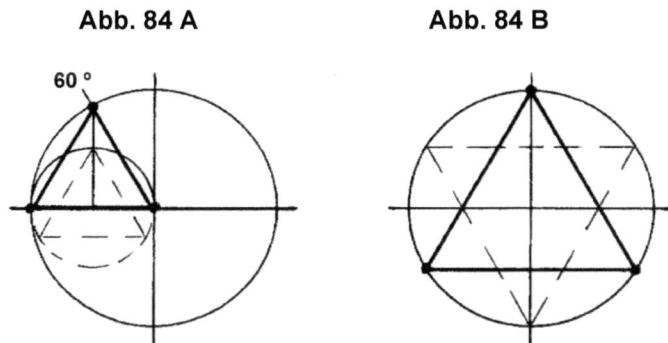

Bis zur Gefahrenmarke bei 60* bleibt der „Überschuss", der Spitzenausschlag des Pendelns (trotz einseitiger Überzogenheit) im letzten, dualen Zusammenhang des gemeinsamen Nullpunkts angedockt. Danach verliert er sich ins Maßlose oder Minimale von der Null-Linie fort. Einseitige Hybrid-Zellen oder Verödungen sind vorprogrammiert. Oder ein nächster, qualitativer „Sprung" in die nächst grössere und höhere Einheit ist angezeigt.

**4.3 Der „qualitative Sprung"**

Der Anlauf zum Sprung ist nur zwischen 60° und 90° zu erreichen: Es ist der Sprung zur völligen Dominanz und Totalität, einer holistischen Einheit und Ganzheit qua „Figur" im Vordergrund, dem das Implizite (gestrichelte Linie Abb.85) integral innewohnt. Das Implizite erscheint wie verschluckt und in den Hintergrund getreten. Ein Schweizer, der die drei Sprachen seines Landes fließend übersetzen konnte, sagte: Im Übersetzungsvorgang springe er immer in einen anderen Kulturrahmen herüber. Um holistisch eine neue, integrierte Größe zu werden, muss zuvor zur Höhenamplitude (im 2 / 3 Maß) auch ein Tiefenmaß (= 1/3) als Basis und Boden unterhalb der Prädifferenz, ein „Grounding" mitwachsen und vorhanden sein.

Außerdem muß noch eine andere Bereitschaft wachsen; nämlich die, sich bei einem anderen, dualistischen Nullpunkt einzufinden, wo das Maß einer neuen Beziehungsdimension von maximal / optimal + 45° und - 15° eingehalten wird, damit eine gleichwertige Teilganzheit sich anbieten kann.

Diese Konstellation muß sogar bereit sein, durch den gemeinsamen Nullpunkt hindurch in entgegengesetzter Richtung eine Tiefungsposition einzunehmen, sich auf ein explizit / implizites Wechselspiel einzulassen. Jede Partnerschaft braucht Akzeptanzen des Wechselspiels in Höhen und Tiefen.

**Abb. 85** zeigt die Teil-Pyramide im qualitativen Sprung zur 3/3 „Ganzheit" in 2/3 Höhe zu 1/3 Tiefen-Dimension, mit eigener Mitte. Im 50 % Verhältnis weist die Pyramide zugleich auf die zentrale, duale Mitte der zweiten Teil-Ganzheit.

Im Wechselspiel findet sich eine „Selbstaktualisierungstendenz", sowie eine „kreative Anpassung des Organismus an seine jeweilige Umweltsituation"

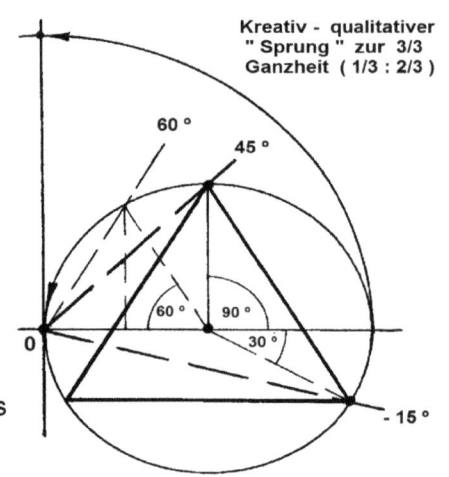

**Zur „Selbstaktualisierungstendenz und der kreativen Anpassung"**, vgl. Bünte-Ludwig : „Wege zum Menschen" ( 217 f ; 248 ) . Ihren Gedanken folgend läuft alles Leben und sein Verhalten im ständig sich regulierenden, homöostatischen Prozess ab. Darin enthalten ist „ein fließender Übergang von der Bedürfnisspannung zur Bedürfnisbefriedigung, von Spannung zu Entspannung, von figuraler Aufmerksamkeit zu Desinteresse. Aus den wahrnehmbar gewordenen Bedürfnisgestalten treten die organismisch Dringensten in den Vordergrund. Nach ihrer Befriedigung treten sie in den Hintergrund zurück, womit das Gleichgewicht wieder hergestellt ist".
Vergleichbar ist dieser Zustand mit Friedländers „Bedürfnislosigkeit als kreative Indifferenz", bei Perls als „Zero-Point" benannt.
Im Paradigma-Modell Abb. 76 ist nicht nur ein „Paradigmenwechsel von der strukturalen zu einer prozessualen Betrachtungsweise" vollzogen. In dieser Geometrie ist beides integriert. In der Diktion von H. Petzold geht es um „eine organismische Weisheit und Isomorphie physikalischer, physiologischer und psychischer Erlebnisprozesse. Solche Netzwerkgedanken entstehen ständig und in kreativer Vielfalt , von neuen „Figur – Grund" Strukturen, eingebettet, in einer „prälogischen Dimension, die weder nur der

reinen Ding-Ebene, noch alleine der Bewusstseinsebene zuzurechnen ist" ( 220, 223 f ).

Als „corps phénomenal", als Stiftung existentieller Selbst- und Weltbezogenheit findet sich eine phänomenologische, philosophische Klammer, um die Radikalität des Dualismus (Körper - Seele) aufzuheben".
Der Dualismus ist somit eingebettet „im primordialen Sinn, in prälogischer Dimension einer Kette von Evidenz-Erlebnissen, in einer Textur von Lebenswelt, eingewoben in eine individuelle und kollektive Geschichte".- Verdichtet sind die Definitionen H. Petzods u.a. wie folgt:

1.) „Das Identitätserleben ist die zentrale Funktion des Ich in dem Erleben des Ich-Selbst, unterschieden zwar von dem Mit-anderen-sein, und doch mit ihnen koexistierend".

2.) „Der Identitätsbegriff erweist sich an das Erleben des Ich und an den interaktionalen Kontext gebunden. Er ist doppelgesichtig wie der Rollen- und Selbst-Begriff.

3.) „Identität ist somit ein Grenzphänomen, in dem Abgrenzung nach innen (Strebungen des Körpers, des Unbewussten, der Phantasien) vom reinen Erlebnis fort identifiziert werden, wobei gleichzeitig eine Innen-Außen-Differenzierung stattfindet. Die Grenze bedeutet: Abgrenzung und Kontakt" ( Petzold: IT 1 /1978, 22, 1-2 / 1984, 82-87; 4 / 1980, 335 ).
Das scheinbare Paradox lebendiger Prozesse ist in Abb. 85 én detail verdeutlicht: Kreativer Sprung,- Wachstum,- Abgrenzung,- Untereinheiten und Integration zu neuen Einheiten.

## 5. Fallbeispiel einer integrierenden Supervision
**5.1 Zur Situation:** Eine Therapeutin hat die eigene Analyse eben abgeschlossen. Sie entdeckte dort alte Familienstrukturen, die sich in der Partnerbeziehung und im Arbeitsumfeld ´Psychiatrie` wiederholen. Sie entdeckt zunehmend ( hinter der von ihr überall geforderten Stärke und Standfestigkeit ) bei sich selber schizoide, verrückt-machende Erlebensanteile und die Wahrnehmung davon. In einigen Monaten beginnt für sie eine Kontrollanalyse. Bis dahin sucht sie kollegiale Supervision in ihrem oft chaotischen Beruf mit Borderline- und Psychose-Patienten („Tagesklinik").
Auch diese Supervision (im Schongang: „Wasch mich, aber mach mir den Pelz nicht naß") ist ans Ende gekommen. Es ist die letzte Stunde (T = Therapeutin; S = Supervisor). Aus ihrer ersten Kontrollanalyse bringt sie den Satz mit: „Da muss Struktur rein !" Zum Glück sagten ihre Patienten ab.

Sie lassen ihr Luft, was sie für sich brauchen kann.
Summarisch beginnen wir mit einer Ortsbestimmung zwischen den Zeiten: Zwischen Abschied und Übergang.
Ihr Thema ist: „Verrücktheitszustände in Abschiedsmomenten, gekannt bei ihrer Mutter, bei Selbstentlassungen, Therapieabsagen ihrer Patienten; auch bei eigenem Abschied und wie sich das anfühlt. - Eine Einnerung beim alten Analyse-Vater kommt hoch, wie er sie buchstäblich mit leiser Handbewegung im Rücken auf ihre eigenen Füße entließ.- Bei ihrem Erzählen kommt von ihr herüber: „Unruhe, Unsicherheit, Verwirrendes, Verrücktes. Und all dies ist unterschwellig verpönt .

T. „Schon die Anteile anzusehen, macht viel mit mir; dass es so etwas gibt!" Sie lacht kurz auf. Ein Hü und Hot Pendeln zwischen Selbstsupport und Projiziertem , Verpöntem huscht herüber. T: Der Oberarzt xy warf mir mal eine Borderline-Struktur vor. Reizend war noch, dass er mich verwahrlost etikettierte. Ein anderer wieder nannte mich „neurotisch".
S. Und es macht was mit Dir?!
T. Der ganze Komplex beunruhigt mich.
S. Gut, hast Du ein Stück Papier? - Wir sammeln mal :
Das sind jetzt auf dem Papier zwei Punkte A und B;
zwei Pole: Es gab da im Vorwurf des Kollegen xy -
und real im Klinikalltag (Top „A") viel „Borderliniges".
Und (Top „B") der Satz: „Da muss Struktur herein !"
Kannst Du es so im Ausgangspunkt für Dich akzeptieren
und sehen: Es gibt die beiden Seiten : Strukturierendes
und auch Labiles.
T. Beides finde ich im hohen Maß .
S. Kannst Du auf beiden Seiten, mal da, dann dort auch
Notwendiges im „Plus" sehen?
T. Das Labilere bringt Bewegung, bricht Verkrustetes auf;
Struktur bringt Ordnung, Ruhe, Routine, Verweilen. -
S. Kannst Du sehen, wie beide im Wechsel nötig sind?
Kannst Du beiden eine Gleichwertigkeit geben,
Gleichwertiges spüren (in beiden Händen abwägen?)
Kannst Du mal da , mal dort ein „zu" davor setzen?

**5.2 Sammeln wir das „zu" mal unter A und B - Abb. 86 :**

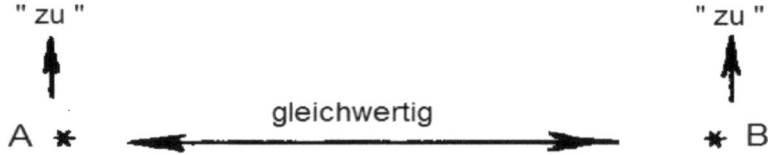

Zu A „Zu viel" Bewegung - Unruhe - Springen - Schwimmen zwischen
Altruistischem und Symbiosewünschen ...
Zu B „Zu viel" starres Strukturieren, - fast schon schizoid ..."
( schaukelt mit beiden Händen abwägend hin und her ) .
T. Eigentlich bin ich zu oft, zu bereitwillig für die anderen da;
dann gehe ich von mir weg ; grenze nicht ab .
S. Setz mal über den einen Pol : „Altruistisch nicht abgrenzen"
T. Mit „Symbiose" hatte ich´s lange in der Analyse.
S. Dann setz jetzt Deinen Oberarzt auf den anderen Pol
T. ( verwirrt / kreativer Sprung ) ... er sagt von mir ...
S. Nein, - sei mal nicht Betroffene. Mach Dein Gegenüber aktiv
( geh von Dir weg; sei dieser Arzt und wie die Kollegen Dich sehen.
T. Die sehen mich neurotisch, penibel, prinzipienhaft; eine die zu
schnell Medikamente anordnet- ( auflachend ), dabei sumpfte der
nach seiner Kündigung selber beinah so verwahrlost ab, dass er
seine Approbation fast nicht geschafft hätte.
S. Ha, spürst Du die Qualität in Deiner konfluenten, flexiblen Seite?
T. (springt noch mal in das Lob der Struktur): Eigentlich habe ich mir
in Chaos-Situationen immer Struktur gesucht.
S. Ich weiß: Als Dein Freund Dich verließ, Du in der Nacht aufgelöst
vorbeikamst,- kannst Du den Freund auf einen Stuhl setzen?...
T. Ja, ich grenzte mich gegen zu viel Nähe ab. Ich kann es nur mit Knall
von jetzt auf gleich und auf Nimmerwiedersehen. Mit ´Weggehen`,
so strukturierte er, ließ mich in der verrückten Atmosphäre zurück.
S. So strukturierte er?!
T. Ja, er ließ mich auch mit dem , was schön war, einfach zurück!
S. Und Dein aktiver Teil bei dem abrupten Umkippen?
T. Ich muss mich langsam wieder sortieren.
S. Und das, nachdem Du ihm soviel geschenkt hast?! -
T. Ich weiß dann nicht, wo er sich überhaupt aufhält. Und - habe ich mich
leidlich wieder zusammen, selber stabiler, dann taucht er plötzlich auf;
und klar habe ich die Hoffnungen, es könnte diesmal klappen ...
S. Ja, das schaukelt hin und her; und solche Durchgänge hattest Du genug,
um dann endgültig Schluß zu machen auf Deiner Seite. Doch locken tut
immer noch die schöne Seite und was Du investiert hast. - Dann wieder
ist da die Schwerarbeit : Dich zusammensammeln , Dich auf die Reihe
kriegen , Dich selber strukturieren - gegen die eigenen Wünsche ...
T. Ich arbeite ! Ich strukturiere ! Verdammt , so ist es ... . Und dann, wenn
ich Benedetti ( Psychosen ) lese, sehe ich oft den xy vor mir , als ob ich
für den lese; das halt ich im Kopf nicht aus; das bin „Ich" doch irgendwo!
S. Ja , atme da herein. Es gibt noch Gummifäden, die beim Lesen ziehen.

T. Ich kann sie nur rabiat durchschneiden , regelrecht wegspalten , um ein Stück für mich zu lesen , mich im „Spiegel" zu sehen (…bejaht ) .
S. Spürst Du die Kraft im Trennen , im „Schizoiden", um nicht „zu" viel von Dir wegzugeben , mehr als Du willst? ( vgl. „Die schizoide Gesellschaft" von Riemann als Anti-Depressivum ).
T. ( lacht ): Du hast es heute mit den positiven Anteilen …
S. Merkst Du die Funktion von „Trennen", wenn Konfluenzen, Gummifäden, Vermischungen zu stark werden ; wieviel tägliche Potenz Du von beidem hast ? - Probier mal den Satz : „Ich kann schenken ; ich kann trennen!" ( T wiederholt es mehrere Male , verstärkt es )
T. Ja, wie viel brauche ich davon für mich … mal so , mal so …
( ein anderer Therapeut „K" kommt herein; T lacht ihm zu )
T. Ich lerne gerade, wie ich zur „integrierten Person werde!"
Und leiser vor sich hin und auf das Papier schauend :
„In der letzten Zeit lerne ich viel".
Der Kollege (K) , der gerade noch „Riemann" mithörte: „Man sagt doch, dass die guten Therapeuten selber etwas Schizoides haben müssen " .
S. … und dazu noch Spaß am Hüpfen und Springen haben.
T. Ja , die müssen etwas von Dualitäten wissen und flexibel sein , und dabei den Boden nicht verlieren !
K. Gehn wir essen?

# KAPITEL XI
## ANNÄHERUNGEN AN DIE PATHOLOGIE

### 1. Die Doppelfunktion von Kern und Grenze
### 1.1 Konfluenz und Spaltung

Grenze wird als Kontakt und Isolierung verstanden. Isolierung unterstreicht Trennung; Kontakt betont Annäherung. Liebe identifiziert sich mit einem Objekt; Haß grenzt ab. - In den Kern-, Kontakt- und Grenzzonen entscheidet sich, ob jemand ein „Konfluenz-Typus" oder ein „Spaltungs-Typus" ist.
Im Extrem der Affinitäten heißt das: Der eine hat „Angst, ein Individuum zu sein"; der andere wird als Individualist eher „künstliche Mauern" bauen (Perls, 172 f, 230, 234). Im „Zustand der Konfluenz statt des Kontaktes wird die geistige Trennungslinie, die Türe zwischen Außen- und Innenwelt, nicht geschlossen. Das betrifft die Leute, die keinen „scharfen Schnitt" machen können und sich nicht „ihr Teil abbeissen können. Sie stehen in der Gefahr des Introjizierens; sie verschlucken materielle wie geistige Brocken, die im

Organismus Fremdkörper bleiben. Um die Welt aber zu verstehen, die Nahrung zu assimilieren, müssen wir von unseren Zähnen Gebrauch machen. Dem fügt Perls eine kleine Übung hinzu, die die Kontaktzone verbessert ( Federns Ichgrenze , 233 ). Bei dieser Übung berühren sich die Zähne des Ober- und Unterkiefers nur leicht, so dass sie für Sekunden leicht vibrieren und weder einen Hyper- noch Hypotonus haben. „Die merken bald, alle Dinge können von da aus zu Ende gebracht werden" (233). Die primordiale Indifferenz wird zum kreativen Ausgangspunkt in diesem Null- und Kontaktpunkt. Im Paradigma-Schnitt der Sinuskurve von Oben und Unten entscheidet sich, was bleibt, was geht . Im Beispiel von „Etwas essen und „Abbeissen" fragt es : Was muß explizit draußen bleiben und was wird implizit integriert ?! Den Vorgang der Wahrnehmung zum Thema „Hunger" ( Perls „Ego-Hunger and Aggression") zeigt Abb. 87, aufgeschlüsselt in vier Quadranten, vier Sinushalbbögen und zwei Teilganzheiten, die je wieder zwei duale Aspekte beinhalten: a) die explizit kognitive Seite ('felt shift") und b) die zu befriedende Wahrnehmungsseite ('felt sense"). Dort kehrt es zum Ausgang im Kreis-Rund zurück : „Ich bin gesättigt , satt".

### 1.2 Wahrnehmungs-Rundum im Focus „ Hunger – Essen " Abb. 87

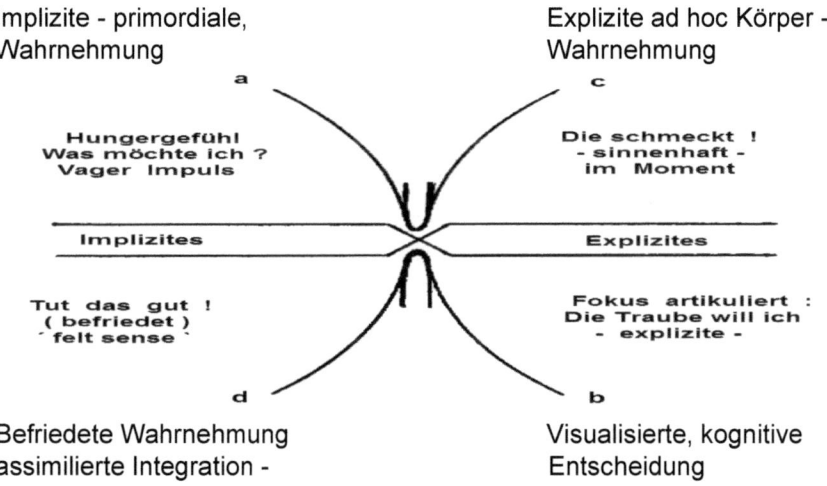

### 1.3 Der neuralgische Punkt

Die Sinus-Kurve im Nullpunkt ist zugleich der prozessuale Durchgang der Polaritäten von ihrer äußersten Entfernung (Trauben aus Kreta) bis zu ihrer aktualisiert dichtesten Nähe ( die schmecken gut ) ! - Das Integrieren ist eher ein unauffälliger und regulativer Prozess; dennoch lebensnotwendig.

Im Scheiden und Unterscheiden (von gut und nicht gut) ist dieser Punkt ebenso störanfällig bis pathologisch angreifbar und betrifft alle Ich- und Persönlichkeitsstrukturen. Perls fragt darum: „Welche Methoden stehen zur Verfügung, um zwischen Skylla (Konfluenz) und Charybdis (Isolierung) hindurchzusegeln. Wie können wir Veränderungen bewerkstelligen, die es uns erlauben: Uns die Stoffe, die wir brauchen, zu assimilieren, - ohne dass wir Zerstörer werden wie die Nazis? Wie fangen wir es an, den Übergang vom prädentalen zum dentalen Stadium zu bewältigen".Vergleichbar ist die Frage mit Reichs Übergang vom prägenitalen zum genital-verantwortlichen Ich des Erwachsenen. - Perls: „Beide Phänomene, die vollständige Konfluenz ( Mangel an Individualität ) und völliger Widerstand gegen die Konfluenz ( durch Schein-Individualität ),- beide sind als Extreme in ihren Symptomen, im „Autismus" wie im „Negativismus der Dementia Praecox zu finden. Dementia-Praecox ist eine Störung der Funktion der Ich-Grenzen und der holistischen Persönlichkeitsstruktur" ( 230 ).

## 2. Pathologisch - paradigmatische Ausprägungen

### 2.1 Der neurotische Mechanismus

Der Neurotiker wird den Nullpunkt zur äußersten Ich-Grenze machen. Er fürchtet Durchgänge; denn sie erscheinen wie der akute Punkt des Zusammenbruchs seines verpanzert-verabsolutierten Selbst . Auf keinen Fall darf er das Paradox von Einheit und differenzierender Zweiheit erleben. Er kann der innewohnenden Ordnung, der inneren Notwendigkeit nicht trauen, nicht sich einlassen. Er wird alles tun, „zero-points" nicht zu durchschreiten (versteift sich ein Fundamentalist anders als ein Taliban?).-
In einer sich verdichtenden Annäherung und Abgrenzung wird der Nullpunkt zum Krisenmoment, zum beängstigenden Impasse. Selbst wenn das Ich des Neurotikers stabil erscheint, lässt er doch nicht an seinen „Kern" herankommen". Er baut künstliche Mauern und Gegenkräfte auf.

Die Grenze steigender Stabilisierung ist bei der polaren Schieflage von 45° erreicht ( das sind zugleich 90° der neurotisch verabsolutierten Sinus - Amplitude. Darüber hinaus wächst die „offene Neurose", weil sie sich jenem Nullpunkt nähert, der im Wechselspiel ein Umschalten und flexibles Hindurchgehen bedeutet.

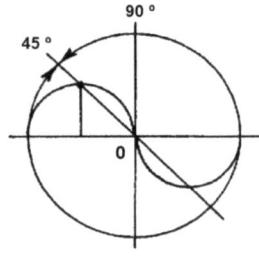

Abb. 88

## 2.2 Der psycho - somatische Aspekt

Der Neurotiker wird alles tun, ein psychisches Problemknäuel möglichst unaufgedeckt und unberücksichtigt zu halten. Implizite Körperbefindlichkeit wird im Symptom „expliziert". Der Spannungsbogen reicht von fruchtlosen Arztbesuchen bis zum kultivierten Leidensgewinn: „Es muss etwas Einmaliges sein; es muss etwas Endogenes, Tückisches sein!" vgl. Molières: „Der eingebildete Kranke".

**Psychosomatische Mechanismen : Abb. 89**

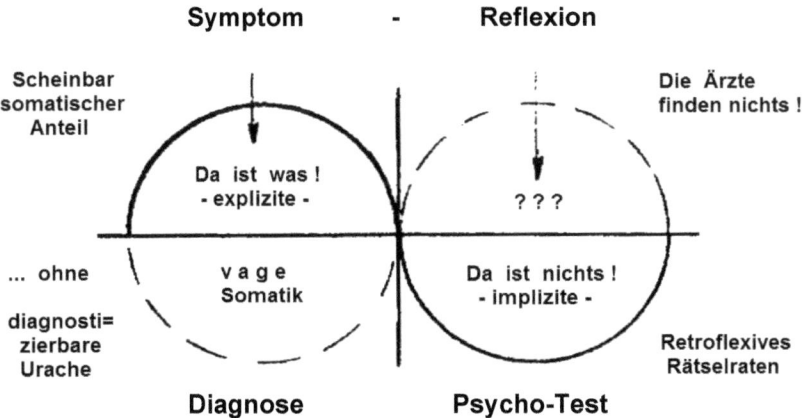

## 3. Halluzination - Wahn - Spaltung

Seit Bleulers Zeiten ist viel über Spaltung geschrieben worden, eine Spaltung, die der „Gesunde" landläufig in ständiger Folge vollzieht innerhalb einer von Dualitäten gekennzeichneten Wirklichkeit. - Genau dies will der Gestörte nicht wahrhaben. Er lebt in ständiger, doppelter Buchführung und auch in einem blauäugigen Erstaunen über die scheinbar doppeldeutigen, projizierten Umstände. Er kann und mag die gegebenen Dualitäten in ihrer Spannung nicht aushalten. Er hat sogar eine tiefe Abwehr gegen die Spaltung des Ichs. Er hält die latente Spannung von einer Polarität zur anderen (im wechselnden Zustand) nicht aufrecht. So stellt jede Verselbständigung von einem Pol zugleich eine Verabsolutierung dar.- Ein schiefhängendes Bild kann schon auf „Weltuntergang" hinweisen.

Generalisierungen fallen im schizophrenen Wahn auf. Polaritäten scheinen voneinander losgelöst zu sein . Jaspers stiess auf Patientenaussagen wie

„Etwas ist los !" Ein „Vorprädikatives" ist angesprochen ( W. Blankenburg ).

**Vorprädikatives** tangiert :

1.) Die kognitive Ebene, 2.) die Wahrnehmungsebene ; 3.+ 4.) die schizoaffektive Gestimmtheit der unteren Quadranten . Primär aber ist die „Mitte" in ihrer Identität bedroht. Denn sie ist das zentrierende, umpolende „Ich" in seinem Selbstverständnis . Die Kernpunkte fehlen, die den Keim zur Dualität und Wende markieren, wenn ein Pol das Maximum, bzw. Minimum seiner Amplitude erreicht hat.

Abb. 90 A          Abb. 90 B

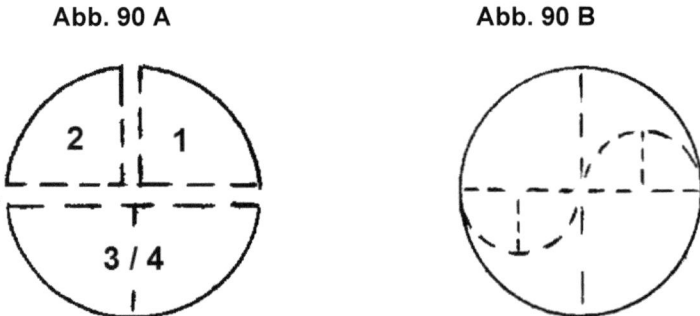

### 3.1 Vorprädikatives in kognitiven Vorurteilen ( Mißtrauen )

Für Halluzinationen und Wahnvorstellungen beinhaltet das Vorprädikative eine tiefgreifende Störung zur Realität. Im Spektrum von Real und Irreal und mangelnder Differenzierung erscheinen Bruchstücke im vordenkerischen Bezug und der Intentionalität. Die Bruchstücke verbergen ihren Sinn und sind doch Gesichter ein und desselben Phänomens. Nur ist da keine Verbindung, keine gemeinsame Sprache, kein „common sense". Das macht auch die Betroffenheit und Ohnmacht Aussenstehender bei Psychotischem aus. Eine Wand der Andersartigkeit entsteht zwischen Sprechen und Zuhören ( Absender und Empfänger ).

In der halluzinatorischen Paranoia scheinen andere von außen her zu sprechen, wenn der Kranke selber spricht. Wir treffen auf Paradoxes, wo etwas nicht vorhanden ist, was in jedem Augenblick einzubrechen droht, d.h. jenes projizierte Andere. Jeder Versuch, den Beweis des Unmöglichen mit Argumenten zu erbringen ( s. der „Vater" im „Erlkönig" ) scheitert, weil es keine latente, rationale Grundlage gibt.

## 3.2 Vorprädikatives im Wahrnehmungsquadranten

Der intersubjektive Charakter der Wahrnehmung geht hier dem Wahnkranken ab. Es fehlt die konstituierende Fähigkeit an Realitätswahrnehmung und es erfolgt keine Unterscheidung von Ich und Nicht-Ich. Jeder Kontakt aber setzt Intersubjektivität voraus. Dem steht nur wieder der fehlende Commonsense gegenüber; es fehlt die Reziprozität für den Aufbau einer Beziehung zum Du und zur Realität. Es fehlt die Beweglichkeit, mit den Augen des anderen zu sehen. Es fehlt der notwendige Perspektivenwandel. Die Selbst- bzw. Fremdbetrachtung weicht den Situationen teils blitzartig-vorauseilend und in phantasierten Reaktionsmustern aus ( vgl. Borderline-Strukturen). Das unmittelbar gegenwärtige Erleben ist abgeschnitten in einer vorweggenommenen, erschauten Zukunft. Das Einlassen und Genießen in der realen Gegenwart ist ebenso nicht möglich wie das Abgrenzen.

## 3.3+4 Vorprädikatives in Affekten und Gestimmtheiten

In dem sog. „melancholischen Wahn" mit dem sich daraus entwickelnden „Schuld-, Straf-, Armuts-, Annihilations-Wahn werden Urängste bloßgelegt. Sie zeigen sich in Affekten oder Nicht-Affekten. Auch dieser Wahn geht mit Gewißheiten einher ( nicht Befürchtungen ).

Eine Patientin in der Ergo-Therapie: „Ist mir doch egal, welches Brennmaterial ich in den Schmelzofen werfe" (Inhalte sind sekundär). „Tot bin ich schon; das körperlich Stoffliche ist noch nicht nachgekommen." Die Losgelöstheit vom Körper wird erlebt. Naturphänomene von Verlust und Verlorenheit sind akut. Zur gleichen Zeit ist dieser Mensch freudlos, gefühllos, interesse- los, energielos (vgl. R. Tölle, Münster).

Je mehr die Zeiterfahrung sich verlangsamt, umso mehr tritt eine determinierte Überwältigung durch das Vergangene ein, als wäre es auch für die Zukunft so schon eingetreten. Eine für alle Zeit perfekt gewordene Vergangenheit wird vorweggenommen und für die Zukunft verabsolutiert. Eine offene Zukunft ist bei der melancholisch-depressiven Spaltung verwehrt. Das ist nicht so, als würde künftig Befürchtetes einen bannen und lähmen, vielmehr ist die Zukunft schon perfekt.

Bei der borderlinigen und schizo-affektiven Spaltung hingegen, finden wir eher umgekehrt eine Existenz ohne Vergangenheit, darum ohne Schuldfähigkeit, ohne die Kontinuität, aus Vergangenem zu lernen. „Plus ca change, plus c´est la méme chose."

**3.5 Summe:** Alles im Wahn ist evident in schwarz und weiss! Die asymbolische Realität lässt keine Wahl. Als Kern erscheint eine radikale Verborgenheit. Offenkundig ist alleine die determinierte Gefangenschaft einer nicht frei über sich verfügenden Subjektqualität (vgl. G. Benedetti). Eine Schwäche der Ich-Struktur und Ich-Funktionen zeigt sich besonders in konfluenten Konfliktzuständen. Das sagt:

**3.5.1** Paranoide Zustände sind passager, sie kommen und gehen. Insofern ist nicht per se die Rede von einem Schnitt zwischen Real und Irreal, sondern von einer Fraglichkeit und Fragilität, frei davon, wie etwas so oder so erfahren wird. So wird die längerfristig diagnostische Fragestellung schwierig. Eine Hilfe ist: Wieviele Symptome ersten Grades sind schon eingetreten: Von Dialogischem bis zu Gedanken-Lautwerden, imperative Eingebungen, Leibesbeeinflussung, Ich-Auflösung.

**3.5.2** Im konfluenten Konfliktzustand zeigt sich die Durchlässigkeit der Repräsentanzen: In der Lebensgeschichte eines Patienten war deutlich, wie Mutter oder Vater früher, ob affektiv oder untersteuert, abwesend oder schamlos auf ihn eindrangen. Die wichtige Entwicklung an Differenzierung zwischen Selbst- und Objekt-Repräsentanzen fand nicht statt. Rauschhafte Gemeinsamkeit und Angsteinbrüche wechselten . Eine gekränkte Ich-Form war die Folge. Der zentrale Abwehrvorgang flüchtete in Größenwahn, Realitätsleugnung und Spaltungsvorgängen. Dabei korrelierten Größenselbst und Empfindlichkeit. Aggressionen werden auf die Umwelt projiziert, wo totalitäre wie diffuse Triebansprüche auftauchen, wenn die Zerstörung eigener Triebansprüche als notwendend erscheint. Selbstschutz oder eine bestimmte Identität sollen auf die Weise aufrecht erhalten werden.

**3.5.3 Wahn-Externes und Wahn-Internes (therapeutisch)**

Weil es die geistige Abgeschlossenheit und Verborgenheit so schwer macht und weil der Wahn sich im Circulus vitiosus und durch Rückzüge verstärkt, muß sich erst noch zeigen, wie wenig stark das Prämormide ist. Die Frage der Deutung stellt sich darum in jedem einzelnen Fall.

Der wahn-externe Weg tangiert den Therapeuten besonders bei der Ausgangsfrage: Lässt die prämorbide Grundlage eine Konfrontation mit „unserer" eigenen Wahrnehmung zu mit dem, was wir als real erachten. Wir treffen auf die Fraglichkeit, ob wir als Außenstehende des Patienten tieferes, psychodynamisches Phänomen verstehen, ob wir unser eigenes Selbstverständnis projizieren und den Sinn auf das Anderssein draufsetzen?

Mit scharfer Feinfühligkeit wird der Patient die Fraglichkeit des Therapeuten aufdecken und seine eigene Abwehr in der Verunsicherung des Therapeuten verstärken. Darum zuerst die Frage: Ob wir die Abwehr der Verständigung durch eine bedingungslose Offenheit und Integrität beantworten. Er überlebt evtl. alleine schon auf diesem Weg .

Der wahn-interne Weg : Hier tritt der Therapeut wie in eine inszenierte Handlung ein. Bei der fordernd negativen Identität des Patienten verlangt das eine gute Distanz von eigenen und destruktiven Impulsen. Es verlangt ein Zusammenstehen in Wahninhalten, ein ernsthaftes Mitspielen bei den Verschränkungen, wenn der Therapeut qua Person zum Übergangsobjekt wird, weil der Patient auch nichts anderes erlaubt.

Das verlangt zugleich nach einer scharfen Wahrnehmung: Wo kann ich mich den symbiotischen Aufforderungen selber nur schwer entziehen? Wo nehme ich mich und die Phänomene ernst, die ich für mich so nicht erleben kann? Will ich selber eigene Verleugnungen nicht wahrhaben? Spiele ich nur zum Schein mit? Verlängere ich meinen Wunsch nach Kontakteinschränkung durch Fortstoßen?
Das sind Fragen an die Professionalität, Integrität und psychische Zentriertheit. Denn in der Gestörtheit akzeptiert der Protagonist den Umgang mit Unzulänglichkeit nicht. Erst im gemeinsamen Verstehen von Symbolen einer wahn-internen Sicht ( im dualen Rapport ) zeigt sich therapeutisch : Wo finden sich im Wahn kompensatorische Kräfte, die ihn neutralisieren? Wann sind erste Ausblicke nach draußen aus der wahn-internen Sicht möglich? Wann ist ein Fortschreiten von Wahnhaftem zu echten Symbolen in positiver Projektion und Dualität möglich? Und wann, wenn Akzeptanz, Bindung und Dialogisches gelungen ist, sind erste sozialisatorische und psychisch kleine Kämpfe und Belastungen möglich?!

### 3.6 Geometrischer Ausblick und therapeutische Ausrichtung.

Ob wir vom Ich-Kern aus ins Externe oder Interne weisen, das zeigte die verborgene Geometrie des Symbols (Abb. 57+58). Dort umschlossen die beiden Bewusstheiten den gegenpoligen Kern. Schatten entstanden wie bei der Sonnen- und Mondfinsternis. Mal ist die Körperbewusstheit anästetisiert; mal schwindet das Licht der Vernunft. Das „explizite und implizite Wissen" um das je andere bleibt trotz Schatten und Mischform. Die Bewusstheit aber weiß, ob es mit dem Abendstern weiter in die Nacht (endogen) geht, oder ob der Morgenstern der explizite Vorbote des anbrechenden Tages ist.

# KAPITEL XII

## Arbeit an Polen und Ich-Kern

### 1. Der doppelte, therapeutische Ansatz

Jede interne wie externe Veränderung kann das empfindliche Gleichgewicht stören. Im Konfliktfall mißverstehen, fürchten und mißhandeln sich beide Seiten. Beide leiden; bauen sich auf, schalten aus.- Die Kanäle vertikaler und horizontaler Verständigung von oben und unten, rechts und links werden nicht offen gehalten. Oder aber, sie sind schutzlos offen: „There are no defenses"!
Die Nomenklatur mag sich unterscheiden; in den Phänomenen gleichen sie sich in wechselseitiger Richtung an. Analytisch heißt das z.B.: Beim Zwang werden die Besetzungen von der Welt auf das Ich abgezogen; bei der Psychose wird die Besetzung vom Ich abgezogen.
D.h. paradigmatisch: Der Nullpunkt im Koordinatensystem ist bei der Neurose nicht mehr passierbar. Bei der Psychose erscheint der Kernpunkt im Koordinatensystem gestört, zerstückt, konfluent. Das ganze Feld wird zum Alles und Nichts.
**Perls:** „Sowohl die Zwangsneurose als auch die Paranoia sind durch eine starke Tendenz zur Konfluenz gekennzeichnet. Der Paranoiker ist sich dessen nicht bewußt, indes der Zwangscharakter in der ständigen Angst lebt, seine Individualität und seine Selbstbeherrschung zu verlieren. Er begegnet der Gefahr, in eine paranoide Konfluenz hineinzugleiten, durch die Errichtung starrer Grenzen. Seine Abwehr leidet,- wie die Maginotlinie,- an Unbeweglichkeit." - „Beim Zwangskranken sind die Ich-Funktionen qualitativ übertrieben (nahezu verfestigt). Beherrschender Faktor ist die aktuelle, bewusste Vermeidung des Kontakts" (205 f). Während hier der Nicht-Kontakt pointiert erscheint ( d. h. die Berührung mit dem vermiedenen, anderen Pol ), sahen wir bei der Behandlung von Halluzination und Wahn das Fehlen von jeglichem Common-Sense.

### 2. Konflikt und Ambivalenz

Indem Konflikte einem unerträglich erscheinenden Höhepunkt zustreben, der zugleich nach Lösung und Befreiung strebt, kommt es in der Krisis zu Versuchen mit vielerlei Strategien, ob vorwärts, rückwärts oder im Patt. Im Wesentlichen sind es Vereinnahmungs- oder Ausschaltungsstrategien ( Konfluenz und Spaltung ). Oder Energien verzehren sich in Ambivalenzen und im Patt. So kann etwa die Angst vor Trennung und der Wunsch nach Trennung Wand an Wand wohnen, ohne in ihrer Ambivalenz wahrgenommen zu werden. Der Zwitter von Symbiosewünschen und Verselbständigungs-Tendenzen, Liebe und Hass, löst stets große Ängste, sowie Aggression, Faszination, Anziehung und Destruktion aus. Die Tendenzen vollziehen sich im gegenläufigen Sinn ihrer Polachsen ( 0 – A und 0 – B ) :

**Abb. 91 A + B**

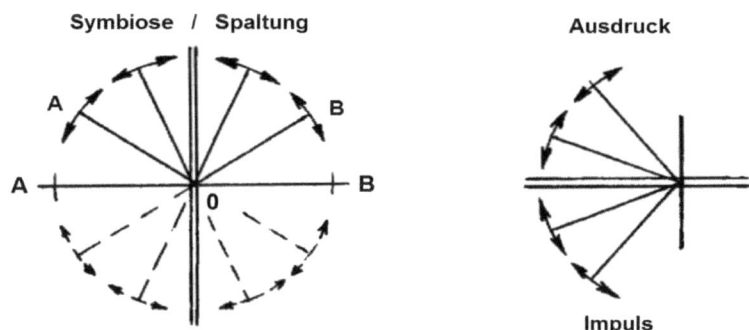

**Ambivalenz meint:** „Dass in Konflikten eben stets zwei vitale und konkurrierende Wünsche oder Ängste auf dem Plan sind" (Nohl, 166). Ambivalenz ist mehr oder weniger bewusst / unbewusst ein energieraubenden Dauerbrenner mit der Folge von Ermüdung , Lähmung , Resignation , Eruption . Sie deutet im Plus und Minus auf die widersprüchliche Doppelwertigkeit eines Konfliktverhaltens hin .

Im Konfliktfall zeigen Abb. 91 A+B , dass zwei Figuren zugleich vorhanden sind, etwa „wenn Emotionen und Impulse danach drängen, zum Vorschein zu kommen, ihnen der angemessene Ausdruck aber fehlt oder verwehrt wird". Der herausfordernde Impuls, der weder ausgedrückt noch verdrängt wird, kann nicht im Hintergrund verschwinden und nicht im Vordergrund herrschen. In solchen Fällen ist von einem Mittelgrund zu sprechen. Nur dürfen wir auch nicht vergessen, dass dieses Mittelgrund-Phänomen ein krankhaftes Geschehen ist." " Im gesunden Geist" kann es „nur eine Vordergrundfigur geben, die aus dem Hintergrund kommt und in ihn zurücktritt ." Im Konflikt aber sind zwei Figuren vorhanden .
„Eine solche Konfliktsituation, eine doppelte Konfiguration auszuhalten, ist unvereinbar mit der dem menschlichen Geist innewohnenden, holistischen Tendenz." Entweder ( Abb. 83 A ) darf der Konflikt nicht zum Höhepunkt (Krise) kommen: Er bleibt „hypokritisch-heuchlerisch". Oder: „Eine Figur neigt dazu , die andere beiseite zu drängen".

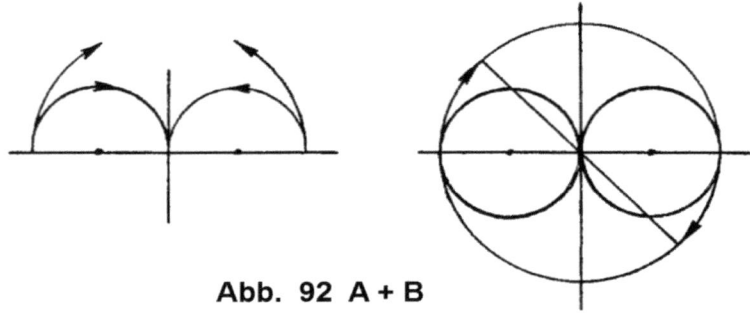

**Abb. 92 A + B**

Kommt es nicht zur Verdrängung oder zur Synthese, so bringen Kompromisslösungen und neurotische Symptome eine „Art von Vereinigung zustande". Ein Drittes kann passieren: Oft sitzen die Figuren wie auf einer Wippe und beide hängen ohne Dynamik mit den Beinen in der Luft , wobei „ein Geisteszustand entsteht, den wir Unentschlossenheit und Instabilität nennen" ( Perls 305 ).

### 3. „HOLISMUS erfordert inneren Frieden" ( Perls 180 )

**3.1** Axiomatisch zusammengefasst entsprach der Umfang des Gesamt - kreises dem Umfang der dualen Innenkreise : ¼ = 90° Gesamtkreis ent - spricht gleich ½ = 180° der Sinusbogeneinheit .

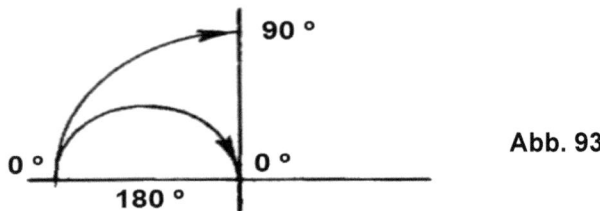

**Abb. 93**

**3.2 Abb. 94 zeigt den Bewegungsaspekt vorwärts** : Sein Ausgangspunkt sagt: „ Alle Bewegung geht vom Nullpunkt aus und kehrt dahin zurück" ! Die Sinuskurve im senkrecht gezeichneten Schrittbogen und im Zweitaktgleich- mass von rechts / links Trittfolgen vorwärts ist zu sehen .

Die dualen Unterganzheiten „ Yin und Yang " verlaufen synchron wie die Räder eines Fahrrads bei nur einer halben Pedaldrehung vorwärts , d.h. nur eine Sinusbogenhälfte , mal rechts, mal links, ist bewusst !

Beim Tritt rechts (180° vorwärts ) polt sich die Umdrehung ( der 360° Unterganzheit ) vom linken Pedal auf das Rechtspedal um. Eine Seite hat immer die 360° Drehrichtung des dualen Unterganzen zur Folge. In zeitlicher Nachfolge ergibt die Links-Rechts Bewegung das gemeinsame Vorwärts.

Würden Links und Rechts in einer Quasi-Gleichzeitigkeit erfolgen, entstünde auf beiden Seiten ein Entscheidungskonflikt, eine Ambivalenz, ein Patt. Begännen wir aber den Tritt im Leerlauf, würden die Sinushalbbögen auf der Null- Prädifferenzachse stehenbleiben. Vor- und Rückwärtsgang wären blockiert, bzw. im Leerlauf entblockiert.
Die Pedalen übertragen die Bewegung von der Zweiheit zur Ganzheit !

### 3.3 Ganzheit eines jeden polaren Entscheidungsschritts

„ Holismus erfordert inneren Frieden." Dem läuft der Konflikt zuwider. Bei Freud hieß es: „ Ein Konflikt in der Persönlichkeit sei wie zwei Dienstboten, die sich den ganzen Tag streiten". Wieviel wäre konstruktiv zu erledigen? „ Solche Doppelidentifikation ist für den Organismus unerträglich . Nötig ist eine Entscheidung . Eine der Identifizierungen muß aufhören" ( Perls 180 ).

Die neurotische Abspaltung versucht es anstelle von Ambivalenzen. „Wenn z.B. innerhalb der Person eine Spaltung besteht ( Gewissen contra Triebe ), kann das Ich dem Trieb feindlich und dem Gewissen freundlich gegenüber stehen (Hemmung) und umgekehrt (Trotz). Zwischen dem akzeptierten und dem abgelehnten Teil der Person erscheint eine Grenze: Es entwickelt sich eine Persönlichkeitsspaltung" ( Perls 180 ).

Das Ich findet sich in seinem bifunktionalen Aspekt nicht zurecht, dem biologischen Leib -Trieb und dem geistig- sozialen Gewissen. Das Ich in seiner Abgrenzfunktion wechselt zu einer „ künstlich, unbiologischen Konstruktion im Aspekt von „ Herr und Knecht ".

Beide Instanzen : „Es" und „Über- Ich", „ Implizites und Explizites " werden zu Kontrapunkten . Indes , das Ich kann auch konstruktiv zum „Mittelsmann" von Verantwortlichkeiten und Wünschen werden. Es benötigt die Fähigkeit, sich in seiner „ Identifizierungskraft " und mit der Kraft zur Abgrenzung zu erfahren. Im Sich-Zurücknehmen und im „Sich-in-den-Vordergrund-bringen" ist ein Zweifaches gegeben : „ In der Identifizierungs- und Abgrenzfunktion sehen wir den Anfang eines freien Willens" ( Perls 176 f ).

Paradigmatisch- dynamisch ist es der Beginn einer differenziert autonomen Mobilität, die in Abb. 94 wiedergegeben ist !

## Rechts- und Links- Tritt beim Fahrradpedal

### Abb. 94

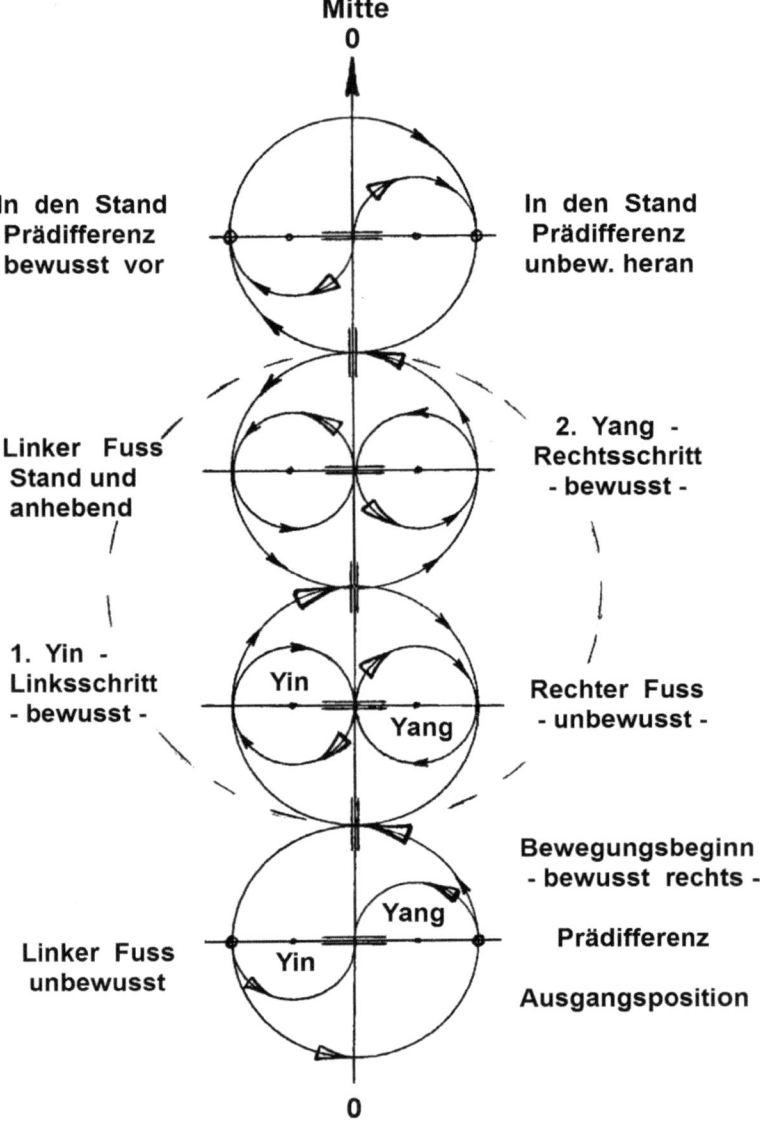

# 4. Skotome und Zentrierung

Sofern „Vermeidung" das Hauptmerkmal der Neurose ist, ist ihr Gegenteil die Konzentration" (Perls 225). Daraus erwächst die These: Konzentration folgt der Bewegung von den Polaritäten zur Mitte. Wenn aber das Hauptmerkmal der Psychose umgekehrt Konfluenz ist und totale Offenheit der Ich-Grenze, so geht die Konzentration bei der Psychosen-Therapie (vorerst die des Therapeuten) behutsam von der Mitte zur polaren Dualität.

Geläufiger ist meistens der Blick von der Neurose aus. Hier gilt: „Die größte Schwierigkeit bereitet es, die Aufmerksamkeit in die Mitte des Körpers zu lenken" (Gendlin 32). - Stattdessen aber kommt es zu einer „negativen Konzentration" (Perls 224). Skotome, blinde Flecke, haben es an sich, von der Mitte abzulenken, von der Einheit und Identität innerhalb der Dualität.
Zum anderen bewirkt „die Existenz eines blinden Flecks ... eine solche Faszination (als höchste Form der Konzentration), dass sie immer wieder zurückkehren werden. Nur wenige unabgeschlossene Situationen üben einen solchen Druck aus. Die Konzentrationstherapie liefert da einen kürzeren Weg zur „emotionalen Wiederbelebung" als das gewöhnliche Gespräch" (Perls 245). Denn „die verborgene Gestalt ist so stark, dass sie sich im Vordergrund zeigen muss, meistens in Form des Skotoms".Wir dürfen den Faden nicht verlieren, der vom Symptom zur verborgenen Gestalt führt. Indem wir uns auf das „Symptom" konzentrieren, bleiben wir im Feld der verdrängten Gestalt". ( Wenn auch auf dem peripheren Sinus-Umweg zum Zentrum!) „Die Abkürzung des direkten Wegs zum Kern wäre im Timing einzelner Schritte ein Fehler. Wenn wir aber auf einer derartigen Konzentration beharren, arbeiten wir uns allmählich zum Zentrum des Feldes oder Komplexes durch. Im Verlauf des Prozesses begegnen wir den spezifischen Vermeidungen (Widerständen) und reorganisieren sie" ( 225 ).

**Blinde Flecke**:
In der Kontrapunktik und Reziprozität der Pole muss der „nächste Schritt sein, die blinden Flecke zu finden, jene Lücken, die wir im Empfinden unserer selbst vermeiden." Focusing, Zentrierung heisst in dem Zusammenhang: Sobald die Betroffenen „erkannt haben, dass sie nichts spüren, versuchen sie immer wieder den Schleier, die Empfindungslosigkeit, das Wattegefühl und „dissy" Sein, oder welche Art von Widerstand sie zwischen „Leib und Seele" geschaffen haben, zu durchdringen. Entlarven Sie diese Watte- Nebelkerzen-Tränenvorhang-Tricks als Mittel, um den „Kontakt ihres ´Ich` zu anderen Teilen Ihrer-Selbst" zu vermeiden. Den Weg vom Symptom zur verdrängten und verborgenen Gestalt zeigt Abb. 95:

**Abb. 95**
Konzentration

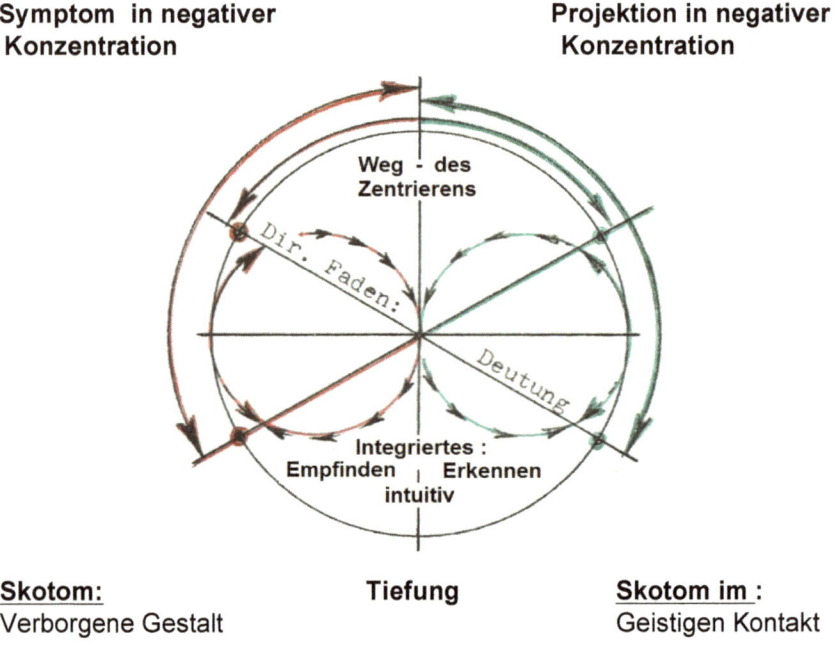

Symptom in negativer Konzentration

Projektion in negativer Konzentration

Skotom:
Verborgene Gestalt

Tiefung

Skotom im :
Geistigen Kontakt

**Bei der Konzentrationsmethodik gilt:**
„Sobald es gelingt, den geistigen Kontakt herzustellen, halten wir Ausschau nach Anzeichen der Entwicklung und vor allem nach Empfindungen, die an die Oberfläche kommen wollen". Solche Empfindungen sind Jucken, Hitze, Übelkeit, gegen die wieder Kontraktionen eingesetzt werden. Kontraktionen des Muskeltonus sind neben Projektionen : Zwei wesentliche Arten negati - ver Konzentration . „Konzentration" meint nicht ( wie oft falsch verstanden ) „eine absichtliche Bemühung". Denn da wächst die Gefahr, die eigene und zentrale Mitte und Identität als flexibles Umschalt- und Bindeglied zwischen den Polaritäten zu verlieren. „Vollkommene Konzentration ist ein harmoni - scher Prozess , in welchem Bewusst / Unbewusstes in Übereinstimmung sind.- Forcierte und negative Konzentration führt aber durch Vermeidung der natürlichen Figur-Hintergrund-Bildung zur Neurose oder in einer akuten Situation zur Neurasthenie, bei der man den Konzentrationsmangel immer als augenfälliges Symptom erkannt" haben könnte ( Perls 302.f, 224, 226 ). Vgl. den Verlust der Mitte Abb. 96.

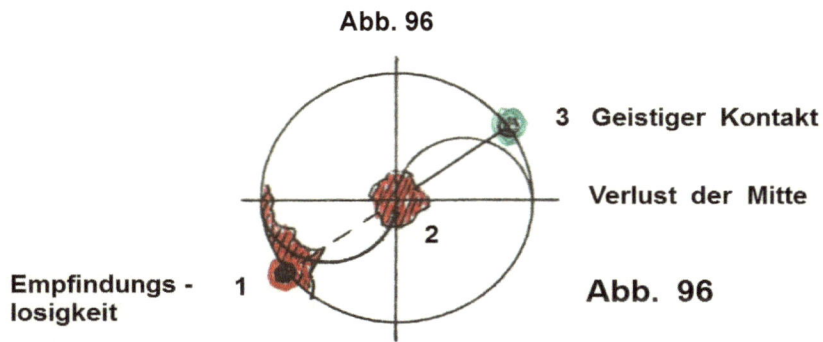

Abb. 96

3 Geistiger Kontakt

Verlust der Mitte

Empfindungs-
losigkeit

Abb. 96

## 5. Die Mitte und Gaetano Benedetti

**5.1** Benedetti schreibt zur Identität schizophrener Patienten : „Es fehlt der archimedische Punkt im Ich, auf dem sie stehen und sich beobachten könnten. Daher stellt für sie die Introspektion eine äußerst peinigende Erfahrung dar, die den Gesunden unbekannt ist. Die negative Existenz des Psychosekranken wird in der Dimension der Ablehnung ausgetragen". „Die Psychose ist eine Seinsweise in der Dimension des Nicht-Seins, der Zurückweisung, der Negation, der Schuld" ( 35 f ). Darum fehlt auch der Wechsel in die Projektion, die sich splittet in mal Feindseligkeit, mal Idealisieren. Es fehlt der archimedische Punkt , der auf zwei Komponenten steht ( Fenichels Theorie der „zwei Ursprünge des Selbst") :
Dies ist das doppelte Wahrnehmungsvermögen: Subjektiv zu erleben und objektiv zu betrachten , d.h. in Subjekt - Objekt zu unterscheiden ( 35 ).

**5.2 Analog für die Paradigma-Arbeit nehmen wir an:**

Die Mitte als archimedischer Punkt bildet das Vermögen zu Konfluenz und Trennung in Einem. Sie nähert sich analog dem neuro-physikalischen Prinzip der Synapsen an. Die Mitte der Dreh- und Angel- und Umpol-punkt.
Sie ist Steckachse und Koordinate; sie bleibt ein Paradox von Einheit und Zweiheit. Beide, Benedetti und Perls berufen sich auf Federn:

**Federns Konzept der Psychose als eines Verlustes der „Ich-Grenzen.**
Sie erscheint heute noch wie eine „ gültige Intuition. Sie ist auch auf Borderline-Fälle anwendbar" (Benedetti 37). Projektionen weisen entweder auf zu befürchtende Kontakte, die angriffig verstanden werden, oder auf das Fehlen von Kontakten ( der Einsamste im ganzen Universum ). Die zu befürchtende Kontaktstelle muss, neurotisch gesehen, bewacht werden.

Das Fehlen von Reibung und Kontaktmöglichkeiten weist umgekehrt auf eine „unbewachte Konfluenz zwischen der Persönlichkeit und der Welt".
„Diese Konfluenz und das Fehlen der Ich-Grenze, ist wesentlich für die Entwicklung von Projektionen".
Während beim Neurotiker „die Auflösung von Projektionen besonders nützlich ist" auf dem Weg zum fest ummauerten Ich-Kern, wodurch kein flexibles Umschalten möglich ist,- ist der Ich-Kern unter psychotischen Aspekten unmittelbar betroffen.
Für die Neurose sagt das : „Bei der Verdrängung verschwinden wichtige Anteile der Persönlichkeit und können erst wieder gewonnen werden, wenn man sich durch die dicken Mauern des Widerstandes durch gearbeitet hat".
Dem „steht ein grosser Vorteil bei der paranoiden Persönlichkeit gegenüber. Sobald sie den Projektionsmechanismus erkannt hat, hat sie es leicht, eine ungeheure Selbsterkenntnis zu gewinnen" ( Perls 187 , 295 ).

Erinnert sei, „dass die meisten Neurosen einen psychotischen Kern haben" Erinnert sei auch: „Die Entdeckung des paranoischen Kerns der Zwangsneurose bringt eine Gefahr mit sich. Man kann versucht sein, eine Abkürzung zu wählen, nur diesen Kern zu behandeln. Das wäre ein schlimmer Fehler; er würde nur die Ersatzhandlungen und das Leiden des Zwangsneurotikers steigern. Man muss stattdessen seine abgestufte Aggressivität schärfen ( Perls 205 ).
Zu dem Zweck kann man ein Symptom benützen, das den Vorteil hat, ein Kontaktphänomen zu sein, wenn es auch oft durch Projektionen entstellt ist.
Die Behandlung der Zwangsneurose muss eine weitere Ausbreitung der Aggressionsvermeidung verhindern und zum direkten Ausdruck der Aggressivität (in kleinen Dosen) anreizen. Sobald dies erreicht ist, verläuft die Behandlung wie beim paranoischen Charakter, bei dem wir dem bösartigen Fortschreiten des Projektions- und Introjektions-Zirkels Einhalt gebieten und die Entwicklung umkehren müssen, indem wir die gesunden Ich-Funktionen wiederherstellen" ( Perls 205 / 207 ).

### 6. Umschaltungen im symbiotischen und dualen Rapport
Annäherungen an Benedetti:

Was immer das Wiederherstellen gesunder Ich-Funktionen heißen mag, in Benedettis: „Psychosentherapie" ist es konsequent ausgeprägt . Während Freud mit der „ Gegenübertragung " und Perls mit dem klassischen Mittel des „Hot-Seat" mehr an Neurosen orientiert ist und an der Überwindung von psychopathologischen Symptomen bei noch vorausgesetzten Ich-Funktionen, setzt Benedetti an, wo die schizophrene Nicht-Existenz in keinem Fall reduzierbar ist , wo der Weg therapeutischen Tiefens kontraindiziert wäre.

Denn Regressives induzieren beschleunigt die schizophrene Fragmentation. Perls liefert wohl den eminent wichtigen Ansatz therapeutischer Umkehrarbeit. Er ist „tief beeindruckt" von der Antwort Freuds und dessen „Vorwurf, er stelle alles auf den Kopf! „Wenn die Leute auf dem Kopf stehen, ist es notwendig, sie umzudrehen, sie wieder auf die Füße zu stellen" ( 298). Was bei Perls ein Durchgangsstadium am Punkt „Null" ist: „Sich auf Wüste einlassen", um sie im Selbstregulativ - reorganisierend - zum „Blühen" zu bringen, ist in der Psychosentherapie weit radikaler eine Neuorganisation aus dem Nichts.

Bei Benedetti heißt das : Der „Aufbau der Identität mit Hilfe des dualen Rapports" ( 59 ff ). Er setzt beim Therapeuten ein partielles Syntonwerden in regressiven Momenten voraus, um gerade so eine Beispielfigur zu werden, an welcher der Ich-lose Patient wegen seiner fehlenden Objekt-Beziehung in Symbiosen lernt. Kontrollanalysen werden wichtig, weil dies geschieht: „Dass der intensive Prozess der Gegenidentifikation im Therapeuten eine Form partieller Regression darstellt. Sie lässt ihn synton werden mit seinem psychotischen Partner" ( 59, 107 ).

Die syntone Nähe erfordert die Bereitschaft und Fähigkeit im Therapeuten, die negative Dimension und Konfusion der Nicht-Individualität zu durchschreiten, indem er oft schweigend ein Hinhörender wird und sich auf die Erfahrung einlässt, „dass unsere Tiefenseele aus Strukturen besteht", wo wir einen größeren Teil unseres Unbewussten beherbergen.- So kehrt sich hier der Satz Freuds um: „Wo Es war, soll Ich werden". Und wo Ich ist, muss teils Unbewusstes, Unbefangenes zurückkehren. Statt der Auflösungsängste mit entsprechenden Phantasien des Patienten... gründet der Therapeut sich „auf die Intuition der wirkenden Kräfte", aus denen heraus er authentisch interveniert, nicht interpretiert. „Die Intervention besteht ganz in der Identifikation" ( 62 / 65 / 109 ). Nur so wird die Absolutheit des negativen Erlebens im vollen Ernst angenommen. Die „schizophrene Nichtexistenz ruft in uns nur dann eine existentielle Antwort hervor, wenn wir sie nicht als Abwehr gegen ein Unbekanntes auffassen, sondern als ein erkenntnismässig nicht weiter reduzierbares Faktum." „Nicht als Zurückführung, sondern als Mit-Existenz, bewirken die authentischen Symbole in „Antwort und Echo", was sich in Antwort und Echo umschlagen läßt. Dies bewirkt eine Neuausgabe im Raum der Dualität, eine Psychosynthese des desintegrierten Ich" ( 108 ).

„Die Besonderheit dieses Rapports besteht in der Dualisation des psychotischen Erlebens. Dualisation als Möglichkeit, teilzuhaben sowohl an der Erfahrung des Todes und des Lebens: Tod und Leben, Verzweiflung und Hoffnung sind in gleicherweise ansteckend. In einer derart radikalen Beziehung gibt der Therapeut die Neutralität eines Zeugen wie die des Spiegelns auf.

Der Therapeut teilt mit dem Patienten die Situation des Elends, des existentiellen Ausgeschlossenseins und erlöst so beide" (107). Demnach „entwickelt der mit dem Patienten intensiv lebende Therapeut, indem er in sich die Schwäche des psychotischen Patienten introjiziert, eine schwache Seite, die aller affektiven Teilnahme eigen ist und uns verwundbar macht. Daher kommt es, dass die Auto-Aggression des Patienten sich auf den Therapeuten richtet, der über die Identifikation mit dem Kranken selbst ein schwaches Objekt geworden ist. Auf diese Weise ergibt sich die paradoxe Situation, dass die Person, die am wenigsten die Aggressivität verdient, deren Zielscheibe wird, umso mehr, je näher er ihm ist. So glaube ich, dass auf der unbewussten Ebene ein symbiotischer Rapport existiert, der dem Patienten ermöglicht, das eigene Ich jenseits der eigenen Position wahrzunehmen". „In der Person des Therapeuten wiederholt sich, was die „Symbiose des Kleinkindes mit der Mutter" erfährt ( 67 ).
Vergleichen wir mit solchen Sätzen die normalerweise gleichzeitige, sowie die gegenläufige Bewegung der Sinuskurven im Spin beider Teilganzheiten, der bewussten und der unbewussten Kurve : Abb. 97 .

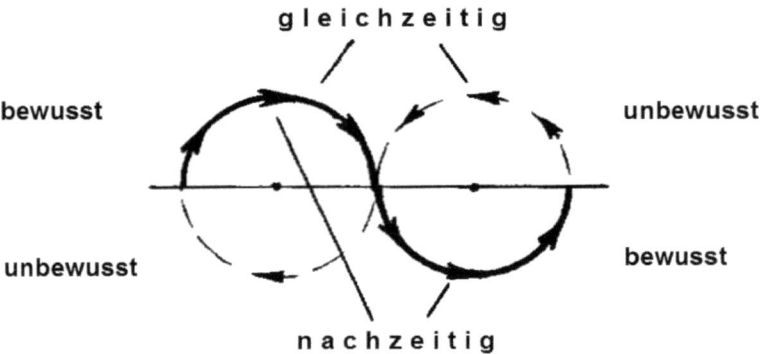

Die Bewusstheit im Up & Down der Sinuskurve gibt den dualen, nachzeitig-korrespondierenden Rapport wieder. Doch auch der dazu parallel laufende, symbiotische Rapport ( vgl. Mutter & Kind oder eine Orgasmuserfahrung zu Zweit ) ist ein dualer Rapport.
Gemessen an der sonst notwendigen Frustration für Wachstum ( Winnicot´s „skillfull frustration" durch das Realitätsprinzip ) gilt für die Psychosetherapie: „Im Inneren des dualen Rapports formt sich die Identität des Patienten. Während die deffensive Schutzhaltung ein Sich-Distanzieren bedeutet, ist diese Art Projektion, die gegenteilige Bewegung, ein Zu-sich-selbst-Kommen mit Hilfe des Therapeuten" (66). Es „ist interessant, dass die psycho-pathologische Appersonation des Patienten nicht geheilt wird, wenn man ihm das Psychopathologische am „Phänomen" zeigt, damit sein Ich

sich der pathologischen Zusammenhänge wie beim Neurotiker bewusst wird. Die Genesung ereignet sich vielmehr über die Wiederholung derselben Akte in der anderen Richtung, d.h. wenn der Therapeut unfreiwillig und unbewusst einen Teil der Psychopathologie des Patienten auf sich nimmt und sie innerhalb der Grenzen eines Bildes erlebt" (62), vgl. auch die verschlüsselten Bilder eines Traums.

„Die symbolische Transposition des Ichs ins Innere der Person des Therapeuten muss also in dem Gedankenkontext verstanden werden einschließlich der Ungefährlichkeit in der symbiotischen Situation. Sie bedeutet nicht Verlust der Selbstidentität; sie ermöglicht im Gegenteil ihre Regeneration" (68).

### 6.1 Umkehrbarkeiten als 180° Phänomen und Praxisfelder

**6.1.1** Binden und Trennen, Fusion und Dichotomie sind Grundphänomene von Leben. Ebenso gehören Umschalten und Umpolen zu jeder freigesteuerten Motilität wie zum Timing. Das Umschalten des „Zweitakt-Auf und Ab" in Drehbewegung (s. die Zylinderkolben der Dampfmaschine) war eine enorm technische Innovation. Ein wichtigstes Problem war u.a. bei den ersten Dampfmaschinen der „tote Punkt" von Bewegung in Gegenbewegung. Auch bei der alten Nähmaschine mit Fusspedal half die Hand beim Start über die Blockade hinaus.

Die Lösung im Tempo einer Drehbewegung wiederum durch ein Zweitakt - System war lange schon bei der Uhr bekannt: Durch die Einstellung eines Links-Rechts-Pendels, die sog. „Unruhe", konnte die Uhr langsamer oder schneller laufen.
Die Umkehrbarkeit kosmisch-zyklischer Natur, wie z.B. Sommer und Winter, Tag und Nacht gehören mit zur ältesten Bewusstheit der Menschheits-Geschichte. Trotzdem hat das „Umkehren" nichts von seinem Schwierigkeitsgrad verloren, gleich ob es… „Kassandra-Rufe" gibt, ob Propheten des AT, Johannes der Täufer im NT, ob Jesus (Matth. 4,17; Mk.1,15), ob der Club of Rome, Atomphysiker und Klima-Ökologen.
Psychische Umkehr-Prozesse finden wir bildlich gesprochen in Erfahrungen: „Auf dem Holzweg sein"; „in einer Sackgasse stecken".- Tief eingepflanzt kündet sich vieles an Wendezeit, Einschnitten, Operationen und Risiken zwischen Vergangenem und Künftigem an. „Umkehr" ist der einfachste und schwierigste Akt im Prozess des Endens und des neuen Anfangs.

### 6.2 Das Labyrinth als Umkehr-Symbol ( auch in der Therapie )

Definiert sei hier nicht der „Irrgarten" im oft üblichen Sinn, nicht der „Wald" wie im Märchen als Synonym dafür, wie es auf vielen Wegen desorientiert nur tiefer in die Irre führt. Gemeint ist nicht die Metapher für ein verwirrend-komplexes Knäuel, kein situatives Chaos und Wirrwarr.

„Labyrinth" - sagt ureigentlich schon in der Antike: Es ist eine lineare Figur mit Wagnischarakter, ein Erlebensraum.- H. Kern schreibt in „Labyrinthe - 5000 Jahre Gegenwart eines Urbildes": Hier „liest man die Linien als Begrenzungsmauern und das dazwischen freigelassene Band als Weg. Im Mythos vom König Minos hilft der Ariadne-Faden bei der Orientierung zurück. Wesentlich sind zunächst die Mauern. Ihre Funktion liegt nur in der Abgrenzung des Weges, in der choreographischen Fixierung der eigentlich maßgeblich-sinnbestimmenden Bewegungsfigur. Diese beginnt mit einer kleinen Öffnung der Außenmauer ( in architektonischer Draufsicht ):

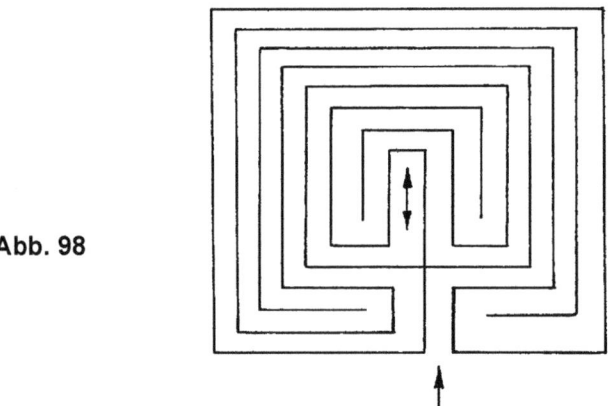

**Abb. 98**

Der Weg führt nach viel Umwegen, die zum Abschreiten des ganzen Innenraums nötigen, zum Zentrum. Dieser Weg ist - im Gegensatz zum Irrgarten - kreuzungsfrei. Keine Wahlmöglichkeit, kein Abweichen bietet er. Unausweichlich, zwangsläufig führt er zur Mitte und endet dort ( 13 ).
Die eigentliche Sackgasse liegt also im Zentrum. Da muss der Besucher seine Gehrichtung unweigerlich ändern. Er erreicht die Außenwelt nur, wenn er sich umwendet, wenn er den Eingangsweg zum Ausgangsweg macht" Beim Alkohol- und Drogen-Abusus zeigt sich der Weg zurück in den Entzugserscheinungen in eigener Schwierigkeit. Doch geschieht etwas Entscheidendes bei der 180° Wende: Wohl scheint der Weg hinein wie der heraus der gleiche zu sein. Und doch sind wir mit dem Richtungswechsel nicht mehr dieselben. Als Andere erleben wir den Weg hinaus neu. Anstelle der Verdichtung im Zentrum tritt die Befreiung beim Ausgang.

**Summarisch finden sich folgende Maximen:**

> „Im Labyrinth verliert man sich nicht.
> Im Labyrinth findet man sich.
> Im Labyrinth begegnet man nicht dem
> Minotauros als Schreckgespenst.
> Im Labyrinth begegnet man sich selbst".
> Hermann Kern

Zu Beginn eines Fünf-Tage-Workshops für Beratungsstellen legten wir das Labyrinth begehbar ( Abb. 98 ) auf dem Boden des Gruppenraumes aus. Als „warm up" signalisierte, demonstrierte es vorab die kommende „Impasse-Arbeit" (Thema). Nachfolgend vertiefte sich dies in Selbst-Erfahrungen. Deutlich war wie in den Märchen: Heldinnen und Helden werden sie nicht, indem sie von allem verschont bleiben, wohl aber, indem sie sich auf Wege und Blockaden einlassen. Das Wissen um Augenblicke wurde geschärft, in denen sie mit Klienten nur noch offen die Ohnmacht und das Ende eines Weges feststellen, und wie gerade dieser Endpunkt beinahe selbsttätig umschlägt in Wendepunkte und Sternstunden im Therapieverlauf.

### 6.2.3 Summe der Umkehrbarkeit in der Therapie-Richtung

**a)** Für Neurosetherapien heißt das: Vom Symptom eines Pols zum Zentrum und zu blinden Flecken in ständiger Arbeit an Polaritäten und Zentrierung im Zwiebelschalenvorgehen; in reziproker Korrespondenz zwischen den Polen in schmelzender, zentrierter Core-Arbeit ; teils in mehr Kontakt zu support-gebenden Übergängen und Spielräumen ; teils in paradoxer Intervention des Umschaltens und in schrittweiser Konfrontation und Streitkultur.
**b)** Für die Psychosetherapie heißt das: Dualer Rapport ! Vom konfluenten Kern ( „don´t touch me" - und self disclosure ) über das Einlassen, Hören auf fremd anmutende Ichzustände und sich nicht zu Gegenpoligem provozieren lassen; um Ambivalenzen und noch vorhandene Strukturen zuerkennen; um von der Nichtexistenz zum Realitätskontakt ( Ich-Identitäten ) zu gelangen.
**c)** Neurose und Psychose, beide Richtungen gehen nicht ohne Klimax oder Tiefung, Impasse, Destruktivität, Konfluenz und Identitätserfahrung. Für alle „Umstrukturierung" gilt der Satz Gendlins: „Die größte Schwierigkeit bereitet es, die Aufmerksamkeit in die Mitte des Körpers zu lenken" ( 32 ).
**d)** Erst mit der wachsenden Ich-Stärke reift das Heranführen an interaktionale Differenzierung und Grenzmöglichkeiten, wobei das Kontinuum von Identität, Integrität und Wertschätzung erhalten bleiben muss.
**e)** Therapeutische Voraussetzungen sind: Eigene, zentrierte Integrität, entwicklungs-psychologische Klarheit der Schritte, richtige Zeitpunkte der

Intervention bzw. Nicht-Intervention,- wache Beobachtung sowohl der horizontalen Bandbreite der polaren Aktions- und Erfahrungsfelder, wie auch der vertikalen und zu focusierenden Brennschärfe auf den Nullpunkt.

<u>Abb. 99</u> ( Anhang 13 A-D )

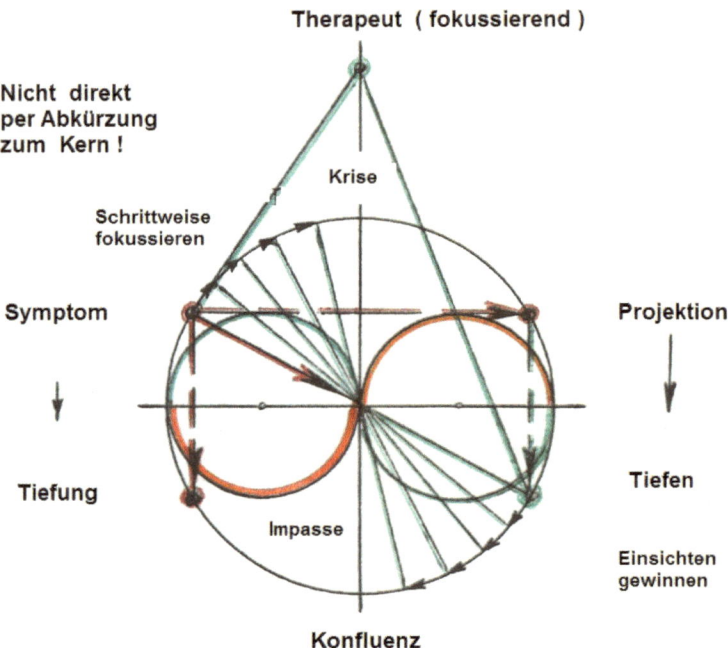

## 7. Umstrukturierung und Verdoppelung: Die „Acht" und „Flow"
### 7.1 Die „Runde Gestalt" eines Erregungs- und Erlebensmoments

Die Acht ist das mathematische Zeichen für Unendlichkeit. Der Grosskreis kann ähnlich für unendliches Kreiseln stehen. Deutlich war : Wenn wir die Acht als vier Sinus-Halbbögen ( zwei Unterkreise ) in den Gesamtkreis einpassen, so entspricht die „Strecke des Kreisganzen" mathematisch genau jener Strecke, die die Acht zurücklegt. Jeder vierte Teil des Kreisganzen entspicht in seiner Bogenlänge je einem Sinushalbbogen.

Abb. 100

Optisch gesehen hat die Acht ihren mittleren Null-Punkt. Als duale Teilkreise berühren sich beide in diesem Kontaktpunkt. Malen wir die Acht in einem ganzheitlichen Schreibvorgang von der Null-Mitte aus, ist sie dreimal der Nullpunkt: „Anfang und Ende sind eins und sind Mitte zugleich!"

Teilen wir den Kreis als „Kugel" in die räumliche Dimension mit zwei Schnitten vertikal und horizontal, so entstehen in ihr acht Raumkörper, die sich im Mittelpunkt treffen. Wir malen also die Acht horizontal und vertikal. dreimal. Die Teilung des Kreis- und Kugelganzen folgt in 2 : 4 : 8 :

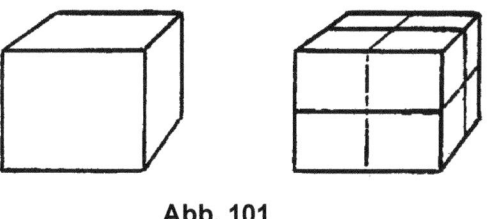

Abb. 101

Schon Perls wies auf die Verdoppelung am Beispiel des Würfels durch zwei Schnitte zur „**Acht**" (128) im räumlichen Würfel.

Ob Kugel oder Würfel, im Paradigma erscheint nun wichtig, sie haben immer ein und denselben Null-, Mittel-, Kern-, Grenz-, Übergangs- und Umstrukturierungs-Punkt, so dass die Schnitte der Zellteilung und ihr gemeinsamer Kontaktpunkt die Quersumme 3: 5: 9 ... ergeben.

Abb. 102

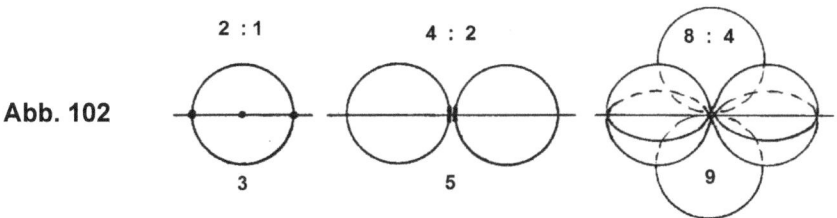

Der Teilung von Kernen und Mitte folgt die Quantenmechanik in immer neuer Fortsetzung von Atomen zu Protonen zu Neutronen mit immer neuen Kernen (Dreiersystemen), Quarks und Anti-Quarks, zu Tohus (hebräisch das „tohu - wa - bohu" am Anfang der Genesis).

### Die „ Runde Gestalt " eines Erlebens- und Erregens- Moments
### ( 1 x rund um in 4 Phasen, 2 x Umstrukturierung am Punkt Null )

zeigt Abb. 103 :

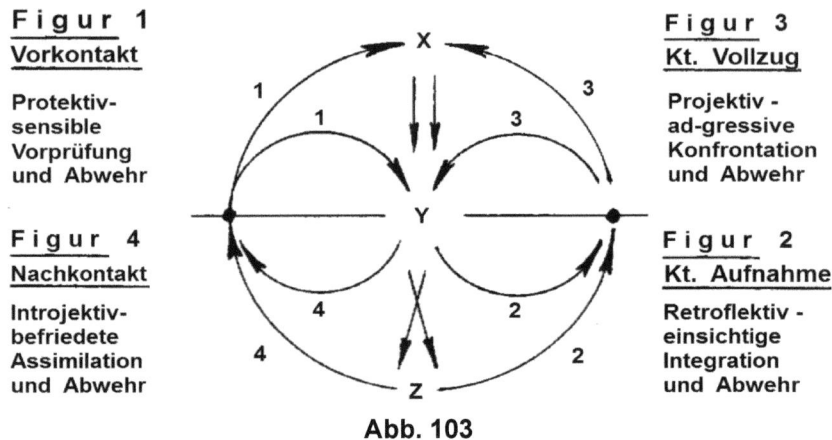

**Figur 1**
Vorkontakt

Protektiv-
sensible
Vorprüfung
und Abwehr

**Figur 4**
Nachkontakt

Introjektiv-
befriedete
Assimilation
und Abwehr

**Figur 3**
Kt. Vollzug

Projektiv -
ad-gressive
Konfrontation
und Abwehr

**Figur 2**
Kt. Aufnahme

Retroflektiv -
einsichtige
Integration
und Abwehr

Abb. 103

Legende zu Abb. 103:

x = Erregungsmaximum in dual-getrennten Hemisphären
von Awareness- und Geistes-Gegenwart
y = Death-Layer, Impasse und Umstrukturierung
z = Innere Bewegung, Integration, Umstrukturierung

Das graphische Modell Abb. 103 ist auf die psychologische Ebene zu transponieren, auf dem Hintergrund, den Perls - Hefferline - Goodman in vier Phasen ( 221) unterteilt : „Für den Prozess schöpferischer Anpassung sind Sequenzen der Hintergrundfiguren ( Figur & Grund ) grafisch nachgezeichnet :
1) **Vorkontakt : Grundfigur ist der Körper.** Sein Trieb oder ein Umweltreiz sind „Figur". Er ist hier „das Gegebene" oder das „Es des Erlebens".
2) **Kontaktaufnahme**: Das Selbst nimmt das Gegebene an und macht sich dessen Kräfte zunutze; dann tritt es an die objektiven Möglichkeiten heran, schätzt sie ab, beeinflusst sie u.U. . Das Selbst ist vorsätzlich aktiv, im Blick auf „Körper" und „Umwelt". Darin manifestieren sich die Ich-Funktionen.
3) **Kontaktvollzug** : Ein spontanes, sich selbst überholendes, doch bald desinteressiertes, mittleres Anteilnehmen zu der erreichten Figur.
4) **Nachkontakt** : Verblassendes Selbst ; kurze Erinnerung . Das war's .-

## 7. 2 Doppelheiten im Spin von „ Bewusst und Unbewusst "

Gedoppelt, gleichzeitig „Figur und Grund" erfassen zu wollen, mag verwirren. Es geschieht, wenn wir die „Acht" zur gleichen Zeit mit der linken und rechten Hand gleich zweimal zeichnen. Der zweideutige Vorgang von bewusst und vorbewusst ist nur im Umpolen möglich, sobald Unbewusstes zur Figur erhoben wird. Im Witz lebt die Zweideutigkeit von einer Art Kurzschluss der Begegnung mit dem unerwarteten Effekt :

„Zweie" unterhalten sich; sagt der eine zum anderen: „Ich bin neulich zum Wahrsager gegangen; ich klingle an der Türe; da fragt eine Stimme von drinnen: Wer ist da? Ich selbst habe gedacht: Das fängt ja gut an!"
Im nächsten Fall treffen sich zwei Kumpel; fragt der eine: „und was machst Du heute?" „Nichts antwortet der."Sagt der erste: „Wie, das hast Du doch gestern schon gemacht." Antwort: „Ja, aber da bin ich nicht fertig geworden!

Pointe und spontanes Zusammentreffen stimmen heiter. Wir ahnen den dualen Ablauf, der sich im Spin entgegenkommt. Wir versuchen, den Vorgang mit acht Sinushalbbögen ( je zwei ) in vier Quadranten zu bringen, d.h. in die Reihe von Fühlen - Denken - Intuieren - Wahrnehmen.
Ausgangspunkt und auslösendes Moment einer Bewegung (Erregung) kann mit jedem der vier Sinus-Halbbögen (Quadranten) beginnen , dh. mit der Begrifflichkeit von Introjektion - Projektion - Retroflxion - Protektion.

### 7.3  Phase und Gegenphase : Vom Vorkontakt zur Integration

### 7.3.1 Vorkontakt

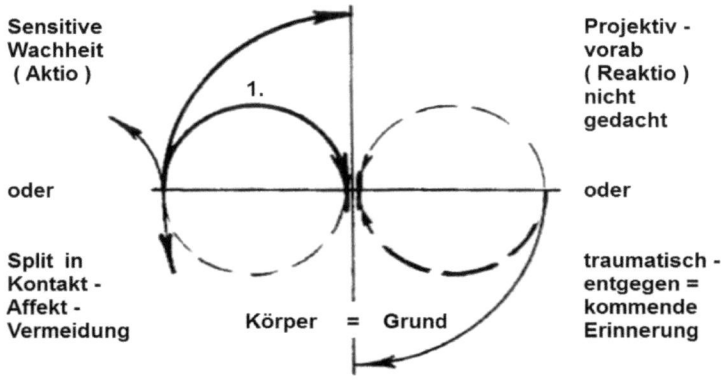

**Abb. 104 / 1**

## 7.3.2 Phase : Kontaktaufnahme im Retroflexiven - Erleben

### Abb. 104 / 2

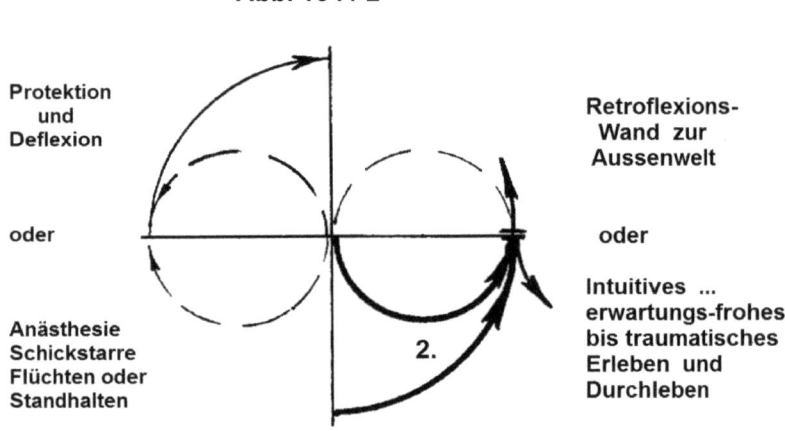

7.3.3 **Phase Kontaktvollzug:** Das projektive Ich vollzieht Kontakte zum Du. Es antwortet als „Ich-in-actu" und in der Fähigkeit der „respons-ability".

### Abb. 104 / 3

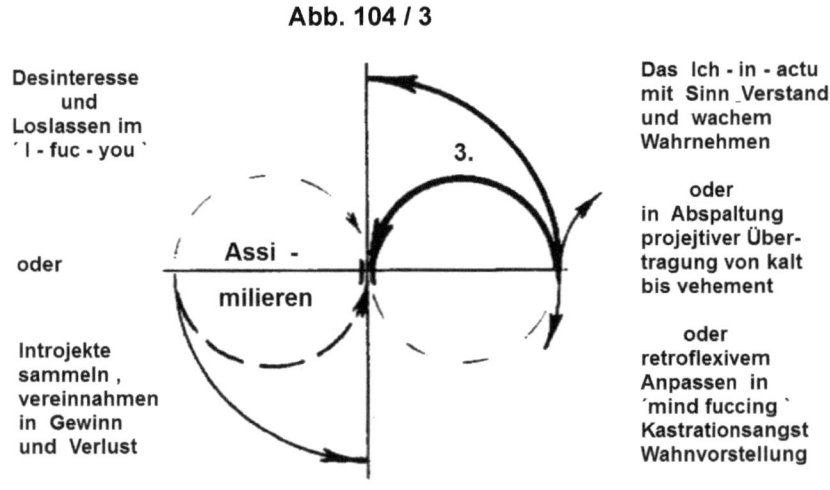

### 7.3.4 Phase : Nachkontakt im Assimilieren und Integrieren in befriedeter Indifferenz und verblassendem Ich-in-actu

Abb. 104 / 4

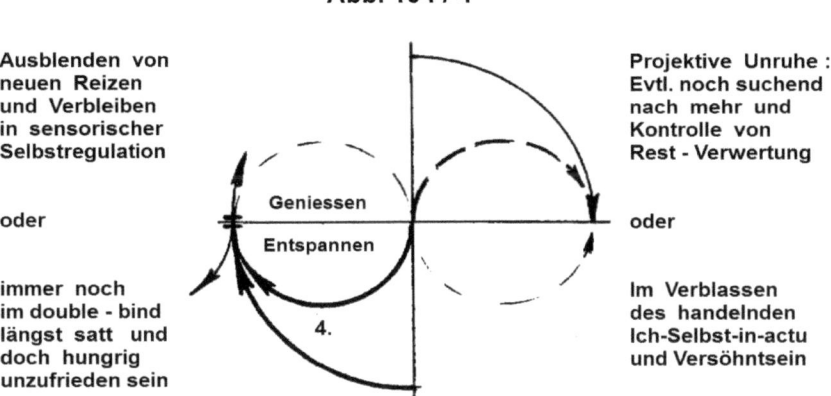

Ausblenden von
neuen Reizen
und Verbleiben
in sensorischer
Selbstregulation

oder

immer noch
im double - bind
längst satt und
doch hungrig
unzufrieden sein

Projektive Unruhe :
Evtl. noch suchend
nach mehr und
Kontrolle von
Rest - Verwertung

oder

Im Verblassen
des handelnden
Ich-Selbst-in-actu
und Versöhntsein

### 7.3.5 „Umstrukturieren" und „Flow"

Statt der „Rund-um-Gestalt" im Kreisganzen - soll nun eine fließende Abfolge eingebracht werden. Als „Flow" soll die Abfolge auseinandergefaltet dargestellt werden, die mit einer Tiefungs-Amplitude beginnt und endet:

Abb. 105

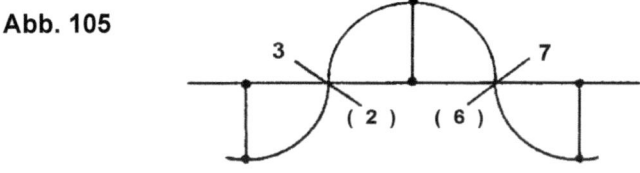

Zu jedem Zeitpunkt gibt es dazu gespiegelt die Alternative, die von der Amplitudenhöhe ausgeht. Auch hier folgt die einzelne Wellensequenz dem Up & Down im Zeitkontinuum des Flows. Die Abfolge auf der Horizontalen verweist auf die Zeitachse.- Die einzelnen Teilstücke finden sich auf dem Hintergrund von Robert A. Hall´s „eight stages" at „A Scheme of the Gestalt Concept of the Organismic Flow and its Disturbance" (E.W.L. Smith 54). Auch an Capra sei erinnert, wonach jedes... „teilweise erfolgreiche Modell darauf abzielt, einen Teil der beobachteten Phänomene zu beschreiben. Durch das Mosaik ineinander übergreifender Modelle kann das Teilphänomen erweitert werden. Damit nimmt die Nettozahl unerklärter Parameter laufend ab" ( 99 ). Hier die Hall´sche Kurve in spiegel-bildlicher Doppelung im Kreisganzen. Sie zeigt eine Ellipse mit zwei Brennpunkten:

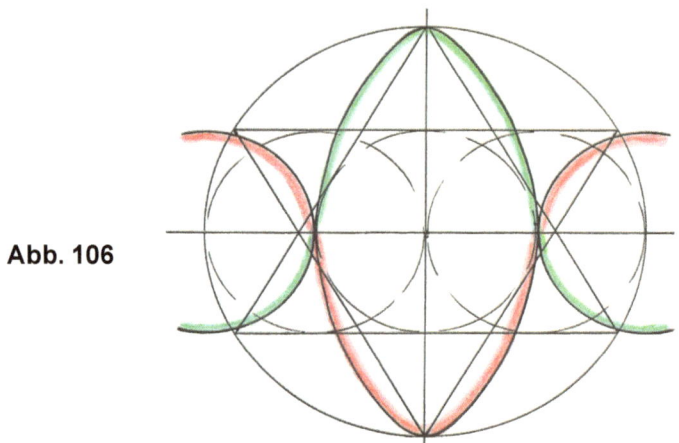

Abb. 106

**Die doppelte Hallsche Kurve im Kreisganzen Abb. 106** repräsentiert die folgenden dualen Identitäten :

Die erste Kurve als Bewußtheitskurve mit Up - Amplitude ( obere Quadranten) kennzeichnet die Kopfbewusstheit und die Awareness-Wachheit im Erregungs- und Transzendierungsmodus.

Die zweite Kurve (Tiefungsachse - untere Quadranten) kennzeichnet die Körperbewusstheit mit den vegetativen und vitalen Potentialen (Emotionen / Intuitionen) in Sensorik und selbstregulativer Körpermotorik, Desintegration und Integration. Die Brennpunkte der Ellipse können Herz- und Hara-Zentrum symbolisieren. Die vier Schnittpunkte der vertikalen Up-Pyramide könnten: Hirn - Herz - Hara - Genital verkörpern.

Mosaikartig / perichoretisch ( Capra / Petzold ) wären sich ergänzende Teilsysteme im Ganzen zusammen zu fügen. Petzold: „Man wird einen regelhaften, mehrphasigen Ablauf beobachten können. Der status quo verändert sich durch innere oder äußere Einwirkungen. Die Dynamik des Geschehens steigt an, spitzt sich zu, führt zum qualitativen Umschwung. Die einzelnen Teile, Requisiten, Rollen verändern ihre Konstellation zueinander; Handlungbsabläufe akzellerieren; und auf dem Höhepunkt der Auflösung erweist sich, ob eine neue Integration stattfindet, eine neue Anordnung des Vorhandenen, ein Hineinnehmen plötzlich aufgetauchter Elemente.
Die Integration ist immer auch ein kreativer Akt. Oder es entscheidet sich, ob Zerfall, Auflösung, Dekompensation eintritt . Der qualitative Umschwung

im Erleben vitaler Evidenz, in der Illumination kreativer Prozesse, im Annehmen und Loslassen bei Trauerarbeit, in der Peripatheia klassischen Dramas ... im Kairos und Aha des therapeutischen Theaters,- all das ist Ausdruck qualitativer Veränderung im Sinn der Umstrukturierung"- ( Iljine 1942 / Petzold 1980 in „Theater, Dramaturgie oder: Das Spiel des Lebens", 88).

# KAPITEL XIII

## DIE „ FÜNF- ZAHL" IM MODELL und psychologischer Diskurs

### 1. Archaische Ausgangspunkte und die Dreizahl

Urzelle - Zellteilung - Umstrukturierung - Flow - „drei Nullpunkte" : Senkrecht : Oben–Mitte–Unten. Waagerecht : Links–Mitte-Rechts .

**1.1 Abb. 107**

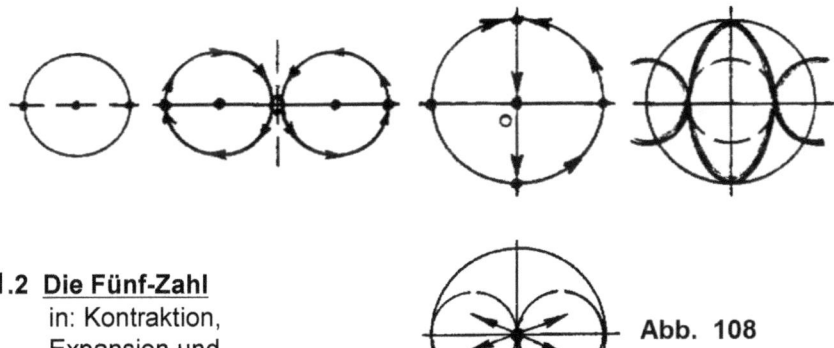

**1.2 Die Fünf-Zahl**
in: Kontraktion, Expansion und „five layers of neurosis"

Abb. 108

1.3 **Der Kern - in Konfluenz und Spaltung** und im bi-polaren Selbst .
1.4 **Die Quadranten :** Introjektion – Projektion – Retroflexion – Protektion .
1.5 **Wandernde Entwicklungs- Nullpunkte :** Horizontal in vier Phasen . Entwicklungspsychologisch : Pränatal - oral - anal - ödipal - Abb.109 .

Vertikal als DNS – Spirale und als weisheitliche Chakren Lehre.

## 2. Hermeneutische Übertragung, Dreiklang - Triangulierung
wie: Sonne - Mond – Sterne ; Vater - Mutter - Kind
**Abb. 109**

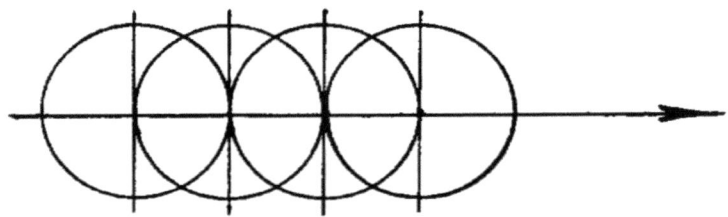

### 2.1 Dreitakte : Organismisch - pathologisch - therapeutisch

a) Geburt :      Konfluenz   -  bi-polare    -  eingefaltete
                 Fusion          Einheit         Doppelhelix
b) Wachsen :     Zellteilung -  Differen-    -  Organismus
                 Spaltung        zierung         Struktur
                 Körper      -  Bewusstheit  -  Hirn-Hemisph.
c) Ende / Tod :  Anästhesie  -  Fixierung    -  Vereinzelung
                 Isolation   -  Erstarren       Zell-Tod
d) Meta-Ebene    Umstruktu-     Evolution       Transzen-
   Metamorphose  rierung        Sprünge         ...denz *

* Kierkegaard: „Glaube ist der Sprung in die Transzendenz".

Dreitakt in pathologisch–therapeutischen Konstellationen von
der Psychose zur Ich-Struktur; von der Neurose zum Fliessen.

a) Psychose -    Borderline Symptome   -  Ich - Struktur
   Konfluenz     Spaltungsoperationen     ohne Grenze
                 ohne Kontinuum           und Kontakt.
b) Neurose  -    Umstrukturierung zur     Energy-Flow
   Charakter-    Kehrseite d. Medaille    Awareness -
   Panzerung     Freiheit in Ja & Nein    Kontakt.

2.2 Dreitakte im „Korrespondenzmodel" von H.Petzold als „Anfang - Life-Span - Ende" und Blick auf die Doppelgesichtigkeit der Mitte.
2.3 Dreitakte im wandernden Entwicklungs-Nullpunkt : Schnittpunkte der Gegenwart im Hier und Jetzt.

Bisher war der Schnittpunkt geprägt durch Konfluenz und Spaltung . Mit ihm zentrierte sich´s auf das Paradox von Einheit und Zweiheit. Sie gehören wie synaptischer Spalt und Transmittersubstanz zusammen .
„Wachsen" vollzieht sich in Korresponenz , Identität , Umstrukturieren , Integration und Abgrenzung . Wachsen braucht : Vertrauen, Verbundenheit und Getragensein im selbstregulativen Kontinuum der Kräfte zum einen . Zum anderen braucht Wachsen: Differenzieren, Spalten, Sprünge zu bewusster Unterscheidung von dem , was integriert bleibt und was nicht . Dem dienen Unterscheidungen von sensorischem und affektivem Vermögen als die eine duale Teilganzheit . Die anderen Teilganzheit braucht den Sprung in ...
a) Die Projektion und Übertragung, zuerst im dualen Rapport ; mehr und mehr in die eigene Lernfähigkeit , Planung und Zukunftsperspektiven .
b) Die Retroflexion in Rückbesinnung und Korrekturvermögen, zu denen auch das „ Erinnern in speichernden Archiven " gehört ( H. Petzold, IT. 1-2/ 1984, 86ff) . Bindung wächst , Besonnenheit, Sozialisation, Ethos, Umsicht , verknüpfende Akzeptanz und Toleranz .

## 3. Die „Fünf" : Psychologisch - nosologisch Ungereimtes
### 3.1 Ungereimtes in Verdrängung, Introjektion, Projektion, Retroflexion

Fünf Finger je Hand , fünf Kontinente, fünf olympische Ringe sind uns im Alltag vertraut. Hier wählen wir „ Five Layers of Neurosis ". Öfter werden uns fünf Ebenen in humanpsychologischen Konzepten vorgestellt: Konfluenz, Introjektion, Projektion, Verdrängung, Deflektion. Teils sind sie auf die Vierzahl reduziert und die Reihenfolge wechselt. Öfter werden Perls, Hefferline-Goodman, E. und M. Polster unvollständig zitiert; z. B. werden als „typische Grundmuster des Vermeidungsverhaltens : Introjektion, Projektion, Retroflexion und Konfluenz genannt. Darüber setzt Bünte-Ludwig als Oberbegriff den Vermeidungsbegriff über die vier Grundmuster. Perls dagegen geht von den konfluenten und spaltenden Tendenzen als zentralen und konstituierenden Kräften für „Leben" aus (29). Dies vorausgesetzt, schreibt Perls: „Die Hauptmerkmale der vier wichtigsten Hemmungen sind : „Verdrängung; Introjektion; Projektion; Retroflexion" (265) .
Dieser Reihe folgt das Paradigma-Modell Abb. 110 .

Verdrängung ●──────────────▶● Projektion
          │    Spaltung     │
          │    Konfluenz    │
Introjektion ●──────────▶● Retroflexion

Abb. 110

### Der Sinn der Reihenfolge entscheidet sich je nach Ansatzpunkt :

„Verdrängung" braucht den Kontakt und die Wahrnehmung nach innen zu den Affekten und Empfindungen. Die Introjektion kehrt sich wieder nach aussen dem projektiv-expressiven Ausdruck zu in Entfaltung und Selbstbehauptung. Das Projektive braucht den reflexiven Rückbezug auf das Selbst und die Individuation. Das Retroflexive dreht sich korrigierend wieder Verdrängtem zu, um nicht in Isolation und Autoaggression zu verbleiben. Auch die andere Reihenfolge kann im neurotischen Sinn partiell stimmen, wenn die „Konfluenz" an das Ende umstrukturiert wird, sofern der therapeutische Prozess durch Konfluenz und Desorientierung an frühere Schichten gelangen soll.
Dennoch, nicht ohne Grund setzen H. Petzold und Y. Maurer die „Konfluenz" an den Anfang archaischer Bewältigungs- und Abwehrformen, insofern Konfluenz, Geburt, Zeugung die primäre Ausgangsform von Leben ist und therapeutische Tiefung zu desintegrativen Anfängen zurückkehrt.

### Die Probe auf's Exempel: Literatur und Paradigma

Erving & Miriam Polster beschreiben die Fünf-Zahl in klarer Folge (S. 77ff): „Es gibt fünf Hauptrichtungen der vom Widerstand bestimmten Interaktion .
1. Introjektion; 2. Projektion; 3. Retroflektion; 4. Deflektion; 5. Konfluenz.
Ins Modell gebracht:

**Abb. 111**

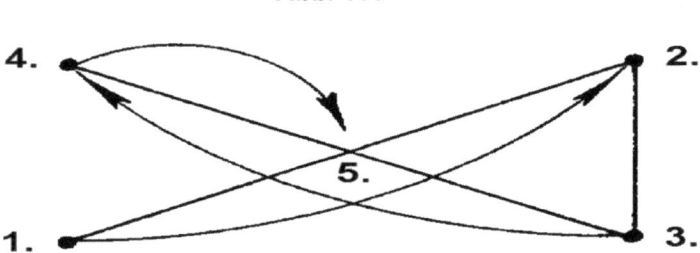

Insofern „Anfang und Ende zugleich Mitte sind" (Zen-Weisheit), - kann die Konfluenz sowohl am Anfang wie auch am Ende der Reihe stehen! - Weil Anfang und Ende „Eins" sind und doch zugleich „Zwei", muss die Mitte letztlich als doppelte Mitte gezählt werden. Das entspricht dem „Sechser-Zyklus" (Perls 84) und der Entwicklung der Ich-Funktionen im Kontaktzyklus bei Hefferline-Goodman unter dem Aspekt von Erregung und Hemmung

(244, 257) : 1) Konfluenz - 2) Introjektion - 3) Projektion - 4) Retroflexion ; 5) Egoismus - 6) Fixierung. Es ist die Linie von der Symbiose zur Neurose. Im Paradigma entspricht die Reihenfolge „ reziproker Pole " dem Umschlag am Punkt 0 ( = Top 1+6 ) von der akuten Neurose zur Psychose.

Abb.112

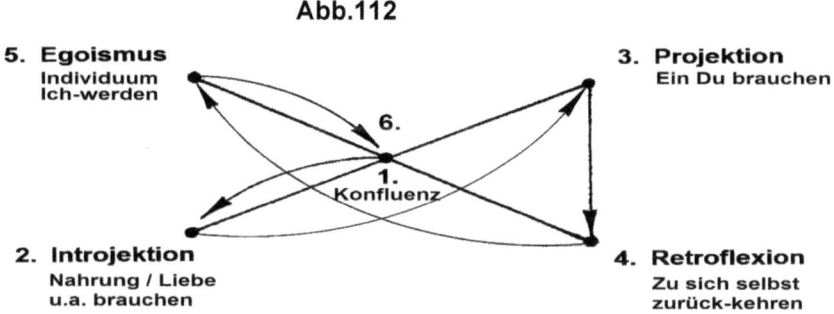

5. **Egoismus**
Individuum
Ich-werden

3. **Projektion**
Ein Du brauchen

2. **Introjektion**
Nahrung / Liebe
u.a. brauchen

4. **Retroflexion**
Zu sich selbst
zurück-kehren

Für Abb. 112 gilt auch der Satz der „Verdoppelung" :
„ Auf dem Umweg über ein Du komme ich zu mir selbst "!

Für den Therapieansatz bei Perls-Hefferline-Goodman zählt, dass sie die Reihenfolge freiheitlich umkehren können (254 ff)! So tut es auch W. Reich in seinem Zwiebelschalenvorgehen bei der Neurose. Dort ist die Reihenfolge rücklaufend, indem er mit der „Fixierung" beginnt ( Abb.113 ). Bei dieser Rückläufigkeit von Entwicklungen wird Perls verständlich, wenn er vom „Richtungswechsel seiner Clienten spricht (266 f). Er tut es ebenso im Blick auf die reziproken Quadranten. Er schreibt, „dass die passivere Retroflexion im gewissen Grad mit Projektionen verbunden sein muss. Zumindest ein Teil der Grausamkeit und ein Teil seiner Lust am Strafen muss projiziert worden sein" (267). „Sie muss ihm von außen her, von den Objekten der Übertragung aktiv angetan worden sein". Die rücklaufende Entwicklung zeigt:

Abb.113

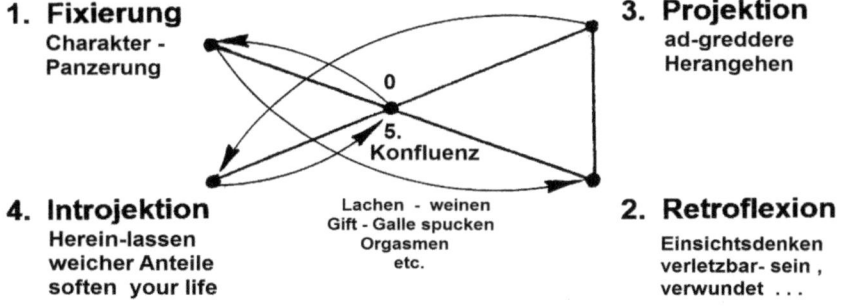

1. **Fixierung**
Charakter -
Panzerung

3. **Projektion**
ad-greddere
Herangehen

4. **Introjektion**
Herein-lassen
weicher Anteile
soften your life

Lachen - weinen
Gift - Galle spucken
Orgasmen
etc.

2. **Retroflexion**
Einsichtsdenken
verletzbar- sein ,
verwundet ...

## 3.2 „Avoidance – Deflektion – Protektion – Blockierung"
bei Freud, Bünte-Ludwig, Hall, Kayser, Petzold, Polster ...
Unter den „Layers" ist der Begriff „Verdrängung" nosologisch der schillernste Begriff, obwohl er in der Sache klar ist.

**Perls** mag in der Auseinandersetzung mit **Freud** zur Verwirrung bezüglich „Verdrängung" beigetragen haben. Trotzdem hat er das Phänomen nicht einfach eliminiert. Er grenzt sich zu Freud nur darin ab, dass er seinerseits nicht wie Freud die Affekte, Impulse und Triebe mit der Verdrängung entschwunden sein lässt: „Es ist unrichtig, von der Verdrängung von Trieben zu sprechen. Triebe können nicht verdrängt werden, - nur ihr Ausdruck lässt sich verdrängen" (189). „Verdrängung durch absichtliche Unterdrückung" kann in „schlichtes Vergessen" verwandelt werden, wobei dann eine „Affektverwandlung" als „Wesen von Verdrängung" zu bezeichnen wäre; der Verdrängende muss „unter alten Bedingungen neue Probleme bewältigen",- was nicht geht ( Perls-Hefferline-Goodman, 225 f ).

**E. & M. Polster** verwenden den Begriff „Deflektor" ( „deflect" = abwenden, vorbeilenken ), „sich dem direkten Kontakt entziehen" ( 77 f, 93 ).

**E. Kayser & M. Stättner-Kayser** verwenden Deflektion als „Unterlassung von Anpassungsbewegungen". In diesem Sinn „kann ein System über die Berührung mit einem anderen System schnell hinweggehen, ohne eine wirkliche Reaktion auf das andere System zu zeigen. Bildlich ausgedrückt: Es lässt nichts in sich hinein und wirkt so auch nicht ins andere System" (IT. 1-2 / 1984, 140). Die Fünf-Zahl findet sich auch hier, jedoch teils in anderer Reihenfolge.

**Chr. Bünte - Ludwig** fügt als fünfte Abwehrform (unklar, ob synonym mit „Verdrängung") **„Blockierungen"** an (263).

**R. A. Hall** benutzt in seinen Disturbance-Feldern „Stages", unter denen die **„avoidance"** zunächst ein reaktives, spontanes Verhalten im nach aussen gebrachten Ausdruck meint: „person then avoids good contact with the environment" ( 57 ).

**H. Petzold** spricht vom **„Protektiven Widerstand":**
Auf dem vielschichtigen Hintergrund von „Widerstandsfähigkeit als Zeichen der Kraft (résistance) und auf dem Hintergrund eines „Sich-wehren gegen Veränderung der Identität" (Veränderungswiderstand), und Widerstand „gegen den, der seine Struktur labilisieren will" („interaktionaler Wider-

stand"), auf solchen Definitionen wird der „protektive Widerstand als die Vermeidung (avoidance) von awareness und Kontakt angesehen: Kontakt mit schmerzlichen, angstauslösenden, bedrohlichen, unlustvollen Ereignissen, Gedanken, Gefühlen.- In seiner protektiven Funktion schützt der Widerstand das Individuum vor Dingen, mit denen es nicht umgehen kann oder von denen es glaubt, dass sie nicht zu handhaben seien" ( s. „DieRolle des Therapeuten" , 267 ) . Selten wird insgesamt die Angst vor zu beglückenden und zu lustvollen Möglichkeiten genannt , die ihrerseits vermeidet .

### 3.3 Protektions- und Awarenes-Quadrant im Paradigma :

In dem zuletzt von H. Petzold vorgegebenen Sinn wird der Begriff „Protektion" eingesetzt. Er ist in der Summe synonym mit: Avoidance, Blockierung, Deflektion, Egoismus, Fixierung, Verdrängung, Vermeidung und in der Reihe von „character structures" = „rigid" , vgl. Abb. 114 .

**Abb. 114**

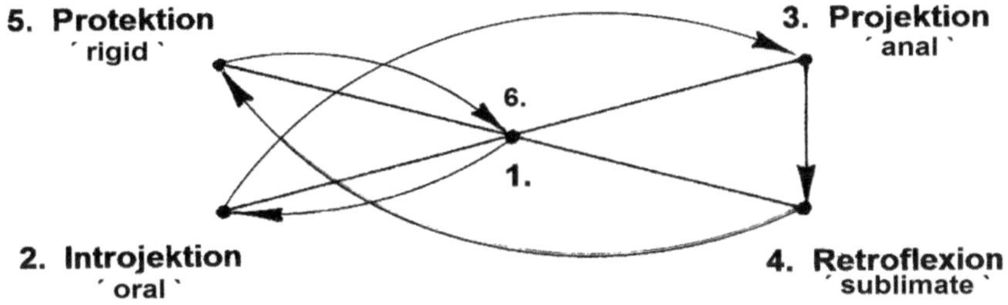

5. **Protektion**
 ´ rigid ´

3. **Projektion**
 ´ anal ´

6.

1.

2. **Introjektion**
 ´ oral ´

4. **Retroflexion**
 ´ sublimate ´

Mit Fritz Perls bestätigen sich allgemeine Gültigkeiten neu:

„Vermeidung sei das Hauptmerkmal der Neurose".- Der therapeutische Gegenzug sei die „Konzentration", und zwar primär die „Awareness-Ebene", die ein „Abgleiten in Retroflexion verhindert". Denn „Menschen verdrängen ihre Objekt-Beobachtungen und verwandeln sie (sublimierend-altruistisch) in Selbstbeobachtung mit dem Wunsch, Unannehmlichkeiten, Verlegenheit und Angst zu vermeiden". - Die Folge ist: „Ausdruck wird zur Verdrängung", und das wieder führt zum „Vermeiden von Kontakt". Dabei wird die Aufmerksamkeit von der Erregung ferngehalten (214, 225, 272).
In der jetzt vorgegebenen Folge konzentriert sich die Neurose auf den rigiden Typos mit seinen am stärksten ausgebildeten Ich-Funktionen. Dieser Typos ist der lebenstüchtig-handfeste, unabhängige, individualistische, auch zwanghaft-aktive „All-round-Libero", auf dessen Schattenseite es am Ende

bei E. & M. Polster tragisch-trauriger Weise heisst: „Er verausgabt sich, erzielt keinen Gewinn (emotional) und endet als Bankrotteur " (78). Pauschal ergeben sich so auch Schubladen-Begrifflichkeiten wie „La Tüchtigkeit Allemand". Indes Perls auf der therapeutischen Seite einräumt: Hier sei die Umkehrung ins Einsicht-Denken (vgl. den reziproken Quadranten) am ehesten unter den Charakterstrukturen gegeben.
Sofern sich aber der schizoide „Issue–fear-of-death" (später) dahinter verbergen kann, wird die Tiefungsarbeit in frühe Störungen zurückreichen. Der Neurotiker indes merkt sein Verhalten (z. B. Rechthaberei, Rechtfertigen, Besserwissen) kaum, weil sein Habitus zur Gewohnheit und zweiten Natur geworden ist.- In dem Sinn kommt es zu Sublimierungen und in der Folge auch zu Kulturprägungen .

Perls definiert: „Verdrängung ist Vergessen einer absichtsvollen Hemmung, die zur Gewohnheit geworden ist". „So ist die Natur des neurotischen Nichtgewahrseins Verdrängung " und Schutz. Zu lokalisieren sind sie im oberen „Awareness-Quadranten" . Dort offen zu Tage tretend , kann er nicht eigentlich unterdrückt werden. Denn „jede Erregung sucht nach Aufmerksamkeit und Ausdruck. Der unterdrückte Trieb aber gehört der physiologischen Selbstregulierung an und dauert konservativ fort" (Perls – Hefferline – Goodman , 221 f.).

## 4. Der KERN in KONFLUENZ – SPALTUNG – Nullpunkt - Dreiklang

### 4.1 Ich- Kern und bipolares Selbst im dualen Rapport

**Unterschied von Spaltung und Verdrängung:**

Christa Rohde-Dachser formuliert: „Zwischen Spaltung und Verdrängung bestehen grundlegende Unterschiede". „Durch den Vorgang der Verdrängung werden inkompatible Inhalte aus dem Bewusstsein verdrängt und durch die entsprechende Gegenbesetzung im Ich von der Wiederbewusstwerdung ferngehalten." „Bei der Spaltung hingegen bleiben die inkompatiblen Inhalte bewusst oder zumindest vorbewusst und müssen daher durch eine Reihe von Manipulationen von anderen Segmenten der psychischen Erfahrung getrennt gehalten werden"(492). Pathologische Folgen sind letztlich „Spaltungen und Sprünge" in der Abwehrstrategie bei der Borderline-Symptomatik, in bizarrer Fragilität bei der Schizophrenie. Spaltung geschieht zwischen exzessiv guten, intelligenten, idealisierten, sowie verteufelt, bösen Objekten nach innen wie aussen. Sie geschieht in einer „strikten Aufteilung von Omnipotenz und Abwertung" (497) und das ohne „Zwischentöne" und in „abrupter Verschiebung" (493).

## Konfluenz und Spaltung ( Dreiklang und Fünf-Takt )

Während die Verdrängung „einen entwickelten und funktionierenden, psychischen Apparat voraussetzt", kommt es bei der Spaltung zur Konfluenz der „Identifikationssysteme". „So verstanden sind Spaltung und Identitätsdiffusion" (Erikson) eng miteinander verbunden.
Klinisch manifestiert sich die Spaltung besonders „im wechselnden Ausdruck von komplementären Seiten eines Konflikts, kombiniert mit blanker Verleugnung und mangelndem Betroffensein von dem Widerspruch in diesem Verhalten" (493).
Das Vorherrschen der Spaltungsoperation verhindert das Aushalten von Spannung ( gereiftes Ambivalenzvermögen ) sowie echter Schuldfähigkeit.
D.h. keine Verantwortung, kein Einsichtdenken, kein Lernen und Umdenken auf Grund der Spaltung.
Dafür zeigen sich in gleicher Weise leichtfertige wie hartnäckige „Verleugnungstendenzen" (498, 501) und eine abrupte, negative Potenz an Feindseligkeit und Selbsthass, sobald narzißtische Bedürfnisbefriedigung und die Übertragung auf Ideal-Objekte unterbrochen wird.
„Hass kann sich dann auf Außenobjekte richten, dem das eigene Versagen vor den Idealansprüchen unterstellt wird (inkl. daraus resultierende Insuffizienzgefühle) oder er kann auf das Objekt projiziert werden. Das Objekt erscheint dann als hasserfüllt, und der Patient wird zum bemitleidenswerten Opfer. In der Situation jedoch sieht er sich moralisch dazu legitimiert, nun selber gegen den Angreifer Attacke zu reiten" (Heigel - Evers / 1965; Horney / 1951).
„Die Wut gegen den Schuldigen in der Aussenwelt muss sich automatisch steigern, wo die Gefahr der Selbstwahrnehmung der eigenen Schuld und des eigenen Versagens wächst. Es stellt also eine Art narzißtischen Selbstschutz dar , in dem sado-masochistische Züge verwoben sind "
( Rohde-Dachser 496) .

Im Paradigma tangieren die Spaltungs- und Konfluenzphänomene besonders die Hemisphäre von projektiven und retroflexiven Quadranten. Und diese wieder, als duale Teileinheit, trennen sich vom anderen Teilganzen: Sensus-Awareness- und emotionalem Affekt / Impuls-Quadranten.

Benedetti fragt : „Welche dynamische Bedeutung hat nun das Splitting?" Die Antwort ist: „Im Fall schizophrener Spaltung kommt es darauf an, wie wir sie auffassen, ob als Abwehr oder als Wehrlosigkeit qua Desintegrationsphänomen der Psyche; oder ob man behauptet, dass der Verlust der Ich-Grenze, die Verwechslung von Innen und Außen, als Abwehr gegen unerträgliche Spannungen gebraucht wird.

Die Hypothese der Abwehr gegenüber der Desintegration ist die therapeutisch optimistischere, weil sie dem Therapeuten erlaubt, dem Patienten u. U. zu zeigen, was er mit seiner Psychose macht und nicht bloß, wie er unter seiner Psychose leidet" (s: Nervenarzt, 645).
Auch im Mittel- , Kern- und Nullpunkt des Paradigmas läßt sich der doppelte Punkt sehen wie zwei Seiten der Medaille. Vergleichbar sind die Sätze von Benedetti: „Splitting ist eine primitive Form der Abwehr" (645) und der Satz bei Petzold / Maurer: „Spaltung ist eine archaische Form von Bewältigungsstrategie" ( Leiblichkeit, 367 f ).
Konfluenz und Spaltung des Kerns ermöglichen die Ab- und Ausgrenzung und ebenso das An und Ab von Kontakten. In der Doppelgesichtigkeit des Kerns finden wir die Spannung aller Identitätserfahrung, die mehr einem Geheimnis gleicht . Der Ich-Kern ist Mitte und Kontaktpunkt zugleich.

### 4.1 Ich- Kern und bipolares Selbst im „dualen Rapport"

Der „Aufbau der Identität mit Hilfe des dualen Rapports" in „Verdoppelungsprozessen" und in „Umstrukturierungsprozessen" (Benedetti, 59; Stierlin: 38, 69, 76) ist ohne Spaltung und Spannung nicht möglich.
In seinem Identitätskonzept nennt Petzod das „Identitätserleben als die zentralste Funktion des Ich, als das Erleben des „Ich-Selbst", des Bei-sich-Seins und des Mit-anderen–seins, abgegrenzt und zugleich im Kontakt".
In der „Verschränkung von Innen und Außen" erweist sich Identität „als Grenzphänomen im Sinne der Stabilisierung einer Innen-Außen-Differenz, denn Grenze bedeutet immer Abgrenzung und Kontakt" ( IT. 1984, 88 f ).
In diesem Doppelaspekt „wird das Selbst reicher. Es gewinnt die Identität an Prägnanz". Sie ist „an einen interaktionalen Kontext gebunden und bedeutet, sich im Lebensganzen verstehen zu lernen" (s.o. 86 - 88).
Das Phänomen durchgängiger Spaltung wäre Schizophrenie, ein Phänomen von undifferenziertem Kontakt, u.a. auch Symbiose.

### 4.2 Hiatus (Spalt) als Rückschritt und Fortschritt

Ausgangsthese : Trennen, Spalten, Differenzieren meinen ursprünglich u.a. „Fortschritt" ! Sie sind notwendig für jede Form von organisiertem Leben .

**Benedetti** beschreibt die Kehrseite in der „Regression" .„So bedeutet die schizophrene Regression eine tiefgehende Isolierung und Abtrennung ; sie ist nicht kommunikativ, vielmehr autistisch angelegt. Eine mitmenschliche Aussichtslosigkeit und ein Anschein der Sinnlosigkeit durchdringt alles. In der Regression, im Rückschritt liegt also der besondere Aspekt, der einen möglichen „Fortschritt" bedeutet" (102).

**G. Böhme** schreibt zur Differenzierung :
„Der Mensch legt in seine Existenz einen Schnitt hinein. Die Differenz ist die Basis von Ethik und Bewusstsein. Man muss dabei zunächst nicht-reflexives und reflexives Bewusstsein unterscheiden" ( 3o f ).
Als erstes Charakteristikum von Selbstbewusstsein (als psychologischer Zustand) sei eine Art Verlust an Unmittelbarkeit festgehalten, die Schaffung eines Abstands gegenüber den eigenen Affekten und Bedürfnissen.
Bewusstheit bedeutet also einen „H i a t", einen Lufthalt und Spalt (in zeitlich-räumlicher Metapher), einerseits zwischen dem, was man in eigenen Bedürfnissen und Trieben empfindet, und dem, was man denkt und tut.
„Dieser Hiat verleiht einem eine erstaunliche, im Prinzip sogar unendliche Handlungsfreiheit und Beliebigkeit. Die Selbstdistanzierung ist die Basis aller Intellektualistischen Ethiken von Sokrates bis Kant, von de Sade bis zu Dostojewskijs Grossinquisitor" ( 35 ).
„Das Individuum lernt, sich auf diese Realität und Gesellschaft einzustellen und so Befriedigung wie Selbsterhaltung zu ermöglichen, indem es seine Bedürfnisse, Wünsche und Affekte einer inneren Kontrolle unterwirft.
Diese Kontrolle führt in das Individuum eine Differenz ein... zwischen dem Zugelassenen und dem Nichtzugelassenen, dem Rationalen und dem Irrationalen, dem Bewussten und dem Unbewussten. Das Individuum identifiziert sich weitgehend mit dem Bewussten. Unbewusstes wird unheimlich, steht ihm als Fremdes gegenüber und bleibt ein ihn ständig bedrohendes Chaos". „Das ermöglicht auf der einen Seite ein hohes Maß an Sicherheit und Lebenstüchtigkeit, bringt aber auf der anderen Seite eine Entfremdung großer Teile von ihm selbst mit sich, und damit eine Entkultivierung des Anderen seiner selbst und eine wachsende Abhängigkeit von ihm" ( 42 f ).
Gleichzeitig ist mit dem Hiatus auch die Möglichkeit angelegt, in diese Nische des projektiven oder retroflektiven Sektors zu entweichen, sei es im exklusiven, exzessiven und schizoiden Verhalten, wie auch in projektiver wie retroflektiver Aggression, sei es im „homicide" und „suicide". Es schwinden jene Kräfte, die als Koexistenz, Konsens und Wertschätzung, Vertrauen und Verbundenheit (bonding) der Identität innewohnen.

### 4.3 Doppelaspekte : Identität und interaktionaler Beziehung

**Helm Stierlin** fasst die Doppelgesichtigkeit der Identität zusammen in dem, „was W. Hegel den Verdoppelungsprozess des Bewusstseins" nennt (68). Und dieser setzt sich fort in der „Bewegung der Beziehung... als Bewegung des gegenseitigen Anerkennens". „Ich bestätige mich im anderen und der andere in mir. Das vollzieht sich in komplexen Verdoppelungsprozessen des

Selbstbewusstseins, durch die ich mich selbst verlierend, im anderen gewinne. Wenn ich in mich selbst zurückkehre, bin ich verändert, und die Beziehung hat eine andere Basis gewonnen. Dasselbe passiert dem anderen in der Beziehung zu mir" (38 f).

„Die dialogische Bewegung der Beziehung und der sich darin abspielende Verdoppelungsprozess des Selbstbewusstseins bedingen ein charakteristisches Verhältnis von Subjekt und Objekt" (68). In diesem Prozess und so auch im bipolaren Selbst „muss jeweils in beiden Partnern sowohl das Objekt im Subjekt als auch das Subjekt im Objekt zu seinem Recht kommen" (76). „Der Prozess der Verdoppelung des Selbstbewusstseins, des Aus-uns-Herausgehens und wieder In-uns-Zurückkehrens macht zugleich auch die notwendige Versöhnung möglich" (s. Hegels Synthese, 69).

Bei **Heinz Kohut** liegen die Ursprünge des „bipolaren Selbst" da, wo die „Kohärenz des Selbst nicht gestört ist und wo die Schwankungen von Selbst-Annahme und Selbstwert-Gefühl sich innerhalb normaler Grenzen bewegen" (91). Zu vergleichen ist damit auch die „skilfull frustration" in der Therapie Winnicotts .
„Trieberfahrungen erscheinen nur dann als Desintegrationsprodukte, wenn das Selbst nicht gestützt wird". In der Anerkennung eines eigenen, gleichwertigen Selbst (auf beiden Seiten) wächst „gesunde Selbstbehauptung gegenüber dem spiegelnden Selbstobjekt und gesunde Bewunderung für das idealisierte Selbstobjekt".
„Aus der Matrix spiegelnder und idealisierter Selbstobjekte", aus dem omnipotenten wie ohnmächtigen „Größen-Selbst" kann sich anders kein „unabhängiges Selbst" entwickeln. Das aber passiert, „wenn die Suche des Kindes nach dem idealisierten, allmächtigen Selbstobjekt, mit dessen Macht es verschmelzen möchte, fehlschlägt", wenn dies Selbstobjekt „dauernd traumatisch und nicht phasengerecht" nur antworten kann: in Folge von Schwäche, Verweigerung und mangelndem Schutz,- dann hört die gesunde, glückliche , grossäugige Be- und Verwunderung des Kindes auf. Seine umfassende, psychologische Konfiguration bricht zusammen. Isolierte, sexualisierte, voyeuristische Beschäftigung mit isolierten Symbolen ('racketeering`) der Macht von Erwachsenen (Penis, Brust) treten an ihre Stelle" (150). Solche Art Perversion enthält „noch immer Fragmente des Größen-Selbst; sie schlägt in ihrer klinischen Manifestation ebenso schnell um in „narzißtische Kränkung und Depression" (151). Kohut indes spricht eher bescheiden vom „Entwurf": „Die Definition des Kern-Selbst und der damit verbundene Umriss seiner Genese ist ein Entwurf" ( 162 ).
In dem Sinn wird auch das Paradigma-Modell nicht mehr schaffen, als

klärende Strukturen, die die Begrifflichkeiten in Annäherungen ordnen.

Die Annäherung an das bi-polare Selbst bleibt ein Hinweis auf das Paradox von Einheit und Zweiheit, ein Hinweis auf Grenze und Übergang, und dass beide Pole erst in ihrer Dialektik eine dynamische Einheit bilden.

### 4.4 Paradigmatisch–synoptische Schautafel : Abb. 115

Auf dem synoptisch-literarischen Hintergrund und in der bisher aufgestellten Paradigmastruktur sei eine begriffliche Zuordnung zusammengestellt, die sinnmachend und erhellend sein kann.

Zahlenhinweise in der Zusammenstellung von Abb. 115 geben in der Legende ( vgl. Anhang 15 ) wieder, auf welche Quellen sich die Begrifflichkeiten und Terminologien in der Literatur beziehen. Die Summe des Modell-Schemas folgt dem Koordinatensystem der vier Quadranten und ihrer bipolaren Mitte.

### 4.5 Angst und Mut - Erregung und Sprung

Kernfusion und Kernspaltung, beide sind gefürchtete Warnzeichen, beide in ihrer Bindung und Freisetzung faszinieren und bannen in gleicher Weise . Erwin und Miriam Polster schreiben: „In jedem Fall fürchtet der Mensch sich vor dem Zerreissen der gewohnten Ich-Grenze. Er hat das Gefühl, dass die schweren Risse der Ich-Grenze seine Existenz selbst aufs Spiel setzen, ein drohender Riss erweckt seine Notfunktion. Sie schließt sowohl das Hervorrufen starker Erregung als auch dessen Gegensatz , die Unterdrückung der Erregung, die als Angst erfahren wird, ein" (112).

„Seit dem Abnabeln ist jeder von uns ein separates Wesen geworden, das eine Vereinigung mit dem anderen sucht", ein Wesen, das ebenso die Sehnsucht nach Mündigkeit und autonomer Mobilität kennt. „Die Funktion, die das Bedürfnis nach Vereinigung und Trennung verbindet, ist der Kontakt. Durch den Kontakt hat jeder Mensch die Chance, die Welt ausserhalb seiner selbst gewinnbringend zu erleben". „Unser ganzes Leben lang versuchen wir, die Balance zwischen Freiheit oder Trennung auf der einen Seite und Zugang oder Vereinigung auf der anderen Seite zu halten. Jeder Kontakt wird sofort von anderen abgelöst": „Ich berühre dich, ich spreche zu dir, ich lächle dich an, ich sehe dich, ich befrage dich, ich empfange dich, ich kenne dich, ich begehre dich; all dies verleiht dem Leben Resonanz. Ich bin allein; doch um zu leben, muss ich dich treffen" (101).

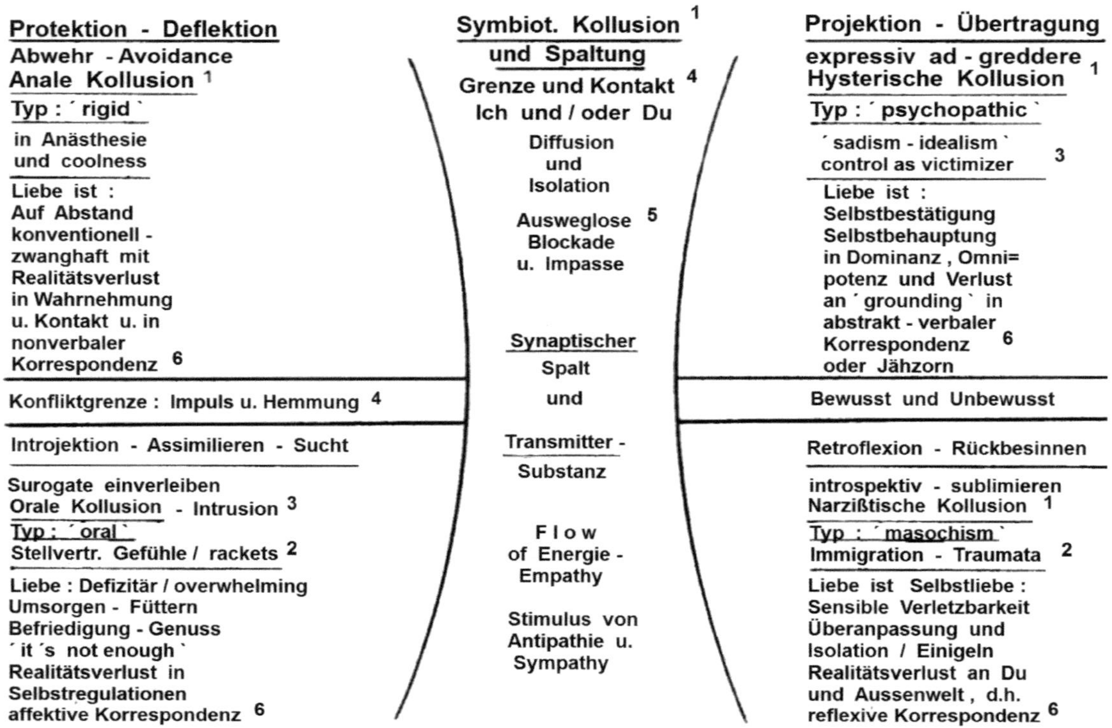

**Protektion - Deflektion**
Abwehr - Avoidance
Anale Kollusion [1]

Typ: 'rigid'
in Anästhesie
und coolness

Liebe ist:
Auf Abstand
konventionell -
zwanghaft mit
Realitätsverlust
in Wahrnehmung
u. Kontakt u. in
nonverbaler
Korrespondenz [6]

Konfliktgrenze: Impuls u. Hemmung [4]

Introjektion - Assimilieren - Sucht

Surogate einverleiben
Orale Kollusion - Intrusion [3]

Typ: 'oral'
Stellvertr. Gefühle / rackets [2]

Liebe: Defizitär / overwhelming
Umsorgen - Füttern
Befriedigung - Genuss
'it´s not enough'
Realitätsverlust in
Selbstregulationen
affektive Korrespondenz [6]

---

**Symbiot. Kollusion [1]
und Spaltung**
Grenze und Kontakt [4]
Ich und / oder Du

Diffusion
und
Isolation

Ausweglose [5]
Blockade
u. Impasse

Synaptischer
Spalt
und
Transmitter -
Substanz

Flow
of Energie -
Empathy

Stimulus von
Antipathie u.
Sympathy

---

**Projektion - Übertragung**
expressiv ad - greddere
Hysterische Kollusion [1]

Typ: 'psychopathic'
'sadism - idealism' [3]
control as victimizer

Liebe ist:
Selbstbestätigung
Selbstbehauptung
in Dominanz, Omni=
potenz und Verlust
an 'grounding' in
abstrakt - verbaler
Korrespondenz [6]
oder Jähzorn

Bewusst und Unbewusst

Retroflexion - Rückbesinnen

introspektiv - sublimieren
Narzißtische Kollusion [1]
Immigration - Traumata [2]

Typ: 'masochism'

Liebe ist Selbstliebe:
Sensible Verletzbarkeit
Überanpassung und
Isolation / Einigeln
Realitätsverlust an Du
und Aussenwelt, d.h.
reflexive Korrespondenz [6]

Abb. 115

Für die Isolation im anderen Extrem muss ähnlich gelten, was für die Konfluenz gilt: „Die Gegenmittel zur Konfluenz sind Kontakt, Differenzierung, Artikulation. Der Betreffende muss Entscheidungen, Bedürfnisse und Gefühle erfahren, die seine eigenen sind und nicht mit denen anderer Menschen unbedingt übereinstimmen müssen. Er muss lernen, dass er dem Entsetzen, von diesen Menschen getrennt zu sein, ins Auge sehen kann und trotzdem am Leben bleiben" ( 99 ).

**Gery Yontef und Santa Monica:** Zu „einer von Kontakt getragenen Beziehung müssen zwei getrennte, sich selbst bestimmende Menschen sich verbinden und gegenseitig anerkennen und zugleich ihre selbständige Identität aufrechterhalten." „Unter allen möglichen Formen von in Berührungkommen hat die Berührung vom Kern der einen Person zum Kern der anderen die stärkste Kraft, die Spaltung widerstreitender Teile innerhalb der Person aufzuheben" ( IT. 1983, 116 ).

**„Der Sprung"** - Mit Augenzwinkern ist das der Titel einer Bilderbucherzählung, die aus einer zweidimensionalen Fläche in die Dreidimensionalität springt nach dem Motto: „Als der Rahmen des Möglichen zu eng wurde, platzte es heraus und suchte das Weite."- Vorab auf Seite 2 finden wir Hermann Hesse und was er die „ Furcht vor Wahnsinn " nennt :

**„ Der Sprung "**

„Furcht vor Wahnsinn ist meistens nichts anderes als Furcht vor dem Leben, vor den Forderungen unserer Entwicklung und unserer Triebe. Zwischen dem naiven Triebleben und dem, was wir bewusst sein möchten und zu sein streben, ist immer eine Kluft; man kann sie nicht überbrücken, - wohl aber immer wieder überspringen, hundert mal; und jedes Mal gehört Mut dazu und befällt uns vor dem Sprung einige Angst."

Hermann Hesse

# KAPITEL XIV

## Psychologische Beschreibung der vier Quadranten

### 1. Summe : Koordinatensystem und Entwicklungsnullpunkt

**Das Koordinatensystem:**

Vom Kernpunkt eines erfassten, die Gegenwart bestimmenden Entwicklungsstadiums aus , s. Anamnestik und Diagnostik , sind sowohl der Nullpunkt , s. Zentrierung und Core-Arbeit , als auch die vier Quadranten ( reziproke Polaritäten ) des Koordinatenfeldes im Augenblick wahrzunehmen .

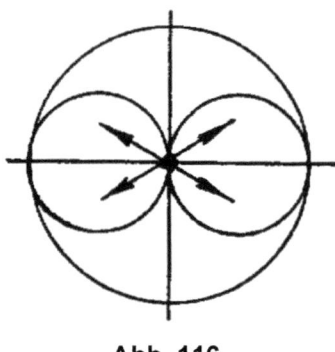

Abb. 116

**Der Entwicklungs - Nullpunkt:**

Als „Standpunkt" und Ortsbestimmung jeweiliger Phasen lässt sich die Fortentwicklung von Nullpunkten, Standpunkten, Ego-States... erarbeiten, strukturieren und ins Paradigma übertragen. In vielfach zu modifizierender Form tiefenpsychologischer Schulen ist es zu füllen , s. Phasen Abb. 117 .

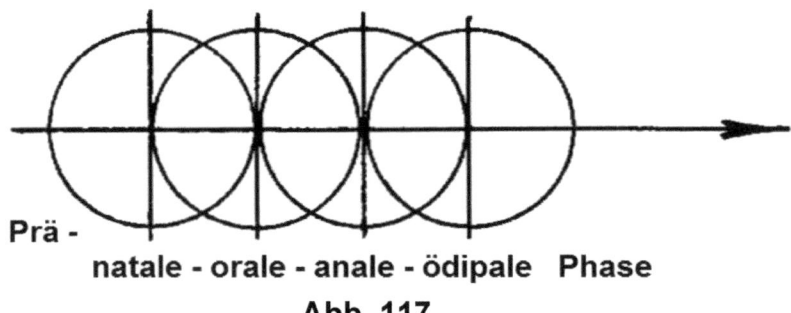

Prä - natale - orale - anale - ödipale   Phase

Abb. 117

## 1.1 Doppelter FLOW im UP & DOWN und fünf Phasen - Abb. 118

In der zweifach-gleichzeitig gespiegelten Flow-Kurve von Kopfbewusstheit und Körperbewusstheit und in der umgepolten Nachzeitigkeit der Transzendierungs- und Tiefungs-Amplitude findet sich in folgender Abbildung, dass aus beiden eine ganzheitliche, gemeinsame Kurve im idealen und maximalen UP und DOWN entsteht. Während die eine Kurve ihre Amplituden-Höhe und Tiefe erreicht und zur Figur wird, taucht die andere in ihr Vorbewusstes / Unterbewusstes zurück.

### Abb. 118

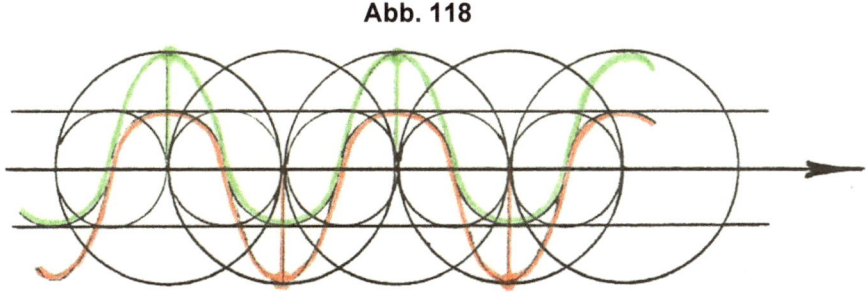

### Die Reihenfolge der fünf Phasen

Vom Nullpunkt aus gegen oder im Uhrzeigersinn der Quadranten wird die folgende Reihe allgemein synonym eingesetzt.

1) Bioenergetics : Schizoid – oral – masochism – psychopathic – rigid .
2) Integrative Gestalt : Konfluenz-Introjektion-Retroflexion-Projektion-Protektion - Spaltung - Deflektion .

## 1.2 Reziproke Wechselbeziehung und Synopse - Abb. 119

Wir folgen der polaren Wippstruktur von je zwei korellierenden Einheiten. Gewählt wird eine therapeutische Bewegung von außen nach innen und von innen nach aussen :

1.2.1 In Rückwärtsbewegung : Verdrängung - Retroflexion
1.2.2 In Vorwärtsbewegung : Introjektion und Projektion
( oral - anal : Einverleiben und Rausschmeißen ) .

**Abb. 119**

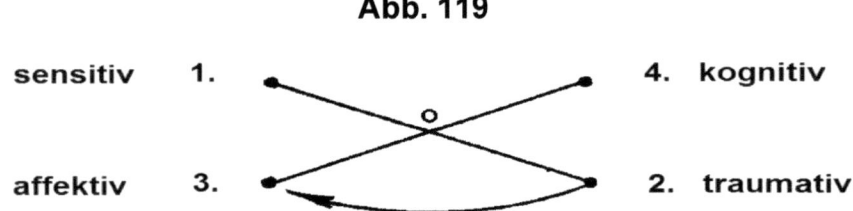

sensitiv 1.      4. kognitiv

affektiv 3.      2. traumativ

Volksnahe Korrelationen sind Denken und Fühlen ; Spüren und Ahnen .

## Synopse - in einem weiteren Schaubild - Abb. 120

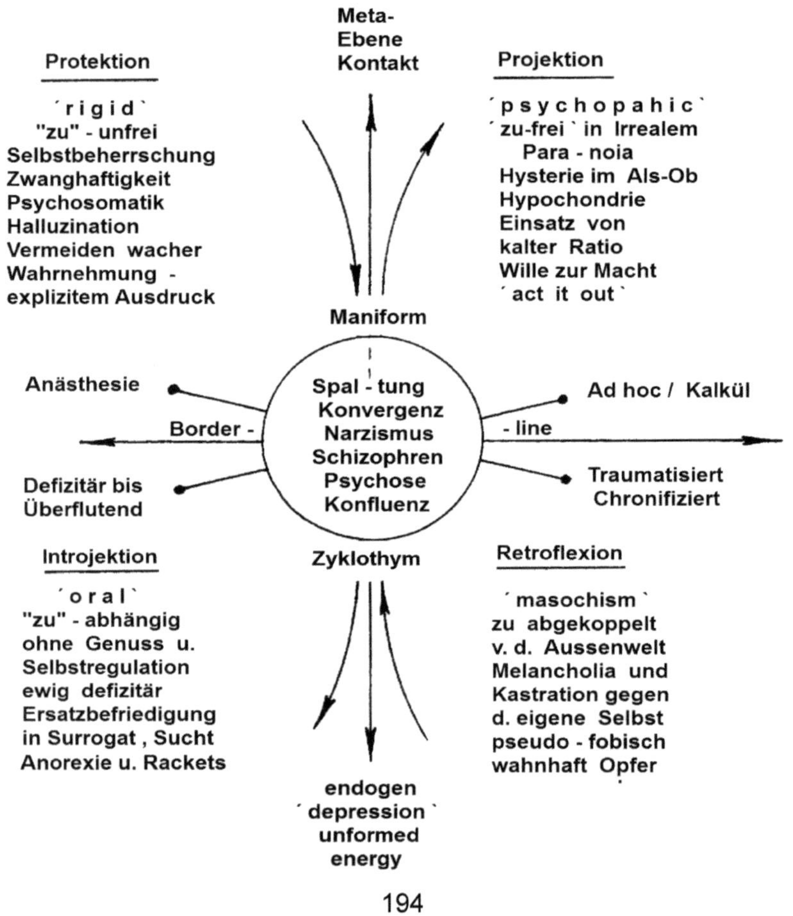

|  | Meta-Ebene Kontakt |  |
|---|---|---|
| **Protektion** |  | **Projektion** |
| ´rigid` | | ´psychopahic` |
| "zu" - unfrei | | ´zu-frei` in Irrealem |
| Selbstbeherrschung | | Para - noia |
| Zwanghaftigkeit | | Hysterie im Als-Ob |
| Psychosomatik | | Hypochondrie |
| Halluzination | | Einsatz von |
| Vermeiden wacher | | kalter Ratio |
| Wahrnehmung - | | Wille zur Macht |
| explizitem Ausdruck | | ´act it out` |
|  | Maniform | |

Anästhesie    Border -    Spal - tung / Konvergenz / Narzismus / Schizophren / Psychose / Konfluenz    - line    Ad hoc / Kalkül

Defizitär bis Überflutend      Traumatisiert Chronifiziert

| **Introjektion** | Zyklothym | **Retroflexion** |
|---|---|---|
| ´oral` | | ´masochism` |
| "zu" - abhängig | | zu abgekoppelt |
| ohne Genuss u. | | v. d. Aussenwelt |
| Selbstregulation | | Melancholia und |
| ewig defizitär | | Kastration gegen |
| Ersatzbefriedigung | | d. eigene Selbst |
| in Surrogat , Sucht | | pseudo - fobisch |
| Anorexie u. Rackets | | wahnhaft Opfer |

endogen
´depression`
unformed
energy

## 2. „Protektiver Verdrängungsquadrant " en détail

Von W. Reich wissen wir, wie Verdrängung innere Energieblöcke lahmlegt. Die Energien fließen an bestimmten Stellen nicht, sondern frieren in Verhaltensmustern ein. Die so entstandenen Blockaden und Panzerungen sind nicht nur Symptom, sondern auch psychosomatisch kraftvolle Widerstände. J. Pierrakos in „Core Therapie": „Defensive Panzerung spielt meistens schon sehr früh (bis zu einem Jahr) eine Rolle und sie formiert sich immer fester. Anfangs ist das Kleinkind ... ein vibrierendes, lebendiges System, das unmittelbare Wunscherfüllung verlangt". Findet ein „wiederholter und negativer Austausch zwischen Elternteil und Kind statt", wird bei ihm „eine defensive Panzerung im Energiekörper" auftreten; „mit dieser dauernden Verwirrung konfrontiert, lernt es, die inneren Bewegungen abzulenken" (Lieben, Verlangen, Unmut, Ärger)," um den Schmerz des emotionalen Hungers zu vermeiden" (Petzold: „Die neuen Körpertherapien", 3.A. 1983, 102).

In der Neurosenlehre sind die Merkmale des Zwangscharakters ausführlich beschrieben. Akute Zwangsneurosen verweisen auf schwere Gestörtheiten. „Bei der Verdrängung werden sowohl das Material als auch die Ich-Funktionen entstellt oder sind verschwunden" (Perls 265). „Die Fähigkeit, seine Gefühle und andere Arten des Ausdrucks zu unterdrücken, nennt man Selbstbeherrschung", das meint: Sowohl die „Verdrängung spontaner Bedürfnisse als auch den Zwang, etwas ohne jene wichtige Ich-Funktion zu tun, die man Interesse nennt". „Der übermäßig Beherrschte benimmt sich ... wie der unwissende Autofahrer. Er kennt keinen anderen Steuerungsmechanismus als die Bremsen (Verdrängen). Leute mit zu viel Selbstdisziplin sind" (im Gegenzug zu Psychopathen) „verhinderte Zuchtmeister und Tyrannen; kein Nervenzusammenbruch ... ohne diese übermäßige Beherrschung". „Bei der Heilung eines Nervenzusammenbruchs (als Folge übermäßiger Beherrschung) muß man vor allem die Retroflexion aufheben"; d.h. „immer auch diktatorische Tendenzen". In dem Sinn ist „Verdrängung retroflektierte Unterdrückung" ( Perls 269 ) . Oder vice versa :

Bei der Behandlung von Verdrängung ohne reflexive Rückbesinnung stoßen wir „unweigerlich gegen die Mauer moralischer Widerstände . Ich habe noch kaum jemanden gefunden, der nicht das Gefühl hatte, die Auflösung der Retroflexion widerspreche seinen Grundsätzen.Ohne die Mauer von Gewissen, Verlegenheit, moralischem Tabu und Angst vor Konsequenz würde es keine Retroflexion geben. Aktivität würde den Kontakt zur Aussenwelt herstellen" ( Perls 268 ).

**Abb. 121**

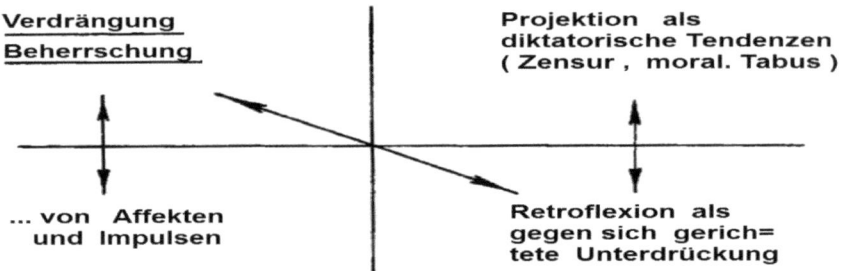

Ohne reflexive Rückbesinnung gäbe es kein Selbst, keine wache Wahrnehmung und Anpassung innerhalb des Kontextes, auch keine Sozialisation.
Betont sei noch :
Impulse brauchen nicht per se zwanghaft verdrängt, gebremst und unterdrückt werden. Rigides kann sich auflösen, öffnen und schließen, sofern es passager Teil eines vitalen Lebens ist. Vitales drückt sich als freiheitlicher Impuls und situativ prägnant aus.

### 3. Retroflexion en détail und in Korrelationen
### 3.1 Beschreibung :

Auch die Retroflexion bewirkt, wie die Verdrängung eine „Kontaktvermeidung"- und zwar hier zur Realitätsebene, „indem anstelle einer Beziehung: „Ich–Außenwelt" eine Ich-Ich-Interaktion aufgebaut wird. Der Betreffende fügt sich selbst das zu, was er gerne einem anderen zufügen würde. Oder er gibt sich selbst das, was er eigentlich von außen her wünscht" ( C. Bünte-Ludwig 262 ) .

Retroflexion ist also primär eine Aktivität „gegen die eigene Person, gegen sich selbst." „Ausformungen dazu sind: Selbstmitleid, Selbsthass, Selbstliebe, Selbstkontrolle. Die Selbstzerstörung ist die gefährlichste" (Perls 268 ). Nach außen dringen trotzdem: Leise Arroganz, leise Aggression und langanhaltendes, verborgenes Rache-Denken.
Dennoch gilt: „Die Therapie von Retroflexion ist einfacher, da nur ein Richtungswechsel erforderlich ist", weil „die zur Retroflexion führenden Konflikte teils an der Oberfläche liegen", und weil das Ich-Zentrum zunächst höchstens beeinträchtigt erscheint, jedoch aktiv ist.

Insofern „geht relativ wenig Material verloren; die Ich-Funktionen bleiben weitgehend intakt; das Selbst wird nur an die Stelle eines Objekts gesetzt. Der Zweck besteht darin, scheinbar gefährliche Kontakte zu vermeiden" Als Beispiel nennt Perls selbst-kasteiende „Flagellanten-Rituale" ( 265 f ).

In der Annäherung einer Krise an frühe narzißtische Schädigungen oder an einen schizoiden Kern verläuft die Therapie nicht mehr so einfach. Chr. Bünte–Ludwig definiert prägnant: „Eine echte Retroflexion beruht immer auf einer solchen Persönlichkkeitsspaltung; sie setzt sich zusammen aus einem **a**ktiven (A) und einem **p**assiven (P) Anteil".

Die Persönlichkeitsspaltung dieser „Ich-Ich-Interaktion hat es immer mit einem bewussten Anteil ( Ich–aktiv = A ) zu tun, der seine Aktivitäten gegen einen anderen Teil (das übrige Selbst = P) richtet". Eine aktive Willenskraft setzt sich gegen einen passiv gemachten Anteil durch ( 264+266 ).

Perls vergleicht den aktiven Teil der Retroflexion bildlich vereinfacht mit einem „Ball", der von einer Wand zurückspringt". Dabei muss klar sein: Der Ball würde ohne die Wand geradeaus weiterfliegen. Ohne die Mauer von Gewissen, Verlegenheit, moralischen Tabus und Angst vor Konsequenzen würde es keine Retroflexion geben. Aktivitäten würden den Kontakt zur Welt herstellen; und wir würden nicht die Aufgabe haben, den verbogenen Pfeil wieder gerade zu biegen. Schon in der „neurotischen Schizoidie" tritt aufgrund der Mauer zur Aussenwelt ein Realitätsverlust ein. „Die emotionale Abfuhr ist unzureichend: Ausdruck und Funktion der unterdrückten Persönlichkeitsanteile sind beeinträchtigt" ( 265, 268 ).

### 3.2 Korrelation von Retroflexion zu anderen Quadranten

**2. Protektion :**
Vermeidung
Leistungswille
Selbstbeherr=
schung -
Narzismus

**3. Projektion :**
Abstrahieren
Strukturieren
Metaebenen
Moral. Instanz
Sadismus

**1. Inrojektion :**
Einverleiben
´n e e d s`
Altruismus
Um-Sorgen
Sucht

**0. RETROFLEXION**
Rückversichern ; zu
sich selbst finden
Selbst-Liebe / Hass
Melancholia
Selbstzerstörung

## Abb. 122

### 3.2.1 Zur Korrelation : Retroflexion - Introjektion

Beiden ist der depressive Untergrund gemeinsam! Beide verstärken sich: Die das Außen wegspaltende Retroflexion und die oral–symbiotische Konfluenz (Sucht), bzw. die unverdaulichen Introjekte ( die „Wackersteine" im Märchen vom Wolf und den sieben Geislein ).

Die Figuren oben sind dual, der Untergrund ist „ einer " :   **Abb. 123**

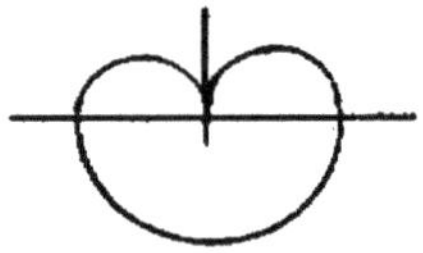

### 3.2.2 Zur Korrelation : Retroflexion - Verdrängung

Beide treten als „Pole einer gemeinsamen Wippachse" korrelierend und wechselseitig in den Vordergrund.

**Abb. 124**

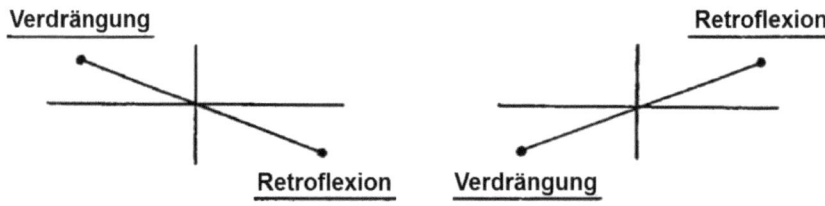

Beide Figuren zeigen, ob gerade der „A" Charakter vorliegt: Selbstbeherrschung, Stolz, Leistungswille, **„Typ rigid";** oder bei mehr „P"-Charakter der **„Typ masochism"** mit Selbstvorwürfen , Selbstmitleid , Schuldgefühlen, Scham . Für beide Typen formuliert Perls in der Korrelation: „Verdrängung ist retro-flektierte Unterdrückung". Wir müssen sehen, „welche große Rolle die Retroflexion bei der Erzeugung und Aufrechterhaltung von Verdrängung spielt" ( 265, 269 ).

### 3.2.3 Zur Korrelation : Retroflexion - Projektion

Die „hemmende und niederdrückende Instanz" kann ein „projizierter Zensor" sein, etwa „die Besorgnis, was die Leute sagen werden." „Der Zensor ist eine retroflektierende, herabsetzende, kritische Einstellung in uns, die in der Projektion erlebt wird, „als ob" wir von anderen kritisch gemustert würden". Eine offen-kraftvolle Gemütsbewegung und der Ausdruck von Ärger, Liebe, Neid ... könnten beschämen und peinlich werden (306) .

W. Reich interpretiert den „moralischen Masochismus" als „Politik der Wahl des kleineren Übels. Ein Großteil der selbstauferlegten Leiden muss so erklärt werden".

„Weil der Organismus vorwiegend aktiv ist, zeigt dies, dass die passivere Retroflexion mit einem gewissen Grad an Projektion verbun-den sein muss" (267). Erstaunt und unvermutet findet sich bei dem so akzentuierten Typos: Er ist ein Experte der leisen Projektionen in kaum bemerkbaren, raffi-tückischen Verdrehungen oder in intelligent leiser Besserwisserei, die nicht offen Farbe bekennt. Unterschwellige Überlegenheitsgefühle und Archivsammlungen langlebiger, verborgener Rache lassen ebenso blitzschnelle Messer und Konter zu. Im Rationalisieren, Beleidigtsein und Abbruch von Beziehung wird Kritik an sich selber und an eigener Schuldfähigkeit umgangen und verdrängt.

### 3.2.4 Die positive Kraft der Retroflexion

Diese Seite ist wesentlicher Bestandteil jeder Sozialisation. Die Rückbindung an ein „primordiales", wie ökologisch-ökonomisch tragendes Netzwerk, braucht den Reflex der Rückbesinnung, Vor- und Rücksicht und kluge Anpassung an reale Gegebenheiten . Wertschätzende, positive Ziele sind : „Dass ich überlegend, planend und sinnvoll handle" (M Cöllen 77). Plus und Minus zeigen sich in Negativ-Schatten, wie im „Drama des begabten Kindes" bei Alice Miller, das sich selbstlos selber vergißt und nicht minder verfangen ist im narzißtischen, hungernden Selbst; also keineswegs so autonom ist , wie es tut.

### 4. INTROJEKTION en détail ; Pseudokonsum des Als-ob-Typs

**4.1 Beschreibung** „Introjektion besagt, die Struktur von Dingen erhalten, die man in sich aufgenommen hat, indes der Organismus ihre Zerstörung fordert", um sie assimilieren und integrieren zu können" (Perls 154). Ein „zu" schnelles, wahllos-unkritisches, sensitiv-passives Konsumieren führt zu unverdaulichen Brocken und Quantitäten anstelle von Qualität. Eine derart „archaische Form sozialer Beziehung" versucht infolge erlebter „Polarisierung zu reduzieren", sofern starke, plötzliche, inadäquate Emotionen und Zwänge einwirken, ob sie nun konfrontativ, defizitär, über-stimulierend oder rein atmosphärischer Natur sind .

Eine Folge ist: „Das Selbst schränkt sich ein ( überhastet in der Gier etwa zu kurz zu kommen ), da die Kontaktgrenze zwischen Selbst und Umfeld nach innen verlagert ist" (Bünte-Ludwig 262). Es gibt keine eigenen Wünsche, sowie Affekte und Gefühle, sondern unter- und überfütternde Surrogate und stellvertretende Pseudo-Gefühle anstelle des Originären. Eine Intrusion von abhängig machender Klebe und Manipulationen verhindert ein authentisches Assimilieren und Zueignen. Ein „Pseudostoffwechsel läuft den Erfordernissen der Persönlichkeit zuwider" (Perls 154).

Es fehlt der „Biss", bei dem wir auf die Wichtigkeit der Aggressions- und Angriffsimpulse stossen. „Nahrung, die nur aus Milch und Brei besteht, ist ohne Kauwerkzeuge nur konfluent aufzunehmen; es ist ein „totales Introjekt" (Perls 155). Um nicht bei der totalen Introjektion (Konfluenz pur) zu bleiben, ist die Korrelation mit den anderen drei Quadranten nötig, - und zwar in der Voraussetzung einer „skilful frustration" beim Kleinkind ( vgl. Winnicott ).

### 4.2.1 Fehlende Angriffsimpulse - Korrelation zur Verdrängung

Der vitale, nuancenreiche Selbstausdruck wird hier verhindert; eine regressive Stimulanz kann zur anhaltenden Gestimmtheit ( Larmoyanz jammriger Langspielplatte mit Delle ) führen. Melancholie kehrt den „Angriffs-Impuls gegen das introjizierte Objekt". Mit dem verdeckten Überich-Objekt wird das ganze Umfeld in Depressivität erstickt; introjizierte Objekte wie der Aggressor sind ausser Sicht.

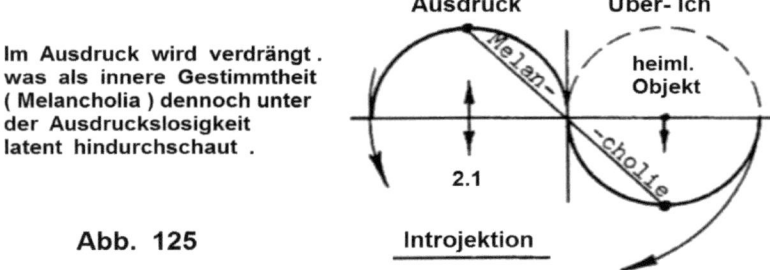

Im Ausdruck wird verdrängt. was als innere Gestimmtheit ( Melancholia ) dennoch unter der Ausdruckslosigkeit latent hindurchschaut.

Abb. 125    Introjektion

### 4.2.2 Die Korrelation mit dem retroflektiven Quadranten.

„ Im Fall eines strengen Gewissens wird die Aggression auf ein introjiziertes Subjekt projiziert , das als Gewissen Teile der Person angreift , die es missbilligt. Gewissensbisse drücken den oralen Ursprung des Gewissens aus wie das engl.´remorse`. Das Ich antwortet mit Reue und Schuldgefühlen" (155 ).

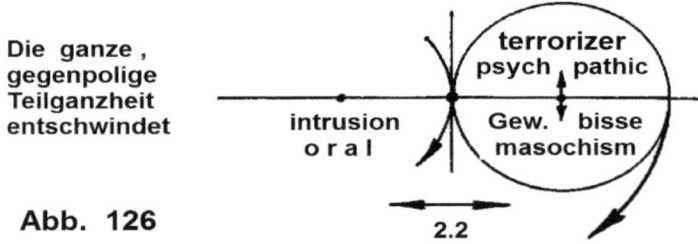

Die ganze , gegenpolige Teilganzheit entschwindet

Abb. 126

### 4.2.3 Die Korrelation mit dem „projektiven" Quadranten:

„Bei der Als-ob-Persönlichkeit werden Aggressionen oder Liebe auf eine Person projiziert, die danach introjiziert wird. Affekte, Gefühle, Furcht vor Angriffen und eigenem Angreifen werden vermieden, um das Wohlwollen der Umgebung zu erhalten" (Perls 155). Der Gegenpol zum Introjizieren: Ein aggressives Beissen und Zerkauen - fällt als Figur fort.

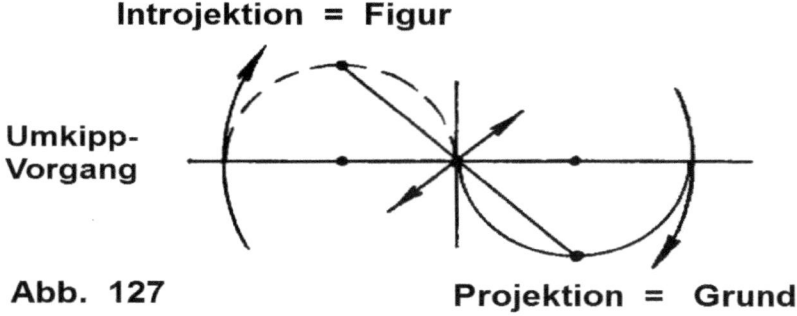

Abb. 127

Der „psychopatische, angriffige Yang-Anteil", bzw. der mehr „hysterisch-affektive Yin-Anteil", werden geschluckt, weil sie, so befürchten es Angst, frei-flottierende Phantasie und ungesteuerte Wünsche evtl. selber ohne Rücksicht das Wohlwollen des Umfeldes außer acht lassen. Die Hoffnung aber besteht, dass gerade über einem solchen „Zuviel an Spritzern" ein projektiv-einübendes „reach out" handhabbar und prägnant wird. Die „emotionale" Person lernt, mitsamt Intuition, Sinnen und Verstand, Grenzen zu überschreiten, sich zu begrenzen und abzugrenzen. Ohne Überflutung von innen oder außen lernt die Person, eigene Identität im Bedürfen und Wünschen zu schützen oder „im Miteinander auf der Bühne des Lebens"(Petzold) zu öffnen.

In meinen Wünschen bleibe ich „abhängig" angewiesen. Und gleichzeitig ist es sehr in Ordnung, sich zu bestätigen: „I have simple needs". Auch wenn das Gegenüber ein „Nein" hat.- Das Ja und Nein ist seine Freiheit;- ungeachtet davon kann ich meinen Wünschen in eigener Identität treu sein !

### 4.3.3 Zur Persönlichkeitsstruktur des „Als-Ob-Typus"

Ein „aus Introjektionen aufgebautes Ich - ist ein Konglomerat, ein Fremdkörper in der Persönlichkeit, ebenso wie das Gewissen oder das verlorene Objekt bei der Melancholie. In jedem Fall bleibt unassimiliertes Material ... im Wesentlichen intakt. Notaktionen wie Erbrechen oder durchfallartiges Ausscheiden unverdauter Brocken fördern die Entwicklung der Persönlichkeit nicht" ( Perls 156 f, 265 ).

Das gilt auch für die kurzlebige Erleichterung eines hysterischen Anfalls. Es gilt für einmalige, emotionale Durchbrüche und Tiefungen im therapeutischen Setting, die nicht ins Bewusstsein gehoben, integriert werden.

Wie bei der Achse: „Retroflexion - Verdrängung" in ihrer dualen Verschränkung, so findet sich auch hier eine reziproke, korrespondierende Wippachse von „Introjektion und Projektion". Wenn wir die besondere Wechselwirkung beider Quadranten und das Umschlagen von Figur und Grund festhalten, lässt sich auch Perls klarer einordnen in dem, was für ihn „Obersatz" ist:

**Obersatz a)** „Der Kontakt mit dem introjizierten Material ist gewöhnlich ohnmächtig-aggressiv: In Nörgeln, Gereiztheit, Scheinsorge, ´negativer Übertragung`, Selbstzerstörung".

**Untersatz b)** im symptomatisch-korrespondierenden Pol des unteren Quadranten ist: „Ein herabgesetzter Stoffwechsel, durch Depressivität, Hypoacidität, trockener Mund" gekennzeichnet, ist vorhanden.

Im Märchen vom Wolf mit den Wackersteinen im Bauch anstelle der verdaulichen Zieglein, schleppt der sich zum Brunnen und ersäuft.- Für den gegenpoligen Sektor sagt das: „Ein gesteigerter, geistig-seelischer Stoffwechsel ist begleitet von Hyperacidität" (s.o.).

Für die Neuroselehre sagt dies: Der Umschlag zur hysterisch–psychopathischen Symptomatik ist nah. Perls wird verstehbar, wenn er sagt: „Passivität wird Aktivität: Ein Kind spielt und introjiziert seine „schlagende Kinderschwester"; es schlägt aber real ein anderes Kind. Die Ich-Funktionen werden hypertrophiert und anmassend ( Als-ob-Funktionen )".

## 5. PROJEKTION en dètail, abgelehnte Selbstaspekte, Korrelationen

Projektion wird teils als Tendenz definiert, die Umwelt für das verantwortlich zu machen, was im Selbst begründet liegt. Bünte-Ludwig nennt es „die Zuschreibung abgelehnter Selbstaspekte an die Umwelt" (262). Und Perls: Der Projizierende „gleicht jemandem, der in einem Haus sitzt, das mit Spiegeln ausgekleidet ist. Wohin er auch blickt, meint er, durch das Glas hindurch die Welt zu sehen, während er in Wirklichkeit nur Spiegelungen der nicht akzeptierten Teile seiner eigenen Person erblickt".Ausser in Träumen und bei der Psychose findet sich immer die Tendenz, ein adäquates Objekt als Leinwand oder Empfänger der Projektion zu benützen." Dabei „entwickelt der Paranoiker eine Überaktivität, die sich auf eine Pseudowelt richtet und nur in ihr stattfindet. Da er nicht zwischen der realen und der projizierten Welt unterscheiden kann, versucht er seine inneren Konflikte im Bereich der Umwelt zu lösen".

"Es ist aber nicht immer die Aussenwelt, die als Projektionsleinwand dient. Projektionen können auch innerhalb der Person stattfinden " (191, 290 ). In der Psychose z. B. erscheint „objektiv Nebensächliches" und doch ein Bedrängtsein , weil gar kein „Haus", keine Ich-Grenzen vorhanden scheinen. Zentral verdichtet sich dieses Phänomenn in dem Gedicht vom „Irrläufer". Der Name der Autorin ein Pseudonym :

Marion Miller 1980 ( Pseudonym )

IrrLäufer

| Dies | aber einer |
|---|---|
| könnte sein: | kommt nach |
| gegangen | in dein Haus |
| über die Brücke | sagt |
| angekommen | er friere |
| auf der anderen Seite | er werde nass |
| eingezogen | und |
| ins Haus ohne Mauer | dein Haus sei |
| und Dach: | keins |
| du bist | wo |
| bei dir | bleibst du dann |

Friedrich Hölderlin bringt die Öffnung zur Metaebene in das Bild vom Mann, der sich auf freiem Feld den Blitzen entgegenstellt ; seine Hand streckt sich ihnen entgegen.

Martin Buber sagt zur Person: „Sie ist die allein vor Gott zu stehen bereite Person"; freilich mit der Einschränkung: „Wenn ich vor ihn träte, würde ich ihm auch einige Fragen stellen !"

Emanuel Kant - nennt Wahnsinn : „ Positive Unvernunft ".

Christa Bünte-Ludwig kennzeichnet „Positive Projektion" im Blick auf Zukunft als „Übermass" dessen , was eine Person an die Aussenwelt abgibt (262) .

Herrmann Hesse: „Furcht vor Wahnsinn ist meistens nichts anderes als Furcht vor dem Leben, und befällt uns wohl hundertmal vor jedem Sprung einige Angst " .

G. Böhme zitiert „Stendhal" (Pseudonym), der vom „Lieben-wollen" sagt, dass es die „produktive Einbildungskraft" sei, „die sich ihr Objekt schafft, welches geliebt wird". Auch Visionäre haben diese Kraft (105) .

Gernot Böhme zitiert Kant, der Wahn und Hypochondrie nahe beieinander sieht, weil „eine allzu intensive Beschäftigung mit der eigenen Seele zum

Wahnsinn" führt und gleiches Verhalten „mit dem eigenen Körper zur Hypochondrie " ( 276, 278 ) .

Die Prophetie Israels ist teils Unheil androhend, teils projektiv zukunftweisend tätig. In der Katastrophe um 700 v. Chr. erwächst aus der tiefen Depression auch der Anfang und der Sprung zur Messianität .

Kassandra-Rufe ums trojanische Pferd in der Antike verhallen vergeblich! Denker und Künstler sind ( wie es heißt ) Sehern gleich den gesellschaftlichen Ereignissen um 50 Jahre voraus .

### 5.1 Korrelation von „Projektion" mit anderen Quadranten

#### Ausdruck - Awareness - Verdrängung :

„Ein gesunder , geistig-seelischer Stoffwechsel erfordert eine Entwicklung in Richtung „Ausdruck". Der gesunde Charakter drückt seine Gefühle und Gedanken aus; der paranoide Charakter projiziert sie" (Perls 189). Bei der „Zuschreibung abgelehnter Selbstaspekte an die Umwelt wird die Kontaktgrenze nach aussen gewendet. Die aus dem Selbst ausgelagerten Anteile sind oft aggressive, bzw. libidinöse Impulse, die im Widerspruch zu den introjizierten Normen stehen" ( Bünte-Ludwig 262 ). Perls: „Die Wichtigkeit des Themas „Ausdruck" ist kaum zu überschätzen. Unrichtig ist, von der Verdrängung der Triebe zu sprechen. Sie können nicht verdrängt werden, nur ihr Ausdruck. Der Projektive ersetzt sie durch Schauspielereien, Volksreden halten, Heuchelei, Befangen-tun. Echter Ausdruck wird nicht absichtlich „gemacht"; er kommt „von Herzen", wird aber bewusst geformt". Dem gegenüber ist „Projektion im wesentlichen ein unbewusstes Phänomen." Es kann nicht genügend zwischen der inneren und der äußeren Welt unterscheiden.

Der „Projizierende" sieht in der Aussenwelt jene Teile seiner eigenen Persönlichkeit, mit denen er sich nicht identifizieren will. Er reagiert demgemäß mit Aggression" (189). „Die größte Schwierigkeit ... ist ihre Affinität zu Objekten der Außenwelt. Je mehr Verstand einer hat, desto mehr fürchtet er sich davor, sich Dinge „einzubilden". Er wird daher seine Projektionen rationalisieren und sie dadurch rechtfertigen, dass er Beweise und Entsprechungen in der Außenwelt findet. Da in diesem Fall die Projektionstätigkeit und die Figur-Hintergrund-Bildung (Interessen) zusammenfallen, wird er ein unheimliches Geschick darin entwickeln, die Objekte zu entdecken, die der Projektion entsprechen". In Verbindung mit der zwanghaft-verdrängenden Wahrnehmung zeigt sich: Projektionen helfen nicht nur, „die Auflösung der Ambivalenz zu vermeiden" (195); sie helfen auch, eine schon paranoisch geschärfte Selektivität aufrechtzuerhalten (vgl.

selektive Paranoia), „die ungefähr die schlechteste, mögliche Lösung des Ambivalenzkonfliktes ist. Wenn sie nach Ansatzpunkten suchen, können sie immer welche finden. Sie können Dinge mißdeuten, würdigen und unterschätzen, ganz wie es ihren Zwecken dient. Sie machen aus der Mücke einen Elefanten und sehen den „Splitter im Auge ihres Bruders" ( 294 ) .

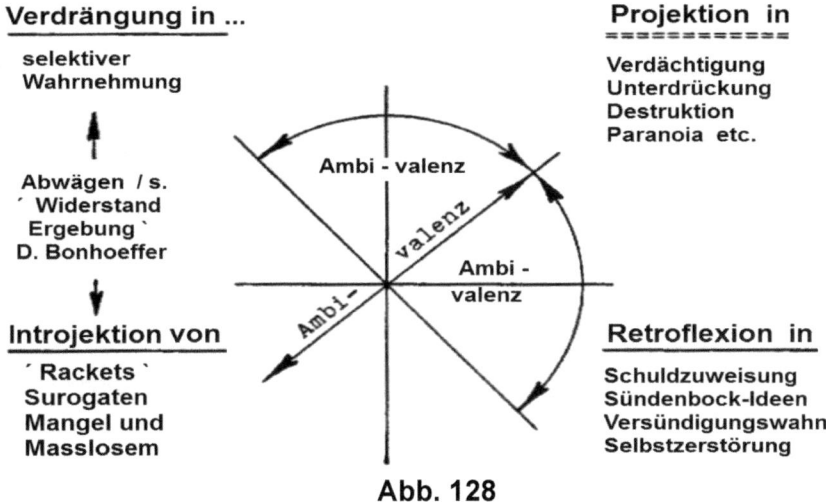

Abb. 128

## 5.2 Zur Korrelation mit dem „retroflexiven" Quadranten

In der Definition ist Retroflexion die Selbstgerichtetheit von Impulsen, Empfindungen, Erwägungen und Vorstellungen, die nicht externalisiert, objektgerichtet oder assimiliert werden. Der Reflektor tut sich selbst an, was er gerne anderen antäte. Er spaltet also seine Person in Täter und Opfer. Das wieder setzt schon in seiner Entstehungsgeschichte die projektive Gerichtetheit nach außen voraus. Diese ursprünglich positive Gerichtetheit wird umgebogen im Kontakt mit elterlicher Projektion in der Erwachsenenwelt. Sie hat die Tendenz, die Umwelt für das verantwortlich zu machen, was im Selbst begründet liegt. Da solche Übertragung unbewusst im Hintergrund bleibt, ist die bewusste Wahrnehmung wichtig, wo immer Kontakterfahrung in Kontaktvermeidung umschlägt, wo Koketterie im Hin und Her auszuloten versucht, wann etwas gefährlich (eindeutig) wird. Im Zusammenspiel mit anderen Sektoren sind Projektionen „ein geeignetes Mittel, die Auflösung der Ambivalenz zu vermeiden" weil sie manipulativ taktieren können (195). In der Kombination mit der Retroflexion kommt es zu schnellen, brillianten Sprüngen, die eine zentrierende Core-Arbeit genial verhindern. Im Wechsel von Selbstvorwürfen und Anklagen haben z. B. „Projektionen der Schuld ... den Vorteil, dem Betroffenen vorübergehend

Erleichterung zu schaffen" (190). An die Stelle von dissozialem Sado-Masochismus werden zwei Dinge treten: Die wache Wahrnehmung und eine kreative Unterscheidung dessen, was auf die eigene Rechnung, die eigene Kappe, den eigenen Teller gehört. Ich muss wissen, wann schütze ich mich vor Strategien, die nicht meinen, was sie vorgeben; wo grenze ich ab, was auf das Konto anderer gehört. Dazu sind die Ich-Funktionen des prüfenden Kontakts, der Identifizierung und der Verantwortung nötig.

### 5.3 Zur Korrelation mit dem „introjektiven" Quadranten

Externes Material wird aufgenommen und bleibt als Fremd-Körper im Organismus. Es lässt wenig Raum für die Entwicklung der eigenen Person. An die Stelle vitaler Selbstregulierung tritt eine emotionale Verunsicherung bei Phänomenen wie Unlust-Lust, Ohnmacht-Macht, erfolgreich-hilflos sein, mit wechselwirkendem Umschlag.

„Material gleitet völlig unverändert aus dem inneren in den äußeren Bereich. Aktivität wird Passivität. Ich-Funktionen werden hypotrophiert und halluzinatorisch ( vgl. Perls 265 ). Symptomatisch ist eine agitierte, agile Person. Oft hat die projektive, agitierte Aggressivität den Sinn, eine tieferliegende Depressivität auf dem introjektiven Pol zu verbergen und nicht nach oben zur Figur werden zu lassen.

### 5.4 Therapeutisch- perspektivische Ziele in diesem Quadranten

„Ziel der Therapie ist, die abgelehnten Anteile zu erkennen, zu akzeptieren, zu integrieren" (Bünte-Ludwig 262). Und Perls unter teils psychotischen Aspekten: Den „unangenehmen Merkmalen des paranoiden Verhaltens" steht „ein großer Vorteil gegenüber. Sobald sie den Projektionsmechanismus erkannt haben, haben sie es leicht, eine ungeheure Selbsterkenntnis zu gewinnen". Das mag verständlich sein deshalb, weil projektiv zwei Kräfte vordringlich korrelieren: Einmal „Angst vor der Wahrheit", die einer projektiven Katastrophenerwartung gleichkommt; zum anderen der Wunsch und die Suche nach Wahrheit und Identität, eine Sehnsucht nach Krisis und Katharsis, eine Korrespondenz von Strafen und Rechtfertigen.- Für die Therapie verweist Perls auf den großen Wert, „soviele Projektionen wie möglich zu erkennen und zu assimilieren; doch das wäre eine endlose Sisyphos-Arbeit, solange die Projektionstendenz bestehen bleibt". Darum nennt er zwei weitere Schritte ( 295 ) :

Die Behebung analer und oraler Frigidität , um angemessene Grenzen von Person und Aussenwelt ziehen zu können, zum Awarenessquadranten. „Der zweite Schritt besteht darin zu lernen, sich vollständig auszudrücken. Sofern ein unbenanntes, prädifferentes Stadium von Ausdruck und Projektion besteht, ist das Schicksal einer Person weitgehend davon abhängig, ob die

Entwicklung in die Richtung des Projizierens oder des Ausdrückens geht. Leute, die sich ausdrücken können, sind nicht paranoisch; und Paranoiker drücken sich nicht angemessen aus. Scheinbare Ausnahmen von dieser Regel sind die Wutanfälle, Aggressionswellen des paranoiden Charakters ( hysterische bis jähzornige Anfälle ). Die Wellen sind kein echter Ausdruck, sondern fehlgeleitete Feindseligkeit, die sehr gefährlich sein kann" ( 295 f ).

## 6. Projektive Aggression: „Don't act it out" & „act it out" !

**6.1** In der rigide verdrängenden, zwangsneurotischen Kombination wird Wut gebremst. Sie kommt mehr als „kalte Wurt" zum Ausdruck, in indirekterForm und teils über lange Zeit gespeichert als Arroganz, Rache, Verachtung.

**6.2** In reziproker Umkehrung zur Introjektion wird Projektion in ihrer puren Erscheinung des „Als-Ob" zum hysterischen Wutanfall ( kreisch – kreisch ), bzw. zur psychopatisch-sadistischen Abgeschnittenheit von Gefühlen. Oder Projektives kippt um in: Kollaps, Ohnmacht, Depression (internalisierte Objekte ( s. das NS-Regime auf dem Hintergrund des Versailler-Vertrags, Weltwirtschaftskrise, Dolchstoßlegende ).

**6.3** „Wut- und Tötungsansagen schizzophrener Patienten nehme ich sehr ernst" (ein alter Fuhrmann der Psychiatrie), weil eine Seite ungebremst nicht weiss, was die andere tut und blitzschnell zur Tat wird. Die retroflexive Zurückhaltung im Selbst wird brüchig, konfluent und durchbricht urplötzlich die Retroflexionswand.

### 6.4 Umgang mit Aggression: Öfter in kleinen Dosen ...

Spontane und angemessene Impulse gehören zum Fächer aller vitalen Lebensäußerungen. Sie angemessen auszudrücken geschieht zu allererst durch das „im Kontakt" mit ihnen zu bleiben. So unterstütze ich das Stehen-zu: „Ich bin jetzt wütend" im Fokusieren einer präzis wahrgenommenen Realität zwischen „objektivem Aussen" und „subjektivem Innen", zwischen Impuls, Ausdruckswunsch und Inakzeptanz : Es gibt Dinge in dieser Welt, die machen zornig! Jesus vertreibt die Schacherbudenleute im Tempel (Joh. 2,15); Paulus nennt die mit „poker-face" eine „getünchte Wand" ( Acta 23 ).

Die Botschaft soll klar sein mit Augen, Gebärden, Stimme: „Ich bin das jetzt! Und ich bin mir's bewusst: Diese meine Gefühle sind kostbar! Ich schiesse sie nicht einfach in den Wind. Ich setze sie dort ein, wo ich auf Veränderung hoffe und liebe, wo es mir energetisch wert ist.-

### 6.5 „ Act it out " & „ Don't act it out "!

Bei gehemmten, zwanghaften Personen ist Ausagieren nötig, um mit diesen vitalen Energien in Kontakt zu kommen.

Ausdruck ist nötig, um ein Gefühl für partiell destruktives und konstruktives Handeln handhabbar werden zu lassen. Wichtig wird es im Durchbruch starker Blockierungen, um kanalisierte, starke Emotionen authentisch, unmittelbar zu erleben; mich darin in actu kennen zu lernen. Dabei sind in der Krisenintervention flankierender Schutz zu gewährleisten, wenn der Aufbruch vehementer Gefühle destruktiv zu werden droht. Im „home work" ist es besser, im Wald einen Stock zu nehmen und Brennnessel zu hauen, als einen Fernseher aus dem 4. Stock auf die Strasse zu werfen.

**6.6** Das „acting out" kann in Rage oder bei Hysterie kontraindiziert sein. „**Don´t act it out** " ist da eher geboten. Die Intervention lautet z.B. : „Stop , stay with it . Stay with this tension ! Breathe into it !" ( Stuart Alpert ) .

Keine Entwicklung bringt es, wenn Aggressives sich einfach nur einen Adressaten sucht, um damit eigene Verwundungen und defizitäre Wünsche (longing) zu überdecken. „In dem Fall gleicht jemand einem (Alpert), der einem anderen den Arm ausreißt, mit diesem Arm ihm eins drüber gibt und dann sagt: ´Komm, umarme mich`! "

In dem Fall ist das Ausagieren nur ein Ventil ohne „learning". Therapeutische Wachsamkeit gilt, wenn bei induzierter Konfrontation und Provokation kein Respons vorhanden ist (there are no defensis!). Bei verdeckten Dekompensationen und defizitärer Ich-Struktur läßt das erstaunen. Sollte aber bei einem induzierten Durchbruch noch weiter interveniert werden wie bei einem schon gestarteten Motor,- so ist das fahrlässig. Was bleibt, ist ein waches Augenmerk, supportgebende, kontakthaltende Enthaltsamkeit, unterstützend: „Stay with it; breathe into it; you need support for the underlying pain: Take me in at that place of beeing hurted, that fearfull horror, terror, old crazyness." „That´s the energie of contempt ; be that terrorizing force , feel the killer. Feel : It´s my anger ; show it to me with your eyes." Oder beim Umschlag ohnmächtigen Weinens bzw. Zitterns vor Wut :

„I see ...; I see how tremendous it was , ... answer...;
I see you ...; I appriciate little XY being full of rage ...;
It´s a wonderful energy that´s coming to life ; answer ;
breathe into it ...".

Der aufgerufene „Selfsupport" lässt im Kontakt sein. Er hilft, in die oft zuvor eingefrorenen „old negativities" hinein zu gehen. Kontakt sagt: „Ich lebe; ich bin genau darin jetzt lebendig".-

Als „home-work" zur Einübung für die bewusste Kopfbegleitung ( entgegen der Kopflosigkeit): „I give you a sentence: ´I can have my anger!` I breathe into it ! - I live it through this moment !- I stop the whole world for this moment!"

## 7. Impasse-Arbeit: Nichts geht mehr in der Nähe zum Ich-Kern

Sie ist immer zugleich Core-Arbeit (mir stockt das Herz). Sie ist Arbeit am Nullpunkt und Kontaktpunkt in einem. Wir stoßen darin auf einen Hiatus, wonach das Nichts zugleich „Nicht–Nichts" ist. Sparsamkeit und waches Nicht–Eingreifen des Therapeuten heißt: Der Selbstregulation und der inneren Bewegung am Nullpunkt vertrauen; auf Körpersensationen und Selbst-Motorik achten und Schutz geben; auf zaghafte Zeichen achten, wenn ein neues „Longing for" und ein „reach out" geboren wird; sich selber als Therapeut dafür bereit halten, z.B. im richtigen Augenblick an einer Blume, einem zerriebenen Blatt riechen lassen. Da gibt es nur das Ereignen und Geschehen lassen!

Das „Impasse wird passierbar", so nannte es Perls (65). Es vereinigt zwei Eigenschaften: Es ist „erfahrbar" und „undefinierbar" zugleich! Um dieses scheinbare Paradox aufzulösen, greift Perls auf das Wort „no-thing" in fernöstlicher Vorstellung zurück: Gegenständlich Strukturiertes stösst auf „reinen Fluss: „panta rei" als Erfahrung des Umstrukturierens, als „Prozess des Nichts, als Erfahrung des unstrukturierten, inhaltlosen Seins.

Michael Ende bringt es ins Bild von den „Nebel-Fischern", die den Protagonisten Bastian Balthasar Bux („Die unendliche Geschichte") wieder zurückholen ans andere Ufer, zurück aus Phantasien, dem Bergwerk der Bilder, dem Seufzen der Acharoi, dem Silbersee bitter ätzender Tränen.

**Nachspann:**

Christina von Braun vertritt in ihrem Buch: „Nicht-Ich" den Gedanken, dass sich mit der SCHRIFT-SPRACHE das projektive, spiegelbildliche Denken entwickelte. Der „LOGOS" als Träger von Idee und Macht schaffte jenen Raum von Abstraktion, der auch pervertieren kann. Abgehoben, hinkend wächst die Abstaktion über sich hinaus ( mehr weiblich zur Hysterie; mehr männlich zur Psychopathie) - heute im Trend eher psychosomatisch, z.B. in Bulimie und Magersucht oder Hypochondrie. Am Ende steht Autonomie, Anonymität, Isolation, Simulation des Virtuellen. Es fehlt der leibhafte, unmittelbare Kontakt zu selbstregulativen, weniger vorstrukturierten Gefühlen im vitalen und kreativen Prozess.

**Abb.129** verdeutlicht: Der Sprung in das Bewusste beinhaltet schon den „Umkehrprozess von Figur und Grund", den wir hirn-physiologisch im Auge wiederfinden. Netzhautreflex, bewußtes Bild-Sehen als Umkehrung im Verdoppelungsprozess.

= Spin

Der Vorgang entspricht den dualen Teilganzheiten von Bild- und Sachhälfte, linker und rechter Hemisphäre, in der Verschränkung und Quantelung des Feldganzen ( vgl. Modell C / Anhang 06 und Abb. 130 ).

**Abb. 130**

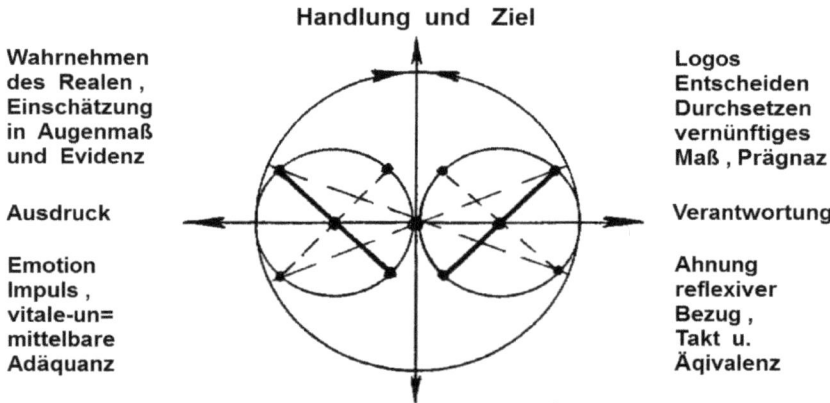

## 8. Handlungs- und systemtheoretische Perspektiven

Soziale Einschätzungen in Tafeln und Feldern

### 8.1 Exkurs zu Karl Jaspers, Persons, Münch, Schönell ...

Jaspers macht schon früh die „Gesamtheit des Seelenlebens" zur Aufgabe der Psychopathologie. Das somatische Dasein ist mehr als eine anatomisch- physiologische Funktion. Zureichender wird das Dasein erfasst „als ein Leben mit seiner Umwelt". Das ganze Leben in seinem Zusammenhang hat der Mensch erweitert durch wissendes Gliedern und Bearbeiten. Originäre Anlagen und Umwelt bedingen einander. Bewusstes Leben resultiert aus biologischem Geschehen, persönlichen Lebensbedingungen und individueller Lebensgestaltung. Es manifestiert sich im Kreieren, Ignorieren, Limits setzen von Situationen (aktiv) und im Einpassen (passiv), Ordnungen, Regeln und Konventionen. Jeder Weg führt durch offene Möglichkeiten und der eingrenzenden Verwirklichung hindurch. Die Loslösung aus dem rein vegetativen Grund des Seins und die selektive Erhellung und Gliederung des Lebensumfeldes findet statt. Die Synergie von „Anlage" und „Umfeld" bleibt als polares Spannungsfeld erhalten.

„Tafel 1" / Anhang 16 soll die Synergie bei Jaspers paradigmatisch anwenden und ergänzen. Weitere Ansätze sind in Annäherungen handlungstheoretischer Art fortentwickelt : **Tafeln 17 – 21**.

## 8.2 Systemtheoretische Beiträge aus der Soziologie

Bei Talcott Parsons, rezipiert durch Franz Münch, finden sich gruppierende Einordnungen (Systeme) : In der anthropozentrischen Sicht besteht die Welt zunächst aus physiko- chemischen Prozessen, deren komplexeste, organische Form die biologische Existenz des Menschen ist. Hinzu tritt dann das System des menschlichen Handelns und das Telos, das zielgerichtete Telinische System transzendentaler Bedingungen menschlicher Existenz", die Frage nach dem „Sinn des Seins" - bei Heidegger. Bei diesen Untergruppierungen besitzt das physikochemische System die geringste Steuerungskraft, die zunehmend höher gestaffelt ist - **Tafel 2" / Anhang 17.**

Vier Subsysteme- des Handlungssystems folgen auf **Tafel 3** :

a) Das soziale System, in dem wir uns schon mit der Geburt vorfinden, das „Nest" im weitesten Sinn, mit der Funktion der Integration. Sie schafft auch, die internen Beziehungen zwischen den Subsystemen zu koordinieren.

b) Das Persönlichkeits-System: Es hat die Funktion, durch „motivationale Dispositionen" eigene Zielgerichtetheiten zu schaffen, so dass der Antrieb der Bedürfnisdispositionen den aktiven Ausdruck zum Handeln bekommt.

c) Das Verhaltens-System mit anpassender Funktion, non-konform eine Wahl der Mittel zu finden. Es ermöglicht dem Handeln eine Reizverarbeitung und gelenkte Reizreaktion, die auch die Mobilisierung von Ressourcen aus der Umwelt mit berücksichtigt.

d) Das kulturelle System mit der Funktion konservativer Struktur- und Werterhaltung im symbolischen Orientierungsrahmen mit dem Kontakt zu : Anderen Subsystemen und einem Netzwerk universeller Möglichkeiten. In der Summe ist menschliches Handeln auf einen vier-dimensionalen Handlungsspielraum bezogen, wobei die Interpretation situativ und subjektiv offen ist - **„Tafel 4".**

**Beispiel:**

Hans fragt Gretel, ob sie zusammen ziehen wollen? Sie (vice versa): „Ich kann nicht kochen!" (crossed communication). Vier Richtungen im Dschungel der Entschlüsselung sind möglich:

a) „Ich habe es nie gelernt" ... ( soziale Einschätzung )
b) „Dazu habe ich keine Lust!" ( emotionale Motivation )
c) „Ich fürchte, ich bin da nicht gut" ( retroflexive Wendung )
d) „Ich hoffe, wir werden auch so ... ( projektiver Sprung ) .

## 8.3 Die einzelnen Felder - Tafel 4 / Anhang 18

### 8.3.1 Das Feld im sozial-strukturierten System

Die Steuerung in vorfindlichen Ordnungen ist mehr oder weniger an Integrität gekoppelt. Es orientiert sich am Konformitätsprinzip, in Normerfüllung und determinierten Handlungskonsequenzen. Die Symbolkomplexität und Handlungskontingenz ist niedrig und als „Determiniertheit" erfasst.

### 8.3.2 Das Feld der Ausrichtung und Zielgerichtetheit

Das Feld konzentriert sich in den Bedingtheiten und realisierbaren Dispositionen je nach Person. Das Augenmerk richtet sich auf hohe Symbolkomplexität mit hoher Meßlatte; indes die Handlungskontingenz niedrig ist. Die Disposition ist situationsübergreifend motiviert entweder erfolgsorientiert ( illusionär bis zwanghaft ) oder sich verweigernd ( „rigid" ).

### 8.3.3 Das Feld der Adaptivität im Verhaltenssystem :

Die Anpassung an Gegebenheiten erfordert eine klug-flexible, hohe Handlungskontingenz und eine hohe Symbolkomplexität in der Reaktion auf Umweltreize. Die Wahl der Mittel optimiert die Handlungsziele. Sie können auch verdrehend im Verstecken des eigenen Selbst, in Rationalisierungen gesucht werden ( Verursacherprinzip und Schuldzuweisungen ). Geleitet wird das System durch Reflexivität zwischen Hedonismus und Altruismus.

### 8.3.4 Das Feld kultureller Identität als Orientierungssystem :

Handlungen werden auf konstruierte Ziele ausgerichtet und idealtypisch, universell, situationsübergreifend und generalisierend begründet. Fixierte Fiktivität sorgt durch Modellkonstrukte für höhere Handlungskontingenz in reduzierter, vereinfachter, abstrakter Symbolkomplexität.

### 8.3.5 Die Befähigung zum Handeln in sechs Phasen

Aus dem vier-dimensionalen Raum ergeben sich Überlappungszonen . Sie antworten auf komplexere Dispositionen . Aus Grund - Dispositionen bilden sich Fähigkeiten, die in Phase „5 und 6" wiedergegeben sind . Beide Phasen legen sich wie ein Wachstumsring als äußere Vierer- Quantelung um die eingefaltete, innere Quantelung : **Tafel 5** .

**Tafel 6+7** setzen die anthropozentrisch-therapeutische Differenzierung fort.

**Tafel 8** zeigt die Summe der Tafeln 1-7.

Sie liegt den acht psychotherapeutischen „Diagnostic Issues" zugrunde ,

Lichtschneisen im Wirrwarr psychopathologischer Erscheinungen.

## TAFEL 8

Paradigma - Skizze in Form und Inhalt
als variables Beispiel und 1. Zielsumme des Buches
im nosologischen Ansatz der bioenergetischen Schule

**Abb. 131**

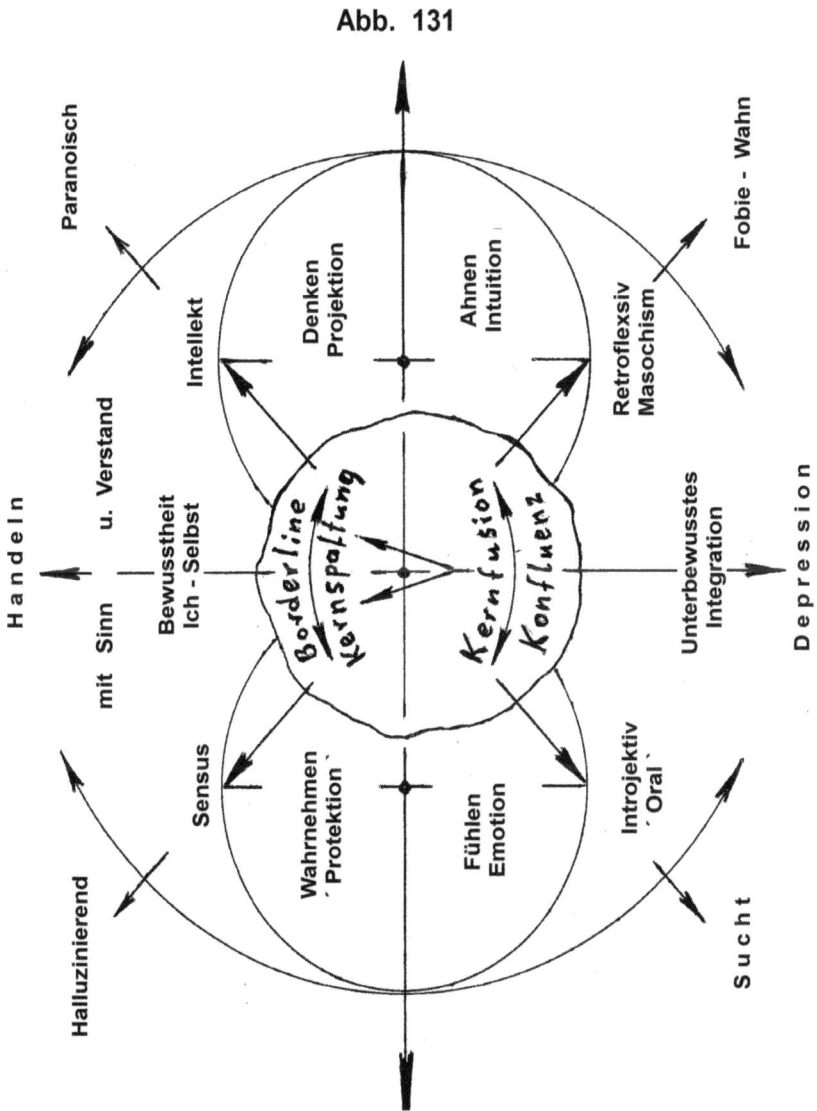

213

## 9. Animal Imageries - Phantasiereise in vier Grundbefähigungen

**9.1** Naome Bressette und Stuart Alpert vom Hartford Family Institute of Bioenergetics setzen (wie Zen-Meister oder das KB) Fantasiereisen ein, um auf der Tiefungsebene therapeutisches Material zu schaffen, an dem dann im Einzelnen gearbeitet wird . Der Zugang zu tieferen Schichten über „Tier-Imageries" hat seinen Sinn darin, dass sie am unmittelbarsten auch unbekannte Seiten in sich tragen, ob dunkel oder hell, ob wild-archaisch oder domesziert, idealisch oder tabuisiert. Sie lassen eine Fülle von Übertragungen und Projektionen zu, ob vital, kraftvoll, zärtlich oder angstauslösend, giftig oder heilsam, wohltuend, auch verspielt und lustvoll. Für den Anfang ist ein guter Bodenkontakt wichtig (liegend) mit Entspannungs- und Atemübungen, um gut bei sich zu sein, um gemütlich wie vor einer Kinoleinwand sich einzufinden. Dort werden nacheinander Tiere erscheinen, mit denen wir „dialogisch" in Kontakt treten können.- Rein pflanzliche Imaginationen täten dies auch: Nur hat das Vegetative im projektiven Sinn weniger die dunklen Seiten, d. h. Plus und Minus im Bild.

**9.2** Laßt dort auf der Filmleinwand ein Tier erscheinen, das „intelligent" ist, viel kluge Intelligenz ( Kopfebene ) hat.- Fragt es, ob es erscheinen will, ob es sich zeigt. Wenn nicht, atmet nochmal in euch selbst hinein. Wenn es schon da ist, schaut, wie dies kluge Tier sich bewegt, in welchem Umfeld? Schaut: Was braucht es, dass es ihm gut geht! - Kann ich schätzen: Wie weit wir auseinander sind,- wie nah?!- Ich kann es ansprechen und fragen, was es von mir braucht, damit es ihm gut geht! - Wo kann ich von ihm etwas bekommen, was es selber hat. Wo kann es für mich ein Lehrmeister sein, mich etwas lehren, was ich nicht habe, etwas das ich fürchte oder schätze?- Sind wir im Sprechen einander näher gekommen? Wo ist die Grenze im wechselseitigen Respekt?! - Und wenn ihr für den Moment genug gesehen habt, findet eine Weise, wie ihr einander auf Wiedersehen sagt.- Fragt das Tier evtl. noch, ob es wieder kommen will, wenn ihr es ruft;- wenn ihr fragt; wenn ihr selber nicht weiter wisst: Was würde es tun oder euch sagen in seiner Weisheit ( d.h. im Selfsupport eigener Ressourcen).- Sagt nun auf Wiedersehn. Kommt zurück. Atmet. Macht es euch gemütlich.

**9.3** Macht euch bereit, dass jetzt auf der Leinwand ein zweites Tier erscheint, ein Tier, das ganz in seinen „Sinnen" da ist, ganz wach im Erfassen des Augenblicks, im Achten auf, im Gewahrwerden von …!
**9.4** Ein Tier erscheint, das ganz in seinen Gefühlen sich zeigt, ob es satt ist, müde , ängstlich , gereizt , zärtlich ; ob es Lust hat oder böse wird ?!
**9.5** Ein Tier , das spontan ganz instinktiv wittert , intuitiv voller Vorahnung sich zeigt, immer auf dem Sprung, ein Stück voraus im nächsten Augenblick ( die Fragen und Schritte sind immer gleich wie in 9.2 ) .

## Vier Grundbefähigungen der „Imageries" in Plus & Minus :

Der Körper hat eine denkende Intelligenz, eingefaltete Geninformationen bis hin zu einer brillianten Abstraktion (IQ) oder auch Verblödung und Demenz.

Der Körper ist ein sinnenhaft-sinnliches Wesen von hocher Sensitivität bis zur Unempfindlichkeit ( Anästhesie ).

Der Körper ist ein fühlendes Wesen in einem Fächer von Gefühlen: Ärger, Zorn, Ekel, Neid, Mitleid, Traurigkeit, Lachen, Liebe, Lust, Orgasmus. Sie reichen von stürmisch, überschwenglich, Gift und Galle spucken, voll Horror und Zerrissenheit, beschämt und platt sein; zwischen gefühlsarm, gefühllos und gefühlvoll sein können. Echte Gefühle wechseln! Ein Kind, das wirklich weinen kann, kann im nächsten Augenblick auch lachen.

Der Körper ist instinkt-begabt, intuierend, imaginierend. Er kennt Präcox-Vorüberhuschendes, Traumatisches, Engrammiertes und Zurückwirkendes bis tief in die Reflexe des Seelenlebens, wie auch der kulturellen Volksseele.

Zu jedem der qualitativen Punkte des Körperbewusstseins öffnen sich unterschiedliche Zugänge:

a) Im Sprechen von geistiger Prägnanz bis zur Aphasie und Koma..

b) Im taktilen Berühren, Schmecken, Hören; mit allen Sinnen erfassen.

c) Emotionale Empathie,- antwortend Reflexe, Impulse, Affekte haben.

d) Wittern, wohin die Reise geht; Träume, Audition und Visionen haben.

Auf allen Ebenen erfahren wir Glück, Freiraum, Einschränkung, Störung, Ende, Krise und Durchkommen, Lösung und Befreiung. „ Humanum und Ethos" sind wichtige Bindemittel zwischen „Individuum" und dem „Dzo´on Politikon" als sozialen Wesen.

# KAPITEL XV

## VARIABLE ENTWICKLUNGS-NULLPUNKTE

### 1. Horizontales - vertikales - zentrales Wachsen

**1.1** Als horizontale Fläche erschienen Felder, Kreise, Dreiecke, Vierecke, Sechsecke. Es gab explizite, implizite Ausformungen, Entwicklungen in Wachstumsringen und Wachstumsecken („The Growing Edge").

**1.2** „Vertikale Entwicklungen" verliefen aufsteigend wie „Leib-Seele-Geist" oder abwärts gerichtet von Kopf bis Fuß : Kopf – Herz - Bauch ; „ Kopfbewusstheit, Harazentriertheit, Körperbewusstheit".

**1.3** Vitale Lebensäußerungen laufen „ vertikal ", volkstümlich : „ Aus tiefster Seele schluchzen; vor Lachen den Bauch halten"; „Gift und Galle spucken"; „himmelhoch jauchzend - zu Tode betrübt sein". Vitales wie Atmen, Essen, Trinken, Anales ordnen wir senkrecht auf der mittleren Achse ein.

**1.4** Blockierende Kontraktionen: Festhalten, Krämpfe verlaufen „quer"! Und das wiederum an verschiedenen Punkten auf der Vertikalen: „Migräne" ist wie ein Band um die Stirne, wie ein Stahlhelm über den Kopf gezogen, zum Bersten ohne Abfuhr der Energie; wir sprechen davon, „den Kopf zu verlieren, kopflos- hirnrissig- verrückt werden". Meditierende richten die Konzentration wie eine Kerzenflamme zum buddhistisch roten Punkt auf der Stirne mit dem inneren Auge , um zerfahrene Gedanken zu bündeln . Eine Etage tiefer spricht der Volksmund von einen „Kloss im Hals" ; in dem die „Stimme stecken bleibt" ; es „verschlägt jemandem die Sprache" etc. . Weiter abwärts sprechen wir von „ Herz - Kreislauf und Herzkranzgefäßen, Angustia, Enge. Es schnürt mir das Herz ab. Im Märchen: „Heinerich, der Wagen bricht!"-"Nein, mein Herr, es sind die Bande..." ( um Herz & Brust). Noch weiter abwärts sind es die Magen-Darm-Erkrankungen: „Es krampft sich mein Bauch; ich habe Bauchweh. Das Festhalten und nicht mehr atmen soll möglichst weitere Schmerzen verhindern . Am Ende der Punkteskala von oben nach unten steht der Anus-Schließmuskel oder Extremitäten wie „kalte Füße", denen das Pulsierende und Vitale entzogen ist.

## 2. Der wandernde Entwicklungs-Nullpunkt „vertikal" ( in Chakren )

Im fernöstlichen Kundalini-Yoga, in Atemübungen des Zen u.ö. kulminieren sog. Energieströme in Energiewirbeln. Wie Staustufen und Übergänge leiten sie die Reizübertragung vom Gehirn bis zu den Extremitäten und umgekehrt. In der Wirbelsäule verlaufen die Nervenstränge vom Scheitel bis zur Sohle , Anus und Genital. Eine Doppelhelix – so die Annahme – ordnet, transportiert u.a. männliche und weibliche, genetische Anlagen .

### 2.1 Die Chakren-Lehre der alten Hindu- Literatur nennt „7" Wirbel :

Die „Chakras", Energiewirbel, finden sich als Kreuzungs- und Schnitt-Punkte einer Art Schlangenlinie, als „Doppelhelix" . Zentral verkörpert sie wichtige Kanäle und Knotenpunkte, die sowohl organische wie psychische Energieaspekte und Stufen menschlicher Entwicklung und Differenzierung symbolisieren und realisieren. Vom aufmerksamen Yogi wird erwartet, dass er die dualen männlichen und weiblichen Wirkkräfte an den sieben Chakren in Einklang weiss. Sie manifestieren sich im Körperbewusstsein wechselwirkend mal in steigender, mal in absteigender Reihenfolge:

7) Das Kronen-Chakra als metaphys. Verbundenheit.
6) Das Stirn-Chakra als drittes Auge für Geisteskraft und flexible Intelligenz.
5) Das Hals-Chakra als kom= munikativer Sprachausdruck.
4) Das Herz-Chakra als verfeinernder Herzton im Mitleiden, Liebe, Mut , vgl. „ein Kämpfer-Herz" haben.
3) Das Nabel-Chakra: Hara-Atem-Zentrum imTransfer groberGefühle, Übelkeit, embryonales Behagen, Wut.
2) Das Milz-Chakra als primordiale, genitale Beziehungsebene.
1) Das Wurzel-Chakra als Anales, Grounding, Loslassen , Ken Dychtwald (100)

**Abb 132**

## 2.2 Animal Imageries zu den sieben Chakren

In einer gelenkten Phantasiereise können Zugänge zu den sieben Energiezentren gewonnen werden. Wie bei den vier Dispositionen (Kap.XIV) soll der Umweg über Tierbilder im schon vorgegebenen Ritual erfolgen : Sieben mal erscheint ein anderes Tier. Wieder wird angeschaut, wo ein Tier lebt, wie es sich bewegt. Wir sprechen mit ihm und fragen es, was es von uns braucht, damit es ihm weiter gut geht in Nähe und Distanz; wo kann es uns beschenken, lehren, wo können wir von ihm eine Scheibe abschneiden. Will es wiederkommen, wenn wir es rufen und es in seiner Weisheit fragen, d.h. Arbeit an Selfsupport-Systemen.

Wir beginnen diesmal mit dem 6. Chakra, dem „animal of thinking" mit der Klugheit, Intelligenz und List! Von dort folgen wir der Reihe herunter bis zu den Wurzelkräften und Ursäften des Lebens; und kehren danach erst im grossen Bogen zum „chakra of spirit" ( Nr. 7 ganz oben ) zurück.
Das 6. Chakra zu Beginn erscheint als unverfänglichster Einstieg ( vgl.die Gesprächstherapie und VT ). In einer neuen und späteren Phantasie-Runde und in Fortsetzung kann man auch ein Tier beauftragen, alle anderen einzuladen zu einer Tierversammlung (assembly): Welches Tier ruft die Versammlung zusammen?- Wie macht es das bei so unterschiedlichen Tieren? Können sie sich einigen, welches unter ihnen am meisten noch Entwicklungs-Unterstützung braucht? Können die anderen dieses Tier in ihre Mitte nehmen und reihum in ihrer jeweiligen Sprache übermitteln und zeigen, welche unterstützenden Kräfte (im support) sie von sich aus zu geben haben, wie (in welcher Qualität) bringen sie das zum Ausdruck?! Und wie wirkt das auf das Tier in der Mitte? –

Weil aber solche Bildreisen in tieferen Schichten nicht immer nur „heile Welt" ( s. Katathymes Bilderleben / KB ) aufkommen lassen, ist Supervision und Krisenintervention auch ad hoc während der Tiefungsreise nötig. Eine erste Vorgabe, wenn Bilder zu stark werden sollten, ist : Einfach die Augen zu öffnen zurück in die Realitätsebene; oder die Hand zu heben; der Therapeut setzt sich dann daneben, ohne die Gruppe aus den Augen zu verlieren.

**Im Beispiel eines Protagonisten** sah die Reihenfolge der Tierbilder so aus:

Zu Beginn sprang an dem Punkt auf der Stirne über den Augenbrauen eine „Ratte" hervor; schnupperte am Gesicht und an den Armen entlang. Es paralysierte den Protagonisten. Bei den Worten des Therapeuten: Was braucht das Tier von dir, - sagte die Ratte: Ich brauche dein Vertrauen!
Im Dialog mit der Ratte konnte der Protagonist Qualitäten an ihr sehen: Ihre

Intelligenz und Klugheit; sie kommt mit wenig aus; beim Abschied konnte der Protagonist ihr mit seiner Fingerkuppe leicht vom Kopf über den Rücken und Schwanz entlang streichen. Selber fürchtete er, in der eigenen Intelligenz zu messerscharf und undiplomatisch zu sein.
Sein Rachenraum ließ einen „Affen" erscheinen mit Clownereien. Er sah, wie er hart Erarbeitetes auf die Weise des Clowns um den Erfolg brachte. Das Herz-Chakra zeigte eine junge „Taube", die noch blutig von den Eierschalen erschien und doch schon die Flügel hob. In der Einzelarbeit war plötzlich deutlich: Die Trennung von der Partnerschaft zeigte noch blutende Spuren.
In der Magengrube schlummerte eine „Schlange" ganz ruhig für sich. Am genitalen Punkt war es ein „Puma", der auf einem Felsen sitzend mit einem strahlenden Gebiss in Freundschaft lachte. - Und im Analbereich sprang ein „Frosch" auf und davon. In der nachfolgenden Arbeit war der Protagonist enttäuscht über den so wenig hermachenden Frosch. Der Therapeut meinte: Schau mal, welche Sprungkraft das verhältnismäßig kleine Tier in den Beinen hat! - Auch da konnte der Klient sehen, wie er den Kontext des Frosches verließ und eigenen Erfolgen die Spitze abbrach, sich kastrierte.

Im Intermezzo springt eine ganz andere Variante zum Thema Frosch bei Zen-Meister Sengai ins Bild, wie Abb. 133 zeigt.

Aus :

Jittoku lacht den Mond an
Texte der Zen - Meister,
Sengai 1750 - 1837 :

Wenn ein Mensch ein Buddha wird, einzig indem er Zasen ausübt, dann sollte ich, unbedeutender Frosch, der ich bin, schon lange einer sein.

**Abb. 133**

Im Bogen vom analen Chakra (1) zum Kronen-Chakra (7), wo ein Baby im Schädel eine teils noch nicht geschlossene „Pulpa" hat, dort spirituell als Transzendierungs-Chakra, entsprang dem Protagonisten eine „Schwalbe".

Er sah : Sie kann in den Himmel fliegen und ebenso im „settle down" ein Nest bauen und auf die Erde zurückkehren. Mit der Schwalbe als Verbindung von Himmel und Erde schloss die Phantasiereise. War nicht der Garuda-Vogel in Fern-Ost nicht auch ein flexibles und beschwingtes Reittier, bekannt für die geistige Beweglichkeit der Gedanken ?!

## 3. Der wandernde Entwicklungs-Nullpunkt „horizontal"
### 3.1 Phasenabläufe , Umkehrbarkeiten , 1+4 Ordnung ( nosologisch )

Jeder Mensch durchläuft Entwicklungsstadien (Phasen, Plateaus). Sie sind unterschiedlich benannt je nach tiefen-psychologisch fundierter Schule. In 20 Jahren Zusammenarbeit mit dem Hartford Family Institute, Connecticut, gingen drei Institute in Deutschland hervor. In der Folge sind nun auch hier „bioenergetische Begrifflichkeiten" eingefügt, insbesondere fünf Charakterstrukturen als Vorlage der Entwicklungsstadien: Die schizoide-, orale-, masochistische-, psychopatische- und rigide Struktur.
Diese Parameter bilden auch paradigmatisch die Fünf-Zahl ab. Sie soll wie die fünf Punkte auf einem Spielwürfel angeordnet sein. Vom mittleren Punkt aus, der sich archaisch-doppelgesichtig in Spaltung und Konfluenz teilte, gingen bereits die frühen Störungen und Psychotisches im Ich-Kern aus. Die frühen Störungen finden sich in jeder Entwicklungsphase und in allen vier Quadranten um den mittleren Nullpunkt:
1) Konfluenz und Spaltung im Innersten.Kern .
2) Im endogen - depressiven Introjektions-Quadranten.
3) Im schizoid – narzißtischen Retroflexions-Quadranten.
4) Im omnipotenten Größen-Ich und Projektions-Quadranten.
5) Im akuten, zwangsneurotischen Protektions-Quadranten.

Konfluenz und Spaltung gelten im Blick auf die vertikale Null-Achse als zyklothyme, manisch-depressive Ausformungen; im Blick auf die horizontale Achse gelten u.a. Borderline-Strukturen, bei denen die Mitte geschädigt ist.

Abb. 134

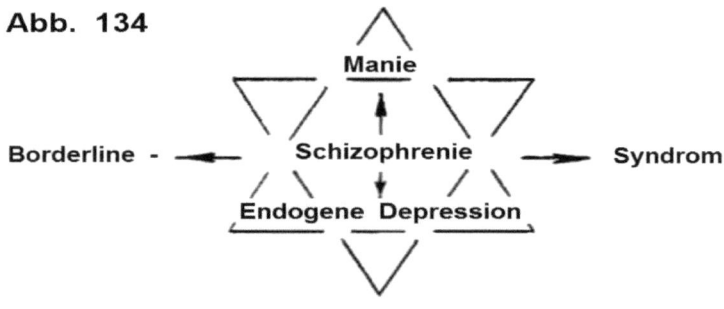

## Zur Umkehrbarkeit von Störung in der Therapiearbeit

Im Identitätskonzept einer reifen Person sind Entwicklungsstadien in Plus und Minus zur Geschichte geworden. In der Regression wird sie als solche rückläufig zurückgespult. Dem folgt auch rückläufig der Therapieverlauf. Von den Entwicklungspunkten aus sind alle Quadranten abzuklopfen :
Sie sind abzuklopfen - auf emotionale Zugänge, auf Sinne, Intellekt und Intuition ! Je 4x klopfen wir sie an allen „sieben" Schnittpunkten der vertikalen Doppelhelix ab, wie in der gelenkten Phantasiereise .
Die Zahl Sieben hat in ihren Eckdaten den „Transzendenz- und Desintegrationspunkt ".
Zur „Mitte" gehören Symbolwerte wie Nabel, Hara, Tor und Zwerchfell.

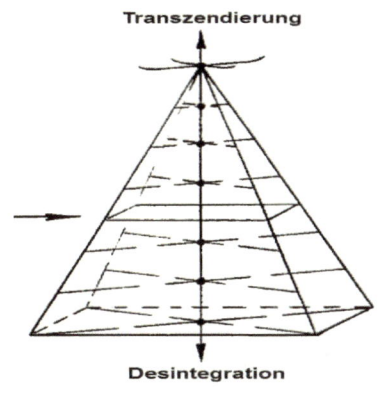

Abb. 135

## 1 plus 4 Ordnung von Mitte und Quadranten

Die strukturelle Ordnung ist vertikal wie horizontal einzusetzen: Horizontal geht die Entwicklung vom dualen Ursprung aus, überkreuzt sich als Doppelhelix und teilt sich in die Entwicklungsphasen :

Abb. 136

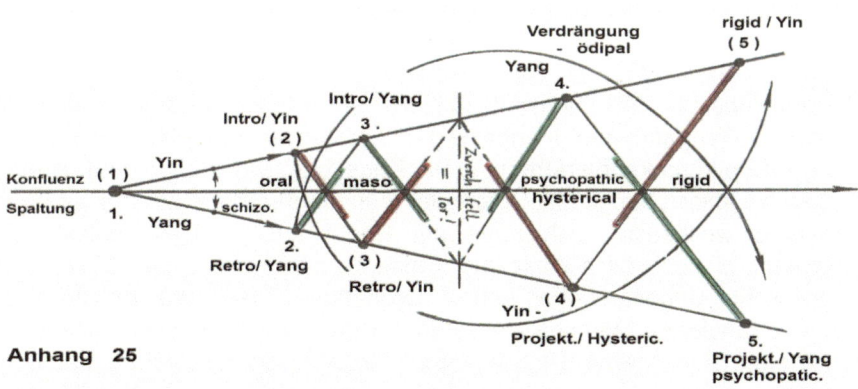

Anhang 25

Abb. 136 zeigt als grob gefächertes, graphisches Modell den dualen, wandernden Entwicklungs-Nullpunkt als Mitte und als Doppelhelix :

a) Zu sehen ist die sich überkreuzende Schrittlinie ( Helix ) mit den ...
b) Fünf Entwicklungsstufen: Schizoid-Oral-Masochism-Psychopatic-Rigid.

### 3.2 Gender- Harmonie und Geschlechter- Krieg seit Platon :

In Abb.136 leben Yin und Yang nach der Maxime: Sie sind „gleichwertig", nicht „gleichartig"! In der Entwicklung aber gibt es Nachzeitigkeiten : Früher sind z.b. Mädchen im Schnitt reifer, als die gleichaltrigen Jungen. Diese rivalisieren mit ihren Vätern, während Mädchen es schwerer haben, eine eigene Identität gegenüber ihren Müttern aufzubauen. Von Geburt an ist ein Sohn von seiner Mutter unterschieden, was Anziehung oder später eine Mutter-Sohn-Kollusion nicht ausschließt, sofern beide daraus einen Gewinn ziehen. Töchter sind von ihren Müttern öfter subjektiv weniger geliebt.

Der sog. „kleine Unterschied" zählt aber auch da, wo Frau und Mann in erwachsener Partnerschaft mit je eigenem Fühlen und Wollen, mit allen vier Quadrantenfähigkeiten und Waffengattungen in Plus und Minus ausgestattet sind. Sie begegnen sich mit je eigenen Geschichten, Kopf und Kulturen. Auch da gibt es die hinkenden Umkippmomente in unseren Breitengraden ; und ebenso die Schere zu anderen noch patriarchalen Gesellschaften.

Im Blick auf die westliche Hemisphäre schreibt Christopher Markert schon in den 80´ger Jahren : „ Es gibt die Art FrauenrechtlerIn, die die Rollen der Geschlechter am liebsten vertauschen möchte. Ihrer Ansicht nach dient der Mann dazu, die Frau zu versorgen, zu beschützen , weibliche Wünsche zu erfüllen und unangenehme, gefährliche Arbeiten zu erledigen. Brave Männer werden sexuell und anderweitig belohnt; sie dürfen in der matriarchalen Hierarchie gewisse Repräsentationspflichten erfüllen".

Dem dienen Argumentation, die rückwärtsgewand den Machismo aus Großvätertagen hervorholen, ewig unzufrieden vergleichen müssen , den schönen Zauberschlüssel von Autonomsein, Selbstverwirklichung und Gleichstellung als Totschlagwaffe auf Kosten von ... einsetzen, indes die eigenen Waffengattungen unauffällig gepflegt werden. Eingeübt sind sie im schnellen Spießumkehrverfahren, in der Kunst des Double-bind und eines Doppelpassspiels, mal in der Opferrolle, mal von der Klage zur Anklage und Forderung wechselnd: „Ich habe ein Recht auf... . Das schließt die Zahleväter, einschließlich Zahlevater Staat, bis zur Frau Justitia mit ein, was bei faktischer Ungerechtigkeit sehr in Ordnung ist . Hier aber ist von einer geschickt lancierten Methodik die Rede: Im WDR-Feature spricht eine TAZ-Redakteurin zum Thema „Phallisches I". Sie bittet einmal darauf zu achten, wann das große „I" eingesetzt wird: „BürgerInnen", klingt gut ; aber „Mörder" und „Täter" sollen bitte immer „Mörder" und „Täter" bleiben.

Im Blick auf hinkende Tricks erzählen schon die Märchen von der geschickten Doppelpass-Diplomatie, z.B. im Märchen vom :
„Dummen Hasen und den beiden Igeln". Während der Hase sich auf seine Schnelllligkeit zuviel einbildet, spielen die androgynen, zum Verwechseln ähnlichen Igel im Doublebind ihn solange aus, bis er am Ende tot umfällt .- Das Androgyne in einer Person erscheint im Trick „autonom" und „emanzipiert", d.h. von beidem etwas als Zweiheit und Einheit !

Das Märchen vom „König Drosselbart" erzählt, wie jener Prinzessin, die in Allüren und Zicken aufgeht, solche Attitüden von A bis Z wie brüchige Keramik zerschlagen werden. - Im Märchen vom „Fischer un sin Fru" wird von der Wassernixe bei unersättlichen Wünschen ein Punkt gesetzt. Am Ende sind auch die schon erreichten Wünsche mit zerplatzt.
In der alt-keltischen Gralssage bekommen König Arthus und sein Freund Owein eine „Quest", eine Herausforderung auf Tod und Leben. Sie sollen herausfinden, was den Frauen das Liebste ist?- Beide reiten in entgegengesetzter Richtung los und sammeln ganze Listen: Schmuck, Tanz, schöne Kleider, auf Reise gehen, Telefonieren, Flirten, Party machen und daneben besonders viel Zeit für sich selber haben.- Arthus und Owein treffen sich zu einer Zwischenbilanz. Beunruhigt ziehen sie noch einmal los, denn irgendwo bleibt es doch ein Geheimnis. Auch der geneigte Leser kann weiter rätseln, was den Frauen das Liebste ist ?! Zuletzt verrät des Teufels Großmutter, mit welcher Antwort sie sich retten können. Die Antwort ist: Am Liebsten ist ihnen, „einen Mann zu zähmen" ( H. Zimmer, Gelbe Reihe 99 ).

In der Reihe „Weisheit im Märchen" findet sich bei H. Barz zum König „Blaubart" beides: Um dem Macho-König mit seinen Leichen im Keller zu entfliehen, ruft die sich Emanzipierende ihre Brüder zu Hilfe, um sich aus dem Blaubart-Schloß zu befreien. Für autark Emanzipierte erscheint das nur bedingt möglich. Barz dazu :
„Während Männer sich der Übermacht des einseitigen Patriarchats entziehen (s. Ödipus), indes eine Wiederentdeckung ihrer weiblichen Qualitäten möglich wird,- können Frauen im Kampf gegen das Patriarchat auf ihre männlichen Kräfte vertrauen lernen, die noch unverbraucht und jugendlich sind, wie ihre Brüder aus dem Wald.- Und solche Kräfte gibt es in der Frauenbewegung unverkennbar notwendig. Kaum jemand wird bezweifeln, dass eine kämpferische Frauenoffensive unerlässlich ist, um sie aus dem Schloss des Blaubarts zu befreien. Das gilt jedoch nicht weniger für „BlaubärtInnen", die „den Mörder ihrer Weiblichkeit retroflexiv in sich tragen, insbesondere bei der Bereitschaft, den eigenen Anteil an Unterdrückung des Weiblichen fortzusetzen (102 f, 112 ff). Wenn schon Kinder, dann mit dem

heroischen Orden: „Alleinerziehend zu sein" mitsamt den Steuerzahlern, die zu Hilfe gerufen werden.
Die Unfähigkeit vielfach gescheiterter Beziehungen lässt sich selten nur einer Medaillen-Seite zuschieben. Im Konfliktfall leiden beide: „Wenn das empfindliche Gleichgewicht gestört ist, zeigen beide Teile ihre destruktiven und bösartigen Seiten. Ein Ziel ist darum, nicht den einen Pol auf Kosten des anderen zu fördern" ( C. Markert ).
Nie wird es „gelingen, eine ununterbrochene Harmonie aufrechtzuerhalten" ; nur Schlagsahne essen, bekommt keinem. Es gehört die Fähigkeit dazu, „ein gewisses Maß von innerer und äußerer Reibung zu ertragen.

Im Blick auf die sog. „kalten Killerpotenzen" und eine in den Focus gerückte „strukturelle Gewalt" sind auch andere Umwälzungen und Trends im Spiel, die vermehrt auf den Rücken Einzelner verlagert werden, zwangsbeglückt von einem Heer macht-übender Bürokraten- und Behördenstühle. Was in einer alten Agrikultur als Fluch benannt war: „Dornen und Disteln soll dir dein Acker tragen ( D&D ), das erscheint heute konvertiert in ein P & P: „Papier und Paragraphen" - im Gewand virtueller Rechtstaatlichkeit.
Markert umschreibt eine krankmachende „Insanity" mit dem Fazit: „Unsere Kultur ist von Grund auf dualistisch und trägt Züge der Schizophrenie (Geistesspaltung) in sich. Wie ein Virus ist sie latent vorhanden" (150 f).
Fritz Riemann dagegen betont in: „Die schizoide Gesellschaft", wie sehr diese Fähigkeit auch zum flexiblen Umschalten in einer beschleunigten Welt nötig wird und so ein Anti-Depressivum darstellt.

### 3.2.2 Krieg und Frieden - Freiräume und Träume

Zur Binsenwahrheit wurde in unseren Tagen, dass der Sieg in einem Krieg nicht unbedingt Frieden bedingt. George Bush´s Sieg über Sadam Hussein hat den Irak nicht befriedet. Alte/ neue Spaltungen traten hervor.- Das Ende der Tito-Diktatur in Jugoslawien weckte alte Ethnien und Nationalismen neu. Sie sollen im Chaos Struktur geben. Doch Demokratie ist das noch nicht. Zwischen Serben und Kroaten z. B. feiert die alte Trennlinie mit dem Schisma von 1054 zwischen dem orthodoxen Ost-Rom Konstantins und dem lateinischen West-Rom seine Urständ. Zu solchen Urständ gehört, dass die ersten „sieben" ökumenischen Konzile alle in den ersten sieben Jahrhunderten im Ostraum um Konstantinopel stattgefunden haben . Im Streit der Ukraine zur Zeit der „Oranje-Revolte mit Frau Timoschenko" , verlautete der Nachrichtensprecher im ZDF und im Sinn des westlich abendländischen „Allein-seligmachens": „Die sind doch katholisch, die gehören doch zu uns !" - Auf Sri Lanca verläuft die Trennlinie zwischen

Tamilen und Singalesen schon über 2000 Jahre. D.h. wie lange und in der Wolle eingefärbt können Unterschiede in Macht und Einfluss sich halten .

**Falke und Katze** :

In der Reihe der Märchen-Weisheit hier ein letztes Beispiel aus „Die Zauberlampe": In einer großen Stadt lebt ein Mann, der hat einen Falken. Der Falke ist abgerichtet, denn der Mann ist ein Dieb . Tagtäglich muß der Falke die Strassenfluchten abfliegen , um Diebesgut anzuschaffen. Bei einer kleinen Silberkanne oben an einem Festersims verfehlt er sie. Sie fällt polternd auf ein Wellblechdach. Dort räkelt sich eine Katze in der Sonne. Sie muss über den verduzten Vogel lachen. Dadurch ermuntert, fliegt er zu ihr herunter und klagt ihr sein ganzes Leid. Darüber muss sie noch mehr lachen und sagt: „Du dummer Vogel; das liesse ich mit mir nicht machen. Träume weiter von den Wäldern und wie der Wind über deine Federn streicht. Es heißt: Ein Ruck ging durch den Vogel . Er hob die Flügel und wurde nie mehr gesehen. Die Katze aber räkelte sich auf ihrem Dach und meinte: „Tiere gibt's!"

### 3.2.3 Entwicklungs - psychologisches Zusammenspiel

Bei der Verschränkung der sich kreuzenden Schlangenlinie von Yin und Yang ist es müssig, wie bei der Frage nach Henne und Ei , nach Prioritäten zu fragen. Bilden die dualen Kräfte, ob die konfluente oder die differenzierende Qualität im Kern eine Vorgabe? Liegt z.B. im projektiven Quadranten zuerst die Yin-Hysterie oder das Yang-Psychopatische vorne? Im dualen Sinn haben beide Stränge ihren je eigenen Charakter. Trotzdem haben sie eine gemeinsame Linie in einer personalen Identität .

1) Konfluenz und Differenzierung gelten als Axiom für ein flexibel innovati-
. ves und ebenso für ein gefestigt-strukturiertes Wachsen .
2) Introjekte - als integratives Einverleiben bzw. Ausscheiden , als affektive
. Unter- oder Überstimmulierung , als Selbstregulierung von Qualität und
. Quantität in adäquater Form .
3) Retroflexion - als reflektierte Spiegelung engrammierter , traumatischer
. . Eindrücke , Einbildungen , Sozialisationen .
4) Projektionen - als Übertragung von Größen-Ich und Minderwertigkeit , in
. Werten, Tabus, Idealen, im Erkennen von dualem Rapport, im Du-Bezug
. . und im Trennen von Subjekt und Objekt ( vgl. Stierlin ) .

### 3.3 „Rigid"- Korrelationen zu Protektion - Deflektion - Avoidance

Mit diesem Quadranten verbindet sich die Möglichkeit von Öffnen und Schließen, Ja und Nein, Abwehr, Ablenken, Verdrängen und Sublimieren.

Sie ist „Widerstand und Schutz" zugleich.

## 4. „ Diagnostic Issues " in bioenergetischer Diktion am HFI
(„Bioenergetics of Hartford Family Institute / USA )

Fünf strukturelle Punkte folgen den „Issues" in Abb. 137 . Daraus folgt noch einmal differenzierter die Struktur Abb. 138 , bei der der Atem zentral zum **Basic Statement** wird und auch die **Zeitachse** eine Rolle bekommt.

Abb. 137

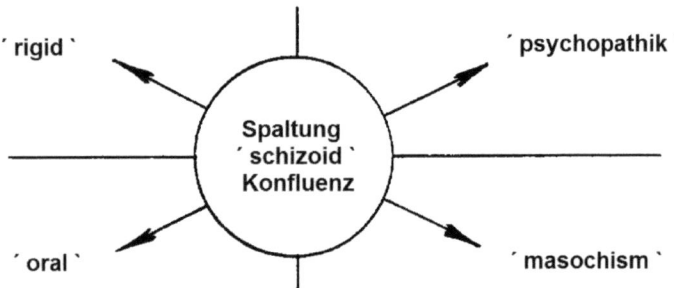

### 4.1 Das Muster für die fünf Diagnose – Tafeln : S. 227 - 232

Abb. 138

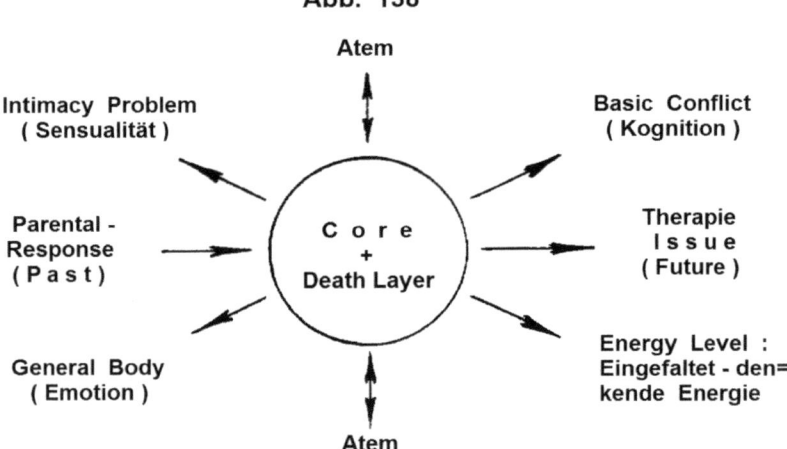

Basic Energie ( Chi - Kraft ) und Core - Energie ( begeistert , beseelt )

## 4.2 Exkurs zum „Atem" als Basic Statement für Leben und :
## 4.3 Mental-therapeutische Vorgaben bei Buber, Tagore, Sölle.

### 4.2 Der Atem als Mitte des Lebens

„Atman" (Sanskrit) ist Göttliches Geschenk, Lebenssaft, „basic issue".

„Odem" (Gen. 2,7) ist Zweitakt von Leib und Seele im Ein- und Ausatmen, ist Ursprung und Rhythmus sinngebender Struktur.

„Prana" Lebensenergie, Chi-Kraft innen wie aussen als „Gestimmtheit, Begeisterung zum Leben" ( Soul, Swing, Blues ).

### 4.3 Mental- therapeutische Vorgaben bei Buber, Tagore, Sölle

Martin Buber in chassidischer Weisheit :

„Ein Meister verläuft sich mit seinen Schülern in einem weitläufigen Dickicht. Zum grossen Unglück verlieren sie auch noch ihren Meister. Als er wieder auftaucht, rufen sie verzweifelt: „Rebbe, hilf uns hier heraus!"- Er antwortet: „Ich kann euch wohl zeigen , welche Wege ich inzwischen gegangen bin. Doch herausfinden müssen wir gemeinsam" ( Born Judas ).

Rabindranath Tagore ( in Zwervende Vogels, Amsterdam ) :

„Wenn ich vor dir stehe - am Ende dieses Tages, wirst du meine Wundmale sehen , dass ich verwundet wurde; aber auch, dass ich genas".

Dorothee Sölle ( Theologin ) :
„Das fenster der verwundbarkeit -
so sagen die militärs, um die
aufrüstung zu begründen -
muss geschlossen werden.

Ein fenster der verwundbarkeit
ist meine haut
ohne feuchtigkeit und ohne berührung
muss ich sterben.

Das fenster der verwundbarkeit
wird zugemauert
mein land kann nicht leben.

Wir brauchen licht
um denken zu können
wir brauchen luft
um atmen zu können
wir brauchen ein fenster
zum himmel"

# DIAGNOSTIC ISSUE No. 1

## INTIMACY PROBLEM

Vermeidet Intimität. Erscheint wie abgelöst von Gefühlen u. Kontakt; mutet bizarr und fremd an, wie von einem anderen Stern. Selbst angedeutete Nähe berührt oft schmerzlich, kann umgekehrt zu direkt, grenzüberschreitend intim werden. Der Augenkontakt ist ausdruckslos, seelenlos, durch die Dinge hindurchschauend.

## BASIC CONFLICT; TRAUMA - ILLUSION - NEUROTIC RESULT

Existenz und Grundbedürfnisse stehen in Frage. Wenn ich Verlangen nach Kontakt und Lebendigkeit zum Ausdruck bringe, bin ich bedroht. Ausweg u. Illusion: "Ich kann existieren, wenn ich Liebe u. Zuwendung nicht brauche, abbreche, abstreiche. Verstand und schnelle Sprünge sind meins. Psychose ist ein letztes Bollwerk von Flucht und Terrorizer in einem.

## PAST - PARENTAL RESPONSE

Mörderische, tiefe Negativität, verwirrende Undurchsichtigkeit, willkürlicher Stimmungswechsel.

Schreckensenergien und Terror sagen: "Ich hasse dich dafür, dass du geboren bist!"

Der Endwicklungs-Nullpunkt ist: Pränatal, Geburt, bis 6. Monat.

## CORE DEVELOPMENTAL ISSUE

"Ich bin! - Ich existiere!"

Das Recht des Kindes, zu leben und dazusein, braucht es, bejaht und bestärkt zu werden. -

## THERAPY ISSUES

Jedes Fühlen, Ausdruck, Zeigen von Lebendigkeit schwemmt Erschütterung und Schrecken hoch.

Hilfe bedeutet: 'Basic support ' herein holen als Recht zum Dasein u. Kontakt. Langfristig unterstützen meint: Furchterregendes so zu differenzieren, dass es mörderisch Irreales abschwächt. Splitter sich berühren u. zusammenfügen ( soften polarities ).
Positiver Aspekt: 'Ich verstehe mich auf die Kunst zu trennen und scharf zu differenzieren'.

## DIAGNOSIS 1 :: SCHIZOID

## FEAR OF DEATH - LAYER ISSUE

Annihilation, Zernichtung, Panik und Schrecken bewirken Fragmentation, Zerschmettert-werden, das Ich, Boden und Realität verlieren, Sich auflösen, Abheben, Fortfliegen, Todesangst ...

## GENERAL BODY AND EMOTIONAL STATEMENT

Extreme Fragmentierung zwischen Einfrieren und Labilisieren. Asymmetrische Körperhälften ( l./r.; o./u.); Spaltung liegt im Körper ( s. body reading ) und Personsein. Der Geist ist die Existenz ohne Grounding; Muskeltonus: Zusammengezogen, unbewegt, gering. Blicke: Ausdruckslos, kurz, ins Weite --

## ENERGY LEVEL AND BREATHING - SUPPORT

Extreme von sehr hoher oder niedriger Energie, starr bis flippig. Die Aufnahmefähigkeit von zusätzlicher Energie ist gering, weil besonders in Krisen - Konfluenz und Abspaltung drohen, s. auseinander-fallende Körperteile.
Der Atem ist flach und zurückgenommen

# Diagnostic Issue No. 2

## INTIMACY PROBLEM

Orale kennen ' Nähe ' nur in Abhängigkeit von Support und ' need for warms '. Ich liebe dich - heißt : " Ich will , daß du es mir tust. Wenn du offen bist , bin ich's auch. Selber beginne ich nichts Offenherziges. Nie genügt ' s ; eine klebrige - einfangende - depressive Beziehung .

## BASIC CONFLICT : TRAUMA - ILLUSION - NEUROTIC RESULT

Bedürftig oder unabhängig : Unabhängig werde ich Hilfe und Wärme aufgeben müssen. Hoffe ich in Liebe auf andere , bleibe ich unerfüllt. Wenn ich mal einen brauche , ist keiner da ! Es wächst die Illusion : Ich kann nicht alleine ; will mich auch nicht auf die eigenen Beine stellen können .

## CORE DEVELOPMENTAL ISSUE

Ich brauche deine Liebe !
It's okay to reach out and say :
' I have simple needs '.

## DIAGNOSIS 2 : ORAL

## FEAR OF DEATHLAYER ISSUE

Ich bin total alleine in der Welt ! Keiner ist da . Oder es kommt allzu mächtig über mich . - Verlassensein - ist wie ein tiefer Sumpf : Sinkend , ohnmächtig falle ich zurück .

## THERAPY ISSUE

Help person experience their longing and open the fear of reaching . - D.h. Mobilisiere die versteckte Wut statt zudeckender , teils exzessiver Sucht . Mobilisiere die Fähigkeit zu tieferen Gefühlen wie energetischen Stress - Zuständen . Übe im Aufbau Beine , um Belastungen standzuhalten . Positiver Aspekt :
Ich kann Bedürfnisse haben . Es ist gut , zu bitten , geben , bekommen .

## PAST - PARENTAL RESPONS

Deine Bedürfnisse , Wünsche berühren meine Leere . Schmerz und Unerfülltheit . Ich erlebe auch Rückzug , Verlassenheit , Resignation . Gehabtes kann ich dir nicht geben ; wohl mit anderem dich füttern .
Entwicklungs-Nullpunkt :
Geburt bis 9. Monat .

## GENERAL BODY AND EMOTIONAL STATEMENT

Mangel an Belastbarkeit , Bodenkontakt , Reife in der Entwicklung , ausgenommen Nacken - Kopf ; grosse , runde Augen , die gefüttert werden wollen . Muskulatur : An sich haltend , verkrampft oder kuschelweich , leicht blaue Flecke . Schmales Becken , dünne Beine , eingefallenes Brustbein . Als Schutz außenherum ' Rigidität ' .

## ENERGY LEVEL AND BREATHING

Vitale Energie niedrig . - Atem flach !
Dadurch Verminderung an Körperbewusstheit . Befriedigungsaufschub . Abtöten von Aggression . Dazwischen übertriebener Antrieb zur Unabhängigkeit .

# Diagnostic Issue No. 3

## INTIMACY PROBLEM

'Nähe' wird aufgebaut auf Basis äußerlicher Unterwerfung mit darunter liegendem Trotz. Unfähigkeit: Verlangen nach Unabhängigkeit oder Nähe klar auszudrücken. Nichts ist richtig. Du kannst alles besser. Wegen des Bedrängens u. Verstrickens will ich dich nicht. Doch tue ich , was du willst. Widerspenstig - zärtliche Gefühle in Konfusion und Rache. 'Es gibt kein Recht auf Ablehnung und Nein !

## PAST PARENTAL ISSUE

Unterdrückte Unanbhängigkeit. egozentrische Antwort auf die Kindesliebe. Kind bekommt, was es nicht braucht und will ( internalisierte Introjekte ). Botschaft = Besitzansprüche : Dein Lebendigsein rührt zum Fressen an meinen Hunger. Treffe meine Unfähigkeit, frei zu geben : Ich erwürge dich ! Entwicklungs-Nullpunkt : 1.-3. Jahr ( oral-analer Sadismus , Sado-Masochismus .

## BASIC CONFLICT : TRAUMA - ILLUSION - Neur. Resolution

Unabhängigkeit sowie Nähe , beide brauchen Unterstützung. Will ich Eigenes , liebst du mich nicht ! Öffne ich mich , frisst du mich auf. Ohne Nein - bin ich dein braver Junge. Ich lebe, um zu gefallen ; wirkt das nicht, reagiere ich mit Groll u. erleide es. Illusion: Es allen recht machen zu können. Darunter Impulse: Ich bekomme doch noch was durch Quengeln, Manipulieren, Schuldzuweisung , Rache , Sadismus , Haar in der Suppe ...

## CORE DEVELOPMENTAL ISSUE

Polaritäten : Ich entdecke die Welt und komme in liebende Kontakte zurück. Ich brauche dich nicht immer , wohl Unterstützung , in Freiheit Ja und Nein sagen zu können.

## DIAGNOSIS 3 : M A S O C H I S M

### FEAR OF DEATH LAYER ISSUE

Ich werde wie Brei zerdrückt, erstickt , darf mich nicht bewegen , hänge wie im Sumpf immer tiefer fest. Bei ohnmächtiger Bewegung fällt der Boden weg. Ich riskiere weitere Erniedrigungen.

## THERAPY ISSUE

Hilf der Person zur Treue eigener Gefühle , incl. dem Nein bei alten Negativitäten : Starke Resistenz , Widerspenstigkeit, Arroganz. Statt : Alles ist shit , nichts richtig ( bei sich und Therapeuten ) , stärke basale Freude , genüss= liches An- und Hereinnehmen. Arbeite an Grenzziehungen zwischen Rückzug und Kontakt !

## ENERGY LEVEL AND BREATHING

Von hoch , festhalten bis explosiv ! - Mengen an Energie und Gefühlsreaktionen werden gespeichert und einbehalten ( s. anale Reinlichkeitserziehung ), anstelle von : Geschenke an die Welt verteilen.

## GENERAL BODY AND EMOTIONAL STATEMENT

Massig schwerer Körperbau nach unten u. innen zu. KompakteTeile sind Becken , Gesäß , Oberschenkel. Augen / Stimme : Sanft ergeben , traurig , weinerlich , mürrisch , barsch mit Vorwürfen u. leiser Rachsucht. Muskeln : Atlas-Haltung , Stiernacken , Katzbuckeln ; auf standhafte Abwehr eingerichtet.

# Diagnostic Issue No. 4

## INTIMACY PROBLEM

Der Psychopat muss immer die Kontrolle behalten ; nur so ist eine begrenzter Grad an Nähe erlaubt. Beziehung baut er auf, sofern andere ihn brauchen. So fühle ich mich überlegen ; von da aus bin ich grosszügig. Opportunes Machtkalkül und List verhindern echtes Einlassen.

## PAST
### PARENTAL ISSUE

"Wenn - dann' Könditionen in Dominanz, Erpressen, Missbrauch, erotisches Verführen ureigener Gefühle des Kindes : Sei mein kleiner Geliebter, ich bin für dich da und kenne weiche, verwundbare Stellen. Rational - richtige Argumente verraten den wahren Wert : Lasse ich deine Gefühle unkontrolliert an mich heran, stoße ich auf Hilflosigkeit u. Wut / Jähzorn bei mir. Entwicklung : Ödipal ; im 6. - 15. Monat schon.

## BASIC CONFLICT - Trauma - Illusion - Eurototic Resolution :

Freiheit oder Nähe ! Die nach oben aufgebaute Show basiert auf schwacher, unterer Körperhälfte. Früh schon wollte / mußte er größer erscheinen. Dazu schneidet er in Unempfindlichkeit und Kälte ab. Er bleibt cool, in Kontrolle, ohne Gewissen. - Die Illusion : Alles ist Willenssache ! Bedürftigkeit ist unverzeihlich. Ich muß nur wollen - vice versa Kollabieren

## THERAPY ISSUE

Helfe, Polaritäten von Kontrolle u. weichen Anteilen zu erfahren, Bedürfnisse auf tieferer Ebene haben zu können.
Kontakt zu darunter liegendem Oralen und Masochistischem ist nötig, um nicht Psychopatisch - Sadistisches aufrecht zu erhalten.
Atme in alte Verrücktheit hinein, um von Verrücktmachendem zu unterscheiden.
Positiver Aspekt ist : Echte Führungsqualitäten wachsen !

## CORE DEVELOPMENTAL ISSUE

Ich brauche trotz der Abgeschnittenheit deine Unterstützung und Verständnis für meine Gefühle und Herzlosigkeit.

## DIAGNOSIS 4 : PSYCHOPATHIC

## FEAR OF DEATH LAYER ISSUE

Angst vor Besiegtwerden, Ergeben, Unterwerfen, Angst vor Fallen, Verrat, Verlust, Gefangenheit, Autonomie- Verlust. Selbstbehauptung statt Einfangen, Überfluten, Zerstören zarter Bedürfnisse. Lieber Anästesie als Verrückt werden.

## GENERAL BODY AND EMOTIONAL STATEMENT

Körper nach unten verschlankt, weich bis rigide, - Gefühle werden verleugnet durch Verschiebung nach oben ( body building ). Spannungsblock im Becken. Elastisch-tänzelnder Gang. Augen : Wahrnehmungsfähig, machtorientiert, unwiderstehlich, rechnend und doch nach Hilfe suchend.

## ENERGY LEVEL - BREATHING

Oben hoch, - unten niedrig, vom Becken fort in die Kontrollorgane. Gut gehandhabtes, hohes Energieniveau. Gefühle werden impulsiv in Bewegung umgesetzt. Brustkorb aufgepumpt - keine Bauchatmung. Bei Wut crazy kollabierend.

# Diagnostic Issue No. 5

## INTIMACY PROBLEM

Öffnet nie ganz das Herz; - auch nicht während eines liebenden Kontakts: Auf keinen Fall werde ich innig lieben. Sexuell kannst du mich ohne viel Schwingungen haben. Wenn ich mein Herz öffne, ist es eher kindlich. Aktiv jedoch bin ich eher ein Herzensbrecher.

## PAST - PARENTAL RESPONSE

Erfuhr Zurückweisung u. Verrat, und Liebesentzug besonders durch gegengeschlechtlichen Elternteil, der sich entzog und innige Impulse wertlos macht. Anerkennung und Lob werden leistungsorientiert in Aussicht gestellt. Messlatte ist immer noch etwas höher gestellt. Auch im Triumpf bin ich allein. Entwicklung: 3. - 6. Jahr, ödipale Phase.

## BASIC CONFLICT : ILLUSION - TRAUMA - NEROTIC RESULT

Freiheit oder Ausliefern? Anerkennung ist nur selbständig - frei gewahrt, wenn ich mich nicht einlasse auf zärtliche Hingabe, den Kopf nicht verliere. Tiefere Bewegungen stoppen Aktion und Tüchtigkeit. Problem ist der Kontakt von Herz und Becken. Illusion : Realitätsgerecht u. erfolgreich kann ich gut leben ! Autonome Leistung ist alles !

## CORE DEVELOPMENTAL ISSUE

Ich liebe und brauche dich und deine Akzeptanz für eine ganzheitlich gereifte, verantwortete Genitalität und zärtliche Liebe. Es gibt Erfüllung und ein Recht auf Hingabe und Zuwendung.

## DIAGNOSIS 5 : R I G I D

## FEAR OF DEATH LAYER ISSUE

Angst, wie weggefegt - zurückgewiesen zu werden, in zart - verlangenden Gefühlen und zugleich starken Impulsen : Mir bricht es das Herz ! Mir schlägt´s ins Gesicht. Ich verliere es und mein Herz stockt.

## THERAPY ISSUES

Bedürfniss : Geliebt sein ! Alles dahin ausstrecken dürfen, das braucht Ermutigungen : Tiefere Gefühle aushalten, ausdrücken zu können vom Herzen bis zum Becken. Hilfe : Polaritäten vom Kind bis Erwachsensein spüren, weich, offen zu sein . Passives und Nicht - Leistung erlauben . In den Polen beider Elternteile arbeiten zw. rigide u. Verwundbarkeit, im Mittelgrund auf der Grenze : Ich kann stark u. weich sein, herzen und Nein - sagen .

## GENERAL BODY AND EMOTIONAL STATEMENT

Im einladend - wohlproportionierten - leistungsstarken Körper ( Inka - Krieger ), doch auch klaren Abstand haltend, sind die Muskeln in Mittelspannung entwickelt, lassen nicht auf Abweisung schliessen. Augen : Herausfordernd hell, doch ohne sexuell - verführerischen Glimmer des Psychopathen . Die Person ist als Ganzes für sich entwickelt .

## ENERGY LEVEL AND BREATHING :

Hohes und ausgewogenes Energie - Niveau !
Variables Handhaben und zugleich fokussiert - harter Ausübung des Gewollten .

Aus 20 Jahren :
'Bioenergetics'
Hartford Institut

# KAPITEL XVI

## DEATH-LAYER ARBEIT und ZENTRIERUNG

**1. Widerstands-Schichten im Zwiebelschalen-Look**
Sie sind von aussen nach innen durchzuarbeiten - in umgekehrter Folge von originären Wachstumsringen, die von innen nach aussen verlaufen.

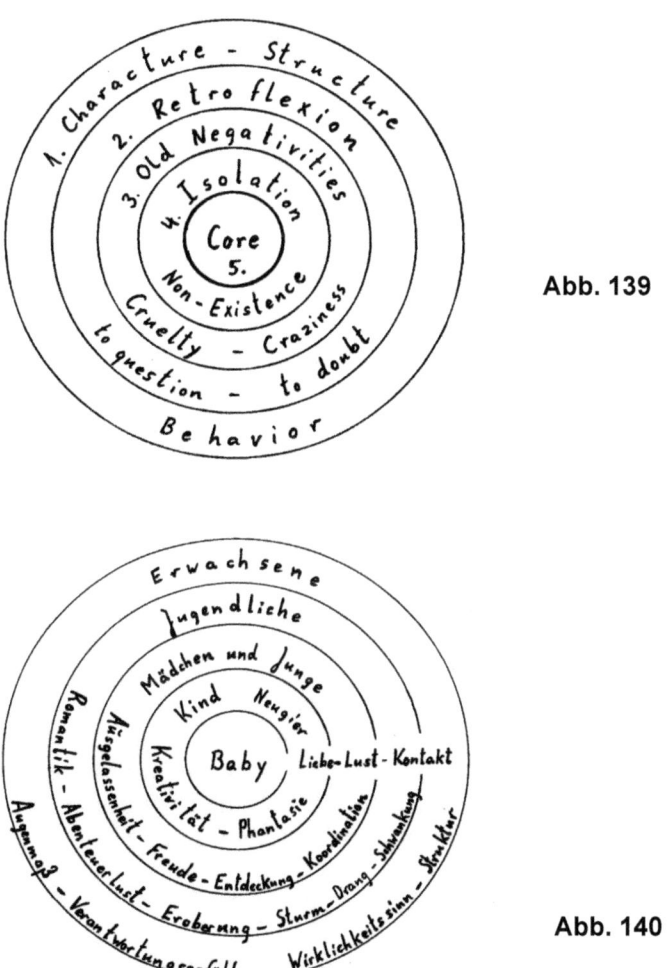

Abb. 139

Abb. 140

Zu den Schutzschichten und Verpanzerungen, die Schritt um Schritt als Barrieren aufzugeben und loszulassen sind, gehört, dass sie subjektiv wie „sterben" erscheinen . Oder sie erscheinen wie eine sich häutende Schlange, die sehr verwundbar wird, bevor eine neue Schicht vitalisiert werden kann. Dabei zeigt sich, dass das therapeutische Nachwachsen und Nachreifen weitaus schneller verläuft, als originäres, natürliches Wachsen. Denn es sind ja schon erworbene Kompetenzen vorhanden, die in der Regression teils vorübergehend ausser Kraft gesetzt waren, jedoch nicht irreversibel sind.

### 1.1 „Charakterpanzerung" und „zu revitalisierende Schichten"

Es sind „verfestigte Muster einer zweiten Natur," (A. Lowen). Sie verhindern vielschichtiges Leben. Anpassende Klischees, Höflichkeit, Tüchtigkeit, Pflichterfüllung, Zwanghaftes, Gefühleverdrängen nähren die Hoffnung, das werde belohnt; so werde ich Anerkennung oder auch Liebe gewinnen.

### 1.2. Retroflexions-Mauern / Mißtrauen: „Bin ich richtig" ?!

Selbstreflexiv, selbstkritisch, skeptisch, wenig selbstbewusst und tadelnd fragt dieser Typ: „Bin ich richtig? Was mache ich falsch? Liege ich schief?" Die Folgen sind eine Bereitschaft zu Schuldgefühlen, Insuffizienzgefühlen, Kollaps; auch Trotz, Flucht nach vorne, Verwirrspiele im Mix von Opfer / Täter; verdeckte Projektionen, Verdrehungen. Sie errichten „Retroflexions-Mauern".

### 1.3 „Old Negativities": Cruelty , Pseudo-Stoffwechsel , Skotome

Sie verengen sich im Pseudostoffwechsel von Introjekten und Projektionen zu einer feindseligen Sicht: Das Leben verläuft in Gemeinheiten. „Nur im Auge um Auge gewinne ich ! Sonst erwarten mich Fallen; es wird mit mir gemacht. Mit uns kann man´s ja!"- Es bleibt eine verräterische Welt, die attackiert. Dolchstoss-Legenden haben ihre Wahrheit. „Ich aber werde es ihnen zeigen und verhindern: Beschämt, lächerlich, hilflos und klein gemacht zu werden." Der Eindruck von Missachtung und Destruktion, von Willkür und Diktat nach draußen und drinnen breitet sich aus ( s. ISIS ).

### 1.4  Die Schicht von „Non–Existence" sagt: „Du bist nicht gewollt!"

Das Leben ist entweder überschwemmend oder defizitär! Zweiheit und Einheit, Gemeinsamkeit und Koexistenz gibt es nicht. Ich darf nicht fragen, reden, lachen, weinen, d. h. selber leben. Für mich ist kein Platz. Wo einer ist, muss ein anderer weichen. Ausserhalb des „be or gone" scheint es keinerlei Alternative, Zuflucht, Schutz, Verteidigung (etwa bei einem anderen Teil im Gegenüber der Eltern) zu geben. Das Kind fühlt sich ausgeliefert, blank, nackt; es inkassiert, ohne unterscheiden zu können. Ein ureigenes Assimilieren ist nicht gegeben.

**1.5 Schädigung im Ich-Kern: Keine Unterscheidung von „I" und „die"**,

von „homicide" und „suicide" gibt es. Übrig bleibt Chaos, Psychose und oft ( psychiatrisch gängig ) : Ein „Gipsverband" für die Seele" (keine Therapie).

**2. Praxisberichte zu eingeübten Mustern in zweiter Natur**
**2.1 Projektions-Schicht - nach außen gerichtet, explosiv**
( T.-Therapeut; M – Mark im Fallbeispiel )

M. Platzt plötzlich in der Gruppe los : „ Mein Vorgänger nimmt soviel Zeit !
. Ich hatte doch gesagt, arbeiten zu wollen. Ich bin voller Ärger."
T. Da ist eine Energie rund um ein Bedürfnis . Und sie will den anderen
. wegstossen ( M: Ja ) . Und die Verbindung ist : „Ich brauche Zeit" !
M. Ich erlaube mir oft selber keine Zeit; da ist Ungeduld ; alles wird zu viel .
T. Du hast wenig Mauer, so dass alles tief in dich eindringt und zu viel wird
. und dann ungerecht erscheint.
M. Das ist so wahr . Ich bin sehr berührt . Das ist so wahr , dass ich sagen möchte: „Let it be - okay, geh zum Nächsten weiter" (Pause). Meine Worte stimmen , doch sie berühren mich nicht."
T. Zuerst ist da Ärger und jetzt berühren dich deine Worte nicht. Von mir
. aus kann ich sagen, wo ich deine Worte wohl höre. Doch weiß ich nicht, was du brauchst ( your needs )?
M. An solchen Stellen muss ich mich in mir isolieren, wie nicht existieren; meine Mutter litt sonst ... ( weint ) .
T. Ich höre : Du brauchst es , darüber jetzt zu weinen und zugleich ist Dein
. Wunsch, „Gehaltenzusein" ( M. weint, nickt ) . Du musst weinen und brauchst Kontakt . Und darin kannst du dich lebendig fühlen .
M. Ja. Noch ist die Wand von Nichtexistieren dürfen rund um mein Herz . Es beklemmt .
T. Geh´in die Erfahrung, in das Experiment von Nichtexistenz. -
M. Bei dieser Erfahrung möchte ich mich am liebsten selbst hinter die Wand, hinter die Mauer schlagen ...
T. Das ist so klar, dass ich frage : So gut ; was nun? ( M ist verwirrt ). Dann sag die Worte oder probiere sie : Rette mich hinter meiner Mauer ( ´save me from behind the wall" ) ! ( M. wiederholt sie ; T. setzt sich als Schutz hinter ihn , und Therapeutin / Ti. wird zur „Mutter" vor ihm ).

- M. Ich spüre eine doppelte Botschaft in mir: „Save me", und gleichzeitig möchte ich ohrfeigen, wegstossen (T. tut es für ihn; rechts - links an M. vorbei ; Lachen , Spass ) .
- Ti. Ich höre, spüre Wärme, Weichheit und auch Kraft; auch den „Killer" spüre ich durch.
- M. zögert: Ich kämpfe nicht; ich will fair sein (Pause). Andere waren oft nicht fair; und ich fühle mich betrogen. Ti.: Du betrügst dich selbst die letzten Tage, indem du sagst: Der Nächste bitte.
- M. Ja, wenn ich etwas wollte ( my wish to reach out"), sagte sie: Warte! Und ich war gut im Warten .
- Ti. Schau, wieviel Energie darin steckt, wenn die Mutter sagt: Warte! Warte nur, du wirst noch immer besser, noch fairer .
- M. In dem Moment habe ich nichts; mir bleibt nichts .
- Ti. O doch . Die Mutter sagt : Ich brauche dich , indem ich dich warten lasse.- Da bist du fair mit deiner Mutter  und fühlst dich selber „shited". Was ist dein Wunsch?
- M. So hatten wir einander; ich verstand sie.
- Ti. Deine Arme können müde werden, wenn man so am Kreuz hängt. Bzw. es ist schlimm, böse zu sein gegen eine Mutter, die evtl. kollabiert und auf dich drauf fällt. Bei dir zu Hause gab es die Hoffnung, vielleicht doch was zu bekommen; dabei fühlst du dich shited.
- M. Heute mache ich mir das selber - im Warten.
- Ti. Wie wäre es mit dem Satz : Ich möchte Mütterliches  jetzt ( „I need mothering now ! ) .
- M. Oft sagt einer heute: „Jetzt nicht!" - Sofort ist diese alte Energie zurück.
- Ti. Dann gebe ich dir den Satz (vielleicht zu deiner Partnerin hin): „Ich will Jetzt !"- oder  „ …ich warte auf meine Mutter!" ( Lachen ) .
- M. Ich will nicht warten !-
- Ti. Wenn du an den Anfang denkst, um in diese Arbeit herein zu kommen, ist da noch ein Drittes : Du praktizierst Möglichkeiten , doch etwas zu kriegen. Im Warten staust du eine Menge Ärger auf . Mach mal die Übung von einem qualmenden, schmollenden Ärger .
- M. O, ich kenne das ( übt in Variationen ) !
- Ti. Es gab eine enorme Kraft des Ärgers in dir und in deiner Mutter. Zugleich höre ich : In deiner Familie „ Ärger haben " war schlecht . Denn wenn die Gruppe hier sagt: „Er kämpft zu wenig für sich", so hörst du das wie Zurückweisung  und verteidigst dich . Sag ihnen : Ich bin wütend ! Und als „home work" die Formel: „Ärger ist schlecht und fair ist gut!" Die Gruppe im Chor: „ Anger is bad, - fair is good " !
- M. Ich hätte noch eine Lösung auf der Pfanne: „Der Ärger ist´s ja gar nicht wert ; ich habe die Kraft , euch alle gehen zu lassen ; doch da kreiselt etwas . Ich will ja auch was ! Danke !

## 2.2 Retroflexionsschicht : Kein offen reflektierender Zugang

Mit dem folgenden Fallbericht soll zugleich eine Hypothese in die Paar-Therapie herüber weisen. Die These lautet: Was die retroflexive Person als Individuum mit sich macht (altruistisch sich Schmerz zufügen, narzistisch verletzen ), das tut sie auch in den Innenraum der Partnerschaft hinein (ohne es zu merken). Ein Beziehungsmuster von Liebe ist dann, die Retroflexions-Mauer zwischen die duale Einheit von Zweien zu setzen, sobald die Partnerschaft als gesichert gilt. Stereotyp wird Trennendes in der Liebe in den Vordergrund gerückt, besonders nach aussen zu. Gerade in der Öffentlichkeit und mit Hilfe der Öffentlichkeit bekommt der andere Tadel und Messer in die Rippen, mal lanciert, indirekt, leise, mal unvermittelt scharf. Während der abgekanzelt Betroffene kleiner gemacht wird, scheint der Retroflexive nach aussen eine Offenheit ohne Grenzen zu entdecken , die peinlich wirkt. Was zuvor Altruismus war, verkehrt sich plötzlich in Hedonismus auf Kosten von.
Der Partner im Hintergrund soll „ Sicherheit, Hängematte " gewährleisten ; er soll Gewissheit schenken , ein Bekennen zu ... ; Offenheit ist aber verpönt. Macht der Partner die Einbahn-Kommunikation nicht mit, so kippt die verborgene Projektion weiter um in Gekränktheit und Schuldzuweisung :
„Er hält die Spannung nicht aus; er hält das Pseudospiel zu beweisender Autonomie nicht durch; schon seine Anwesenheit stellt in Frage, was doch nur harmlos und ein Recht auf Selbstverwirklichung ist ".
Manche Encounter-Gruppen bestärken den Trend autonomer Strebungen, indem schöne Begriffe wie Einsicht-Denken, Ganzheitlichkeit, Identitäts-konzept, Kontinuum nur plakativ-egozentrisch benutzt werden, indes gegenbesetzte Etiketten wie Abhängigkeit, Klammern, Symbiose schnell als Totschlagargumente in der Liebe zur Hand sind.
Das „Integrative" lässt den anderen Part der „Integrität" draussen, den das Y Ging z. B. mit „Geradheit und Gerechtigkeit" benennt. Das Einverleiben als amerikanisiertes Lebensformat: „... to get more of life", „nimm, was du magst"- kippt vom Retroflexiven ins Hedonistische des „Alter Ego".

**Fall-Beispiel:** Eine Frau - in mittleren Jahren , unverheiratet , keine Kinder , lernt einen Mann kennen . Sie lieben sich in einer anscheinend autonomen , erwachsenen Weise. Doch zeigt sich, trotz viel vorhandener Ich-Kompetenz, auf beiden Seiten erscheinen Teile segmentiert. Erstaunt nimmt er zwar den Zusammenbruch ihrer Ich-Stärke wahr, doch versteht er das nicht .
Ängstlichkeiten belegen ein ganzes Spektrum: Ob das beim Spaziergang „Hunde" sind; das Wasser beim Schwimmen, ein schlichtes Kettenkarusel, als Sozius mitfahren, eine leichte Kritik im Kolleginnen-Team, das sie leitet,

... zu oft ist sie die Verletzte, ein Opfer, das Rücksicht braucht.
Im Berufsumfeld wissen andere zu berichten: Sie teile gerne aus; doch selber etwas inkassieren, geht nicht! Andere sind die Bösen, die überfordern, verraten, sie verlassen haben. Selber ist sie immer ganz die Unschuld; nichts rührt an das Bollwerk ihrer Integrität. Im Beratungsteam meint sie in schön-gefärbter Selbsteinschätzung: Für alle, auch in ihrem Leitungsstil, eher altruistisch fürsorglich zu sein. Doch ist sie längst völlig isoliert. In der Kommunikation wechselt eine blitzartige, intellektuelle Schnelligkeit mit einer unendlichen Langsamkeit bei eigenen Innovationen. Vieles passiert unauffällig und leise in inneren Dialogen, wird aber als längst vermittelt vorausgesetzt; sie haben halt nicht zugehört. Mißverständnisse und Projektionen sind die Folge.

Ihr Partner hat den Part, viel Geduld zu haben; er kommt selber aus einer altruistischen Ecke. Mit Rätselraten, Nachfragen, Entschlüsseln versucht er, ihre Position zu erfassen. So sind beide guten Willlens, sich wechselseitig entgegenzukommen und konstruktiv zu stützen. Verwundert erlebt sie: „Nun seit Jahren einen regelmäßigen biologischen „Zyklus" bei sich. Auch er kann Verwundungen aus früheren Beziehungen überwinden, ebenso wie sie.

Dann stirbt plötzlich ihre Mutter, von der sie meint, nie geliebt worden zu sein. Andererseits kommt dieser Tod ihr zu früh, wie ein Ausbruch aus der Ehe mit dem um 14 Jahre älteren Stiefvater. Sie selber als Tochter (damals 8 Jahre alt) hat die Zweit-Ehe ihrer Mutter nie akzeptiert. Das führte bei ihrer ersten, eigenen Verlobung und ihrem Aussteigen zu dem Satz: „Lieber in der Hochzeitsnacht sterben, als eine lange Ehe leben müssen, die nur Rücksichtnahme und Gefängnis bedeutet."

Ihr um 7 Jahre älterer Bruder (von der Mutter mehr geliebt) wird früh vom Stiefvater aus dem Haus verwiesen. Sie bleibt; hat kein eigenes Zimmer. Als Einzige aber hat sie, mit dem Stiefvater flirtend, ihn im Griff bei unsichtbarer Grenzziehung nach dem Motto: „In unserer Grossfamilie dominieren die Frauen." Im Kern erscheint sie hart und zerbrechlich zugleich.
Dem Partner bleiben die unterschwelligen Widerstände, Ängste, schnelle Brüche, Flirten wie Müpfeln nicht verborgen. Spritzer davon gibt es genug. Unmittelbar fällt ihm auf: Das Küssen ist nicht eigentlich ein Einlassen; die Zähne bilden immer eine Mauer; Kopf und Hals weichen zurück, sind angespannt, lassen nur zarte Berührung der Lippen zu; legt er den Arm leicht um sie, ist das einengend. Ausgleichend empfindet er ihre Hände als wohltuende Kraft. Er versteht, wenn intellektuelles Buchwissen und Karriere ein Non-plus-ultra aus kleinbürgerlicher Enge und Nichtbildung ein Weg heraus sind. Er stolpert aber, wenn's in einer Mischung von Minderwertigkeit

in Arroganz umkippt, wenn dann zu viel einfach töricht behauptet wird. Anders als bei der Ehe seiner Eltern in Treue hat er selber Untreue aktiv und passiv erfahren. Das ist die Lindenblattstelle , zu der beide nicht mehr hin wollen. Beide tun Schritte; beschließen auch zusammenzuziehen. - Sie will für sich eine Reihe Sexualtherapie-Seminare in Fortbildung machen. Aus den ersten vier Tagen zurück, sagt sie in einen Augenblick großer Nähe in entspannter Ruhe des Wiedersehens: „Mit dir schlafen, mit dir reden ... ist schön; doch in meinem Herzen habe ich mich in einen anderen, den Trainer in den fünf Seminartagen verliebt." - Gleichzeitig wünscht sie, dass der Partner die drei noch folgenden Seminarwochen mitmacht, weil alle ihre Partnerschaften dabei hatten. Das gelingt relativ unkompliziert beim zweiten Seminar; diesmal von einer Trainerin geleitet. Inhaltlich bekommen formelhaft gebrauchte Buchtitel einen Akzent: „Liebe, die nein sagt, die trennt und ein Kind der Freiheit ist" (M.L. Moeller u.a.) . Ihr Fazit lautet : „Treue ist eine Utopie".

Er stimmt dem zu in dem Sinn, dass Liebe und Treue immer neu zu erarbeiten sind; und ebenso dem Fakt: Wenn es dennoch knirscht und hakt, dass dann oft genug schon Andere vor der Türe stehen.- Im Seminar ihrer Linie treu, nimmt sie in seinem Beisein zärtliche Involviertheiten zu anderen Teilnehmern auf , die nicht als Paar gekommen sind. Gleichzeitig häufen sich die Schuldzuweisung ihm gegenüber: „Er halte Spannungen nicht aus; er sei von Anfang an unerwünscht ( obwohl sie ihn doch unbedingt eingeladen hatte ). Er ist überrascht, glaubt seiner Wahrnehmung nicht, ist verletzt an seiner „Lindenblatt-Stelle" und bei solcher Ambivalenz. Er kann tolerieren, protestieren, beharrlich bleiben, „Zwiesprache halten" (à la Moeller), eine Glaswand bleibt, bis die Trainerin ihm sagt: „Dann sei doch mal der Macho, wenn sie dich in diese Schublade steckt!" - Das lässt ihn vom Altruistischen in den projektiv-aggressiven Quadranten wechseln, während sie weiter in den offen gelebten, hedonistischen Quadranten geht. Das blüht noch mal offener im dritten Seminar auf, als dort der Trainer vom ersten Seminar wieder die Leitung hat, in den sie sich verliebte.- In letzter Konsequenz verzichtet der Partner auf die vierte Seminarwoche, in der à la Bhagwan nackt in der Gruppe gearbeitet werden soll. Schmerzlich will er keine weiteren Messer zwischen die Rippen bekommen . Die zweite Leiterin der Seminarreihe meint lapidar: „ He has finished!" Zuvor berichtete ein Teilnehmer selber Psychologe) : Seine Frau ( auch Psychologin ) versuche zu Hause, jegliches „Machotum" im Rasenschnitt bei ihm wegzuradieren. Sie selber aber machte einen Urlaub in Italien und schickte eine Postkarte: „Erlebe hier einen Macho pur: Er ganz Papagallo, ich total ein Vollweib"!-

Manche ideologische Blüte im Nachholbedarf lässt sich in der Eskalation beider Pole paradigmatisch veranschaulichen. Die Prozesse gelebt sind selber leidlich über schmerzlich bis trennend.

Abb. 141

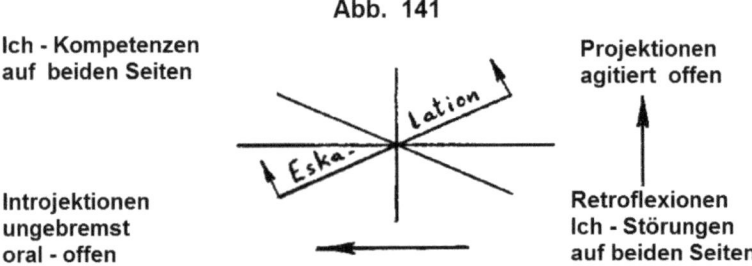

Summe aus dem retroflektiven Fallbeispiel :

Der introjektiv-retroflexive Typ merkt im Skotom und im kränkbar gestörten Narzissmus nicht, wie sublim tödlich er seine projektiven Aggressionen nach außen bringt ( vgl. „kalte Killer-Potenzen" mit „heißen Killer-Potenzen" ).

Der projektiv Retroflexive indes verliert in konfluenter Weise sein eigenes Selbst. Es reißt ihn plakativ in die offene Aggression: Im Märchen vom Hasen und den androgynen Igeln fängt er bis zum „Geht nicht mehr" an zu rennen und ist noch stolz darauf. Er glaubt, den Trick der Igel knacken zu können. In seinem offenkundig plakativ-hartnäckigen Tun ist er darum auch leicht „schuldig" zu machen und als „dummer Hase" belacht zu werden.-

In der Parallele dazu gibt es im alten China ein beliebtes Tier und einen Sinnspruch. Sprichwörtlich wird darin die Vorsicht des kleinen Fuchses beim Überqueren des Eises über den Fluss benannt: „Wenn er im Frühjahr das Knacken des Eises nicht hört; wenn er beim Springen von Scholle zu Scholle den Schwanz nass macht, ist es eher Beschämung, über die andere lachen" (Diederichs Gelbe Reihe , 233 ff). Gleichzeitig gilt :Die „Igel" im Märchen mit ihrer retroflexiven Stachelhaut ändern sich kaum. So stimmen Fritz Perls und Stuart Alpert in beiden Richtungen:

1) Hat die projektive Persönlichkeit einmal ihre Projektionsmechanismen erkannt , ist es ein leichtes , dass dem viel Einsichtsdenken folgt .

2) Hilf der retroflexiven Person, ihre lang anhaltenden, verborgen heimlichen Rachepotentiale zu entdecken, ihre verdeckten Projektionen und Schuldzuweisungen, ihre narzisstische Arroganz und Besserwisserei und ihre unterschwelligen Machtansprüche und Konkurrenzen !

3) Vom Therapeuten verlangt das: Er darf sich von keiner Ambivalenz , von keinerlei Spießumkehrexpertentum seiner Klienten , von borderlinigen , schnellen Trickkisten, von Skotomen und Abspaltungen nicht einfangen und

mitreißen lassen. Wohl muss er in wacher Weise seine Gegenübertragungen spüren und um sie wissen !

## 2.3 Introjektive Schicht - old Negativities, Introjekte, Cruelty, Crazyness

("Skotome" :T - Therapeut und K - Klientin kennen sich schon länger)

K. Ich möchte an meinen Ärger herankommen.
T. Kannst du auch deine Furcht dabei fühlen? - K : Ja. -
T. Dann atme hinein ..., hast du Worte ? - K : Ja , du bist so stark!
T. Kannst du 'Kit` sehen, auch ihren Ärger, wie er rauskommen will ?
K. Ich töte, strafe mit meinen Augen!
T. Kannst du mich so hereinnehmen und mich so ansehen? – K : Dich ?
T. Ja, mach´s offen; es kommt durch die Augen ...
K. Nein, zu dir habe ich keinen Kontakt; ich weiss nicht, wie ich das mache?
.  ( Öfter schon hat 'Kit` an ihrem Vater gearbeitet , der stolz auf seine
.  Tochter mit guten Noten schaut ( lange aber tot ist ) .
T. Dann schau, wohin dein Kontakt geht?!
K. Es ist immer noch der starke Kontakt zum Vater!
T. Ich sehe, dann gehst du von mir weg. Und ich habe die Ahnung :
. . Außer diesem Kontakt ist keiner sonst nötig.- K: Ja.-
T. Und das nenne ich Grausamkeit! Besitzen und „cruelty" sind hier eins.
. . Ich sehe hier eine Konfusion zwischen Liebe und „cruelty".
K. Ich denke, du twistest jetzt meine Liebe in Grausamkeit um.
T. Im Einlassen auf Konfusion kommt also in dir der Satz hoch:
. „Du twistest!"- Und wenn nun irgendwer, dein Vater twistet (verdreht)?!
K. Das glaube ich nicht!
T. Du kannst nicht glauben, dass dein Vater Liebe und Grausames mixt ?
K. Eher bin ich das als er. Nein, ich fühle mich jetzt lächerlich.
T. Und das ist schlimm und hartherzig!
K. Puh, - das ging so schnell; das war so normal bei uns.
T. Die Lüge dreht um. -
K. Jetzt weiß ich, wo ich eben gestoppt habe. Ich fürchtete, den Kontakt
.  zu verlieren, falls mein Killer dazwischen tritt.

T. Also, mach es offen. Es kam durch die Augen; schau mit deinen Augen,
.  wann Liebe sich findet, wann anderes : Ärger, Sadistisches, Lächerliches.
K. Es kommt jetzt eine Energie wie Macht und Terror darunter . Entweder
er .  oder ich . Und da stoppen wir!
T. Ja , Stoppen war der Weg , wo beide im Patt etwas bekommen haben .
K. Oder ich bin das reizend, schlaue Mädchen , auf das er stolz ist. Und da

. hänge ich drin. - T: Fühlst du, wie du ihn jetzt trickst?
K. Ja, ich fühle meine grosse Wut ( ihre Augen hassen ).
T. Ich sehe, du bist sehr wütend - und brauchst da Unterstützung.
. Kannst du mich sehen und mit hereinnehmen in deine Wut?
 (K. zittert, hält den Blickkontakt und hat eine wirklich zornige Gebärde ).
T. Du brauchst keinen anderen Schritt mehr zu tun – und kein anderer jetzt
. sein. Du bist so, wie du bist für mich, - und ich bin hier.
K. Das ist gut! Puh, ich fühle ein Dynamit Leben. Ich habe meinen Körper,
. das ist mein Körper. Ich alleine habe das Recht, mich zu berühren und
. . keiner sonst, bis ich es will; - und verdrehen geht schon gar nicht!"
T. Im Feedback: Das ist die Existenz im Hass! Einen wunderschönen Hass
. hast Du; er kommt von deinem Herzen. Mörderrisches und Weiches ist
. da. D.h. den anderen erfassen und nicht von dir fortgehen! Wichtig ist,
. Hass und Ärger sehen, ihn spüren; und doch mit dir und der anderen
. Person in Kontakt zu bleiben und nicht fortgehen.

**Intermezzo:**

„Wut, die ausagiert, verletzt, tötet, ist keine integriert angenommene, keine lebendige, durchzustehen bereite Wut. Sie will verteidigen, exekutieren, anklagen, bestrafen, weil etwas über die Grenzen hinaus berührt.

Indem ich einen Wimpernschlag lang anhalte und in die Verletzung atme (als Support), kann ich die Wunde, den Schmerz fühlen, ohne die überschießende, blinde Destruktion im Spießumdrehen zu entladen. Oder ich kann sagen, wenn ein Sharing möglich ist ohne neue Verletzung (s. „Perlen vor die Säue kippen"): Meine Verfassung ist jetzt eine mordsmäßige (mit Gebärde, Stimme, Augen)! Ich agiere es nicht einfach aus, sondern sage es, alle Lichter gehen an, das ist ein Generator an Kraft.

Eine doppelte Wahrheit geschieht: „Ich möchte Kontakt und ich bin voll Wut. Und wenn du nicht vom einen geblendet bist, so blendest du auch nicht deine Wünsche. Wenn du aber im Moment nichts ändern kannst, biete ich dir an, in deinen nächsten Schritt zu atmen. Sonst geht es nach der Maxime: Wie du mir, so ich dir!

Durchleben aber heißt, bei dem zu bleiben, was zählt: Ganz vehement habe ich Wut! Ich gehe von mir und dir nicht fort. Denn Weggehen ist Wut auf anderer Ebene, die Rache speichert und neue Munition sammelt, sofern der Klügere nicht nachgibt. Kriterien für Weggehen wären sonst: Sich schwarz ärgern, sich schämen, verachten, Schlaflosigkeit, ungestillte Wünsche. Gleichzeitig ist es nötig, nicht alleine im stillen Kämmerlein zu bleiben.

X. Ich bin noch bei der Ohnmacht! Ja, es ist meine Wut. Spritzer davon sollen wenigstens auch für den anderen spürbar werden. Zuhause gab es

keinen Gegenpart, der mir hätte helfen können.
T. Da gibt es noch eine andere Fortsetzung: Die mangelnde Unterstützung geht zurück in deine Kindheit . D.h. es gibt einen Unterschied , ob Leute, die dir zu nahe treten, das neu und schmerzhaft tun, oder ob sie an eine alte Wunde rühren. Kannst du X. die alte Wunde fühlen ?
X. Mir tut die Brust entsetzlich weh................................................................
T. Ich seh es. Du brauchst Hilfe, um bei der Wunde von damals zu bleiben.
X. Es tut weh; ich mache zu!
T. Ja, wenn einer dich berührt, machst du zu.
X. ... und möchte um mich schlagen.
T. Du schlägst jetzt ein verkrüppeltes Kind...
X. Ich höre auf zu atmen, sperre mich.
T. Ja, ich seh, in deiner Familie war es nicht möglich, weich zu werden, schon gar nicht bei Verletzungen.
X. Es ist zu viel ! Es schmerzt.
T. Ich denke, es ist sehr hart, das zu erleben.
und ich denke, du tust es sehr gut.
X. ... weint -
T. answer, answer ...

## 2.4 Non-Existence und Core-Arbeit „Herzenhören"
. ( Das Herz eines Anderen und sein eigens hören)

Vorüberlegungen: Eine Mutter (Bezugsperson) hat keinen wirklichen Kontakt zum Baby. Sie muss viel Abweisung, Groll, Verhärtung, Unsicherheit, Vereinsamung, Kälte in sich haben ( im Gegenpol zur zwangsbeglückenden, auffressenden, manipulierenden Liebe ).

Keine Gefühle haben, keine Trauer, Fröhlichkeit, Verspieltheit, - ist tot sein. Die Antwort des Kindes könnte sein, was es gar nicht gibt: Ich lerne im totalen Abstand nur seriös, distinguiert, altklug zu sein, ohne jedes Ausgelassensein, Albernheit, Frohsinn; denn das ist der sicherste Platz; so bin ich nicht zu kriegen.- Um sicher zu sein, können Kinder aus ihrem Körper, aus ihrem Zentrum von sich weggehen. Ein Kind geht im „living learning" aus sich „Fusionen" ein. Trifft es jedoch auf eine Bezugsperson mit einem gefrorenen, isolierten Herzen, gibt es vielleicht noch eine andere Schicht drum herum: Eine brave, freundliche, soziale Statusschicht. - Das Kind kann dann lieb und brav sein, aber auch voll mit destruktivem Protest. Will das Kind das Herz der ihm nächsten Person erreichen (Kinder haben feine Antennen), dann stösst es auf das gefrorene Herz und antwortet selber mit einem gefrorenen, eigenen Herzen. Es kann nicht schmelzen.

**Fallbeispiel :**

E. Ich habe Angst, abgelehnt oder ausgesaugt zu werden.
T. Da ist Angst, nicht Ärger. Auch deine Angst kennt ein Entweder-Oder.
. Entweder ich gehe oder der/ die andere geht ; bzw. er / sie gibt sich auf !
E. Bei der Übung eben, das Herz des / der Anderen schlagen zu hören , .
. kam: Sie wird meinen Herzschlag hören ; ich muss das unterbinden , .
. ausbremsen , stoppen. Und noch etwas : Ich selber kriege da zu wenig !
T. Du hattest eine „Mutter" ( immer synonym für erste Bezugsperson) , die
. den Fluss der Energien bei sich selber nicht fliessen lassen konnte und
. für sich Kontakte unterbrach.
E. Mein Kontakt war: Ich fürchtete Ärger und Bestrafung.
T. Und schafftest es zu früh alleine.
E. Die Mutter erzählte stolz, wie früh ich sitzen konnte, auch auf dem Topf.
. ( Trauer kommt hoch ; sie braucht Zeit , es im Moment zu durchleben ...

Der Gruppenprozess in Reflexionen zum Thema wechselt hin und her und überläßt die Protagonistin ( in diesem Rahmen ) sich selber ( köchelnd ).
Der Therapeut wendet sich ihr wie der Gruppe scheinbar auf der Sachebene zu, weil es erstmal wie eine Atempause ungefährlicher ist :

„Zeigen sich Schmerzen und Symptome, sage ich: Du tust einen Schritt zum Leben!- Dir erscheint das jetzt wie in der Kindheit wie eine schmerzliche Atacke. Du brauchst dann Unterstützung ( Support ). Bei einem Schmerz (das Kind fällt hin) können Eltern zweifach reagieren: Entweder sagen sie: „Oh ja, dir tut das weh; zeig mal; sie bewegen evtl. das Knie, pusten darauf und sagen: „Heile, heile Segen, drei Tage Regen..." Das Kind merkt: Die Katastrophe ist nicht so gross.- Oder aber, es wird beschimpft: „Dass du immer nicht aufpasst!" - Das Kind erfährt unmittelbar: Ich habe Schmerzen und ich bin nicht richtig, eine Hochzeit passiert: Der Schmerz und die Botschaft kommen zusammen. Ursprünglich aber ist der Schmerz der Weg des Körpers zu sagen: Ich brauche Hilfe. Und ich kann mich auf das zerschrammte Knie einlassen; ich probiere, ob ich eine Bewegung fühle, ob ich mich neu organisieren kann , Schritt für Schritt ...

„U" weint : „ Mir scheint , ich darf überhaupt nichts : Nicht fragen , reden ,
. Dasein; alles rundum ist böse, feindlich und verrückt.
T. Kannst du die Worte da hinein geben : Hol mich heraus , rette mich ,
. . ( save me ; I need your savety ).
U. Es beruhigt mich ; dann kommt Scham, am Ende ist nichts.
T. Ich höre ein Gegenüber in dir sagen : Was willst du ; ich gebe dir doch
. einen Rahmen ( nur ich selber , meine Empathie ist nicht hier ).
U. O ja, sie tut es mit Bonbons, mit Exaltiertheit, mit Egozentrik, Seufzern :
. Nein , ist mir alles zu viel!

T. Ich höre: Die Worte „save me" sind schon richtig; doch schicken sie dich
.   zurück in dein Alleinsein, ins Nichtsein .
U. Sie sperren mich ein ohne mich ruhig zu machen .
T. Sie konnten dich nicht trösten , kannten die Frage nicht : Schütze mich !
U. „Save me"- keine Kraft geht da aus, kein daran glauben .
T. Versuch also, im ganz tiefen Kontakt mit dem „ save me " zu sagen :
.   Ich glaube nicht , dass jemand da ist .
U. Wiederholt den Satz für sich ...
T. So schützt du dich selber , indem du die Bitte auch heute zurückhältst.
.   Eine Frage stellen und bitten, macht abhängig. Zumindes gehen wir das
.   Risiko ein, ein Nein zu kassieren . Es gehört zum Erwachsenwerden .
T. „U", ich gebe dir noch einen Satz zu deiner Mutter : „ Save me , don´t
.   invade me" ( mit all deiner Exzentrik und Exaltiertheit ) .
U. Ja, das ist besser. „ Hilf mir ; überfahre mich nicht !"

( Bei solchem Arbeiten in der Gruppe entstehen öfter Kettenreaktionen , die im Dominoeffekt und „ short pieces " aufgegriffen werden ; so bei Y ) :

Y. Meine linke Seite ist jetzt wie gelähmt .
T. Es macht Sinn, wenn ein Kind sich wehrt , eine schlimme Botschaft her-
.   ein zulassen . Vielleicht brauchst du an genau der Stelle einen Beistand .
.   Probier mal den Satz : Rühr mich an der Seite nicht an ; sie schmerzt
.   mich aus einem guten Grund . - Y: Die Seite tut plötzlich so weh .-
T. Es tut mir leid, weil es so weh tut. Ich bin hier! Und 10 x am Tag heute
.   kannst du mir sagen : Meine linke Seite schmerzt ; berühre sie nicht, bis
.   ich damit zu Ende komme ; ich brauche die Zeit, ums köcheln zu lassen.
T. Zur Gruppe: Wenn es darum geht , dass etwas zum Ende kommt , kann es sogar passieren, dass mittlerweile ein Elternteil gestorben ist und etwas in mir wie erleichtert sagt : Er oder ich? Jetzt ich ! Dann habe ich den alten Weg des Kindes in mir. Das aber ist noch keine „death - layer- Arbeit ". Ich durchlebe noch nicht die tödliche Energie , die sich etwa ´suizidal` aus dem Staub machen will . Zuerst kommt etwas wie : Ich bring dich um; sonst bringt es mich um .- Der nächste Schritt wird sein : Ich falle in völlige Einsamkeit und Isolation . Ich bin ohnmächtig gelähmt . Gehe ich auch durch diese Schicht , finde ich darunter eine noch frühere Ebene, die spürt : Ich bin sehr lebendig ins Leben geboren trotz Angst.-
Y. meldet sich zurück : Es ist schwer, einfach Wünsche zu sagen .
T. Probier den Satz : „I have simple needs".
Y. Atmet schwer: An der Stelle fühle ich jedesmal nichts; ich bin wie blank.
T. Dann sag mal da hinein : „ Mama " - Y.: „ Nein, nein , nicht wieder !" -
T. Ich sehe , alles in deinem Leben geht um dies eine Wort herum; daran .
.   geht alles links und rechts vorbei. In der Mitte aber ist eine „Mama-Türe".

. Die ist zu ! Und darauf steht ein dickes „No"!
Y. Das „Nein" sagt : Keiner kommt an mein Herz heran.
T. Guck , ob du mich mit hinter die Tür nehmen kannst ; ich bleibe bei dir;
. egal was du machst , teste es; bleibe auf deiner Spur, zeig etwas davon
. in deinem Ausdruck ( Y. tut es , probiert es in Variationen ) .
T. Ja, alles kann kommen : Weinen, Frechheit, ein Schelm, Trotz .....
Y. Wenn ich das Schützende weglasse , kommt Wut .
T. Ich sehe, kämpfen ist ein Weg . Und ich sehe , wie gefährlich es war,
. deine Wünsche zu sagen.
Y. Ich möchte den Kampf aufgeben .
T. Gut, lass uns zusammen gehen. Du sagst mir, wenn etwas zu viel ist und
. der Kampf kommt . Ich bin, wo immer du bist ( gehen Hand in Hand ) ...
Y. Ein Brummen und Tönen ist um meinen Kopf .
T. Ich sehe, das ist ein Grund , die Wünsche nicht zu sagen .
Y. Es wird lauter und rückt wieder in den Hintergrund .
T. Es kommen lassen, ist genauso erlaubt, wie es gehen zu lassen .
Y. Ist das wahr, dass ich´s darf?
T. Hallo, ich bin da. Ich sehe, du hattest Wünsche bei allerhand Lärm und .
. Geräuschvolles drum herum . Und du willst gehört werden .
Y. Das geräuschvolle Drumherum sagt: Ich will Kontakt! (schaut die Gruppe
. an ( die tuschelt ); sagt zu T.: Kommst du mit?
T. Natürlich, ich möchte auch zu Anderen und Kontakt zu ihnen haben, wo
. die Stimmen sind und es vielleicht lauter ist.
Y. Ich fürchte mich ( weint , stösst die Hand von T. weg) : Ich will sie nicht .
T. Ja, es ist leichter, den Therapeuten zu ´blamen`, beschämen, als Verant-
. wortung für deine Gefühle zu behalten . Deine Wünsche stösst du immer
. neu und unter Seufzern weg.
Y. Hält sich den Bauch: Jedesmal kommt eine Hölle hoch.
T. Was dein Bauch sagt, ist wahr. Evtl. ist es jetzt zu viel. -
Y. Es wogt und rauscht hin und her. Ich will „freundschaftliche Beziehung"
. . und wieder nicht . Ein verrückter Zirkel ist´s : All diese dummen
Mamas . . Ich bin wütend und bin ein dummes , kleines Kind .
T. Dein Lebendigsein ist nicht so dumm ; was du wahrnimmst ist Leben in
. Geräuschen, in Wut, in Dummsein. Nimm mich mit in dein Zirkeln hinter
. die Türe . Du kannst mich reinlassen oder raus lassen , wann immer du
. willst ( Y. nickt ) . T. zur Gruppe : Zu stoppen im therapeutischen Prozess
. ist wichtig , wenn etwas deutlich wird , es braucht dann Zeit .

**Summe :** Was fruchtbar werden will , braucht Zeit .
a) Genau an diesem Punkt bleiben wir jetzt stehen .
b) Ein weiterer Durchgang wäre jetzt zu viel des Guten .
c) Bis zum nächsten Schritt muss es erstmal köcheln .

d) Im Gruppenprozess geht das Thema schon weiter.
e) Über Entwicklungen anderer findet die Ausgangsperson (Y) u.a. ihren nächsten Schritt ! Arbeitet jemand , arbeitet er / sie für andere mit. Wir finden uns immer in guter Gesellschaft ! -
B. Ich brauche etwas von Mann zu Mann . Es verdichtet sich ungefähr in :
. Hasse mich nicht dafür , dass ich zärtliche und weiche Gefühle habe
. An der Stelle brauche ich Unterstützung. Ich will nicht von dir hören: Ein
. Indianer weint nicht ! Und zu den Männern der Gruppe : Ihr könntet mich
. verachten , wenn ich mir das bei einer Frau hole . Mein Vater hat nie eine
. solche Bitte nach Zärtlichkeit zu mir hin gesagt und ich auch nicht zu ihm
. ( weint über etwas Vermisstem ) .
T. Ich höre, du brauchst das Akzeptieren in deinen weichen Gefühlen . Dein
. Weinen berührt mich tief , und auch dein Verlangen nach Zärtlichkeit .
B. Hass mich nicht , wenn ich dafür eine Mutter brauche .
T. Wenn du das sagst, sag es nochmal ; kannst du mich in dein Wünschen
. mit herein nehmen.
B. Mit den Augen, ja. Ich fühle beides : Nähe und Weinen.
T. Ich bin berührt von deiner Zartheit und Freundschaft.
B. Ein neuer Wunsch kommt hoch: Hass mich nicht, wenn ich dich verlasse
. ( ein kurzes Streicheln zum Abschied ; schaut herüber zur Therapeutin ).
Q. platzt : Mir wird ganz übel , wenn ich B. und T. so nahe sehe . Ich spüre
. den Wunsch des Verlangens und der Abwehr zugleich. Der Vater könnte
. mich missbrauchen !
T. Ein Vater also, der zuviel Energie in seinem Becken hat ( Sex , Alkohol )
. und zu wenig Herz .
Q. Ja , und keine Mutter ist da, die hilft . Und ich hänge irgendwo da drin .
T. Zu deiner Mutter ist kein Kontakt , keine Verbindung und so herum auch
. kein Schutz .
Q. Ich hör deine Worte . Doch ist alles Nonsens . Ich will keine gute Mutter .
. Beim Vater ist Ekel und bei der Mutter Verlassenheit . Beides ist Shit !
T. Dein Widerstand zeigt sich darin , an keine gute Verbindung zu glauben.
Q. Weder Mutter noch Vater ist da; nur Übelkeit und Nein in jede Richtung !
T. Und eben das ist jetzt dein Weg . Der Weg , den du mal gegangen bist ,
. den du gefunden hast, um zu überleben. Ich sehe eine wundervolle Kraft
. und auch eine Falle zugleich: Dein Trotz . Denn nicht überall und immer
. ist die Welt so , wie du sie durch diese Brille siehst .- Ich gebe dir einen
. Satz: „In meinem Trotz überlebte ich ; es war so erstaunlich- wundersam
. wahr, dass ich´s auch nicht aufgebe !"
Q. Ja, ich blieb an dem gefundenen und anscheinend sichersten Ort bei mir
. stehen: Der Vater macht mich übel und krank; die Mutter schmerzt

mich.. An beides möchte ich nicht ran ! Therapie soll schnell gehen und meine Probleme mit Männern lösen. Ich fühle mich alleine und mies .
T. Du sagst es zu mir ; und ich sehe, du hast eine starke Verbundenheit zu deiner Mutter.
Q. O Gott , davon weiß ich nicht .
T. Du hasst sie! - Q: Maybe !?
T. Evtl. ist es eine traurige Verbindung , ein gemeinsames Resignieren und Grübeln und ein Ausblick ohne Ende und ohne Anfang .
Q. Ich will mit ihr zum Ende kommen. T: Gibt's den Anfang?
Q. Wenn ich dich, Mutter, habe, kann ich nichts anderes haben . Da ist nur Symbiose oder Sprengen! So ist es mit all meinen Beziehungen .

**Summe - Abb. 142:**

Der schwierigste Teil therapeutischer Arbeit ist , zum Nullpunkt zu gelangen und so zum Wendepunkt . Er ist die Chance für die Neuorientierung. Nicht Spaltung und Diffusion , sondern Nähe und Berührung .

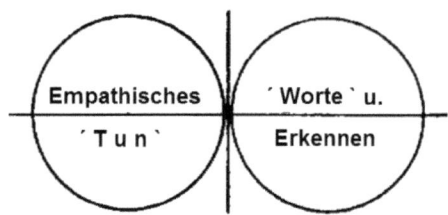

Grenze und Kontakt ermöglichen letztendlich eine Identitätserfahrung . Dorthin Atmen , ist für das 'in Kontakt kommen` wichtig . Wichtig ist außerdem , für „ a good parenting " als stützende Geburtshilfe zu sorgen , d.h. zu einem neuen „ self- support " hinzuarbeiten ! Voraussetzung seitens des Therapeuten ist neben der Wahl des Zugangs ( Technik / Handwerk ) primär das authentische Zusammenkommen von Empathie und ein nächstliegendes , erkennendes Sagen, in dem Emotion und Kognition stimmig im Kontakt ist.

# KAPITEL XVII

## GEBURT - TOD - LEBEN

**1. Dichtung : „Death-Layer und Core"**

**Matthias Claudius** - 1740–1815 :

„Ach, es ist so dunkel in des Todes Kammer,
tönt so traurig, wenn er sich bewegt
und nun aufhebt seinen schweren Hammer
und die Stunde schlägt".

„Der Tod ist gross. -
Wir sind die Seinen lachenden Munds.
Wenn wir uns mitten im Leben meinen,
wagt er zu weinen mitten in uns."

**Paul Gerhardt:** 1607 – 1676 ( Johann Sebastian Bach )

„Wenn ich einmal soll scheiden, so scheide nicht von mir;
wenn ich den Tod soll leiden, so tritt du dann herfür; wenn
mir am aller bängsten wird um das Herze sein, so reiss
mich aus den Ängsten kraft deiner Angst und Pein".

**Rainer Maria Rilke:** 1875 – 1926
„Blätter fallen, fallen wie von weit ...
sie fallen mit verneinender Gebärde ...

**Ingeborg Bachmann:** 1926 - 1973

„Die ägyptische Finsternis" ( Bd. 3, 425, 447, 475 f ) :
„ Wind erhob sich, griff in den Sand, löste sich. Die Wüste legte sich über die Netzhaut. Augen und Wüste fanden zueinander ... in der einzigen Landschaft, für die Augen gemacht sind. Wie sanft ist die Überredung der Wüste, die ihre feinen Zeichnungen ausspielt (mit Fata Morganen). Die arabische Wüste mit scharfen Konturen ist von zerbrochenen Gottesvorstellungen umsäumt.- Was suchst du in dieser Wüste, sagte die Stimme, in der nichts zu hören ist. Warum bin ich so verlassen. Warum ist das rote

Meer so voller Haie, der grausamsten Tiere voll? Und die Stimme antwortete nicht, weil es in der Wüste still ist ... Die arabische Wüste, die hat sich einer vorbehalten. Und dieser eine war keine Hotelgesellschaft und keine Ölkompanie. Ich habe dort ein Bild gesehen - wie Petrus auf dem See, der einen Schatten hat gehen sehen.- Ich bin gerannt unter der Sonne, weil ich das Bild gesehen habe. Ich bin gerannt, wie man nur rennen kann, an einem Strand, dem aller einsamsten der Welt. Ich habe etwas gesehen! Mein Gott, warum bin ich so verlassen. Warum ist das Rote Meer so voller Haie." -

**Carlos Castaneda** : 1925 – 1998
„Wenn der Tod kommt, tanze ich den schönsten Tanz meines Lebens." -

**Angelika Aliti** : 1946 *
„Ich weiß jetzt genau: Ich bin eine künftig Sterbende! Seitdem hat der Tod seinen Schrecken verloren. Darum nenne ich mein Buch: „Die Sucht, unsterblich sein zu wollen" oder: „Warum der Mensch den Tod fürchtet und darüber das Leben versäumt."

**Christoph Blumhardt:** 1805 – 1880
„ Wir sind Protestleute gegen den Tod . "

## 2. Angst als polares Ferment der Lust zu Leben ( D. Mittelsten Scheid )

Angst - wie die daraus erwachsenden Widerstände begleiten die Lust zu Bewegungen und Veränderungen des Lebens. Angst findet sich bei allem Loslassen, Verlassen, Sterben. Eine Summe der „Death layer"-Arbeit beschreibt S. 296 f :

„Um die Angst nicht zu fühlen, halten wir an Widerständen, am gewohnten Verhalten fest. Im Festhalten behalten wir die Kontrolle und die Illusion, unser eigener Herr zu sein. Wenn wir Angst zulassen (auf Unbekanntes einlassen ), wächst über Panik und Krankheit hinaus im weitesten Sinn eine zentrale Widerstandsebene: Todesangst, d.h. eine Erfahrung von „Ich-Tod". Gemeint ist das Verschwinden meines mir vertrauten Ich-Erlebens, wenn mein Denken stoppt und die Zeit stehen bleibt.
Auf Grund vieler Beschreibungen – vor allem der grossen Weisheitslehrer scheint sich eine neue Ebene aufzutun, ein Zustand endloser Weite. Er beinhaltet alles Erleben gleichzeitig und lässt uns (in ganzer Übersicht von Vergangenheit, Gegenwart und Zukunft) vollkommen im Moment dasein. Im sicheren Bewusstsein unseres Todes haben wir eine unendliche Freiheit. Normen und Tabus verschwinden. Mit diesem Erlebnis - heißt es - verändert sich unsere Ich-Identität und Weltsicht vollkommen.

Zunächst aber scheint die Annäherung an diese „Schwelle der Auflösung", das „Fallen ins Nichts" und völliges Verschmelzen sehr viel Angst, Panik und Festhalten an Bekanntem auszulösen.

Eine Frage ist, ob solche übergrosse Schwellenangst aus der todesnahen Erfahrung bei der Geburt herrührt und zur Natur des Seins a priori gehört ? Zu sehen ist tagtäglich, dass Menschen die Möglichkeit zur Freiheit spüren, und gleichzeitig auch das damit verbundene Alleinsein und die Selbstverantwortung. Täten sie den Schritt, brächte dies „Erlebnisse" von grosser Kraft und Lebensenergie. Manche Alltagsprobleme würden sich so relativieren, besonders auch, wenn die Realität des Todes präsent ist. Gleichzeitig ist klar, dass wir uns durchweg gegen eine volle Freiheit entscheiden. Jeder wählt den Freiraum, den er aushalten und ausfüllen kann und dessen Grenzen ihm noch ein Stück Sicherheit geben. So bejahen wir die selbst gewählten Grenzen."

**Hermann Hesse** 1877 – 1962 in der Novelle „Klein und Wagner" :

J.E. Behrendt sagt dazu im Nada Brahma: „Wer ihn als Selbstmord versteht, versteht ihn falsch. Es gibt bessere Wege, den Ton des Seins, aus dem die Welt am Grund der Schöpfung geschaffen ist, weiter klingen zu lassen .
Bei Hesse endet der Augenblick des Ertrinkens : „Jetzt vernahm Klein seine eigene Stimme. Er sang. Mit einer neuen, gewaltigen, hellen Stimme sang er laut, sang er laut und hallend Gottes Lob, Gottes Preis. Er sang in rasendem Dahinschwimmen, inmitten der Millionen Geschöpfe, im Strom der Bewegung und Gegenbewegung, ein Prophet und Verkünder. Ungeheuer brausten die Ströme dahin".

**Die Evangelienberichte:**
In ihren Osterberichten finden wir die Freunde Jesu aus Angst über der Kreuzigung ihres Meisters hinter verschlossenen Türen in Verzweiflung und Depression. Bevor es zum „Osterlachen" kommt, stecken sie in einem „Horror Vacui". Erst der Anstoss von aussen führt zum Wendepunkt und Glauben. Auffallend in den Berichten ist: Angesprochen sind nur die, die sich eingelassen haben auf jene paulinische Erfahrung: „Wir sind Sterbende und siehe, wir leben" (2. Kor. 6, 9).
„Ostern" bleibt immer- so Sören Kierkegaard- „ein Sprung in den Glauben", bzw. die provokante Botschaft der Engel: „Was sucht ihr den Lebenden bei den Toten" ( Lukas 24, 5 ) .

### Des Todes Tod

Der Stein- seit Ostern
ist schon beiseite geräumt
das Grab ist leer
trotz unserer Pilgerzüge
zu den Totenfeldern
begrabener Hoffnung
der Zugang zum Leben
steht offen und all
unsere Rückzüge hinter
verschlossene Türen
halten „ihn" nicht auf
die Riegel unserer Angst
und die Vorhänge unserer
Trauer, so schwer
und dicht sie auch sind,
halten Christus nicht auf

komm jesus
mit dir zusammen
wollen wir
aufstehen
für das Leben
komm
dass wir uns
hin und wieder
zusammensetzen
ganz einfach
mit brot und wein
und uns gegenseitig
anstecken
für das Leben

Wilhelm willms

Ich suchte nicht nach
wunderbaren und mystischen
Zeichen seines Handelns,
ich suchte die Unmittelbarkeit
von Gottes Gegenwart und Nähe.
Ich wollte nicht mehr über ihn
diskutieren,
ich wollte ihn kennenlernen:
Den Gott aller sieben Tage
der Woche suchte ich,
nicht den Gott des Sonntags.
Es war nicht schwer, ihn zu
finden, es war nicht schwer,
weil er schon da war
und auf mich wartete.

Carlo Carretto

## 3. Vier perinatale Grundmatrizen bei Stanislav Grof und „Freude"...

Von einem anderen Weg im Umgang mit LSD, als er noch therapeutisch legitimiert schien, berichtet Grof in vier perinatalen Grundmatrizen (106 ff), die ebenso in die vier paradigmatischen Quadranten einzufügen sind.

## 3.1 Grof´s Perinatale Grundmatrix Nr. 1

Zu Beginn eines geboren werdenden Lebens steht die intra-uterine Existenz als primär störungsfreie Phase im Mutterleib: Ein relativ ungestörtes Wachsen von Ei- und Samenzelle in dualer Einheit.
Diese Phase umschliesst a) die „eingefaltete Ordnung" (Capra) und b) die „Ausfaltung ozeanischen Bewusstseins" ohne Grenzen und Hindernisse des Embrios. Diese Phase symbolisiert die „Lebensform des Wassers". Sie schenkt die Geborgenheit von Mutter Natur, welche bedingungslos nährt und rundum wärmt und befriedet, eine Art „interstellarer Raum von kosmischer Einheit und transpersonaler Erfahrung in mystischer Urvereinigung (Symbiose) und paradiesischer Schwebe. Einbrüche bei fötalen Krisen : Stress der Mutter, chemisch-verschmutzte Flüssigkeiten, Abtreibungsversuche ... ergeben paranoide Untertöne".

## 3.2 Perinatale Grundmatrix Nr. 2

Der Akzent dieser Phase ist: Abschied vom Paradies, „the way of no return"! Die Enge im Mutterleib verhindert ein weiteres Wachsen in Mobilität. Der Fötus wird erbarmungslos zum passiven Opfer einer unerträglichen, unentrinnbaren Lage, bei unerkennbar verschlossenem Ausgang, Muttermund-Drehung, Spasmen und chemische Signale. Im LSD-Versuch erscheinen Bilder wie verschlingender Strudel, Trichter, Spinne, Krake, Falle. Charakteristisch ist mechanisches Müssen und Zwang.

## 3.3 Perinatale Grundmatrix Nr. 3

Ein „sado-masochistischer Kampf" entbrennt- wie durch ein reinigendes Feuer, vereinigt Opfer und aktive Beteiligung, angreifende Attacke und sog. blauer Phase. Angst, Todesbedrohung, Aggressivität, Sexualität, Schmerz und Lust vereinen sich in vulkanisch-orgiastischer Ekstase, Schrei, Hexensabbat und titanischem Überlebenswillen.

## 3.4 Perinatale Grundmatrix Nr. 4

Die eigentliche Geburt als Wiedergeburtserfahrung ist das Erleben wie Phönix aus der Asche, wie der Anschluss an ein neues System von Sauerstoff, Nahrung und Zweitakt. Nach Gefühlen absoluter Vernichtung und Aufschlag auf dem Boden der Realität (rock-bottom) ist die Feier des Lebens möglich ( Dionysos – Osiris – Auferstehung ).

Abb. 144

zeichnet den Weg der vierfachen Grundmatrix bis zur Geburt.

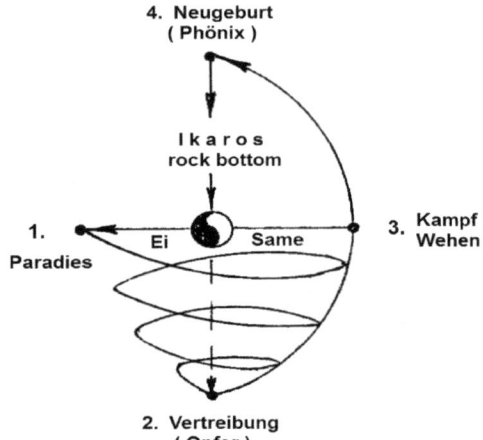

## 3.5 William C. Schutz „Freude"

Im Vorwort seines Buchs „Freude" schreibt Schutz: „Ich glaube, angefangen hat alles, als Ethan auf die Welt kam. Gebadet, gewickelt, wohlverpackt lag er in meinen Armen. Ich blickte ihn an. Er war ruhig und schien sehr neugierig. Er war konzentriert zuhörend bei all der ihn umgebenden, verwirrenden, neuen Welt. Was für ein herrlicher Anfang, das Leben zu beginnen, indem man den Eltern Freude macht. Lächelt Ethan, dann lächelt jede Zelle seines Körpers. Ist er unglücklich, ist er's gründlich von Kopf bis Fuss. Er lässt sich kitzeln, streicheln, umarmen. Sein Vergnügen ist physisch, wenn er strampelt, rülpst und pupst. Mit aller Aufmerksamkeit gehen seine kleinen Finger auf Entdeckungsreise in meinem Mund. Ethan ist selber voller Freude und erfüllt seine Umgebung mit Freude."

## 4. „I GING" UND „KREUZ" – zwei weltweite Symbole

Zwei Symbole weltweit prägender Kraft weisen in unsere diesseitige Welt mit ihren komplexen Entwicklungen, verwoben mit einem Humanum, das permanent auf dem Prüfstand steht bzw. auf der Strecke bleibt. Der Reformator Dr. Martinus etwa vor 500 Jahren sprach z.B. von einer „Ecclesia reformata, semper reformanda"; eine, die es immer neu braucht. In dem Sinn sei auch hier der Weg zu beiden archaischen Symbolen noch einmal zurückgegangen.

Die Weisheit des fernöstlichen Yin-Yang-Zeichens war in seiner einfachen Form eher verbergend, wie auch tiefere buddhistische Weihen sich vor Machtmissbrauch zu schützen suchten. Das gilt teils verändert für das

zweite Symbol auch, wenn Paulus sagt:
Etwas sei ihm wie eine Decke, eine Wolke, wie Schuppen von den Augen genommen worden und kaum von vorne herein evident: „Das Wort vom Kreuz ist denen ein Skandalon, die hypergesetzlich und in Scheinrichtigkeiten meinen, sie seien gerechtfertigt . Und es ist für die eine Torheit , die in der Klugheit ihres Philosophierens meinen , schon alles beantworten zu können ( 1. Kor. 1,18 ). Doch gelang das für ihn nur unter dem Vorzeichen , dass da einer auf Macht und Einfluss im Ego-Denken verzichtete.

### 4.1 „I Ging", Buch der Wandlungen in Kuas, Tri- und Hexagrammen
( zwei Übersetzungen nach Yüan Kuang und R. Wilhelm )

Die Offenbarung des Tao in der Welt der Menschen geht vom Prinzip des zweifachen Seins der Natur aus. D.h. das offenbarte Universum wird durch die beiden Kräfte, das Yin und Yang, die „geschmeidige Milde" und die „kraftvolle Härte" bewegt (IGYü. 11 + 21). Neben dem polaren Prinzip des Tao gibt es ein Drittes: Den „Weg der geheimen Verbindung", der Bewegung, des Fliessens und der Wandlungen (15 ).

### 4.2 Die Umsetzung in Kreisen , Strichen , Linien:

Den Uranfang des Ganzen, des „Wu Gi ", symbolisiert der Kreis ( das Eine in allem Vielen). Um sich differenziert zu verwirklichen, bedarf es einer entscheidenden Setzung, verkörpert in jener Linie des „Tai Gi" (Sinus-Schlangenlinie), die den Kreis in Licht und Dunkel teilt. Mit dieser Nulllinie kommt die Zweiheit in die Welt; eine Welt der Gegensätze in oben und unten, rechts und links, vorne und hinten.
Um dies Gefüge einander zuzuordnen, findet sich um das Yin-Yang Symbol herum eine Anordnung von acht Figuren. Die „ acht göttlichen Trigramme " ( acht archetypische Grundfiguren mit je drei unterschiedlichen Strichzügen ) zeigen Abb. 146 und 147 ( IGYü. 4, 20, 22 ).

Abb. 146                    Abb. 147

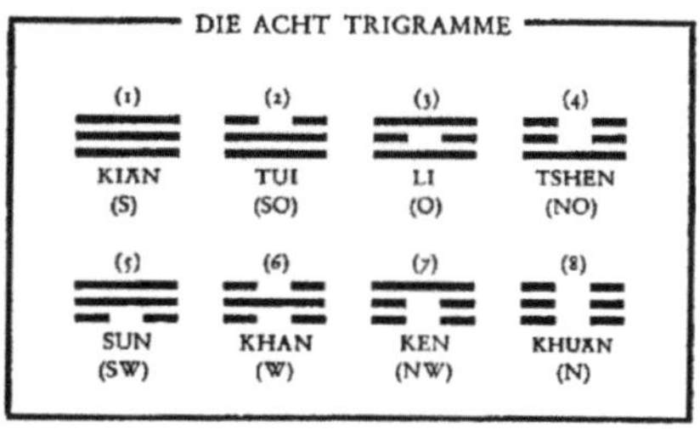

Die Sammlung der natürlichen Zeichen in Strichen ist gleichzeitig „zyklisch und rund" zu verstehen. Einzelne „Kua" (Strich-Blöcke mit drei bis sechs Strichen) sind in Wirklichkeit als Spirale ( in 3 D ) aufzufassen.

**Die Gundidee der Striche ist die des Ja und des Nein!**

Ausschliesslich mit Ja und Nein zu antworten, darauf beschränken sich älteste Orakel wie Computersysteme heute. Im Paradigma entspricht das dem „up und down" von Wippe, Spirale, Spin und Umschaltvorgängen bei dualen Teilganzheiten.

Ein Missverständnis schon immer bei Orakeln - und so auch beim Buch der Wandlungen - war oft der Gedanke, hier werde Zukunft vorhergesagt.

Doch hat das Werfen von Kuas (Stäben) - einen anderen Sinn: Die Gedanken sollen aus Verengungen, Blockaden, Schlagseitigkeiten – wieder in Bewegung kommen, flexibel und kreativ in Dialogisches, in ein Abwägen führen. Öfter haben Schlachten-Lenker Orakel befragt und daraus für sich Deutungen herausgelesen, die ins Unglück führten. Aberglaube, Wahrsagerei, Placebos, Selffulfilling Prophecies etc. blieben trotz Vabanquespiel eine geübte Praxis. Ein alter Holzschnitt zeigt das Werfen von Stäben vor dem grossen Dschingis Khan. Ob eine höfische und vergnügliche Ablenkung oder Sackgasse, das bleibt in jedem Fall offen: Abb. 148.

GENGIS - KHAN BEFRAGT DIE ZUKUNFT
MITTELS WEISSAGESTÄBCHEN
( Nach einem alten chinesischen Holzschnitt )

## 4.3 Die Linien der Kuas im I Ging mit 64 Hexagrammen

Definiert wird das „Ja" durch einen einfachen, ganzen Strich, das „Nein" durch einen gebrochenen Strich (IGWi. 15). Es gibt „positive Linien": Yang - Festigkeit - Einheit - Klarheit - Himmel. Und es gibt negative, gebrochene Linien, das Yin: Nein = Zweiheit = Geschmeidigkeit = Weichheit = Erde, - bei Goethe „als Teil von jener Kraft, die stets das Böse will und doch das Gute schafft".

Dem Wunsch zu mehr Differenzierung entsprechen zuerst Verdoppelungen, dann „Trigramme" ( einfache „Koua"): Sie bestehen aus einem oberen, dem mittleren und einem unteren Strich, Symbol für Himmel- Mensch-Erde.

Die Offenbarung des Tao sagt nun: „Durch die Verbindung der übereinander gelegten „einfachen Koua" (Trigramme) erhält man „vollkommene Koua" aus sechs Zügen, die heiligen Hexagramme, die als Gesamtheit der Abwandlungen des Universums" zu verstehen sind.

**Die Gesamtheit der 64 Hexagramme** bilden das „I Ging", das „Buch der Wandlungen" ( Anhg. 26 ). Sie spiegeln den vernunftgemässen Weg im Universum. Dieser Weg wechselt fortwährend, er verwandelt sich, bewegt sich, ohne auf der Stelle stehen zu bleiben. Er kreist, durchläuft die leeren Räume, steigt auf und ab, ohne einer ständigen Regel zu folgen" (37). Darum wird man situativ auch zu einem bestimmten Problem immer neu die 64 Stäbe werfen.

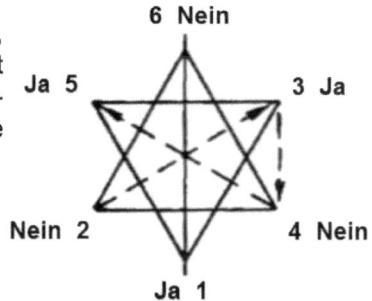

Im Paradigma stand für das Hexagramm, die „Figur" der verschränkten Dreiecke mit der mittleren Nullachse, der Transzendierungs- und der Tiefungsachse
**Abb. 149 :**
Im I Ging kommt es darauf an, wie man ein Hexagramm liest:

Zuerst gilt wie ein Grundaxiom
( die Linie 1 + 3 + 5 = Yang ) :
Zwei dreistrichigeTrigramme verstärken oder schwächen sich wie die Ränge der Linien untereinander, ob „ gerade Ränge " ( s. Linie 2+4+6 = Yin ) oder ebenso „ ungerade Ränge ".
Als Gundaxiom gilt : Nichts ist starr im Grundgedanken des Wandelbaren.

Die Bewegung der Linien und Ränge weist nach oben. Der Unterstrich steht für die erdhafte Basis mit aufsteigender Bewegung. Der mittlere Strich bezeichnet die Überlegenheit des Menschen zwischen Himmel und Erde . Der obere Strich sagt: Oben angelangt kehrt die Bewegung um zur

absteigenden Linie ; sie zeigt den Beginn der gegenläufigen Handlung an.
Der Ikarus-Effekt oder das „Rund um die Welt" sagen: Steige ich weiter zur
Sonne (als Himmelsstürmer), so kippt es um in Richtung Abgrund. „Oben"
heisst fernöstlich, „dass der obere Strich nicht das Koua krönt, sondern im
Gegenteil: Er zeigt die Umkehr im Pendeln zur entgegengesetzten Kraft an,
die in der Gesamtfigur wirkt" ( IGYü. 37 ).

**4.4  Die Differenzierung von 1: 2: 4: 8: 64 : „Die Acht"**
Mit Platons fünfter Grundform, dem Oktaeder fanden wir im Paradigma die
verschränkt- verdoppelten Pyramiden ( s. Abb. 67 b )  und  die „ Acht-Zahl "
( der Mensch mit vier Armen und vier Beinen  als die eine Kugel ).
Abb. 146 zeigte „die acht göttlichen Trigramme" in ihren acht Grundfiguren
mit je drei unterschiedlichen Strichzügen um das Yin-Yang Symbol herum .
„Damit Bewegung und Leben sei, müssen die acht Trigramme miteinander
spielen, sich ineinander verschlingen, aufeinander prallen, sich bekämpfen,
sich ausgleichen, sich vereinen. Dies Spiel beginnt schon mit den dualen
Kräften und ihren Ballanceakten zum „dritten und mittleren Punkt".
Wiedergegeben ist das Phänomen in den kaiserlichen Wappentieren, zwei
goldene Drachen und dem goldenen Spielball . Auch der „Gelbe Fluss", der
Yang Tse Kiang in seiner sich schlängelnden, wilden Gestalt und der gelben
Farbe ist als Drache dem Kaiser in göttlichen Insignien zugeordnet.

**Abb. 145**

Durch die Variablen des Spiels und der Hexagramme entsteht die
Möglichkeit von acht mal acht = „64" Verbindungen, die die Wurzeln des
Möglichen im Universum abbilden". Das „I Ging" beschreibt die einzelnen
wandelbbaren Möglichkeiten des Universums ( 35, 37 f  / Anhang 23 ).

## 4.5 Die „Fünf- Zahl" oder die „Tafel des Flusses" im I Ging :

Was als Mittleres die Verbindung der Gegensätze schafft, ist im Paradigma der fünfte Mittelpunkt im Fadenkreuz der Quadranten.
Im I Ging ist die „Tafel des Flusses" (IGYü 28 f) lange geheim gehalten worden. Die Zahl Fünf als Symbol der Mitte, stellt die Vergrößerung dessen dar, der hervorbringt und schafft. Was aus dem Zentrum hervorgeht, was Standpunkt und Flexibilität beinhaltet , ist gut geschaffen.
Darin zeigt sich „der Weg der geheimen Verbindungen" im dual-polaren Prinzip des Tao, dem zweifachen Seinszustand der Natur (IG Yü 15). Es ist der Weg der Bewegung, des Fliessens, der Wandlung, der doppelgesichtigen Identität, der Einheit und Zweiheit aus der Mitte heraus.

## 4.6 Einheit und Zweiheit als Weisheit des Lebens

„Die Weisheit des I Ging lehrt, dass keinerlei Extrem sich lange halten kann. Der natürliche Weg der Wirkung der positiven und negativen Kräfte, die die Welt erhalten, ist der Weg des Himmels. Ihn kennen, bedeutet für Menschen, sich der beklemmenden, tyrannischen Beherrschung durch die beiden entgegengesetzten Kräfte zu entziehen, die ihn wechselweise ohne Unterlass anziehen. Er befindet sich dann auf dem Weg des Weisen, der das Geheimis von Leben und Tod verstanden hat."
„Deshalb gebraucht der Weise die Gewohnheit der Gegensätze und sieht sie gemäß der zyklischen Bewegungen voraus, wobei er weiss, dass die Wohltat aus dem verursachten Übel (vice versa) entsteht. So ist der Seinsgrund des Lebens, der Natur und des normalen Ablaufs der Dinge. Wenn das eine auf seinem Höhepunkt ist, wird das andere unmerklich an seine Stelle gesetzt, denn jedes der beiden trägt den Keim des anderen in sich. Jedes offenbarte Ding, jedes Wesen ist schicksakhaft dem Wechsel der entgegengesetzten und sich ergänzenden Phasen unterworfen. Der Schwäche folgt die Stärke, dem Untergehen das Gelingen, dem Werden das Vergehen. Weise ist, wer sich dem obersten Gesetz des Tao fügt "
( IGYü. 12, 16 ff, 80 ) .

## 5. Das Kreuz im Koordinaten - Schnittpunkt
### 5.1 Klare Konturen der Ägäis, Renaissance, Impressionen, Askese, Dithyrambos und Psychiatrie

„ Die Konturen der Kykladen sind klar gezeichnet ", das Gegenstück zum impressionistischen Dunst in den Amsterdamer Wacholderkaschemmen und Hafenspelunken, die Albert Camus in der Novelle „ La Chute " schildert.
Ich selber, das Buch von Camus in der Tasche, fahre zurück von einer der Kykladen-Inseln nach Piräus, Richtung Heimat und psychiatrischem Alltag mit der Grenzlinie zwischen Zivilisation und ihren Kehrseiten.
Der Ägäis-Himmel ist tief blau. Vom Liegestuhl an Deck aus rückt eine Möwe ins Bild. Sie begleitet das Schiff; tut eigentlich gar nichts; schaut mal links, mal rechts, wachsam; hält die Flügel ruhig gespannt; segelt auf dem Wind gegen den Wind - und schafft, was das Schiff nur stampfend, zitternd macht. Sie kommt vorwärts, selber ein Bild der Ruhe.

Und nicht von ungefähr auf der Schwelle meiner Standortbestimmung fällt mir neben **Camus** auch **Petrarca** ein und seine „tranquillitas animi", die Ausgewogenheit von Leib, Seele und Geist. Seine Zeit, die Renaissance, erlebt die Natur, den Körper, die Persönlichkeitsentfaltung wie eine neue Geburt. Sie ist geprägt von einer entschiedenen Hinwendung und Öffnung zur Welt. Die Entdeckung ihrer vitalen Schönheit löst die mittelalterlich-asketische Weltverneinung ab. Bildungselemente der Antike ( nicht „neuplatonisch" missverstanden ) treten, wie Petrarca es nennt, an die Stelle von „scholastischem, barbarischem Mönchslatein".
Ihm ist bewusst, wie verhängnisvoll zweiteilend der platonische Dualismus mit der Setzung „höherer Ideenwelten" ( Platons „Höhlengleichnis" ) in das

Abendland gewirkt hat. Schon das volkstümlich gewordene „platonisch lieben" weist auf die unkörperliche, sublimierte Form der Abspaltung hin. Sie möchte, aufsteigend auf der Vertikalen, eine göttliche, tranzendente Dimension in Entsagung und Eigenleistung erbringen, die darum auch im Minnelied ritterlich geadelt erscheint.

Verdienste und Leistungen erbringen, damit der Mensch das Treppchen zum Himmel ersteigt ( den „garstigen Graben" überspringt, wie Lessing es später nennt ), das wollen eigentlich immer Religionen bis auf eine, die wie Sören Kierkegaard formuliert, den Sprung in den Glauben wagt: Den Sprung zu dem, der „keine Hotelgesellschaft und keine Ölkompanie war" ( Ingeborg Bachmann), der umgekehrt die Inkarnation wagte, und wie Johannes seinen Prolog beginnt , „unter uns wohnte" ( Joh. 1,14 ) .

Die Kulturleistungen der ganzen Menschheit, als „Weltkulturerbe" hervorgehoben, ist ein staunenswert höchstes Gut, vor dem wir uns nicht genug in Wertschätzung verbeugen. Schon die freiwillige, selbstauferlegte Askese des frühen Mönchtums bis hin zu jeder Art Sublimierung geistiger Leistung, jede Freude am Sein, jedes l´art pour l´art , jeder Friedensschluß der Völker, alle gehören zu dieser wertgeachteten Kulturleistung. Dennoch gilt im Miteinander, sich eine Lindenblattstelle abzuschminken. Das betrifft besonders alle idealischen Bewegungen, die unter einem hehren Ziel angetreten sind und was immer sie sich auf die Fahnen geschrieben haben.

**Prof. Milan Machovec** verweist darauf, dass all diese Bewegungen eine Pervertierung durch die Wahl ihrer Mittel erfahren: Mit Panzern z.B. in den Prager Frühling einmarschieren ( vgl. „Ihr Proletarier aller Länder, vereinigt euch..."); mit der Guillotine für und gegen : Gleichheit, Freiheit, Brüderlichkeit ; mit Kreuzzügen, Inquisition und Hexenverbrennung für bzw. gegen das Gebot der Nächstenliebe; mit der ISIS im Namen Allahs ...!
Die Gefahr erwächst immer dann, wenn wir selber leisten möchten, was den „garstigen Graben" zwischen Vergänglichem und Transzendenz überspringt. Das beginnt simpel bei den Wünschen des Barons von Münchhausen , der sich am eigenen Zopf aus dem Schlamassel herausziehen möchte. Es trifft, wie die Bergpredigt im großen „Aber" aufzeigt: „Ich aber sage Euch , Eure Gebote beginnen schon sehr viel diffiziler in all euer Scheitern hinein , als die Hunderte Thora-Gesetze es vorschreiben und die ihr nicht erfüllt.
Gleiches trifft zu, wenn einer glaubt, mit einigen Yoga-Weihen den Weg ins Nirwana erklettern zu können.- Nicht anders verehrte das Hochmittelalter zur Zeit der Kreuzzüge besonders den Heiligen Georg als Drachentöter.
Er drückte als edler Ritter, hoch zu Roß, mit seiner Lanze alles Böse weit unter die Oberfläche. So versuchte man im großen, mittelalterlichen

Überbau, alles Leben zu sanktionieren und zu institutionalisieren. In der Siebenzahl der Sakramente (ab 1439) wurden Beichte, Ehebündniss und Priesterberufung an den Altar im Kirchenraum gebunden. Gleichzeitig gab man den Leidenschaften und dem Erdgebundenen partiell kanalisierte Rechte , etwa im Karneval , der aber bald wieder ausgetrieben werden muß .

Denn die „Horizontale", das Lustbetonte und Hedonistische, wird neuplatonisch abschätzig und minderwertig als „Bettebene" apostrophiert. Jedoch auch das Beichtinstitut vermochte es nicht , in diese private Nische der Natur eine hinreichende Kontrolle einzubringen. Der moralische Überbau hatte in der Renaissance längst tiefe Risse der Korrumpiertheit erfahren,  sonst hätte die Reformation nicht wie ein Lauffeuer durch Europa ziehen können.

Im großen Bogen aber bis heute geht die Zweiteilung der Welt weiter in „Achsen des Bösen" (vgl. Ronald Reagen und George Busch ). Die Geringschätzung der Horizontalen als unterste Pyramidenbasis und einer hirarchischen Zweiteilung nach oben ( in doppelter Moral ) liegt weit ab von dem, was die alten Griechen das Dionysische,  Dithyrambische ( feurig wildes Lied ), das Äolische, Aorgische, Extatische nannten und was in den sich auftuenden Orkus und Abgründiges blicken lässt .

Auch spätere Versuche der „ Umwertung aller Werte", der Übermensch- kreationen, einer krebsartigen Expansion des „way of life" führten kaum weiter. Alles, was Leistung ausmacht, muß sich hinterfragen lassen.

Selbst der kategorische Imperativ Emanuel Kants - trotz seiner „ Kritik der reinen Vernunft " – wird als ideologische Restreligion gefeiert, als Sieg der reinen, aufgeklärten Vernunft  mit dem saekularisiert, gültigen Sittengesetz : „Was du nicht willst, das man dir tu"... kann  zur Pseudokultur werden.

Das Hinterfragen (kein counter-acting per se) kann nur in Bescheidenheit und Selbstverständlichkeit alles begleiten , was fortschreitet und seine Kipp- momente in sich trägt.

Von der Ägäis (Urlaub) her gesehen, erwuchs die Frage in Richtung Arbeitgeber „Psychiatrie" und „Ghettoisierung". Fühle ich mich dort nicht selber wie ein Gaul, der erst wieder eingeschirrt wird; zwischen „Bäume ausreissen und dem Gespenst von ausgebrannten, leeren Gesichtern.  Ist eine „Anti-Welt" möglich als zweites Standbein, eine Welt im Kontakt von Ich und Du , ohne einseitiges Gefälle? Wann greift die Kombination von Nihilismus und Technik nach dem Humanum, das in funktionale Geschäftigkeit abrutscht und mit dem Verlust an Mitte bezahlt?

Und tatsächlich, bei der Einfahrt in die Klinik sehe ich ihn schon, den

Autisten, wie er alle Tage in den Mülltonnen ganz bei sich, für sich kramt ohne jeden Kontakt. Ein einziges Mal sieht er hoch, als ich vom Urlaub erzähle, von armen Menschen, die dennoch ein lachendes Gesicht haben, viel Lachen! Ich sehe die Frau, die im Call-Center konzentriert an der Strippe durchhält, bis sie ...; ich sehe den arbeitslosen „Gastarbeiter", den „Flüchtling", der von der Heimat und Familie fort nur in Leistung gefragt ist; den Studenten, der sich gegen seine vitalen Lustgefühle durch die Examina zwingt; getrennte Partner, die plötzlich vom familiären und gesellschaftlichen Leben wie abgeschnitten und in schizzoiden Lebensbezügen auseinander gerissen sind ... . Wenn das ganze Leben ein Gottesdienst sei, wie Luther formuliert, gelten dann auch folgende Sätze :

„ Der Glaube ist in die Wüste gegangen. -
Alle Tage siehst du einen , der bekommt die Zähne
nicht auseinander, dem hat es die Sprache verschlagen .
Du siehst , er / sie ist fertig und am Ende .
Alle Tage siehst du einen , der hat keinen Boden mehr
unter den Füssen. Über Nacht sind sie auf der Strecke
geblieben . Ist da jemand , der sie ´wie eine Mutter
ihr Kind tröstet` ( Jesaja 66, 13 )" ?

Erreichen Worte  Realitäten ?

Auch wenn wir am Ende sind, auch
wenn uns sinnlos vorkommt , was wir
erleiden,-. wir (möchten) glauben ,
dass wir bei diesem Tod nicht stehen
bleiben müssen .
Wir verlassen uns darauf, dass nicht
leer bleibt, was jetzt in uns leer ist .
Wir hoffen, dass wir unser eigenes
Leben wieder finden und sind gewiss,
dass Liebe Vergangenes und
Kommendes verbindet .
Sie macht uns frei, diesen Tod
anzunehmen wie unseren eigenen .
Sei mit uns auf unserem Weg .        ( Aus „Gottesdienst menschlich" )

## 5.2 Petrarca und sein genialer Einfall
### Rede an den europäischen Menschen deutscher Nation

Der geniale Einfall dieses Renaissance-Menschen an der Nahtstelle zur Neuzeit, sein Lebensgefühl, das ihn einen ersten Humanisten in der Nachwelt sein läßt,- entspringt dem Gedankenblitz, dass er beide Koordinaten: Die Vertikale und Horizontale zusammenfügt, indem er die Freiheit und Versöhnung beider Ebenen zu verbinden sucht. Seine Frage ist : Wie verknüpfen sich klassische Antike und das Christsein ? Mit Paulus weiss er um den Widerspruch des „Idealen und Realen": „Das Wollen habe ich wohl, doch das Vollbringen..."? Und ebenso : „ Wir mangeln alle des Ruhms... (Röm. 7,18 ff; 3, 23). Ein Spalt klafft allzu oft . Die Seiten rivalisieren , erheben sich, bleiben „Stückwerk" (1. Kor. 13) . Und das „Gewissen" bleibt dabei eine Instanz der sich widerstreitenden Gedanken .

Genau in diesen Schnittpunkt der Koordinaten, die sich in Überheblichkeit, Hoffnung, Angst, Ohnmacht und Feindseligkeit begegnen, findet Petrarca das „Ja" zu beiden Ebenen, indem er das Kreuz des Menschen aus Nazareth dort einträgt .

Abb. 152

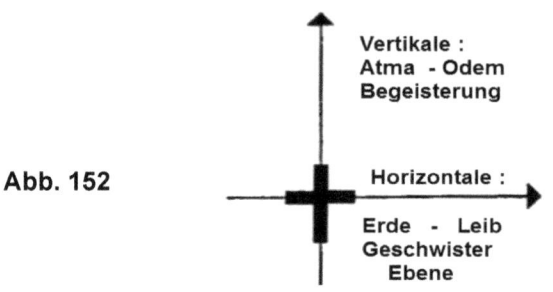

Ein solch einfaches Holzkreuz haben Minenarbeiter zur Zeit der Apartheit in Südafrika aus Grubenholz für ihre Kinder gefertigt. Ich mag es in seiner schweiss- und teergetränkten Schlichtheit.- „Krummes Holz und aufrechter Gang", so überschrieb Helmut Gollwitzer sein Buch über die NS-Zeit, Krieg und den „Gulag" 1951 (vgl. „und führen, wohin du nicht willst").

Auf den Scheitelpunkt des Holzes nagelten sie den, der in Solidarität mit den Kreuzen dieser Welt ein Gesicht bekam, mit sehenden Augen und gebrochen zugleich. Einer, von dem Ingeborg Bachmann sagt: 'Dieser Eine war „keine Hotelgesellschaft". Er aber lud ein, in dem „Weinberg Erde" mitzuarbeiten. Im Respons, im Dank können dann „aus einem Samenkorn" Bäume erwachsen . Oder bleibt die Erde eine heroische Sisyphos-Gestalt in einsamer Klasse?

Hans Dieter Hüsch im Märchen „Terra": „Es war einmal ein kleiner Planet...
Und seine Lieblingsmusik ist weiter noch : Was blasen die Trompeten ."

Ein Leben im Widerspruch, nennt Petrarca dies. Und trotz des Widerspruchs der beiden Ebenen findet er gerade da die Versöhnung: „Das Wort von der Versöhnung" ( 2. Korinther 5,18 f ) .
Wolfgang Schwarz übersetzt Petrarcas Sermon :

## 5.2 Rede an den europäischen Menschen

„Vom Europäischen Menschen soll ich reden. Das ist - glaubt mir - wohl das schwerste. Viel ist inzwischen geschehen: Geschaffenes wie Verheerendes; Heimat und heimelig Vertrautes. Denn diese beiden gehören auf das Geheimnisvollste zusammen: Verheerungen und Anheimelungen.- Der Widerspruch überhaupt ist ja der Kern unseres Lebens. Das wissen wir nicht erst seit heute. Heute aber müssen wir uns mit dem Widerspruch zu befreunden versuchen; während die Menschen von gestern sich diesem Widerspruch entheben zu können glaubten.- Dante beispielsweise enthob sich dem Widerspruch in seiner dichterischen Gewaltsamkeit.
Gewaltsamkeit: Dieses Wort wähle ich ganz bewusst. - Denn tatsächlich muß einer, der den Widerspruch auflösen will, Gewalt gebrauchen. Und da nun haben wir schon die ganze Misere des Menschlichen vor uns. Wollen wir ein Mensch ohne Widerspruch sein, müssen wir ein Gewaltmensch werden: Ob Staatsmann, Dichter, Bischof oder General, wir müssen dann einer einzigen Lebensweise das Wort reden: Im Gleichschritt römischer Legionen. Alle Übrigen werden entweder als zweitrangig nicht beachtet oder als schädlich bekämpft oder gar vernichtet.

Nein, Freunde, um Mensch zu sein, dürfen wir uns dem Widerspruch nicht entziehen. Und heute schon gar nicht! Denn heute leben wir auf zweierlei Weise: In der Waagerechten und in der Senkrechten. Und das ist gefährlich. Es ist fortwährend ein Abenteuer. Es ist recht eigentlich ein Leben im Kreuz.

Gestern noch herrschte die Senkrechte ausschliesslich: In die Höhe des Heils hinein war der Mensch gereckt. Alle Bildner und Maler entleibten die Körper zu Strichen; sie dörrten sie aus, entfleischten sie. Nur noch wie die steilen Kerzen-Lichter sollten sie in den Himmel stehen. Sündig Gebein, schändliches Blut, verführende Natur, mit Dämonen bevölkert- in jedem Schmetterling und in jeder Maiblüte.
Das war die Meinung, bis jener Mann von Assisi - im Gefolge eines anderen die Vögel bei sich versammelte und zur Erde „Du" zu sagen begann.
Und überhaupt: Er sagte Du statt Ich. Höchstens sagte er: „Ich aber sage

euch,- damit zeigte er auf etwas, das bisher im Dunkel lag. Denn „Du", das klingt ja wahrhaftig dunkel, unbegreiflich, eher in eine Gruft verlegt, und dennoch trotzdem gut.
Nun, dieser Mann von Assisi, den ich verehre, wies, statt in die Höhe, in die Breite. Und nicht nur zum Nachbarn sagte er Du, - sondern auch zum Tier und zur Pflanze, zum Mond, zur Sonne, zu den Planeten.
Er redete alles Gechaffene an und rühmte es als vom Schöpfer geschaffen, und zwar nicht als Stoff, der um des Geistes willen abgestreift werden sollte, wie es bislang verlangt war, sondern als Werk des Schöpfers. Und nicht, dass es ihm ständig ein Vorwurf sei, sondern zu seiner Freude, um sich darin zu spiegeln und zu bestätigen.
Wenn er Tier und Pflanze, Sonne, Mond und Planeten schuf, dass sie ihm Lust bereiteten, warum sollte er den Menschen in seinem Leib nicht ebenfalls zu seiner Wonne, zu seinem Entzücken und Genuss seiner Gegenwart, der grossen Goldenen geschaffen haben? So gewann der Mann aus Assisi uns allen die breite Welt um uns herum wieder zurück. Und er gab uns einen Sinn als Spielfreunde Gottes in der Waagerechten . Er gab uns diese weite, reiche Fläche, ohne uns dem Sinn in der Senkrechten zu entfernen.
Das aber meine ich: Mit dem Leben im Kreuz, das wir nunmehr zu leben gezwungen sind: Wir sind in Natur und Geist gleicherweise zu leben gerufen. Zwei Lebensweisen in einem Menschen, das ist das uns Gebührende. Beide sind durchaus nicht immer vereint, ja im Grunde selten. Nur wenn sich die beiden Lebensweisen in ihrer Mitte, im Schnittpunkt treffen, sind sie vereint . Sonst liegen sie auseinander.
Das zu erfahren, ist schwer. Wie schwer, das wisst ihr, die ihr einmal - heute nämlich - wenn ihr euch um Notdürftiges, um Haus und Weib und Kinder sorgt. Oder wenn ihr den Duft des Frühlings einsaugt oder die Herbheit des Mistral-Windes; wenn ihr ganz Erde seid, Geschöpfe in der Waagerechten, gerade ganz Pflicht und Arbeit, wie auch Wonne, Wollust und Rausch.
Und wenn ihr dann wieder, ein anderes Mal, morgen vielleicht oder irgendwann: Kirche seid, einem Dichter nachsinnt oder nahe den schmal aufgetanen Pforten der Ewigkeit ganz Hauch seid, bald nur Wesen in der Senkrechten, ganz Aufbruch zum Anderen hin. Dass ihr das einfach bestehen müsst , wisst ihr.
Ihr müsst den Widerspruch annehmen und aushalten.- Genau so wie ein Staat oder eine Gemeinschaft - müsst ihr wissen, dass sie sich aus dieser Zweiheit nicht abzumelden vermögen. Tragen müssen wir diesen Widerspruch unseres Lebens.
Kraft dazu geben uns freilich die wenigen aber kostbarsten Augenblicke, in denen wir die Waagerechte und die Senkrechte unseres Lebens vereinen, wenn wir im Schnittpunkt der Linien sind, wenn wir wie jener Saulus von

Tarsus sagen: „Wir haben einen Schatz in irdenen Gefässen".
Wir sind in paradoxer Spannung die, die „alle Zeit sterben und siehe, wir leben" (2. Kor. 4,7; 6,9). Dieser Kreuzpunkt, so beglückend er strahlt, er ist zugleich der Punkt unseres Sterbens, eines Sterbens mit dem Stern des Auferstehens allerdings. - Oder habt ihr dieses Mysterium nicht bereits erlebt in der Liebe, wenn Mann und Weib verbunden sind?!- Oder in der Kunst, wenn der Schaffende auf leichteste Weise sich mit einer Form verquickt?- Oder in der grossen Politik, wenn eine Friedensfeier die Völker zum Übersteigen des Schwierigsten treibt... die Überwindung lastender Eigentümeleien, Sorgen und Ehrgeize?- In solchen Augenblicken, in denen wir höchst beglückt, nächst dem Tod auch heiligst der Auferstehung zugeordnet sind, leben wir Göttliches. Wir wissen es.
Jedoch in jenen anderen Zeiten über Tage, Wochen, Jahre und Jahrzehnte, sind wir da nicht auseinander gerissen? Quälen wir uns da nicht mit unserer Zweiheit herum? Leiden dies nicht auch die aus vielen Menschen gebildeten Wesen? Müssen wir das Auseinandergerissensein somit als Verdammtsein empfinden; können wir es auch als Weise in die Spielweise Gottes hineinnehmen und tragen?
Erlaubt mir darum jetzt vom „Europäer" zu sprechen: Ein solcher Mensch ist der Europäer! Er ist ein Auseinandergerissener, der in Naturen und Geist gleichermassen zu leben gezwungen ist; beides erfühlend und an beidem leidend; ein Mensch im Widerspruch, doch auch in einem solchen, der als ein Mensch im Kreuz einen Ausblick hat. Das heißt :
Nicht das Alpengebirge in Europa, nicht einer der Berge allein, sondern auch die Täler,- nicht ein Bürger allein, sondern auch ein Vagabund,- nicht ein Erhalter allein, sondern auch ein Rebell,- nicht ein Gläubiger allein, sondern auch ein Zweifler, nicht ein Krieger, auch ein Kriegsverabscheuer, das ist der Europäer! Er ist ein Mensch aus zwei Menschen. Immer hat er auch zwei Vaterländer, das seines Volkes und das der Völkergemeinschaft. Und er hat zwei Mutterländer, das seiner Familie und das seiner Religion !

**5.2.1 Ein Intermezzo des Widerspruchs** :  Perry Schmidt-Leukel konnte im 21. Jahrhundert an der Universität München seine Professur nicht antreten auf Grund von Konkordaten und einer „Ketzerei". Diese war : „Wir brauchen eine „ kopernikanische Wende in der Theologie " . Viele Glaubenserfahrungen kreisen um die eine Sonne. Sie könnten sich im Dialog beschenken ohne die Angst, ihre Identität zu verlieren" ( Vortrag an der Stadtakademie Düsseldorf zum Abschied des Studienleiters A. Stöbe ).

### 5.2.2 Ende der Rede Petrarcas an den europäischen Menschen:

„Fürchtet euch also nicht vor dieser Eröffnung, Freunde, so fürchterlich sie in den Folgen auch sein könnte. Denn ein Auseinandergerissener könnte eines Tages ein Zerrissener sein. Wieviele haben die Zerreissprobe ihres Lebens nicht ertragen. In solchen Spannungen sind sie umgekommen. Immer wieder wird dies geschehen. Wir leben auf der Erde und nicht im Paradies. Wir wissen, diese Welt bleibt unvollkommen. Sie wird nie ein Reich Gottes ( kein „Gottesstaat" ) werden, solange sie besteht.
Die Vorhöfe aber gibt es. Das sind jene Augenblicke, in welchen die „zwei Menschen in uns sich küssen", in denen Senkrechte und Waagerechte sich schneiden: Augenblicke im Kreuz und solche der Vorhöfe sind die, wenn wir erfahren, mit freundlichen Augen angesehen zu sein, im „Geist der Wahrheit und der Liebe. Denn Furcht ist nicht in der Liebe". So ende ich mein Wort vom europäischen Menschen am besten damit, dass ich euch bitte, die Welt für einen Moment anzuhalten."-
<u>Nachspann</u> : Der europäische Mensch, um den Petrarca sich mühte, ist kein anderer als der überall auf der Welt, der die Spannungen, Durchgänge und Schnittpunkte aushält, die Polaritäten des in der Welt seins.

### 5.3 Schleiermacher / Hollenweger : Himmel - Wüste - Oase

„Sorge nicht um das, was kommen wird.
Weine nicht um das, was vergeht.
Sorge aber, dich nicht selbst zu verlieren
und weine, wenn du dahin treibst
ohne den Himmel in dir zu tragen".
Friedrich Schleiermacher

Oasen - Psalm I

Wie ein Wüstenwanderer sich sehnt
nach dem Schatten der Oase,
wie ein Nomade hofft, dass das
Wasser der Oase nicht versiegt,
so komme ich, Gott, erschöpft
und voller Sehnsucht .

Deine Liebe kündet sich an:
In Lauten von Menschenstimmen,
im Gesang des ersten Vogels,
der am Morgen die Stille durchbricht,

in dem Schluck aus der Wasserquelle,
im bitteren Kaffee,
der meinen Kreislauf bewegt.

Wie ein Wanderer sich erholt
im Schatten der Oase.
Wie ein Nomade bleibt,
solange der Brunnen nicht versiegt,
so bleibe ich bei dir,
angenommen und voller Hoffnung .

Oasenpsalm II

Wie ein Wüstenwanderer nach
der Rast weiterzieht, wie ein
Nomade aufbricht zum nächsten Ort,
so gehe ich, ängstlich und neugierig
zugleich, neuen Zielen zu .

Deine Güte spielt auf der Flöte,
sie singt mir im Wind,
sie bleibt in der Melodie,
die ich summe im Weitergehen.
Deine Liebe ist's, die mich versorgt
mit gefüllter Wasserflasche,
mit Worten, die wir einander
erzählen .

Wie ein Wüstenwanderer dankt,
wie er deinen Wegen vertraut,
wie ein Nomade durch
dich neue Wege findet,
so bleibe ich, Herr,
Dir auf der Spur .

Walter Hollenweger
Liverpool - Bochum - Zürich

# KAPITEL XVIII

## Anhänge 1 - 23 : Annäherungen

| Anhang | 1 - 3 | Schaubilder | S. | 19 + 22 + 53 |
|---|---|---|---|---|
| Anhang | 4 - 7 | Modelle A – D | S. | 64, 66, 74, 81 |
| Anhang | 8 - 15 | Geometrien | S. | 109 - 113 |
| Anhang | 16 - 21 | Tafeln 1 – 7 | S. | 209 - 211 |
| Anhang | 22 | Doppel-Helix | S. | 216 |
| Anhang | 23 | 64 Hexagramme | S. | 256 |

**Literaturverzeichnis :**  S.  293 - 296

# Anhang 1 „ Blinde Flecke "

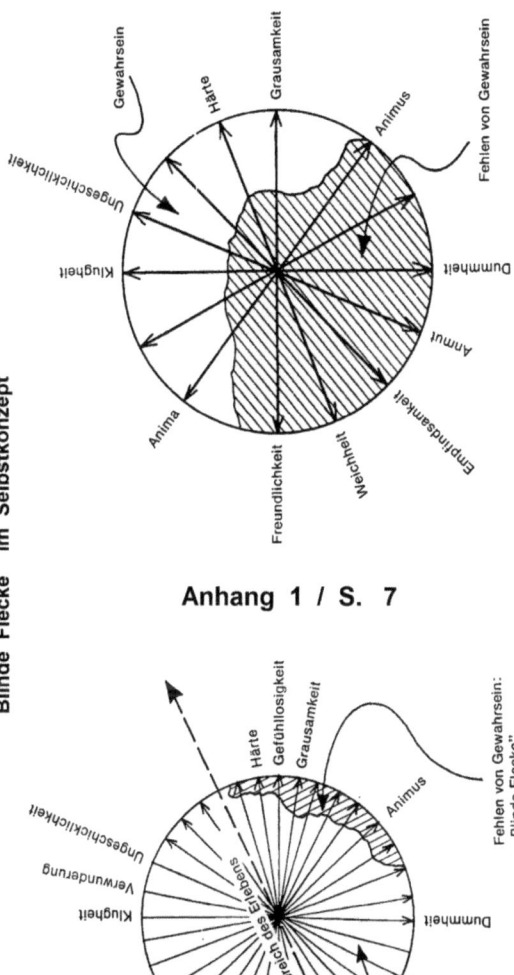

Anhang 1 / S. 7

*Pathologisches Selbstkonzept. Der „gestörte" Mensch sieht sich auf eine einseitige, stereotype Art. Er ist immer dies und niemals das. Sein Gewahrsein von vielen inneren Kräften und Gefühlen ist sehr begrenzt. Das Fließen und die Breite seiner Selbstwahrnehmung ist bei ihm mangelhaft. Er ist durch Angriffe verwundbar.*

*Gesundes Selbstkonzept. Hier ist der Mensch vieler opponierender Kräfte in sich gewahr. Er ist bereit, sich in vielen „wiedersprüchlichen" Weisen zu sehen. Er erlebt Beziehungen zwischen verschiedenen inneren Anteilen.*

271

## Anhang 2 / S. 11
Flow und Störungen

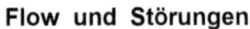

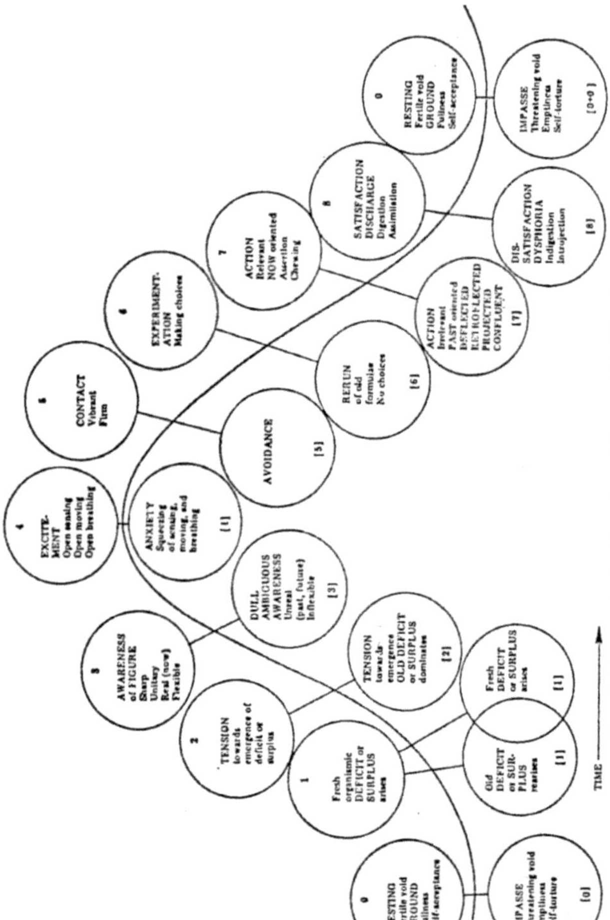

Integrative Therapie 1-2 / 84

## Anhang 3

### Vorwärtsbewegung eines Menschen

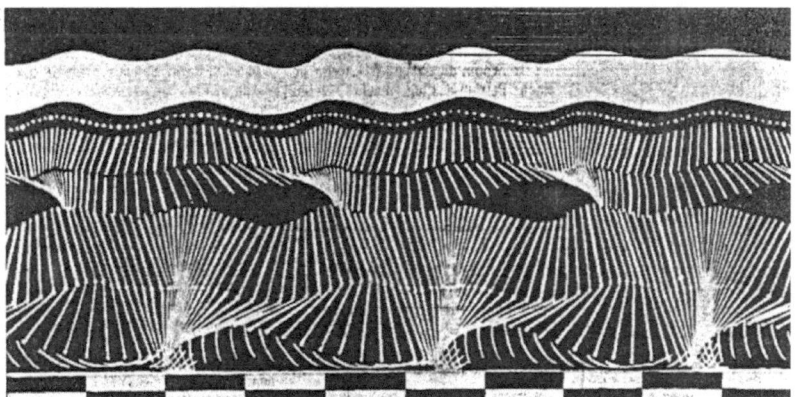

Die Vorwärtsbewegung des Menschen in einer Phasenfotostudie von Jean-Pal Marey aus dem Jahre 1886: Mann in schwarzem Anzug, bedeckt mit weißen Linien und Punkten

Bilderfolge eines laufenden Mannes

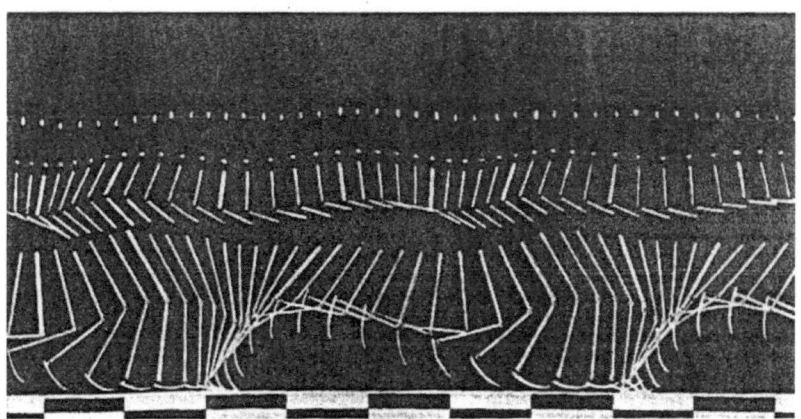

**Allgemeines Deutsches Sonntagsblatt**
**Nr. 33 , S. 19 - vom 16. August 1987**

# MODELLE A - D

## Anhang 4 : Modell A 1 + 2

**Rot-grüne Scheibe mit Drehachse auf festem Grund**

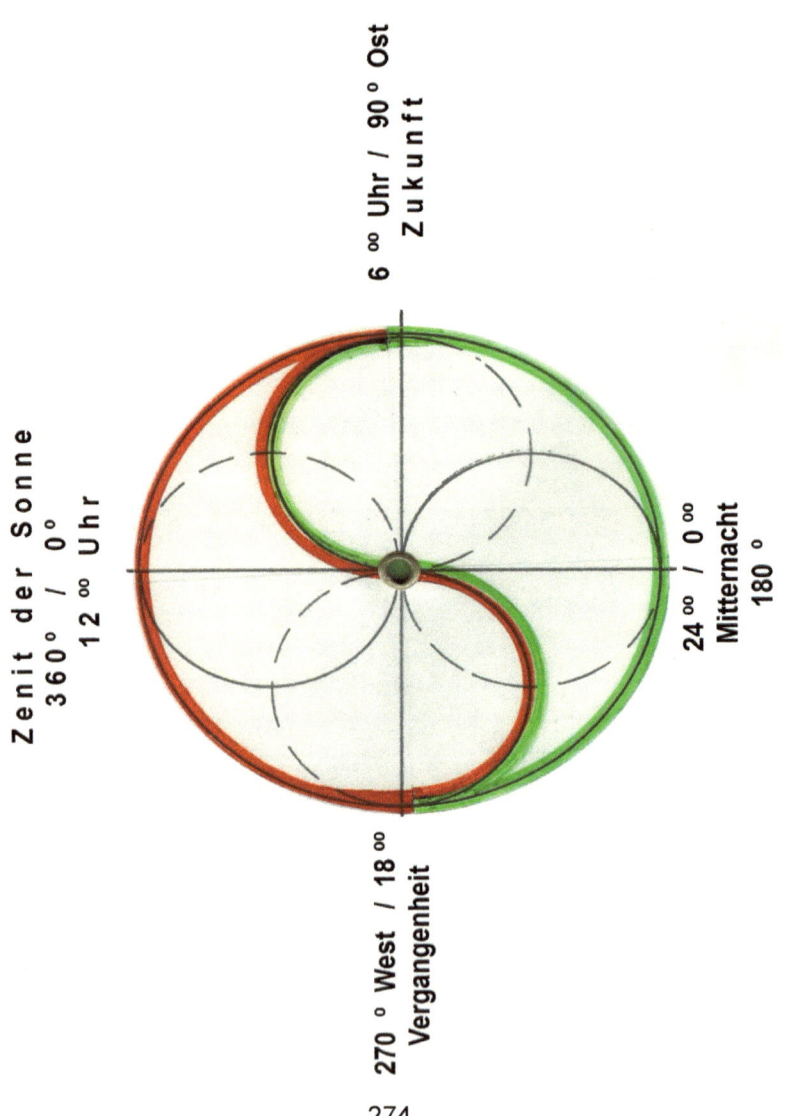

## Anhang 5 / Modell B 1 + 2
### Zwei „ umschaltbare " Drehscheiben
### von Oben nach Unten ( vice versa )

**Die duale Bewusstheit kann gleichzeitig sagen:
Jetzt kommt der Tag (Yang) und jetzt geht die Nacht (Yin)**

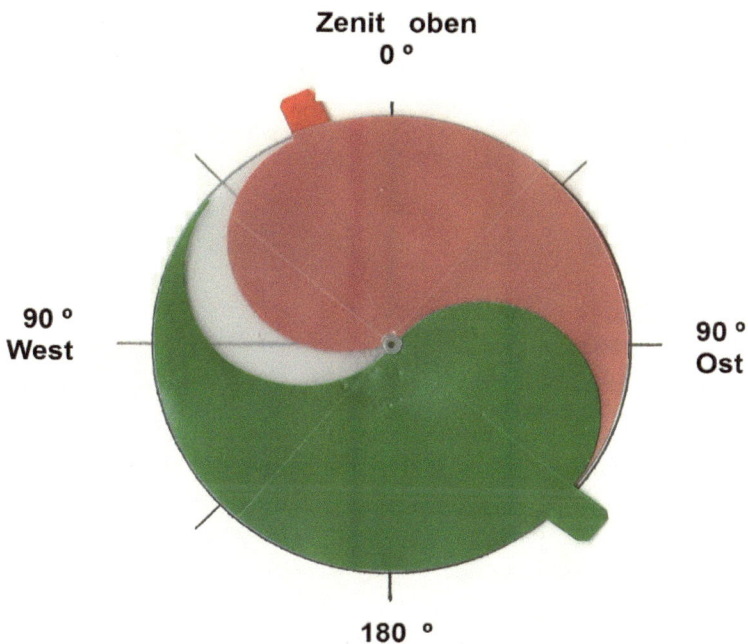

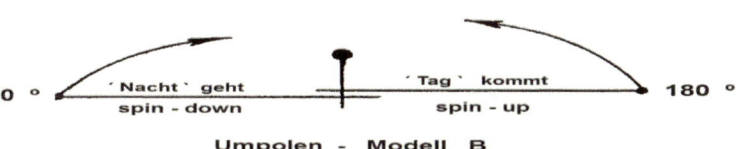

Umpolen - Modell B

# Anhang 6 / Modell C
## Komplementäre-reziproke Begriffspaare

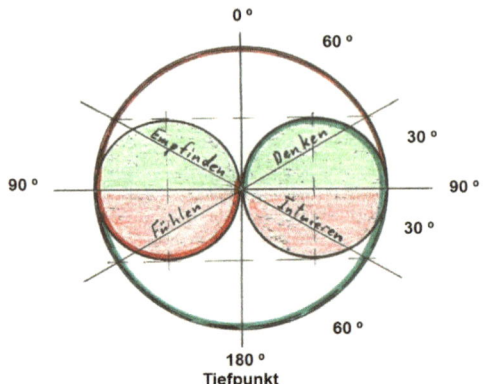

Intermediärer Raum zweier Teilganzheiten subatomarer Teilchen im ERP-Experiment ( ERP = Einstein-Podolsky-Rosen)

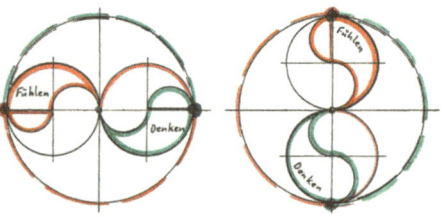

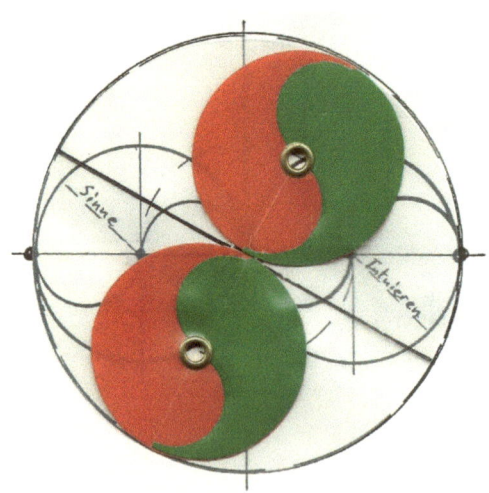

## Anhang 7 / Modell D
### Löcher - Ambivalenz - Patt - Symbiose
### Kollision und Kollusion

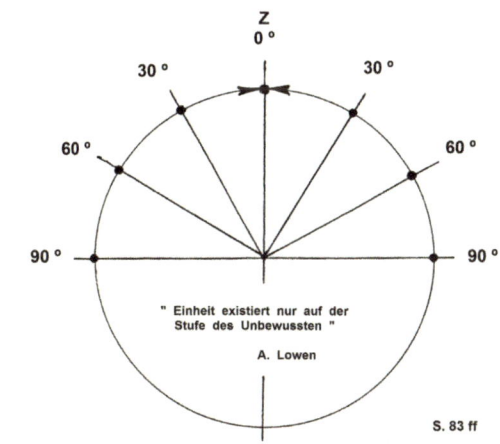

Intermediärer Raum zweier Teilganzheiten im ERP - Experiment subatomarer Teilchen ( ERP = Einstein - Podolsky - Rosen )

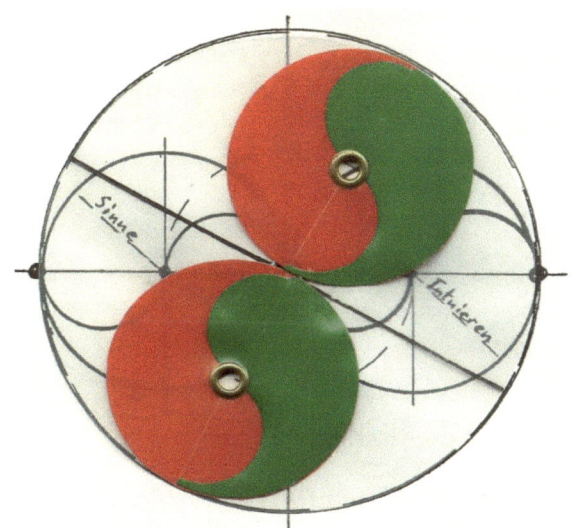

# Anhang 8 / Geometrien 1

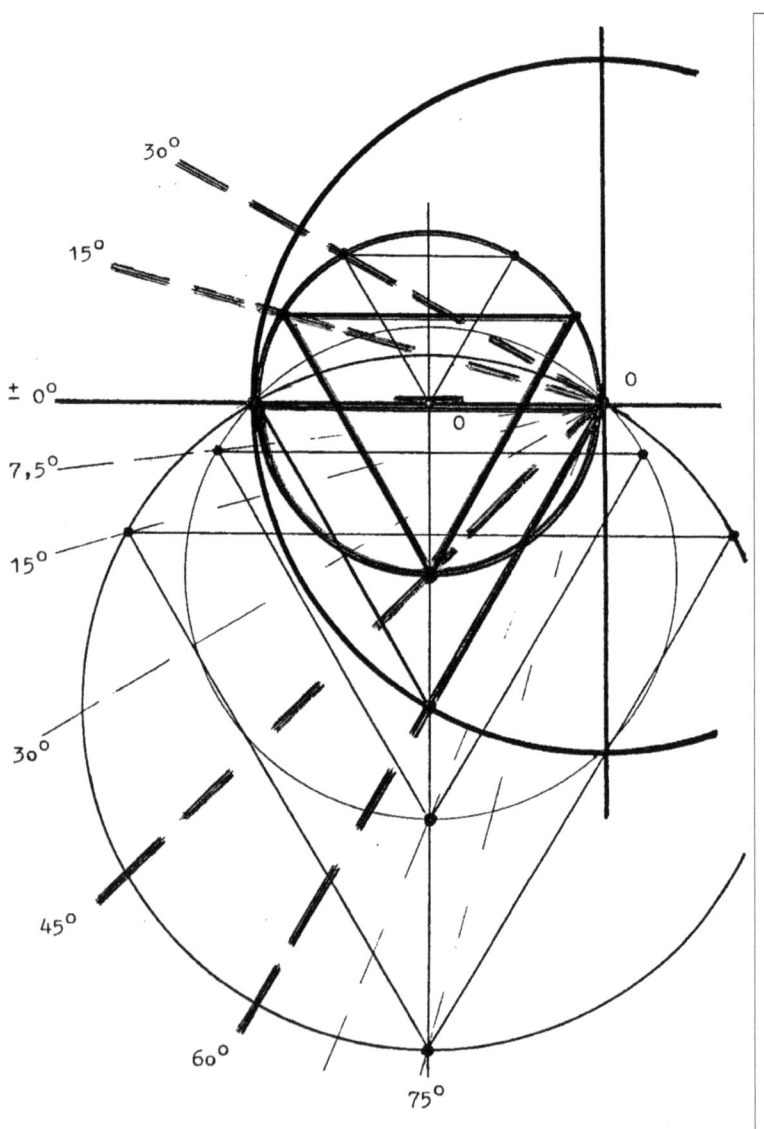

# Anhang 9 / Geometrien 2

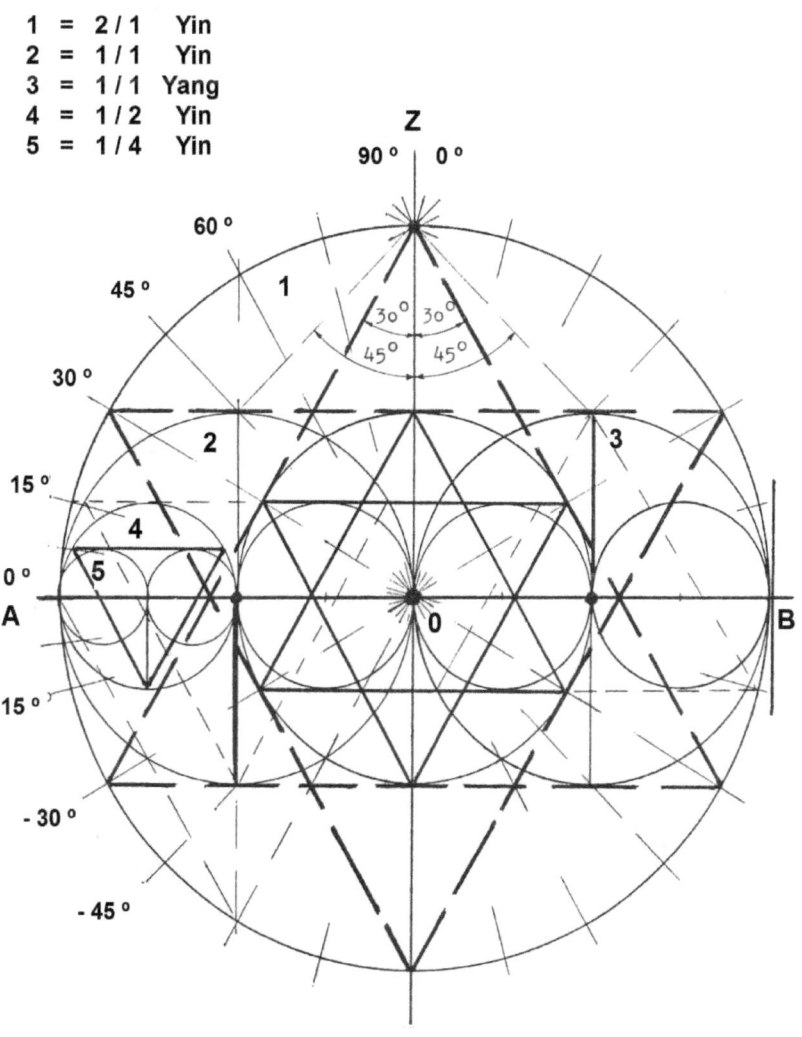

## Anhang 10 / Geometrien 3

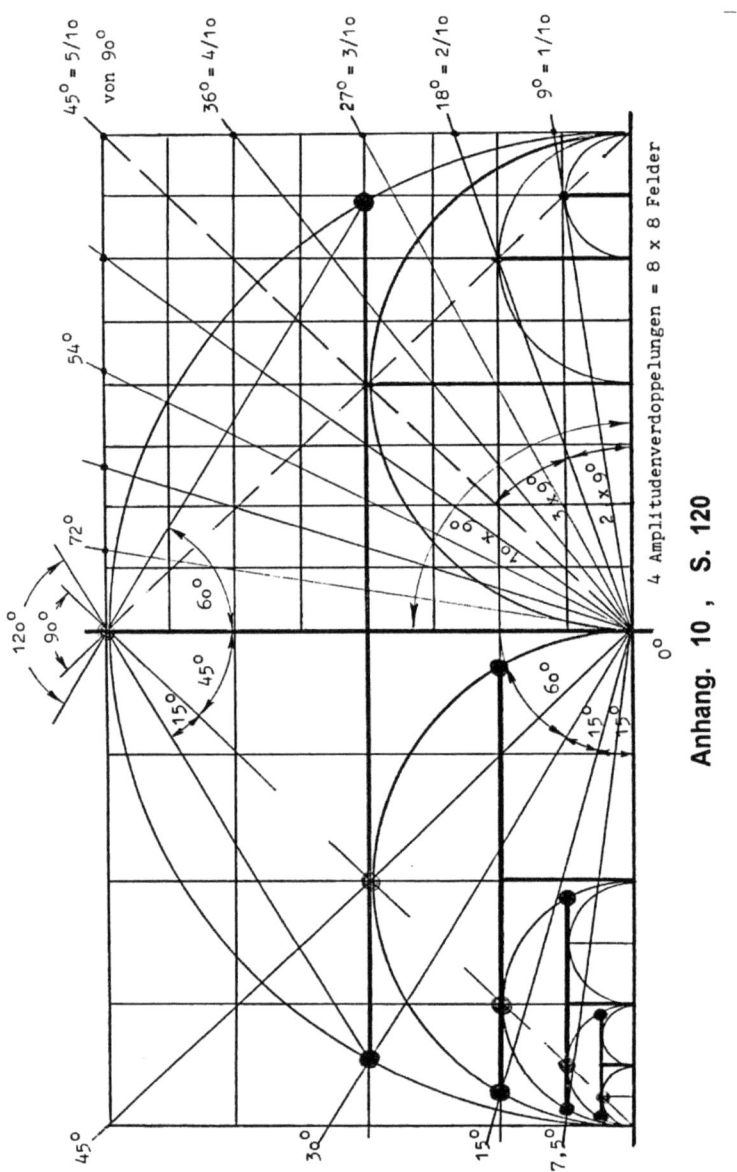

# Anhang 11 / Geometrien 4

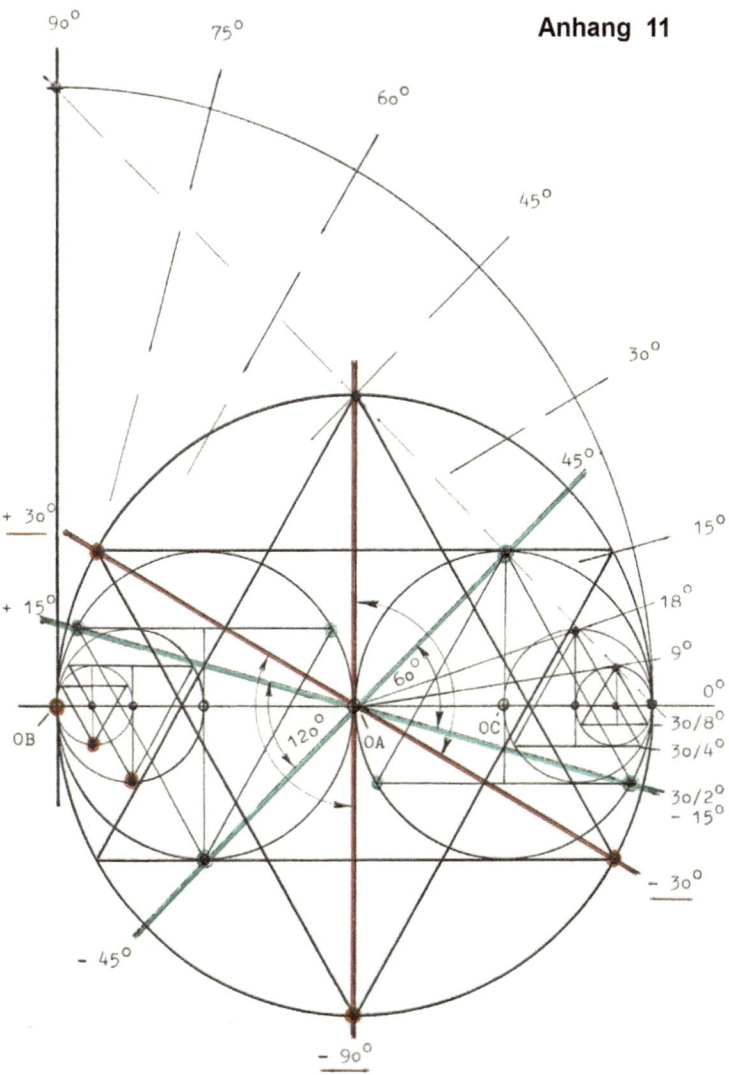

# Anhang 12 / Geometrien 5

## Anhang. 12 , S. 120

**Geometrisch - mathematische Randglosse**

a) Die Sinus-Strecke entspricht dem Halbbogen des ganzen Kreises. Ein Viertel-Kreis entspricht der halben Sinuskurve.

b) Der 45° Winkel im Koordinatensystem teilt die Yin & Yang Figuren in gleich große Hälften / Flächen. Die eine wie die andere Figur hat 4 x 1/8 Fläche : A - B - C - D :

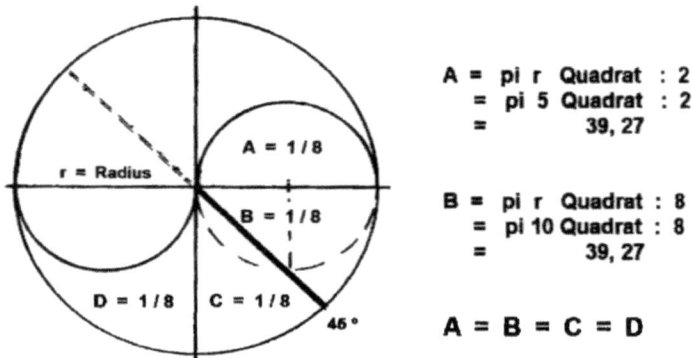

A = pi r Quadrat : 2
 = pi 5 Quadrat : 2
 =       39, 27

B = pi r Quadrat : 8
 = pi 10 Quadrat : 8
 =       39, 27

A = B = C = D

**Summe der Winkelgrade :**

Geht das Yin z.B. als 1/1 Kreiseinheit über seine 30° im dualen Gesamtkreis von Yin und Yang hinaus, so wird das Yin über die eigene, maximale Amplitude abhebend dominanter, bis es bei 90° das Yang einverleibt und so eine neue, androgyne 2/1 Kreiseinheit bildet, mit dem Yang - Keim in seiner Mitte.

In dem Sinne emanzipiert - kann es als eigene Ganzheit den Kontakt zu einer anderen, noch fremden 2/1 Yang-Ganzheit suchen. -

Mit ihrem +/- 30° Wipp-Pendeln verlassen Yin und Yang ihr maximal harmonisches und dynamisches Auf und Ab von der gemeinsamen, horizontalen Nullachse. -

**Detail-Ausführungen** zu weiteren Winkelgraden zeichnen die komplexeren Geometrien im **Anhang 8 bis 12**

# Anhang 13 / Geometrien 6

# Anhang 13

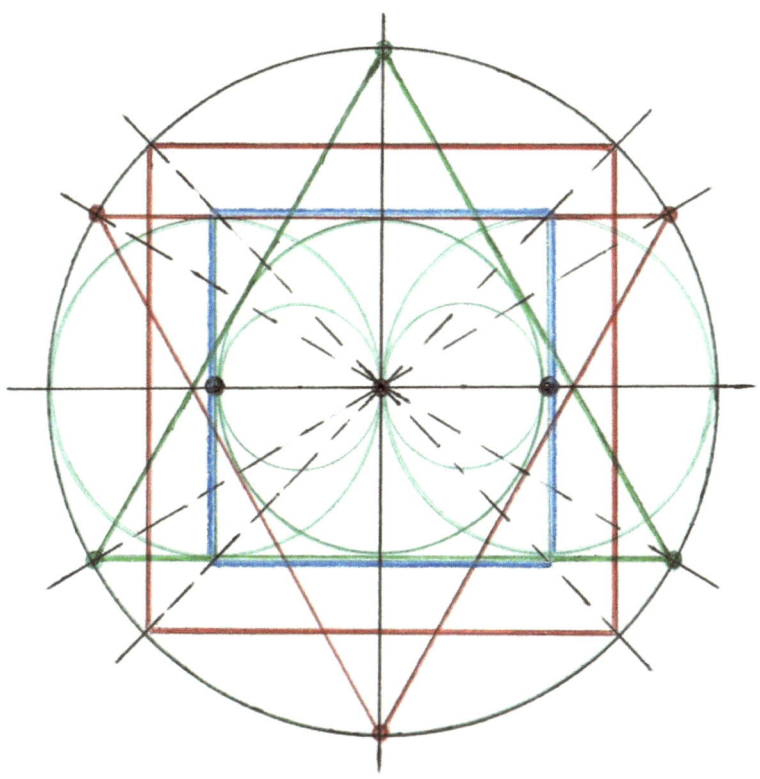

**Das Wunder des Kreisganzen**

Abb. 60 , S. 126

## Anhang 14 / Geometrien 7

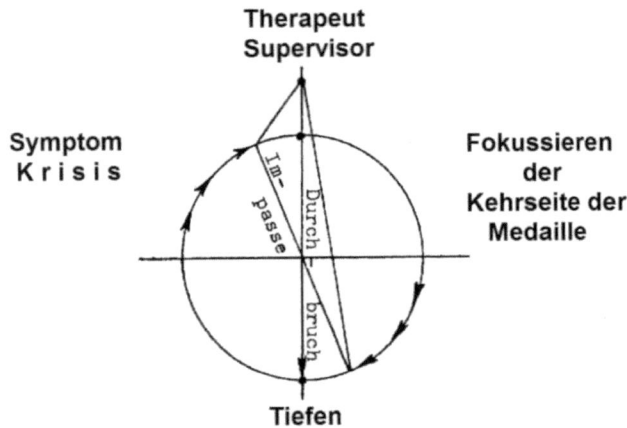

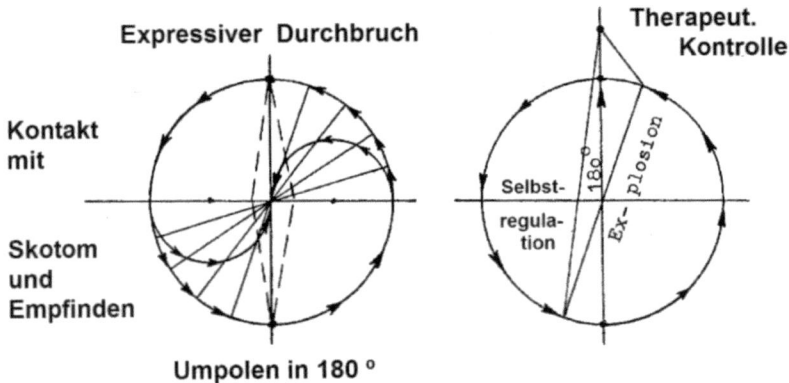

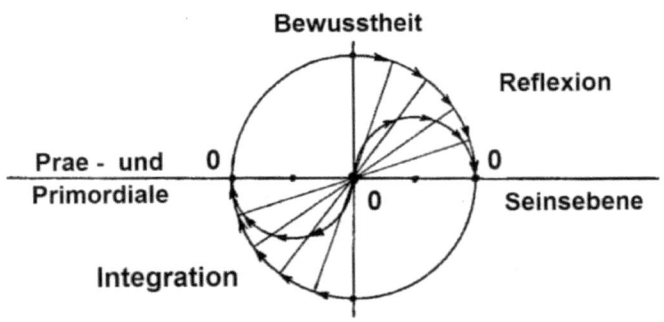

## Anhang 15 / Geometrien 8

- zu Abb. 115 -

Literatur zu Abb. 115 / S. 204

| | | |
|---|---|---|
| 1. Kollusionen : Oral, anal ... | M.L. Moeller | S. 66 |
| 2. Archaische Bewältigung und Abwehr in Spaltung Anästhesie u. Konfluenz Defizitärem u. Trauma | Y. Maurer<br>H. Petzold<br>in<br>Leiblichkeit | S. 70 - 72<br><br>S. 367 ff |
| 3. Avoidance - ' protektiv '<br>Intrusion   ( ...´sschutz ) | H. Petzold | S. 267 |
| 4. Kontakte und Konflikte<br>vgl. auch<br>E._ M. Polster | H. Petzold<br>IT. 3/4 1977<br>Leiblichkeit | S. 151<br>S. 366 |
| 5. Energetische Phasen<br>'Impasse' | F. Staemmler<br>W. Bock | S. 102 |
| 6. Vier Korrespondenzen<br>'Dynamisches Viereck'<br>( vgl. Ruth Cohn / TZI ) | H. Petzold<br>IT 1 / 1978 | S. 80 |

# Anhang 16 – 21 / Paradigma-Tafeln
## Tafel 1 (Annäherungen S. 208-211)

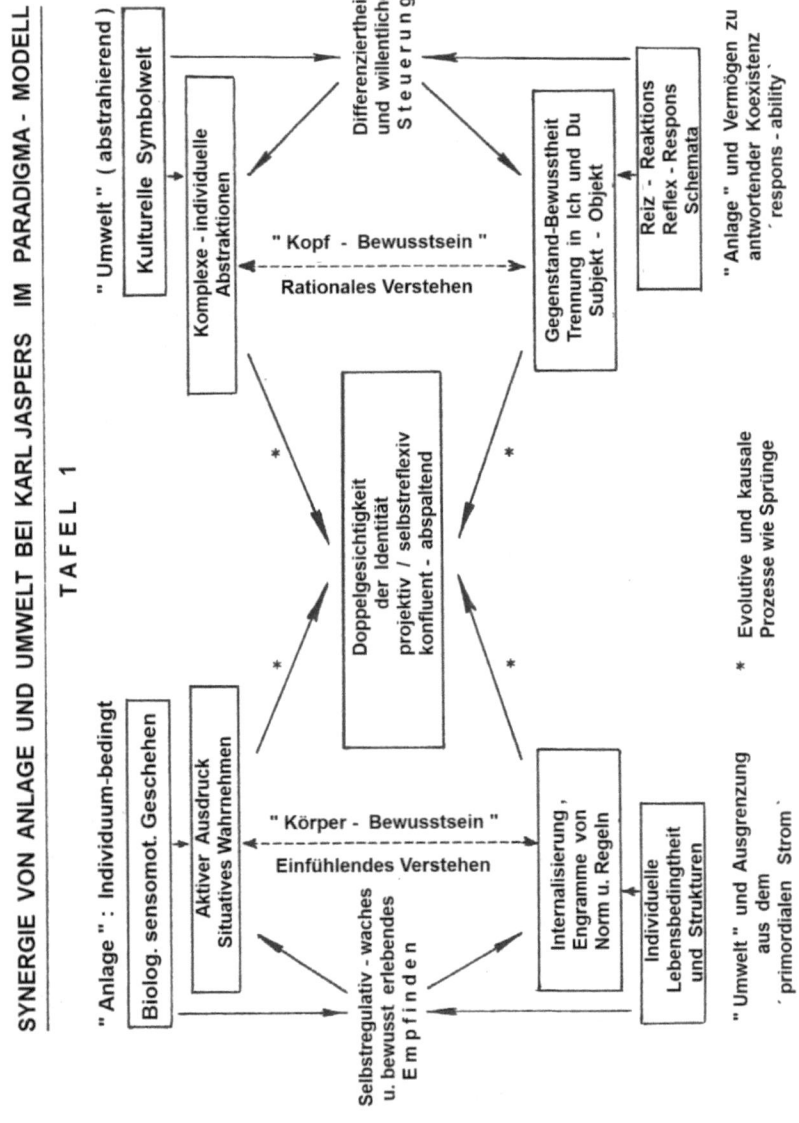

# Anhang 17 / Tafel 2 + 3

## ANTHROPOZENTRISCHES HANDLUNGSSYSTEM

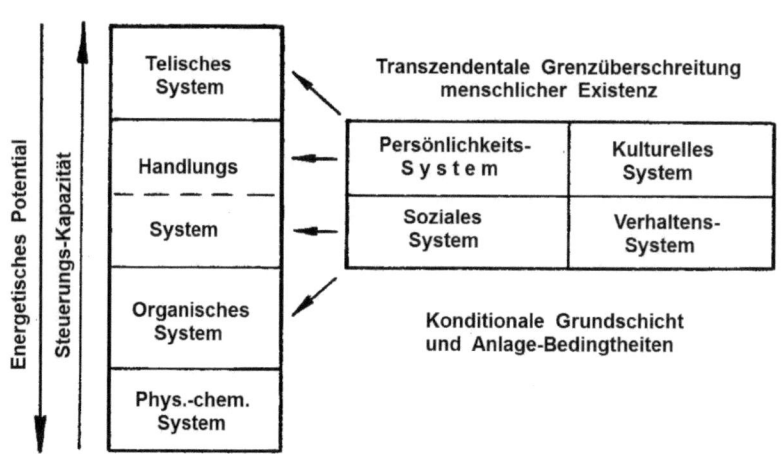

## Tafel 3

| Persönlichkeitssystem | Kulturelles System |
|---|---|
| Ziel - Gerichtetheit und Wahrnehmung Aktivität und Expressivität niedrige Handlgskontingenz hohe Symbolkomplexität situations-übergreifend rigide Erfolgs-Disziplin. Motivationale Disposition | Universalität vs. Strukturerhaltung ( u.U. Diktaturen ) hohe Handlgs. kontingenz niedrige Symbolkomplexität idealtypisch - projektives vs. generalisierendes Als - Ob . Symbolischer Bezugsrahmen |
| Soziales System | Verhaltens System |
| Integration zw. Gefühlsbindung u. Hedonismus niedrige Sk. und Hk. - Determiniertheit und Konfluenz der Impulse - Normative Strukturierung | Anpassung vs. Nonkonformes ; Altruismus : Top- u. Underdog hohe Symbolkomplexität und hohe Handlungskontingenz ; widerstreitend - reflexive und klug - flexible Wahl der " abwägenden Mittel " |

hang 18 – Tafel 4

## Anhang 19 - Tafel 4

**Perls : " Die Struktur liegt hinter den Phänomenen "**

| | 2. " GERICHTETHEIT "<br>Persönlichkeitssystem | 4. IDENTITÄT-ORIENTIERUNG<br>Kulturelles System | |
|---|---|---|---|
| Symbolkomplexität ⟶ erweitert | Wahrnehmend Begreifen<br>Erkennen aufgrund von<br>persönlicher Disposition<br>und Handlunskompetenz<br>sowie<br>situationsübergreifender ,<br>teleonom. - realisierbarer<br>Zielsetzung<br><br>im<br>Realisierungsprinzip | Abstraktes Erfassen<br>in konstruktivistischer<br>Modellbildung<br>projektive Reduktion<br>definierte Situation<br>kulturelle Rollenzuwei=<br>sung und Machterhalt<br>vor symbol. Bezugs -<br>rahmen<br>im<br>Konsistenzprinzip | reduziert ⟵ Symbolkomplexität |
| reduziert ⟵ Symbolkomplexität | Normatives Verstehen<br>durch<br>integrierte Engramme<br>introjizierte Struktur -<br>Erhaltung und Analyse<br>in deminiert - hedonist.<br>Gewohnheit , affektiver<br>und sozialer Bindung<br>an Normen u. auto=<br>nome Selbstregulation<br><br>im<br>Konformitätsprinzip | Kausales Erklären<br>durch<br>rational-reflektierende<br>Intelligenz , retroflexiven<br>Rückzug , Hypothesen<br>eigener Verfehltheit im<br>adaptiv - altruistischen<br>Lernprozess u, Schein-<br>Anpassung in flexiblen<br>Mitteln u. counter-acting<br><br>im<br>Optimierungsprinzip | Symbolkomplexität ⟶ erweitert |
| | 1. STRUKTURIERTHEIT<br>Soziales System | 3. ADAPTIVITÄT<br>Verhaltenssystem | |

reduziert ⟵ Handlungskontingenz ⟶ erweitert

# Anhang 19 / Tafel 5

## Die Befähigung zum Handeln in sechs Phasen

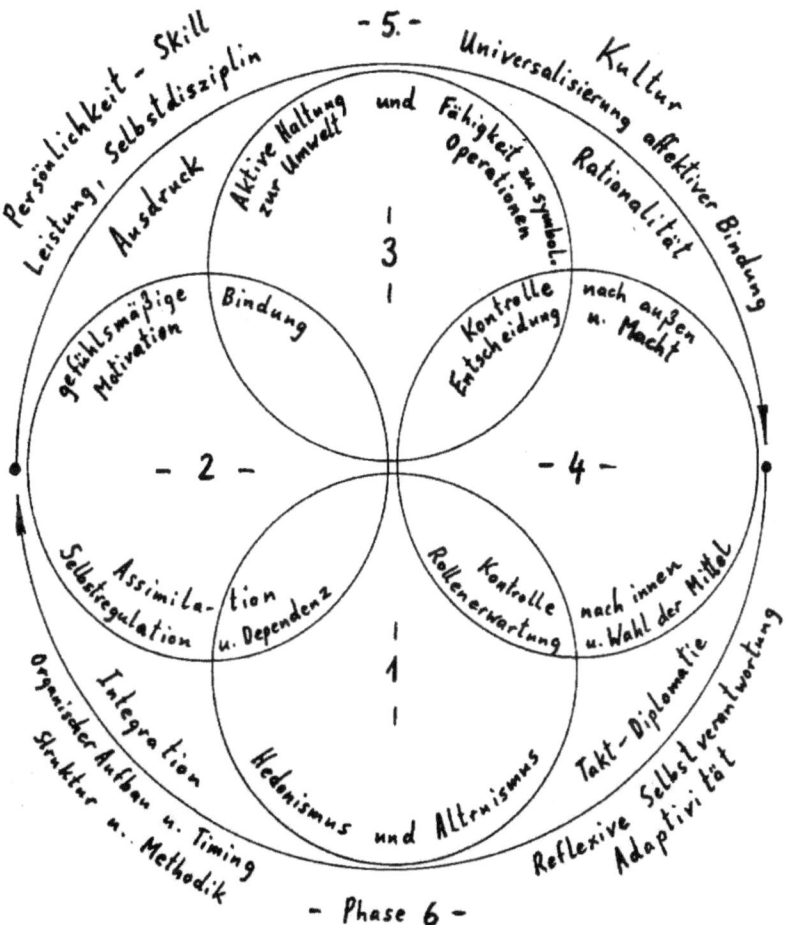

Vier Ringe implizite verhalten sich zu vier Befähigungen im Aussen-Ring.
Sechs Phasen bilden je zwei korrelierende Teil-Ganze in 2 : 2 : 2 .
Die Phasen 1 und 2 -  3 und 4 -  5 und 6   stehen zu einander
     wie    Thesis  :  Antithesis  :  Synthesis    ( Hegel, Hölderlin )

## Anhang 20 / Tafel 6

### "INTERPENETRATION" DER HANDLUNGSRÄUME

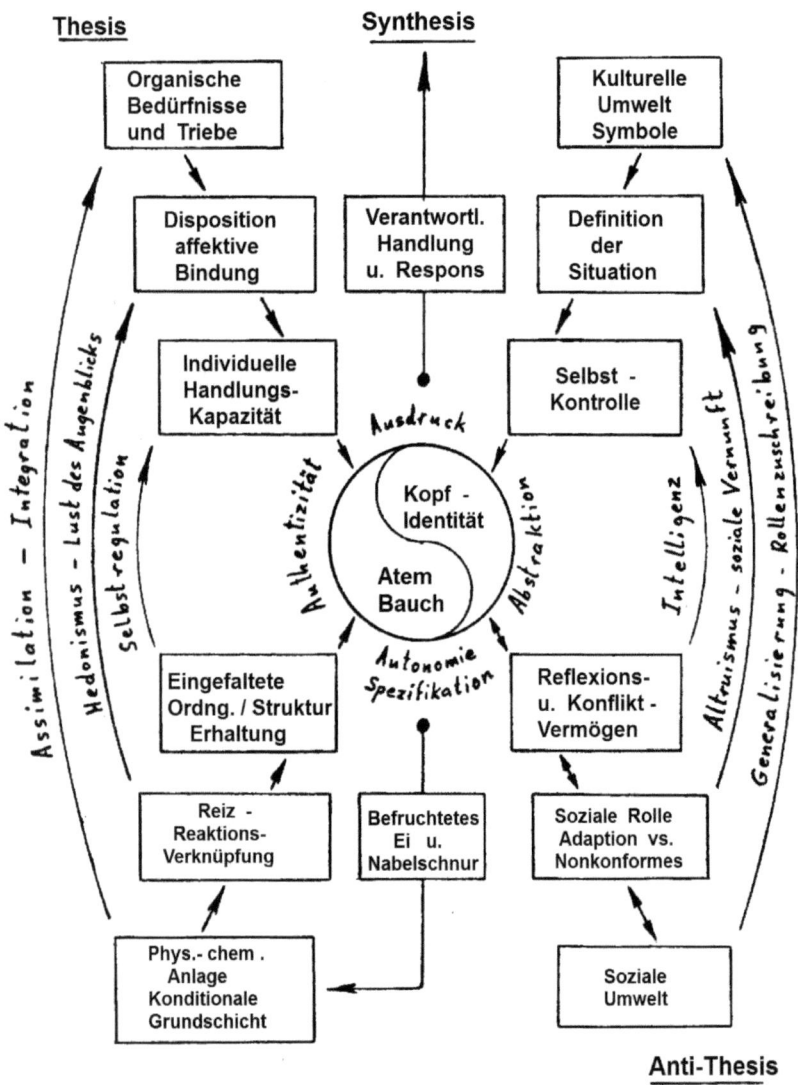

## Anhang 21 / Tafel 7

Gewichtung psychischer Erkrankungen im Handlungsraum

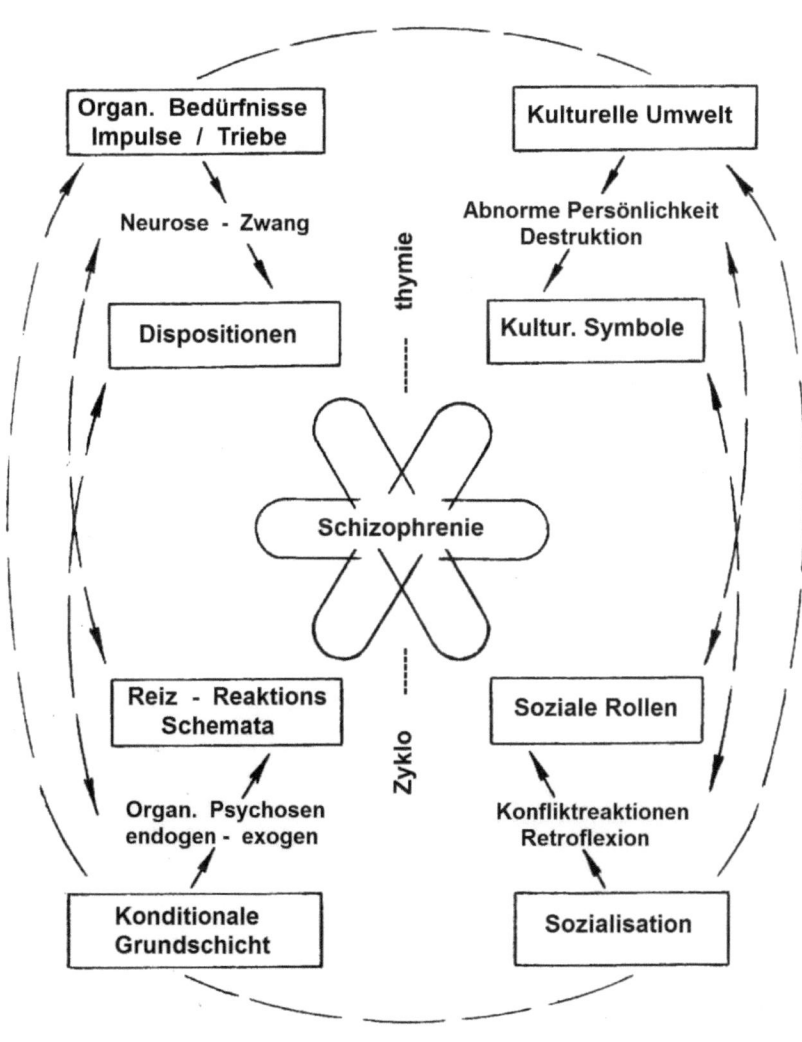

## Anhang 22 / Buddha - Doppelhelix

**Sieben Chakren**

## Anhang 23 : 64 Hexagramme

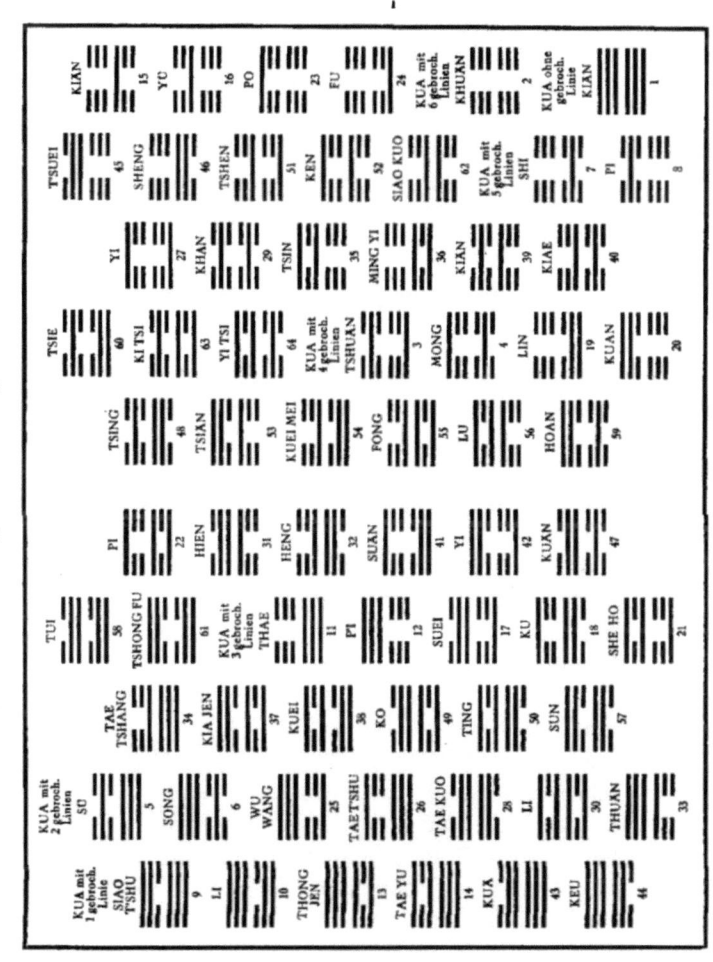

I Ging - Meister Yüan-Kuang, S. 82 f

# Literaturverzeichnis (1986 / 2016 )
Überarbeitet 2016

Adler, A.   Praxis und Theorie der Individualpsychologie, 1974
Heilen und   Bilden, Frft. / M., 1914 / 1930 / 1973
Alpert, St. u. N. Bressette, Körperorientierte-Gestalt- Supervisions -
Workshops   Hartford Family Institute, Connecticut, 1978 - 1997
Alpert. St:   What To Do Until Enligtenment. New Jersey 1991
Bachmann,C.Kritik der Gruppendynamik, Frankfurt / M., 1980
Bachmann,I. Bd.III / 2.A., Der Fall Franza, München, 1982
Barz, H.   Blaubart, - Weisheit im Märchen, Zürich, 1987
Bender, E.   Messen – Regeln – Steuern, Fischer - Hdb. 6149
Benedetti G. Psychosentherapie, Stuttgart, 1983 und Aufsätze:
   Das Borderline - Syndrom, Nervenarzt 1977, 641 ff
   Regression, Psychosen und Psychosomatik, 1965
   Ther.Grundprobleme mit Schizophrenen 76 ff; 137 ff, 1960
Berendt J.E. Die Welt ist Klang / Nada Brahma, Hamburg, 1986
Bettelheim B. Die Geburt des Selbst, München, 1977
Bibel vgl.   Dr. Martinus Luther, Stuttgart, 1966
Blanck G+R. Angewandte Ich- Psychologie I / II, Stgt., 1980 / 81
Bock, W.   Neuentwurf der Gestalttherapie, München, 1987
Böhme, G.   Anthropologie in pragmatischer Hinsicht, Frft. 1985
Braun Chr.v. Nicht – Ich; „Verlag Neue Kritik", 1985
Buber, M.   Erzählungen der Chassidim, Manesse, 1949
Einsichten   Wiesbaden, 1953
Bünte-   Gestalttherapie – Integrative Therapie in:
Ludwig Chr. „Wege zum Menschen", Paderborn, 217 ff, 1984
Camus, A.   La Chute, ( Paris ) , Der Fall, Rowohlt, 1957
Capra, Fr.   Wendezeit, Bern 1983, 2.A.
Cöllen, M.   Lass uns für die Liebe kämpfen, München, 1984
Cohn, R.C.   Von der Psychoanalyse zur TZI, Stuttgart, 1975
Cox, Harvey Das Fest der Narren, Berlin – Stuttgart, 1973
Fromm, E.   Haben oder Sein, 13. A., Stuttgart, 1983
Fuchs, E.   Hermeneutik, Bad Cannstatt, 2. A. 1958
Funke, D.   Der halbierte Gott ( platonisch ), München, 1993
Geba, B.   Das Atembuch - Bodymind, Berlin, 1976
Gendlin, E.   Focussing, Pschologie Heute 3, 21 ff, 1984
Gollwitzer H. Krummes Holz - aufrechter Gang, München, 1970
Grof, St.   Geburt, Tod und Transzendenz, München, 1985
Hall, R.A.   Gestalt Concept of the Organismic Flow and Its
Disturbance E.W.L. Schmith: The Growing Edge / New York 76

| | |
|---|---|
| Halpern H.M. | Liebe und Abhängigkeit, 2.A., Hamburg, 1984 |
| Hartung, St. | Gestalt im Management, Gabler / Springer 2014 |
| Hefferline - | Bd. I: Wiederbelebung des Selbst Stuttgart, 1979 |
| Gudman, P. | Bd. II: Lebensfreude , Entfaltung „ |
| Hesse, H. | Gesammelte Werke, Frankfurt, 1972 |
| „Der Sprung" | Bielefeld, 1986 (S.2), |
| Hollenweger, | W.J. Das Fest der Verlorenen, Chr. Kaiser, 1984 |
| Jaspers, K. | Allgem. Psychopathologie, 8.A., Berlin, 1965 |
| | „Gesammelte Schriften, Berlin, 1963 |
| Jittoku Texte | der Zen-Meister, Herder, 1983 |
| Jung, C.G. | Bewusstes und Unbewusstes, Frankfurt, 1971 |
| Kast, V. | Der schöpferische Sprung, Therap. Umgang mit Krisen, |
| | Umschlagpunkte ... München, 1989 / 1991 |
| Kern, H. | Labyrinthe, 5000 Jahre Urbild, München, 1982 |
| Klein, M. | Die Psychoanalyse des Kindes 2. A, München, 1979 |
| Kohut, H. | Narzißmus, Frankfurt / M. 1976 |
| | Die Heilung des Selbst, Frankfurt, 1981 |
| Krolow, K. | Fremde Körper, 2. A., Frankfurt , 1966 |
| Kübler-Ross E. | Interviews mit Sterbenden, 3.A., Stuttgart, 1974 |
| | Was können wir noch tun? Stuttgart, 1974 |
| Kükelhaus H. | Bewußtsein / Wahrnehmen im Spiel, Köln 2.A, 1983 |
| Kuiper, P.C. | Die seelischen Krankheiten d. M., Stgt. 5. A, 1980 |
| | Seelenfinsternis, Depression ... Frankfurt. 1991 |
| Lowen, A. | Bioenergetik, Bern, 1976 |
| Le Shan, L. | Meditation als Lebensmitte, 2. A., Zürich, 1977 |
| Lückel, R. | Gestalttherap. Arbeit im Märchen IT Paderborn 1979 |
| Markert, C. | Yin-Yang, Polarität u. Harmonie ... Düsseldorf 1983 |
| Maurer, Y. | Bedeutende Psychotherapieformen... Stuttgart, 1985 |
| Meyers Gr.T. | Lexikon, 24 Bd. Mannheim |
| Middendorf I. | Atem – Entwicklung – Heilsein ... Paderborn 1983 |
| Miller, Alice | Das Drama des begabten Kindes, Frankfurt, 1983 |
| Miller Marion | Gedicht - Band, Köln, 1980 |
| Mittelsten - | Widerstand in der Primärtherapie, Paderborn 1981 |
| Scheid, D. in | „Widerstand", Hrsg. H. Petzold, S. 283 ff |
| Moeller M-L. | Die Liebe ist das Kind der Freiheit, Hamburg, 1986 |
| Müller A-M-K | Leid-Glaube-Vernunft- Geschöpflkt., Stuttgart, 1982 |
| | ( Die präparierte Zeit ) |
| Navratil, L. | Schizophrenie - Sprache - Kunst 4. A München, 1972 |
| Neumann E. | Zur Psychologie des Weiblichen, Frankfurt, 1983 |
| Nohl, P. G. | Mit seelischer Krankheit leben, Göttingen, 1981 |
| Ovid, P. N. | Metamorphosen, Mythen, Zürich, 1996 |
| Parsons, T. | Sozialstruktur u. Persönlichkeit 2.A. Frankfurt, 1977 |

Perls, F.  Das Ich, der Hunger u. Aggression, Stuttgart, 1978
 Gestalttherapie in Aktion, Stuttgart, 1974
 Grundlagen der Gestalttherapie, München, 1976
 Gestalttherapie (1951) Stuttgart, 1979
Petrarca, F.  Dichtung – Schriften – Briefe übers. Frankfurt, 1956
Schwarz W.  Vom Europäischen Menschen ...
Petzold, H.  Angewandtes Psychodrama, Paderborn, 1978
 Die Rolle des Therapeuten ... 1980
 Das Hier und Jetzt Prinzip ... Frankfurt, 1980
 Widerstand / Sammelband Paderborn, 1981
 Die neuen Körpertherapien, 3.A. 1983
 Int. Dramatherapie, Spiel des Lebens 1984
 Leiblichkeit u. ... Bewegungstherapie 1985
 Kreative Agression, 1985
„Integrative  Therapie / IT: 1975, 76, 77, 78, 1980, 1981, 84, 86 ...
Polster, E+M.  Gestalttherapie, 2.A., München, 1977
Rad, G. v.  Theologie des AT, Bd. I + II, 2. A. , 1985
Riemann, F.  Grundformen der Angst, München, 1973
 Die schizoide Gesellschaft, 1975
Riesman, D.  Die einsame Masse, 2.A., Hamburg, 1959
Rohde-  Das Borderline Syndrom, 2.A., Stuttgart, 1982
Dachser, Chr.  u.a. in „Psyche", 1979
Schellenbaum  Das Nein in der Liebe u.a. Stuttgart, 1984
Schmidbauer  Die subjektive Krankheit, Hamburg, 1986
Schmidt, R. F.  Grundriss der Neurophysiologie, 5.A Berlin, 1984
Schneider, K.  Das Experiment i.d. Gestalth. IT. 3.A, 192 ff, 1979
 Widerstand i.d. Gestalttherapie, 227 ff, 1980
Schönell, H.  Psychopathologie aus handlungs-theoret.
 Perspektive, Düsseldorf, 1987
Schrott, R.  Gehirn und Gedicht, München, 2011
Schwarz, W.  Vom Europ. Menschen dt. Nation, s.o.
 Rede von Francesco Petrarca (1304 - 1374)
Smith, E.W.L.  The Growing Edge of Gestalt Ther. New York, 1976
Stevens, J.O.  Die Kunst der Wahrnehmung, München, 1975
Stierlin, H.  Das Tun des Einen ... Frankfurt, 1976
Tagore, R.  Weltbibliothek, Amsterdam, 1974
Wilhelm, R.  I Ging, 13. A. Köln, 1986
Yüan-Kuang  I Ging, 2. A. München, 1984
Willi, J.  Die Zweierbeziehung, 8.A. Hamburg, 1975

Wiltschko, J.  Vom dumpfen Gefühl zur klaren Empfindung

| | |
|---|---|
| W.- Köhne, F. | Eugene Gendlin, Focusing, Weinheim, 1984 |
| Yontef-Monica | Gestalttherapie als dialog. Methode, IT 2-3, 1983 |
| Weizsäcker v. | Der Garten des Menschlichen, 5.A. München, 1978 |
| Zijlstra W. | Clinical Pastoral Training, CPT/CPE München, 1971 |
| Zimmer, H. | Abenteuer und Fahrten der Seele, Köln, 1987 |
| Zinker, J. | Gestalttherapie als kreativer Prozess, New York, 1977 - Paderborn 1982 |